Lehr- und Handbücher zur Ökologischen Unternehmensführung und Umweltökonomie

Herausgegeben von
Dr. Carlo Burschel

Bisher erschienene Werke:

Baum · Coenenberg · Günther, Betriebliche Umweltökonomie in Fällen, Band I: Anwendung betriebswirtschaftlicher Instrumente
Baum · Coenenberg · Günther, Betriebliche Umweltökonomie in Fällen, Band II: Umweltmanagement und ökologieorientierte Instrumente
Birke · Burschel · Schwarz, Handbuch Umweltschutz und Organisation
Bringezu, Umweltpolitik
Jens, Ökologieorientierte Wirtschaftspolitik
Krcmar u.a., Informationssysteme für das Umweltmanagement
Lemke · Wackerbauer, Handbuch der Umweltschutzwirtschaft
Pfaffenberger · Strebel, Ökonomische Energienutzung
Pfander, Ökologieorientierte Informations- und Steuerungssysteme im Unternehmen
Schwaderlapp, Umweltmanagementsysteme in der Praxis
Steger, Handbuch des integrierten Umweltmanagements
Strebel · Schwarz, Kreislauforientierte Unternehmenskooperationen

Informationssysteme für das Umweltmanagement

Das Referenzmodell ECO-Integral

Herausgegeben
von
Univ.-Prof. Dr. Helmut Krcmar, Dr. Georg Dold,
Dr. Helmut Fischer, Markus Strobel,
Dr. Eberhard K. Seifert

unter Mitarbeit von
Dr. Wolfgang Scheide
Stefan Enzler
Astrid Hoffmann
Christian Karsten
Michael Oettinger
Martin Kraeb

R. Oldenbourg Verlag München Wien

Die Deutsche Bibliothek – CIP-Einheitsaufnahme

Informationssysteme für das Umweltmanagement : das Referenzmodell ECO-Integral / hrsg. von Helmut Krcmar ... unter Mitarb. von Wolfgang Scheide ... – München ; Wien : Oldenbourg, 2000
(Lehr- und Handbücher zur Ökologischen Unternehmensführung und Umweltökonomie)
ISBN 3-486-25420-0

Rosenheimer Straße 145, D-81671 München
Telefon: (089) 45051-0, Internet: http://www.oldenbourg.de

Gedruckt auf säure- und chlorfreiem Papier
Gesamtherstellung: Druckhaus „Thomas Müntzer" GmbH, Bad Langensalza

ISBN 3-486-25420-0

Vorwort des Reihenherausgebers

Effizienter betrieblicher Umweltschutz bedarf valider Informationen zur Entscheidungsfindung. Die Rede von „Betrieblichen Umweltinformationssystemen (BUIS)“ machte bereits in der Frühzeit der Umweltorientierung von Praxis und Betriebswirtschaftslehre die Runde, wenngleich in den wenigsten Fällen damit ein ganzheitliches Informationsmanagement im Betrieb gemeint sein konnte. Vielmehr sind auf dem Markt meist additive EDV-Werkzeuge (wenn auch unterschiedlichster Reichweite und Komplexität) ohne aktive Anbindung an die übrigen betrieblichen EDV-Systeme und damit ohne ökonomische Einbindung aller relevanten Betriebsdaten in die Entscheidungsfindung.

„ECO-INTEGRAL“ hat sich zum Ziel gesetzt, quasi als „Trojanisches Pferd“, die integrierte Informationsverarbeitung aller relevanten Betriebsdaten im Kontext des betrieblichen Umweltschutzes – praxistauglich - zu ermöglichen. Der vorliegende Band dokumentiert das – mit Unterstützung der Deutschen Bundesstiftung Umwelt erarbeitete - Release 1.0 des Referenzmodells „ECO-INTEGRAL“.

Durch die ausführliche und aktuelle Darstellung der Grundlagen, die die Basis des Referenzmodells bilden ist somit eine unverzichtbare Monographie für Wissenschaftler, Studenten und Praktiker entstanden, die im Kontext „Informationsmangement“ des betrieblichen Umweltschutzes arbeiten.

Carlo Burschel — Fulda und Osnabrück

Vorwort der Autoren

Wie können den Unternehmen die heute schon verfügbaren Umweltmanagementinstrumente so zur Verfügung gestellt werden, daß sich ihre Verwendung nicht vermeiden läßt? Dies war vor dem Hintergrund der nur zögerlichen Umsetzung des Umweltmanagementinstrumentariums die Ausgangsfrage, die sich uns Ende 1994 stellte. Schnell wurde klar, daß dazu die Nutzung der betrieblichen Informationssysteme erforderlich ist und der Weg zur umfassenden Nutzung des Umweltmanagementinstrumentariums über seine Abbildung in die Informationssysteme hinein führt.

Dies ist die Ausgangsidee des Projektes ECO-Integral, dessen Ergebnisse diesem Buch zugrundeliegen. Ziel von ECO-Integral ist daher die Entwicklung eines implementierungsfähigen und branchenübergreifend einsetzbaren Referenzmodells. Unter einem Referenzmodell versteht man eine formale, DV-nahe und allgemeingültige Beschreibung eines Unternehmens oder eines spezifischen Fachbereiches. Das Referenzmodell wiederum dient als Grundlage für die Entwicklung integrierter betrieblicher Umweltinformationssysteme (BUIS).

Im vorliegenden Buch wird als erster Schritt zur Umsetzung der Umweltmanagementinstrumentariums das Referenzmodell ECO-Integral vorgelegt.

Die Zielsetzung der Integration zentraler Instrumente des betrieblichen Umweltmanagements zu einem gesamthaften Ansatz für das Umweltmanagement wurde erreicht. Durch Anwendung von ECO-Integral werden das Umweltmanagement sowie die Integration von Ökonomie und Ökologie erkennbar gestärkt.

Die Praxis zeigt, daß der integrative Ansatz überzeugt. Erste Gespräche mit Softwareherstellern zur Verankerung der ECO-Integral-Funktionen in deren Anwendungen stoßen auf großes Interesse. Handlungsbedarf besteht nun in der Implementierung und weiteren Erprobung von ECO-Integral sowie der Entwicklung ausgewählter Einzelfunktionen des Umweltmanagements.

An der Erarbeitung des vorgelegten Referenzmodelles ECO-Integral waren der Lehrstuhl für Wirtschaftsinformatik an der Universität Hohenheim (Hauptauftragnehmer), die Kienbaum Unternehmensberatung, das Institut für Management und Umwelt, das Wuppertal Institut und die Unternehmensberatung Dr. Werner Wohlfarth beteiligt.

Alle Inhalte wurden kooperativ von den Autoren des Buches mit allerdings unterschiedlichen Schwerpunkten erarbeitet. Die Integration aller Komponenten oblag dem Lehrstuhl für Wirtschaftsinformatik (Krcmar, Dold, Scheide, Oettinger). Grundlagen und IS-Architektur wurden gemeinsam vom Lehrstuhl für Wirtschaftsinformatik, Institut für Management und Umwelt (Strobel, Wagner, Enzler, Hoffmann) und Kienbaum Unternehmenberatung (Fischer, Karsten) erarbeitet. Der Teil „Führungssystem Umweltmanagement„ wurde maßgeblich vom Institut für Management und Umwelt gestaltet. Die Instrumente „Stoff- und Energiebilanz (Unternehmen, Prozesse und Produkte)„, „Wirkungsanalyse und Bewertung„ und „Umweltrechtliche Instrumente„ wurden vom Lehrstuhl für Wirtschaftsinformatik erarbeitet. Zum Instrument „Umweltrechtliche Instrumente„ trug auch Hartmut Fischer von der Kienbaum Unternehmensberatung bei. Die Grundlagen lieferte die Unternehmensberetung Dr. Werner Wohlfarth. Der Mikro-Makro-Link stellt einen projektübergreifenden Forschungsansatz des Wuppertal Instituts (Seifert) dar. Die ECO-Integral-spezifische Anwendung wurde vom Wuppertal Institut (Seifert, Kreeb) erarbeitet und die DV-orientierte Modellierung in enger Kooperation mit dem Lehrstuhl für Wirtschaftsinformatik (Oettinger, Scheide) erarbeitet. Das Institut für Management und Umwelt trug die Instrumente „Umweltprogramm„ und „Umweltkennzahlen und –kennzahlensysteme„ bei. Das Instrument „Umweltkostenrechnung„ wurde von der Kienbaum Unternehmensberatung erarbeitet. Der Teil „Datenbasis„ wurde von der Kienbaum Unternehmensberatung sowie auch dem Lehrstuhl für Wirtschaftsinformatik und dem Institut für Management und Umwelt gestaltet. Der Teil zur Umsetzung der Konzeption wurde vom Lehrstuhl für Wirtschaftsinformatik bearbeitet.

Wir danken der Deutschen Bundesstiftung Umwelt (DBU) in Osnabrück für die großzügige Förderung und den Firmen Festo AG Esslingen, Herlitz AG Berlin, Novartis GmbH Deutschland, Standort Wehr und K&M Rudolf Held GmbH u. Co KG, für die Teilnahme an den Firmenprojekten.

Vor allem aber wünschen wir uns, daß mit der Vorlage des Referenzmodelles der Weg zur Nutzung des Umweltmanagementinstrumentariums für viele Unternehmen geebnet werden kann.

Die Autoren

Inhaltsverzeichnis

Teil III: Instrumente

Teil IV: Datenbasis

Teil V: Zur Umsetzung der Konzeption

Ziele und Vorgehen im Projekt „ECO-Integral"

In der gezielten Verbindung von Ökonomie und Ökologie beim integrierten Umweltschutz auf betrieblicher Ebene liegen erhebliche Kostensenkungsreserven zur Stärkung des Standortes Deutschland und zur Entlastung der Umwelt. Die Erschließung dieser Reserven ist eine der Zukunftsaufgaben des Umweltschutzes in der Industrie.

Zur Erreichung dieses Zieles ist zum einen eine aussagekräftige Datenbasis zu den Mengen, Kosten und umweltrelevanten Merkmalen betrieblicher Stoff- und Energieflüsse erforderlich. Diese Daten sind eine notwendige Grundlage für richtige Entscheidungen im betrieblichen Umweltmanagement. Zum anderen sind geeignete Umweltmanagementmethoden erforderlich. Eine Reihe von Methoden sind in den letzten Jahren entwickelt und erprobt worden, in der Unternehmenspraxis aber noch nicht weit verbreitet.

Die in Industriebetrieben verfügbaren Daten zu ihren Stoff- und Energieflüssen sind für die Zwecke eines offensiven Umweltmanagements noch lückenhaft und unbefriedigend. Dabei geht es weniger um externe Daten zu ökologischen Wirkungsmechanismen. Oft genug fehlen unternehmensinterne Daten zur Beantwortung von vordergründig relativ „einfachen" Fragen, wie z.B.:

- Aufgrund welcher Produktionsprozesse und Produkte entstehen welche ungewollten Outputs?
- In welchen Produkten und ungewollten Outputs verbleiben welche Einsatzstoffe?
- Welche Kostenwirkungen resultieren aus der Vermeidung, Substitution, Wiederverwertung oder Entsorgung von Stoffen?
- Welche Amortisationszeiträume haben Investitionen in Technologien des intergrierten Umweltschutz?

Diese unbefriedigende Datenlage ist zu einem entscheidenden Engpaßfaktor bei Erschließung der vorhandenen und gut dokumentierten ökologischen und ökonomischen Reserven im Umweltschutz geworden. Die Ursache für diese Situation liegt in den heutigen Informationssystemen der Industrie begründet. In den großen betriebswirtschaftlichen DV-Systemen, wie Kostenrechnung, Finanzbuchhaltung, Materialwirtschaft und PPS wird zwar ein guter Teil der umweltrelevanten Stoff- und Energieflüsse erfaßt, aber in einem für das Umweltmanagement weitgehend ungeeigneten Format. Ein anderer, wesentlicher Teil umweltrelevanter Stoff- und Energieflüsse wird gar nicht erfaßt.

Für das Umweltmanagement werden deshalb viele Stoff- und Energieflüsse nochmals gesondert erfaßt. Sie werden dann in der Regel auf stand-alone PC-Systemen eingegeben und führen ein von den übrigen betrieblichen Daten getrenntes „Inseldasein". Diese PC-Systeme decken jeweils nur einen Teilbereich der für das Umweltmanagement relevanten Daten und Auswertungen ab. Ein System zur Erfassung und Auswertung von Stoff- und Energieflußdaten für alle wesentlichen, aktuellen Zwecke des Umweltmanagement ist derzeit nicht auf dem Markt. Betriebliche Umweltdaten sind heute deshalb in der Erfassung noch aufwendig und in der Auswertbarkeit begrenzt.

Eine Konsequenz daraus ist, daß auf den Einsatz leistungsfähiger aber datenintensiver Instrumente des offensiven Umweltmanagements, wie Ökobilanzen oder Öko-Controlling, weitgehend verzichtet wird. Eine weitere Konsequenz ist die mangelnde Kompatibilität von Umweltschutzdaten und Daten betrieblicher Funktionen wie Einkauf, Produktion oder Kostenrechnung. Damit wird die synergetische Verknüpfung von Ökonomie und Ökologie im Wege des integrierten Umweltschutzes blockiert.

Das laufende Umweltmanagement wird somit teurer als notwendig, der Übergang zu den Zukunftsaufgaben des Umweltmanagement wird spürbar gebremst und Reserven zur Koppelung von Umweltschutz und Kostensenkung bleiben unerkannt.

Das Projekt **ECO-Integral** hat sich zum Ziel gesetzt, diese Hindernisse zu beseitigen. Gegenstand von ECO-Integral ist die laufende Erfassung, Auswertung und Dokumentation von Mengen, Kosten und umweltrelevanten Merkmalen betrieblicher Stoff- und Energieflüsse für alle zentralen Umweltmanagementzwecke. Dazu wurde das implementierungsfähige, branchenübergreifend einsetzbare und als offener Standard ausgelegte Referenzmodell ECO-Integral entwickelt. Besondere Merkmale des Referenzmodells sind:

- ECO-Integral baut datenseitig auf einer tiefen Integration mit den großen betriebswirtschaftlichen Anwendungssystemen auf (v.a. Materialwirtschaft, Produktionsplanung und -steuerung sowie Kostenrechnung). Die Integration erlaubt es, betriebliche Stoff- und Energieflüsse nur einmal zu erfassen und von einer gemeinsamen Datenbasis aus sowohl für die großen Anwendungssysteme als auch für das Umweltmanagement zu nutzen. Dies senkt Zusatzaufwand und Kosten für die Erhebung von Daten für den betrieblichen Umweltschutz erheblich. Es erhöht die Auswertungsmöglichkeiten der Daten und ebnet dem integrierten Umweltschutz mit einer durchgängigen Datenbasis den Weg.
- ECO-Integral vereint die wichtigsten Umweltmanagementaufgaben und -instrumente in einem umfassenden und durchgehenden Konzept. Aus einer gemeinsamen Datenbasis werden für alle maßgeblichen Umweltmanagementaufgaben Auswertungen und Steuerungsinformationen auf der Grundlage betrieblicher Stoff- und Energieflüsse auf Anforderung erzeugt. Dies beinhaltet auch die Unterstützung des sog. Mikro-Makro-Links, der die Unternehmen befähigt, den sich abzeichnenden wachsenden Anforderungen an die externe Berichterstattung auf nationaler und internationaler Ebene (Makro-Ebene) gewachsen zu sein.
- Die enge Verzahnung von Ökologie und Ökonomie ist ein weiteres Strukturmerkmal von ECO-Integral. Im Referenzmodell sind Instrumente für eine leistungsfähige Umweltkostenrechnung eingebettet. Der Aufbau einer umweltökonomischen Gesamtrechnung wird durch die automatisierte Erzeugung der erforderlichen Stoff- und Energieflußdaten aus Industriebetrieben unterstützt.

Gegenstand des Projektes ist nicht nur die Entwicklung des Referenzmodells „ECO-Integral" sondern auch seine Verbreitung in der betrieblichen Praxis:

- Dazu ist das Referenzmodell „ECO-Integral" in ARIS formuliert. ARIS (Architektur integrierter Informationssysteme) ist die in der Industrie verbreitetste und bekannteste Modellierungssprache zur Beschreibung betrieblicher Informationssysteme in einer DV-gerechten Form. Softwareentwickler können ARIS-Modelle leicht in Software umsetzen.

- Das Referenzmodell wird Industrieunternehmen, Softwareherstellern und Softwareberatern sowie der Wirtschaftspresse vorgestellt und nahegebracht.
- ECO-Integral soll in Zukunft in Standardsoftwarepaketen mit einem hohen Verbreitungsgrad in der Industrie (z.B. SAP/R3, BPCS von SSA, Triton von Baan) verankert werden. Auf die Möglichkeit der Verankerung wird besonderer Wert gelegt, weil die Standardsoftware bei Integration von ECO-Integral zu einem „Trojanischen Pferd" für den Umweltschutz werden kann. Mit Integration in diese Softwarepakete würde ECO-Integral automatisch deren hohen Verbreitungsgrad erreichen. Deren Installation würde einem Industriebetrieb zeitgleich ein leistungsfähiges betriebliches Umweltinformationssystem an die Hand geben.

Das Projekt ECO-Integral wird in drei Phasen durchgeführt (vgl. Abbildung 1):

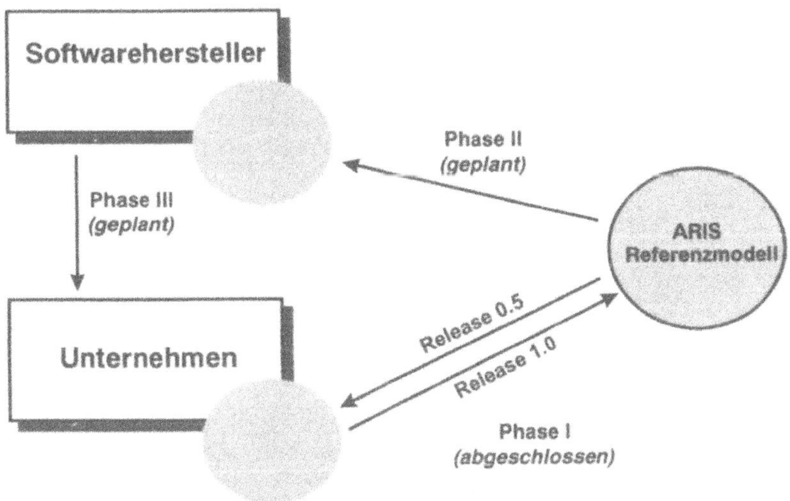

Abbildung 1: Projektablauf

In **Phase I** wurde das Referenzmodell ECO-Integral „am grünen Tisch" als Release 0.5 entwickelt, nacheinander an drei Industriestandorten evaluiert und zum Release 1.0 weiterentwickelt, das der Industrie und der Softwarebranche zur Verfügung gestellt wird. Die ausführliche Dokumentation erfolgt auf Papier sowie in einer für Softwareentwickler direkt nutzbaren Form (ARIS).

Der vorliegende Band dokumentiert das Release 1.0 des Referenzmodells.

In **Phase II** sollen große Softwarehersteller gewonnen werden, die ECO-Integral in ihre Software integrieren und in den Markt tragen wollen. Mit diesen Herstellern wird die Standardsoftware nach ECO-Integral modifiziert und in Pilotinstallationen erprobt.

In **Phase III** erfolgt die systematische und intensive Verbreitung der Ergebnisse durch den Einsatz der Softwarelösungen aus Phase II. Die Projektpartner tragen ebenfalls zur Verbreitung in Wissenschaft und Praxis bei.

Teil I: Grundlagen

Die Grundlagen zur Entwicklung und Beschreibung des Referenzmodells „ECO-Integral" werden in zwei Teile unterteilt: Die folgenden Kapitel des 1. Teils behandeln in aller Kürze die **modellierungstechnischen Grundlagen** des durchgeführten Projekts. Dazu werden zunächst die Begriffe „Informationsmodell" und „Referenzmodell" erläutert. Dann wird die zum Entwurf des Referenzmodells verwendete Methodik und das zur Darstellung verwendete DV-gestützte Werkzeug vorgestellt. Dann wird eine einfache anwendungsbezogene Informationssystemarchitektur für ECO-Integral entwickelt, das als Meta-Modell für das eigentliche Referenzmodell dient. Der aus dem Meta-Modell abgeleitete Gesamtfunktionsbaum leitet zur Darstellung des Referenzmodells in den folgenden Teilen II bis IV über.

Die **inhaltlichen Grundlagen** des Umweltmanagements sind auf die Teile II und III verteilt. In Teil II wird die Führungskomponente des betrieblichen Umweltmanagements behandelt. Aufgabe der Führung ist die Festlegung der Zielsetzungen des Umweltmanagements und die Koordinierung der (Informations-) Instrumente. In Teil III ist jedem Instrument ein Kapitel gewidmet, welches neben der eigentlichen Modellierung des Instruments auch die spezifischen Zielsetzungen und Grundlagen beinhaltet.

1 Modellierungsgrundlagen

Ziel des Projekts ECO-Integral ist die Erstellung eines Informationsmodells für den Teil des betrieblichen Umweltmanagements, der die Beeinflussung der betrieblich induzierten Stoff- und Energieströme zur Aufgabe hat. Das Informationsmodell soll den Charakter eines Referenzmodelles haben. Im folgenden werden deshalb die Begriffe „Informationsmodell" und „Referenzmodell" kurz erläutert und auf die angewendete Modellierungsmethode ARIS eingegangen.

1.1 Informations- und Referenzmodelle

Ein Informationsmodell ist ein immaterielles Abbild eines betrieblichen Objektsystems aus Sicht der in diesen verarbeiteten Informationen für die Zwecke des Informationssystem- und Organisationsgestalters. Zweck der Erstellung eines Informationsmodells ist die Erklärung und Gestaltung von Organisationen und Informationssystemen bzw. einzelner Ausschnitte daraus wie z.B. das betriebliche Umweltmanagement. [Rosemann/Schütte 1997, S. 16].

Ein Referenz-Informationsmodell ist eine Sonderform des Informationsmodells. Der Begriff „Referenz" beinhaltet die beiden Grundintentionen „Empfehlung" und „Bezugnahme". Bei der Verwendung des Begriffs „Referenzmodell" herrscht eine große Bandbreite vor:

Branchenbezogene Datenmodelle gelten ebenso wie das ISO-OSI Schichtenmodell für die Standardisierung von Netzwerkprotokollen als Referenzmodell. Gemeinsam ist beiden - sowie allen Referenzmodellen - daß sie als Bezugnahme und normative Empfehlung für den Entwurf spezifischer Modelle dienen und somit Ausgangspunkt für diese Modelle sind. [Rosemann/Schütte 1997, S. 16]. Es ist typisch für die Verwendung von Referenzmodellen, daß bei der Instantiierung (d.h. bei der Anwendung des Referenzmodells für die Entwicklung eines spezifischen) des Modells verschieden Aspekte wegfallen, andere hingegen weiter spezifiziert werden.

Becker und Schütte definieren den Begriff Referenz-Informationsmodell deshalb wie folgt [1997, S. 428]:

> *„Ein Referenz-Informationsmodell ist das immaterielle Abbild der in einem realen oder gedachten betrieblichen Objektsystem verarbeiteten Informationen, das für Zwecke des Informationssystem- und Organisationsgestalters Empfehlungscharakter besitzt und als Bezugspunkt für unternehmensspezifische Informationsmodelle dienen kann."*

Referenzmodelle[1] werden entweder induktiv aus mehreren, bereits bestehenden, unternehmensspezifischen Modellen abstrahiert, oder durch theoretische Erkenntnisse deduktiv (z.B. durch Ableitung aus Unternehmenszielen) gewonnen. Durch eine Kombination der Verfahren entsteht eine gewünschte Redundanz innerhalb des Referenzmodells, die für den konkreten Einsatz Entscheidungsspielräume in Form von Wahlmöglichkeiten und Ergänzungen zuläßt.

Der Begriff Referenzmodell wurde - aufgrund seiner breiten Verwendung für unterschiedliche Zwecke - spezialisiert und in die Unterklassen Referenz-/Organisations- und Referenz-Anwendungssystemmodell unterteilt.

Ein Referenz-Organisationsmodell bildet Ist- und Sollzustände (Abläufe und Strukturen) einer Organisation ab und dient hauptsächlich der Verbesserung und Dokumentation einer Organisation. Ein Referenz-Anwendungssystemmodell hingegen ist die Beschreibung der Funktionalität (Abläufe und Strukturen) eines (Standard)Anwendungssystems. Sie werden deshalb auch Software-Referenzmodelle genannt und haben eine technikzentrierte Sichtweise zu eigen. Sie dienen als Entwurfs- und als Dokumentationswerkzeuge in verschiedenen Phasen des Software-Lebenszyklus. ECO-Integral beschreibt ein Referenz-Anwendungssystemmodell für die Zwecke der späteren Umsetzung in Standardsoftware.

Aufgrund des Umfangs von Referenzmodellen sollten sie in eine Informationssystem-Architektur (IS-Architektur) eingeordnet werden. IS-Architekturen beschreiben die Bestandteile eines Informationssystems hinsichtlich der Art, der funktionalen Eigenschaften und deren Zusammenwirken [Scheer 1996, Krcmar 1997, S. 39f, Krcmar 1990, S. 399] und sind somit die Beschreibung eines Informationssystems auf hohem Abstraktionsniveau. IS-Architekturen werden anwendungsunabhängig oder anwendungsabhängig formuliert [Bekker/Schütte 1997, S. 428f]. Auch für ECO-Integral wurde zur Strukturierung des Referenzmodells eine anwendungsabhängige Architektur entworfen (vgl. dazu Abschnitt 1).

---

1 Da hier ausschließlich von Informationsmodellen die Rede ist, wird im folgenden der Einfachheit halber nur von Referenzmodellen gesprochen.

Referenzmodelle spielen bei der geschäftsprozeßorientierten Gestaltung von betrieblichen Informationssystemen eine immer wichtigere Rolle. Scheer unterstreicht die Wichtigkeit der Referenzmodellierung für die vier Hauptaufgaben des Business-Engineerings [1997, S. 4]:

1. Beschreibung und Optimierung der Geschäftsprozeßstruktur
2. Prozeßmanagement (= kapazitäts-, zeit- und kostenoptimale Planung der laufenden Geschäftsprozesse)
3. Prozeßsteuerung (Workflow)
4. Aufgabenbearbeitung

Insbesondere vor dem Hintergrund der zunehmenden Modularisierung des Angebots der führenden Anbieter integrierter (Standard)Softwaresysteme und der Möglichkeit der losen Kopplung der Module über Broker-Architekturen (CORBA, DCOM) treten Referenzmodelle mehr und mehr in den Mittelpunkt der Systemgestaltung: Über unternehmensssspezifische Prozeßbeschreibungen werden Gesamtlösungen aus Modulen (Komponenten) unterschiedlicher Herkunft und technischer Realisierung montiert. Referenzmodelle aus Modellbibliotheken dienen dabei als Ausgangspunkt einer flexiblen Systemgestaltung [Scheer 1997, S. 12f].

Aus dieser Rolle der Referenzmodelle ergeben sich aber auch bestimmte Anforderungen an deren Erstellung, die sich neuerdings in sogenannten „Grundsätzen ordnungsgemäßer Refernzmodellierung" (GoM) niederschlagen [vgl. Rosemann/ Schütte 1997]. Zielsetzung ist die Verbesserung der Vergleichbarkeit der Referenzmodelle über die syntaktische Ebene hinweg. Behandelt werden dabei die Grundsätze

- Richtigkeit (Verhaltenstreue gegenüber der Realität, Konsistenz gegenüber einem Metamodell)
- Relevanz (Relevante Elemente die mit der Zielsetzung verbunden sind, sind enthalten und erfüllen einen dementsprechenden Zweck)
- Wirtschaftlichkeit (wirkt restriktiv auf alle anderen Grundsätze, Unterkriterien: Robustheit und Adaptierbarkeit)
- Klarheit (Zugänglich für alle Modelladressaten)
- Vergleichbarkeit (syntaktische Kompatibilität mit anderen Modellen, inhaltliche Vergleichbarkeit)
- systematischer Aufbau (Existenz eines sichtenübergreifenden Metamodells) [Rosemann/Schütte 1997, S. 19-25].

Durch den Projektablauf wurde versucht, diese Grundsätze für das ECO-Integral-Modell weitestgehend einzuhalten. Die Vergleichbarkeit wird zumindest auf syntaktischer Ebene durch die Verwendung der Modellierungsmethode ARIS unterstützt, die sich weiter Verbreitung erfreut.

1.2 ARIS als Modellierungsmethode

ARIS (Architekur integrierter Informationssysteme) ermöglicht es, die Realität eines Unternehmens für softwaretechnische Zwecke in Form von Modellen zu beschreiben. Dazu richtet es in zwei Strukturdimensionen verschiedene Sichten auf das Unternehmen.

In der ersten Dimension werden die vier Sichten **Daten, Funktionen, Organisation** und **Steuerung** auf das Unternehmen betrachtet. Durch die Zerlegung in Daten-, Funktions- und Organisationsmodelle wird die Komplexität eines Unternehmensmodells zunächst erheblich reduziert. Die Funktionssicht beschreibt die Aufgaben, die zur Zielerreichung bewältigt werden müssen. Die Datensicht zeigt, welche Daten zur Erfüllung der Aufgaben benötigt werden. Die Organisationssicht dient der Darstellung, welche organisatorischen Einheiten für bestimmte Ziele und Aufgaben verantwortlich sind. In der Steuerungssicht werden die Beziehungen zwischen den anderen Sichten erfaßt und die ganzheitliche Beschreibung von Geschäftsprozessen ermöglicht [Scheer 1997, S. 6]. Funktionen und Ereignisse werden dabei in einen zeitlich-logischen Zusammenhang gebracht. Die Steuerungssicht stellt somit das zentrale Bindeglied zwischen den anderen Sichten dar. Mit diesen vier Elementen lassen sich die informationellen Aspekte von Unternehmen auf einer abstrakten Ebene unabhängig von Branche und Größe etc. beschreiben (vgl. Abbildung 2).

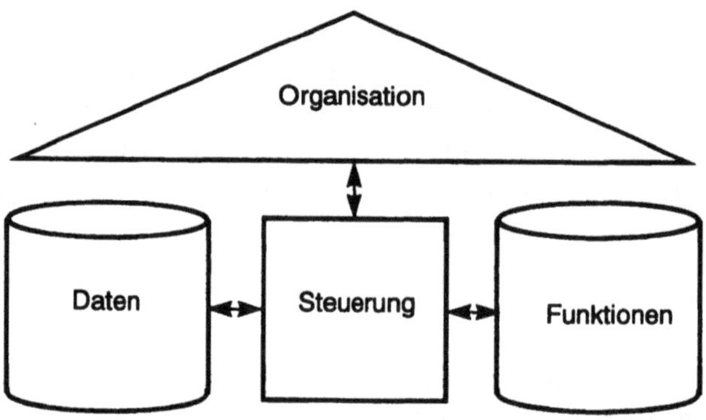

Abbildung 2: Sichten in ARIS

Nach der Nähe zur Informationstechnik werden in der zweiten Dimension die Beschreibungsebenen **Fachkonzept, DV-Konzept** und **Implementierung** unterschieden. Die Ebenen der zweiten Dimension können als Entwicklungsstufen im Sinne eines Vorgehensmodells für die Systementwicklung interpretiert werden. Zeitlich vor dem Fachkonzept steht die betriebswirtschaftliche Anwendung aus der das Fachkonzept abgeleitet wird. Die Implementierungssicht stet der Informationstechnik am nächsten. Abbildung 3 zeigt die beide Dimensionen von ARIS und deren Zusammenhänge.

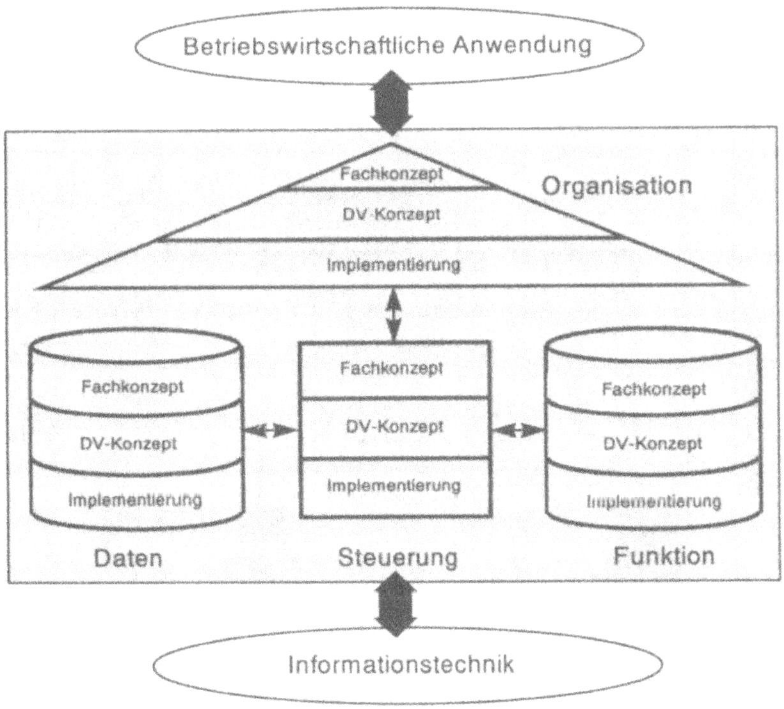

Abbildung 3: Architektur integrierter Informationssysteme nach Scheer

Kern der Modellierung in ARIS sind ereignisorientierte Prozeßketten (EPK) der Steuerungssicht. Die Strukturelemente eines EPKs sind **Ereignisse**, wie z.B. der Eingang eines Kundenauftrages. Auf diese Ereignisse hin werden **Funktionen** ausgeführt. Jede Funktion erzeugt wiederum neue Ereignisse (zeitlich logischer Zusammenhang zwischen Ereignissen und Funktionen). Zur Ausführung von Funktionen werden in der Regel **Daten** benötigt, welche untereinander in Beziehung stehen. Datenelemente und deren Beziehungen untereinander werden in der Datensicht in Form von Entity-Relationship Modellen (ERM) modelliert. Funktionen werden immer von bestimmten **Organisationseinheiten** ausgeführt, die meist hierarchisch strukturiert sind. ARIS bietet hier Möglichkeiten zur Modellierung von Organigrammen.

EPKs ermöglichen die Modellierung von Prozessen unabhängig von ihrem Typ, d.h. es können Verwaltungsprozesse ebenso wie Produktionsprozesse modelliert werden.

Abbildung 4 zeigt das Schema eines Prozeßmodells in ARIS.

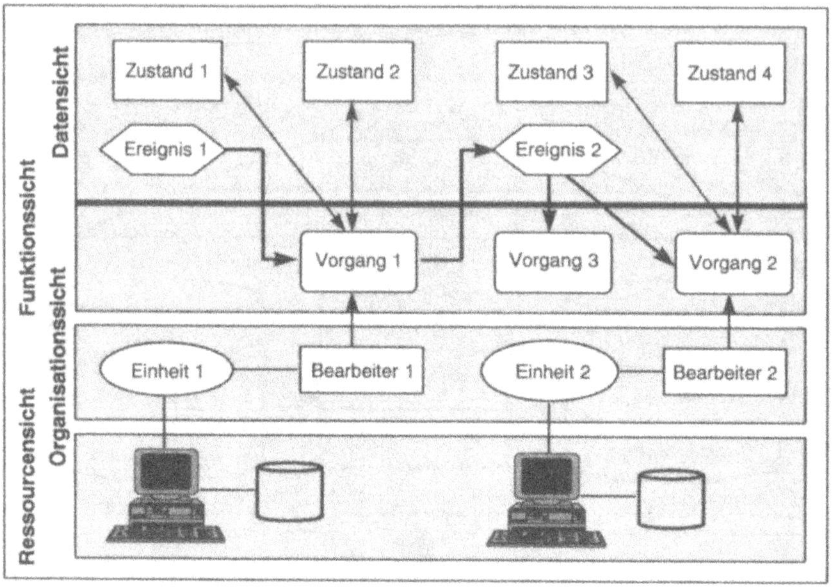

Abbildung 4: Prozeßmodell in ARIS nach Scheer

ARIS bildet den theoretischen Rahmen für das ARIS-Toolset, welches für die Erarbeitung und Darstellung des Referenzmodells „ECO-Integral" diente. Es ermöglicht die computergestützte Anwendung des ARIS-Konzeptes. Im ARIS-Toolset können Modelle für jede Sicht und Beschreibungsebene interaktiv am Bildschirm entworfen und analysiert werden. Jedes definierte Element wird in einer Datenbank abgelegt, so daß es aus anderen Teilmodellen referenziert werden kann. Je nach Sicht und Beschreibungsebene werden dem Benutzer im ARIS-Toolset eine Reihe von geeigneten Modellierungstechniken (ERM, EPK, Funktionsbäume, Organigramme,...) angeboten, aus denen er auswählen kann.

ARIS stellt zusammenfassend einen Modellierungsstandard dar, in dem die auf breiter Ebene anerkannten Modellierungstechniken weitestgehend unterstützt werden. Die Integration der vier oben genannten Sichten eines integrierten Informationssystems erlaubt eine umfassende Beschreibung wichtiger Aspekte eines betrieblichen Informationssystems. Die drei unterschiedenen Ebenen des Konzeptes konkretisieren die wichtigsten Entwicklungsschritte im Rahmen der Systementwicklung. Durch die zentrale Datenbank unterstützt das ARIS-Toolset die Kombination verschiedener Modellierungstechniken.

Im Referenz-Anwendungssystemmodell „ECO-Integral" werden Funktionsbäume, EPKs und ERMs, als die wichtigsten Modellierungstechniken der Fachkonzeptebene verwendet. Die Organisationssicht wird nicht behandelt, da in diesem Bereich für ein Referenz-Anwendungssystemmodell keine Festlegungen erforderlich sind.

1.3 Die verwendeten Modellelemente

Die folgende Abbildung gibt einen Überblick über die in ARIS für Entity-Relation Modelle und ereignisorientierte Prozeßketten benutzte Symbole:

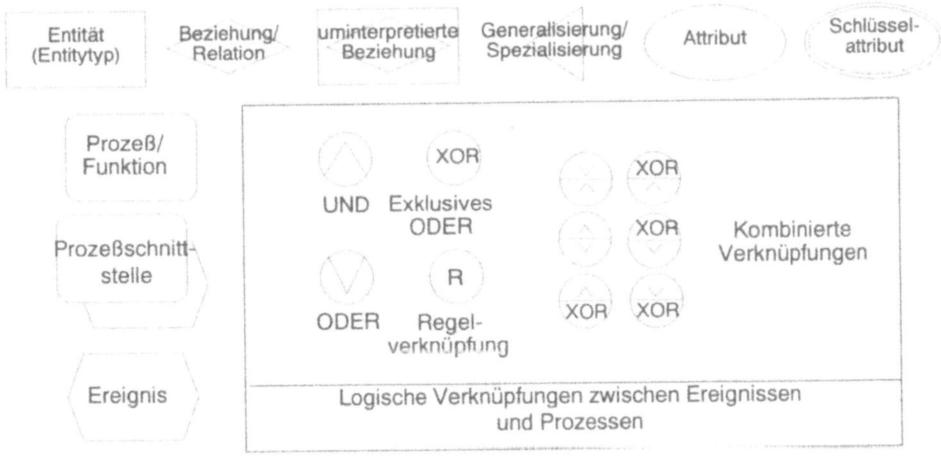

Abbildung 5: Legende der Modellierungselemente in ARIS

Im folgenden werden alle Elemente kurz erläutert. Eine vertiefende Darstellung der Modellierungstechniken und Beispiele finden sich in [Scheer 1996, S. 31ff].

Eine **Entität** beschreibt reale oder abstrakte Dinge, die für einen betrachteten Ausschnitt der Aufgaben einer Unternehmung von Interesse sind (z.B.: Kunden, Rechnungen, Materialien). Ein Entitytyp repräsentiert eine Menge Ausprägungen gleichartiger Entitäten.

Attribute sind Eigenschaften von Entitäten (z.B. Name und Anschrift der Entität „Kunde"). Die Unterscheidung zwischen Entität und Attribut hängt vom Anwendungszweck ab. Eine Adresse kann auch als eigene Entität modelliert werden und mit anderen Entitäten über eine **Beziehung** verbunden werden. Entitäten besitzen immer Attribute, wohingegen Attribute keine weiteren Attribute besitzen. Von Attributen können keine weiteren Beziehungen ausgehen. Ein **Schlüsselattribut** identifiziert eine Entität in der Menge aller eindeutig.

Eine **Beziehung** ist eine logische Verknüpfung zweier oder mehrerer Entitäten. Sie können nur in Verbindung mit den betreffenden Entitäten auftreten, während Enitäten selbständig existieren. Auch Beziehungen können Attribute zugeordnet werden. Die Kardinalität einer Beziehung gibt an, wieviele Enitäten einer anderen Entitäten zugeordnet werden können. Dies wird durch 1:1, 1:n, n:1 zum Ausdruck gebracht.

Beziehungen können selbst wieder Beziehungen zu anderen Entitäten aufnehmen. Zu diesem Zweck werden sie als Entitäten „uminterpretiert". Die **uminterpretierte Beziehung** ist aus der Sicht dieser Entitäten als eigenständige Entität zu sehen. Dies geschieht in den meisten Fällen dann, wenn aus einer Beziehung ein neuer Begriff entsteht. z.B. entsteht ein Auftrag aus der Beziehung zwischen einem Kunden und der Zeit (Ein Kunde gibt zu einem Zeitpunkt einen Auftrag). Der Auftrag besteht aus einer Menge von Auftragspositionen, die als Beziehung zum Auftrags(-kopf) modelliert werden. Der Auftragskopf wird zu diesem Zweck uminterpretiert.

Bei der **Generalisierung** werden ähnliche Entitäten zu einer übergreifenden Entität zusammengefaßt (z.B. können „Kunde" und „Lieferant" zum „Geschäftspartner" zusammengefaßt werden). Gemeinsame Attribute werden nur beim übergordneten Entity beschrieben. Die **Spezialisierung** ist der umgekehrte Vorgang der Generalisierung: Ein Begriff wird in mehrere Teilbegriffe zerlegt, die auch neue Attribute erhalten.

Eine **Funktion** bzw. ein **Prozeß** beschreibt allgemein eine Tätigkeit oder einen Ablauf. **Ereignisse** lösen Funktionen aus und sind deren Ergebnis. Ein Ereignis kann als Auftreten oder Änderung (der Attributausprägungen) einer Entität definiert werden und wird somit immer in der Datensicht erfaßt. Ereignisse beziehen sich immer auf einen Zeitpunkt, während Prozesse immer ein zeitverbrauchendes Geschehen sind.

Eine **Prozeßschnittstelle** beschreibt stellvertretend einen (Teil) -Prozeß innerhalb eines Prozesses.

Von Ereignissen können mehrere Funktionen parallel ausgehen, der Abschluß eines Prozesses kann zu mehreren Ereignissen führen. **Logische Operatoren** beschreiben die Verknüpfung von Ereignissen untereinander und mit Prozessen. Abbildung 5 zeigt die möglichen Operatoren. Kombinierte Operatoren beschreiben jeweils die Eingangs- (über dem Trennstrich) und die Ausgangsverknüpfung (unter dem Trennstrich). Sofern nur ein Ein- bzw. Ausgang auftritt, entfällt der logische Operator.

1.4 Verwendete und weiterführende Literatur

Becker, J.; Schütte, R. (1997): Referenz-Informationsmodell für den Handel. Begriff, Nutzen und Empfehlungen für die Gestaltung und unternehmensspezifische Adaption von Referenzmodellen. In: Wirtschaftsinformatik ´97. Hrsg.: Krallmann, H., Heidelberg, S. 427-448.

Krcmar, H. (1997): Informationsmanagement. Berlin.

Krcmar, H. (1990): Bedeutung und Ziele von Informationssystem-Architekturen. In: Wirtschaftsinformatik 32/5, S. 395-402.

Rosemann, M.; Schütte, R. (1997): Grundsätze ordnungsmäßiger Referenzmodellierung. In: Becker, J.; Rosemann, M.; Schütte, R. (Hrsg.): Entwicklungsstand und Entwicklungsperspektiven der Referenzmodellierung. Proceedings zur Veranstaltung vom 10. März 1997, Arbeitsbericht Nr. 52 des Institutes für Wirtschaftsinformatik der Westfälischen Wilhelms-Universität Münster, S. 16-33.

Scheer, A.-W. (1996): Architektur integrierter Informationssysteme. Grundlagen der Unternehmensmodellierung. Berlin.

Scheer, A.-W. (1997): ARIS-House of Business Engineering: Konzeption zur Beschreibung und Ausführung von Referenzmodellen. In: Becker, J., Rosemann, M.; Schütte, R. (Hrsg.): Entwicklungsstand und Entwicklungsperspektiven der Referenzmodellierung. Proceedings zur Veranstaltung vom 10. März 1997, Arbeitsbericht Nr. 52 des Institutes für Wirtschaftsinformatik der Westfälischen Wilhelms-Universität Münster, S. 3-15.

2 Ableitung einer anwendungsbezogenen Informationssystem-Architektur für ECO-Integral

Ausgangspunkt für die Entwicklung der Informationssystem-Architektur für das Referenzmodell „ECO-Integral" ist die Betrachtung der grundlegenden Funktionen des betrieblichen Umweltmanagements, der dabei zu berücksichtigenden Objekte und der Funktionsabdekkung durch die gängigen Instrumente des Umweltmanagements. Abbildung 6 zeigt die Zusammenhänge zwischen diesen drei Elementen:

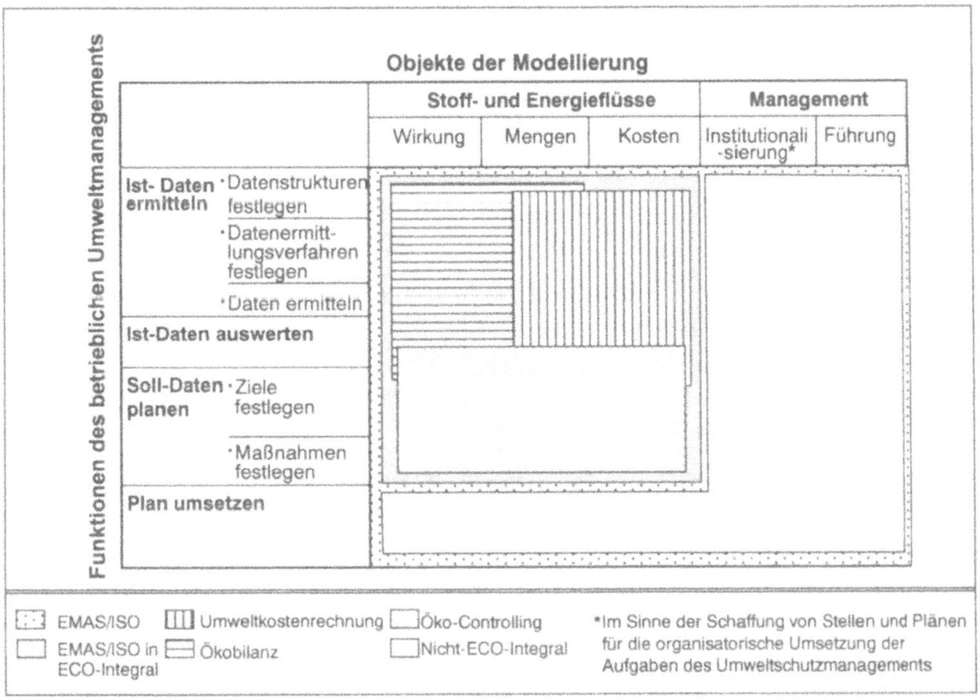

Abbildung 6: Funktionen, Objekte und Instrumente des betrieblichen Umweltmanagements

„Ist-Daten ermitteln", „Ist-Daten anwenden", „Umweltprogramm festlegen" und „Umweltprogramm umsetzen" sind die grundlegenden Funktionen des betrieblichen Umweltmanagements. Zur Datenermittlung müssen zunächst Datenstrukturen und entsprechende Methoden zur Datenermittlung festgelegt werden, bevor die Daten tatsächlich ermittelt werden können. Die ermittelten Daten werden durch die Anwendung spezifischer Methoden in Form von Instrumenten ausgewertet. Mit Instrumentenunterstützung werden Ist-Zustände erfaßt und Soll-Zustände im Umweltprogramm festgeschrieben. Das Umweltprogramm wird entsprechend den Leitlinien des Unternehmens umgesetzt. Damit ist der Regelkreis des Umweltmanagements in grober Form skizziert.

Die Objekte, die es im Rahmen des Umweltmanagements zu gestalten gilt, sind die Mengen, Wirkungen und Kosten der Stoff- und Energieflüsse des Unternehmens und das Managementsystem. Dieses ist in den beiden Dimensionen „Institutionalisierung“ im Sinne der Aufbau- und Ablauforganisation und „Führung“ zu gestalten.

Zur Abdeckung der Aufgaben des Umweltmanagements wird aus Theorie und Praxis eine Reihe von Methoden und Instrumenten angeboten bzw. beschrieben und postuliert. Primäre Aufgabe von ECO-Integral ist es nicht, diese Instrumente und Methoden (weiter) zu entwickeln, sondern sie in Form eines Referenzmodells DV-nah in einem einheitlichen Konzept zu modellieren. Zu diesem Zweck werden die Instrumente in die aus Funktionen und Objekten gestaltete Matrix eingeordnet. Dabei wird schnell sichtbar, daß große Überlappungen existieren[1] (vgl. Abbildung 6). Diese müssen bei der Modellierung im Sinne der Klarheit (Kommunikation mit Adressaten), Wirtschaftlichkeit (Modellierungsökonomie) und nicht zuletzt der Systematik wegen berücksichtigt werden (vgl. Grundsätze ordnungsgemäßer Referenzmodellierung, Teil I, Abschnitt 1.1).

EMAS/ISO 14.001ff, Ökobilanz, Öko-Controlling und Umweltkostenrechnung sind die in Theorie und Praxis diskutierten und damit einzuordnenden Instrumente:

EMAS und ISO 14.001ff sind Normierungen und Standardisierungsansätze des Umweltmanagements und decken deshalb alle der in Abbildung 6 genannten Bereiche - wenn auch in unterschiedlichem Maße - ab. In ECO-Integral wird ausschließlich der Stoff- und Energieflußteil, sowie alle Funktionen außer der (operativen) Umsetzung des Umweltprogramms behandelt (vgl. Schraffuren in Abbildung 6).

Die **Ökobilanz** befaßt sich mit den Mengen und Wirkungen der Stoff- und Energieflüsse, nicht aber mit den Funktionen „Umweltprogramm festlegen und umsetzen“ sowie der Einrichtung von Managementstrukturen.

Das **Öko-Controlling** hingegen befaßt sich schwerpunktmäßig mit der Ziel- und Maßnahmenfestlegung und bedient sich dabei der Datenauswertung in den Bereichen Mengen, Wirkung und Kosten von Stoff- und Energieflüssen. Ökobilanz und Umweltkostenrechnung befriedigen dabei nur ein Teil des Informationsbedarfs.

Die **Umweltkostenrechnung** betrachtet die Mengen- und Kostenseite der Stoff- und Energieflüsse und stellt Methoden zur Datenauswertung bereit.

Allen vier Methoden ist gemeinsam, daß sie auf umfassende, regelmäßig und strukturiert erfaßte Mengendaten des Unternehmens zugreifen und spezifische Methoden zur Datenauswertung verwenden.

Ausgangspunkt der Entwicklung einer anwendungsbezogenen Informationssystem-Architektur ist deshalb die Beseitigung der funktionalen (vertikale) und der objektbezogenen (horizontale) Überlappungen in Form eines 3-Ebenen -Modells (vgl. Abbildung 7).

---

1 In Praxis und Theorie werden die Aufgaben der genannten Instrumente teilweise nicht exakt voneinander abgegrenzt.

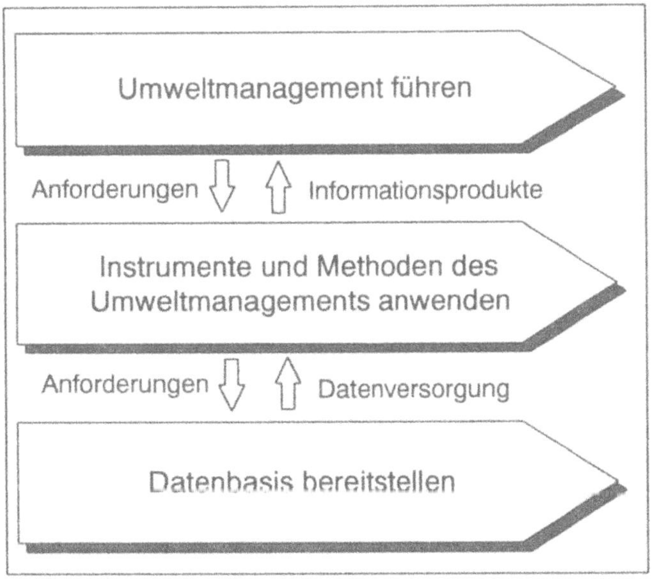

Abbildung 7: 3-Ebenen-Modell des DV-gestützten Umweltmanagements

Die Funktionen des Umweltmanagements werden auf drei Ebenen übertragen, die jeweils im Sinne der Prozeßorientierung einen (internen Dienstleistungs-)Prozeß darstellen.

Der Prozeß **„Umweltmanagement führen"** beinhaltet die

- Festlegung der Umweltpolitik und -ziele,
- die Gestaltung des Umweltmanagements,
- die Auswahl und Konfiguration der Instrumente des Umweltmanagements,
- die Prüfung der Einhaltung der Politik und Ziele
- und die Integration umweltorientierter Entscheidungen in operative Abläufe.

Der Prozeß **„Instrumente und Methoden des Umweltmanagements anwenden"** versorgt die Führung mit den benötigten Informationen. Dazu greifen die Instrumente zur Datenversorgung auf die Datenbasis zurück, die durch den Prozeß „Datenbasis bereitstellen" bereitgehalten wird. Anforderungen an die Konfiguration der Instrumente werden von der Führung gestellt. Die Konfiguration der Instrumente stellt ihrerseits wieder Anforderungen an die Gestaltung der Datenbasis. Die horizontale Überschneidungsfreiheit der Instrumente wird durch folgenden Werkzeugkasten, bestehend aus den in ECO-Integral modellierte Instrumenten, erreicht:

- Stoff- und Energiebilanzierung für Unternehmen, Prozesse und Produkte
- Wirkungsanalyse und Bewertung
- Kennzahlen und Kennzahlensysteme
- Umweltprogramm
- Umweltkostenrechnung

- Umweltrechtliche Instrumente
- Mikro-Makro-Link

Die Instrumente des Werkzeugkastens gewährleisten eine - nach dem derzeitigen Stand - durchgängige Informationsversorgung der Führung. Sie sind überschneidungsfrei und modular definiert bzw. modelliert. Die Modularität wurde durch die tiefe inhaltliche Durchdringung der bekannten Instrumentarien des Umweltmanagements erreicht. Die Kombination der Instrumente miteinander ermöglicht die Funktionalität der oben genannten „klassischen" Instrumente des Umweltmanagements. Die Erweiterung der Instrumentenebene durch zusätzliche, u.U. in der Zukunft neu entwickelte Instrumente ist im Sinne der Adaptierbarkeit und Wirtschaftlichkeit des Referenzmodells gewährleistet.

Der Prozeß **„Datenbasis bereitstellen"** beinhaltet die Schritte „Datenstrukturen festlegen", „Datenermittlungsmethoden festlegen" und „Daten ermitteln". Zu diesen Zwecken werden geeignete Stammdaten und Datenermittlungsverfahren bereitgestellt, die die Grundlage der unternehmensspezifischen Festlegung der Datenstrukturen sind. Die Datenstruktur wird in einer Datenbank mit kontinuierlich ermittelten Bewegungs- und Bestandsdaten gefüllt, auf welche die Instrumente zugreifen.

Abbildung 8 faßt die Funktionsweise von ECO-Integral zusammen:

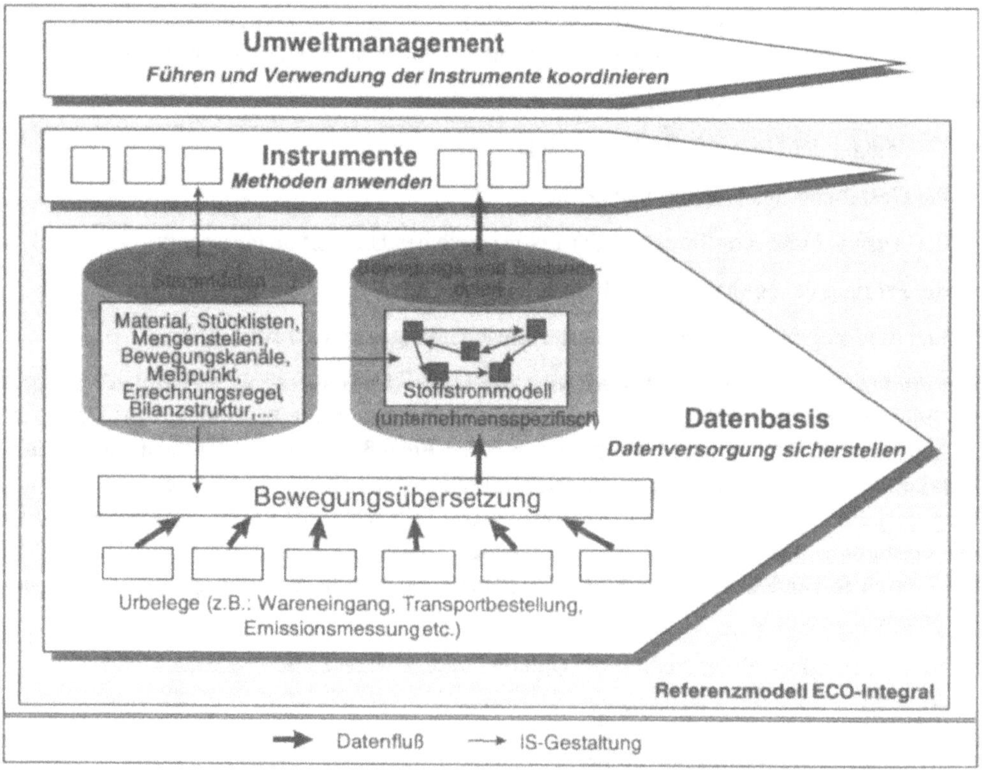

Abbildung 8: Funktionsweise von ECO-Integral

Die fetten Pfeile zeigen den Datenfluß im System ECO-Integral. Aus Urbelegen von relevanten Stoff- und Energieflüssen werden Bewegungen generiert und in der unternehmensspezifisch gestalteten Datenbank in einem einheitlichen Format abgelegt. Hierzu werden verschiedene Erfassungs- und Errechnungsmethoden verwendet, die im Teil IV, Abschnitt 2.1 „Datenbasis" beschrieben sind. Hier sind sie unter dem Begriff „Bewegungsübersetzung" subsummiert.

Die schmalen Pfeile zeigen die unternehmensspezifische Gestaltung des Informationssystems „ECO-Integral". Gestaltet wird

- das unternehmensspezifische Stoffstrommodell,
- die Datenerfassung („Bewegungsübersetzung") und die
- Instrumente.

Hierzu wird auf die in der Datenbasis neben den Bewegungs- und Bestandsdaten abgelegten Stammdatenelemente zugegriffen. Diese sind teilweise von außen fest vorgegeben, teilweise unternehmensspezifisch erstellt. Die für die jeweiligen Aufgaben benötigten Stammdaten sind in den entsprechenden Berichtsteilen beschrieben.

Diese Darstellung der Funktionsweise von ECO-Integral ist idealisiert und muß für die DV-technische Realisierung auf das jeweilige Basissystem angepaßt werden. Mögliche Alternativen der DV-mäßigen Umsetzung werden in Teil V, Abschnitt 2.3 beschrieben.

Das 3-Ebenen-Modell dient als einfache anwendungsbezogene Informationssystem-Architektur und als Metamodell für ECO-Integral. Zusammen mit den durch ARIS vorgegeben Sichten (Funktionen, Daten, Prozesse) kann die Konsistenz des Referenzmodells im Sinne der Richtigkeit und Systematik geprüft werden (vgl. Teil I, Abschnitt 1.1).

3 Funktionsbaum „ECO-Integral“

Im umseitig abgebildeten Funktionsbaum „ECO-Integral“ ist das 3-Ebenen-Modell umgesetzt. Der linke Ast „Entscheidungsprozesse unterstützten“ enthält die Funktionen des Umweltmanagements (1 Ebene). Darin sind die Gestaltungsaufgaben unterschiedlicher Sichten des Umweltmanagements enthalten: „Führungsfunktion unterstützen“ und „operative Entscheidungen unterstützen“.

Diese Funktionen sind nicht im Referenzmodell modelliert, sondern nur der Vollständigkeit halber wiedergegeben. Die unmittelbare Unterstützung der Aktivitäten der Führungsfunktion können und sollen durch ein DV-gestütztes Informationssystem wie ECO-Integral nicht geleistet werden. Die informationelle Unterstützung der Führung und der operativen Entscheidungen erfolgt durch die in der zweiten Ebene modellierten Instrumente.

Die Einbettung der einzelnen Instrumente in die operativen Prozessen wie z.B. der Einkauf, die F&E und andere ist noch nicht geleistet. Diese ist eine wichtige Zukunftsaufgabe, um das Potential von ECO-Integral vollständig auszuschöpfen. Zu den unterschiedlichen Sichten auf das Umweltmanagement vgl. „Teil II: Umweltmanagement“ dieses Berichts.

Der mittlere und rechte Ast des Funktionsbaums sind in den Teilen III (Instrumente) und IV (Datenbasis) als das eigentliche Referenzmodell „ECO-Integral“ modelliert. Der mittlere Ast enthält alle in ECO-Integral modellierten Instrumente mit ihren Ausprägungen. Er beschreibt damit die Nutzung der Datenbasis. Der rechte Ast beinhaltet alle Funktionen zur Gestaltung und Erstellung der Datenbasis von ECO-Integral.

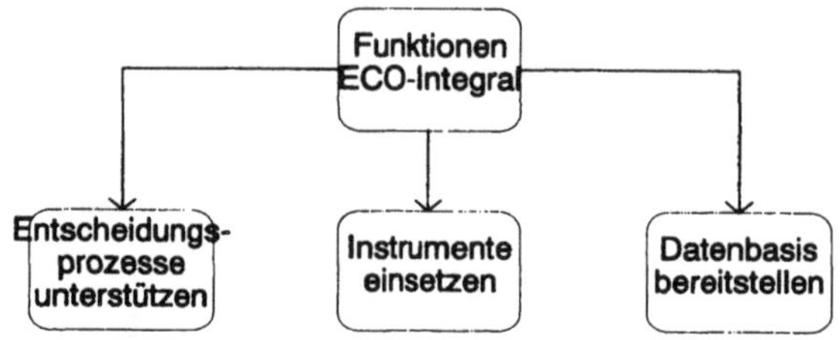

Abbildung 9: Funktionsbaum ECO-Integral - 1. Ebene

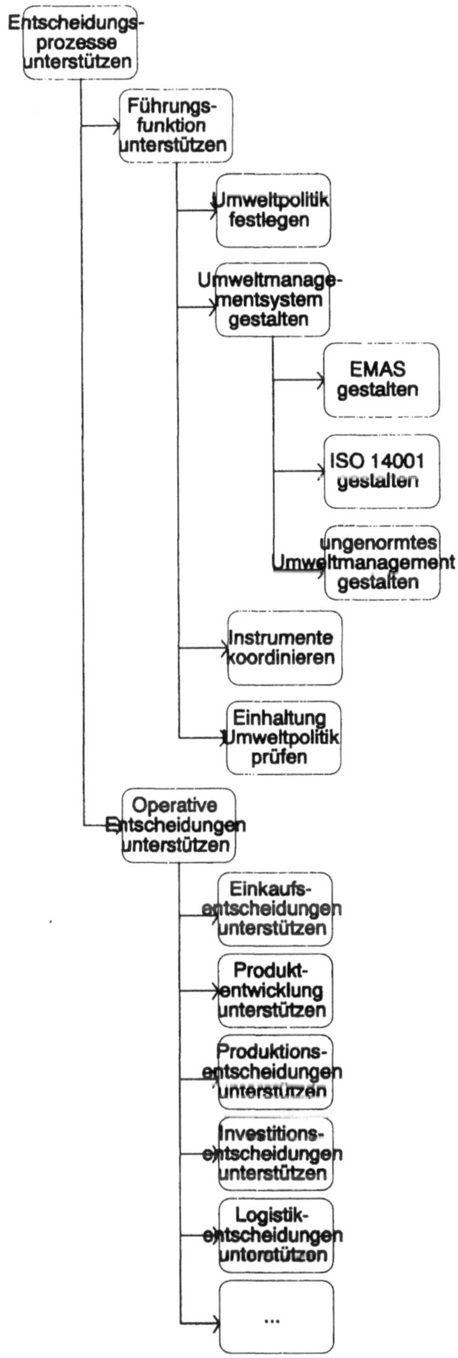

Abbildung 10: Funktionsbaum ECO-Integral - 2. Ebene – Entscheidungsprozesse unterstützen

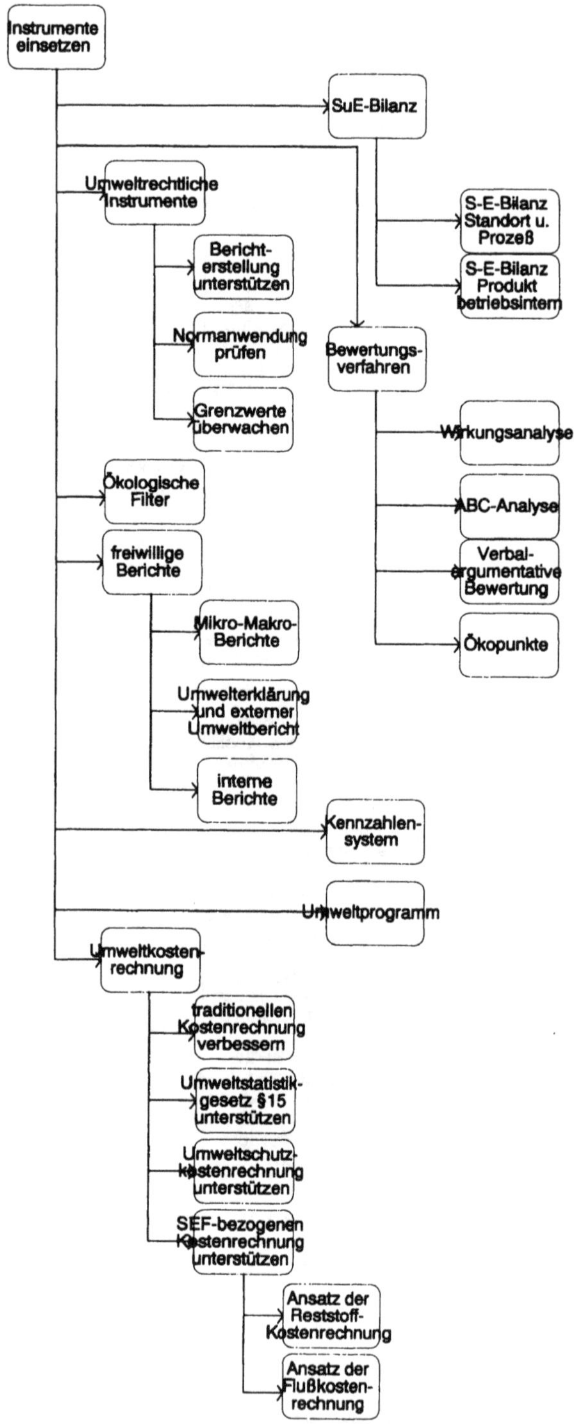

Abbildung 11: Funktionsbaum ECO-Integral - 2. Ebene – Instrumente einsetzen

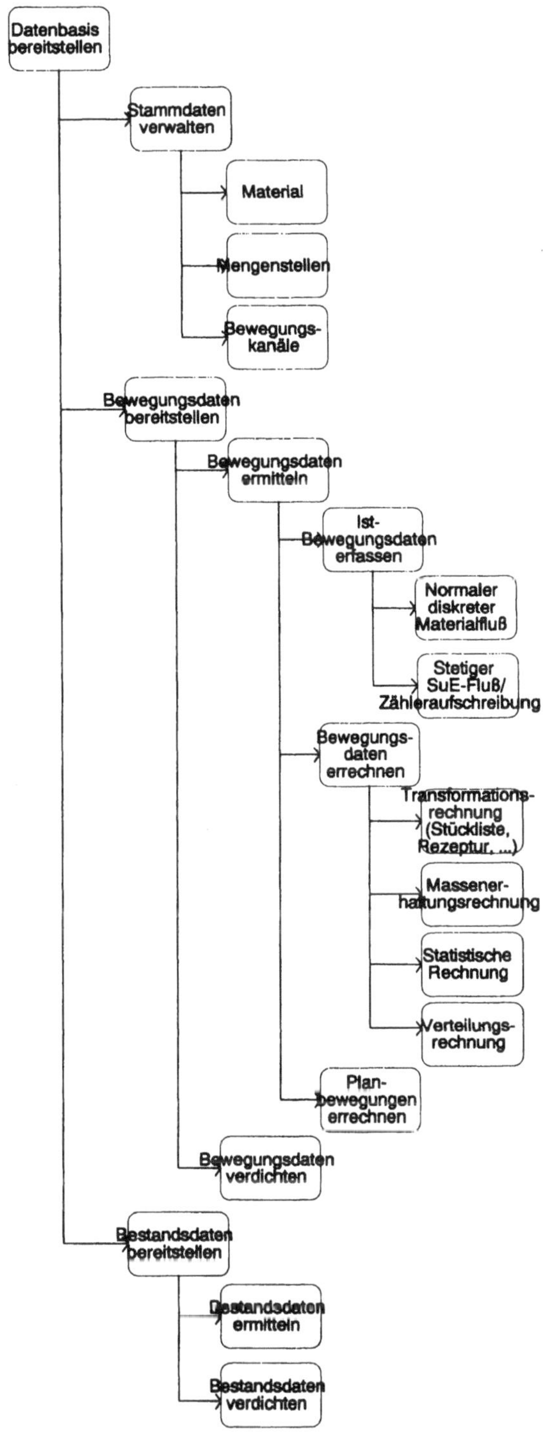

Abbildung 12: Funktionsbaum ECO-Integral - 2. Ebene – Datenbasis bereitstellen

Teil II: Führungssystem Umweltmanagement

Mit dem Begriff „Management“ werden zahlreiche Inhalte und Konzepte verbunden, die von einfachen Kochrezepten bis hin zu umfassenden systemtheoretischen Ansätzen reichen. So läßt sich mit den Worten von Staehle sagen, daß „Management niemals eine exakte Wissenschaft werden könne, sondern vornehmlich eine Kunst sei und auf Intuition beruhe, der die Manager bei der Erfüllung ihrer Aufgaben folgen“ [Staehle 1992, S. 72]. Dies gilt in hohem Maße auch für das „Umwelt“ - Management.

Zur strukturierten Bearbeitung zentraler Aufgaben, Funktionen und Instrumente des Umweltmanagements wird im Folgenden das Umweltmanagement in vier Bereiche segmentiert:

- Umweltmanagement als Führungssystem
- Umweltmanagement durch Integration umweltorientierter Aufgaben in operative Prozesse
- Umweltmanagement als klassischer Umweltschutz
- Normiertes Umweltmanagement gemäß EMAS und ISO 14.001

Umweltmanagement als Führungssystem verfolgt den Ansatz, daß umweltbezogene Aufgaben entsprechend der Umweltpolitik bereits in dem Führungs- und Planungszyklus mit aufgenommen werden. Dementsprechend konzentrieren sich die Instrumente auf das Bereitstellen verdichteter Führungsinformationen (z.B. Stoff- und Energiebilanzen, Umweltkostenrechnung, Kennzahlen) und Planungshilfen (z.B. Umweltprogramm).

Umweltmanagement als Integration umweltorientierter Aufgaben in operative Prozesse beinhaltet die Entwicklung bestehender Abläufe wie beispielsweise Abläufe der Produktentwicklung, des Einkaufs, der Produktionsplanung oder des Vertriebs. Diese Abläufe werden hinsichtlich ihrer Umweltwirkung geprüft und die relevanten Entscheidungsprozesse gegebenenfalls erweitert.

Nicht zuletzt kann sich Umweltmanagement auch auf den klassischen end-of-pipe-orientierten Umweltschutz beziehen. Technische Lösungen beispielsweise für Abwasserbehandlung und Abluftfilterung stehen hierbei im Vordergrund. Ziele sind die Einhaltung umweltrechtlicher Vorgaben und eine effiziente Logistik der Abfallentsorgung.

Eine spezifische Kombination obiger Ansätze sind Umweltmanagementsysteme, die sich an den Anforderungen der EMAS oder der ISO 14.001 orientieren.

Alle vier Ansätze lassen sich empirisch in unterschiedlichen Ausgestaltungen und Schwerpunkten in Unternehmen feststellen. Eine eindeutige Abgrenzung ist dabei nicht immer möglich. Dennoch ist diese Unterteilung in vier Ansätze für Analyse- und Modellierungszwecke hilfreich, da hierdurch die unterschiedlichen Bedürfnisse der Unternehmen abgedeckt werden können.

Der Handlungsbedarf für die Datenverarbeitung und der Nutzen für das Umweltmanagement ist vermutlich in dem Ansatz „Umweltmanagement als Führungssystem" am größten. Die umfassende Datenbasis integrierter Softwarelösungen (SAP, SSA, ...) kann genutzt oder erweitert werden, um mit Hilfe zusätzlicher Instrumente automatisiert Führungs- und Planungsinformationen zur Verfügung zu stellen. Nachfolgende Abbildung zeigt beispielhaft den Bedarf einer Modulerweiterung von integrierten Softwarelösungen für den Ansatz „Umweltmanagement als Führungssystem".

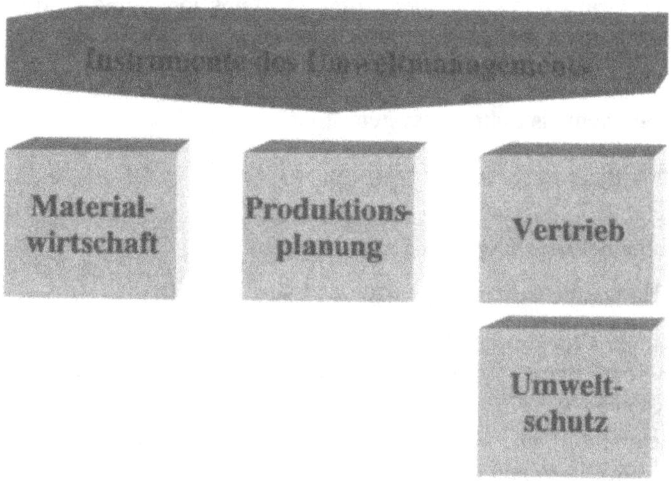

Abbildung 13: Modulerweiterung integrierter Softwaresysteme für Umweltmanagement als Führungssystem

Wie sich in den innerhalb von ECO-Integral durchgeführten Firmenprojekten zeigte, besteht in der Praxis aber auch großes Interesse daran, umweltbezogene Entscheidungen in die bestehenden Applikationen zu integrieren. Beispielsweise kann eine Applikation zur Materialbeschaffung um Mengen und Kosten der Lieferantenverpackung und um materialbedingte Produktionsverluste erweitert werden. Nachfolgende Abbildung zeigt beispielhaft den Bedarf der Integration des Umweltmanagements in bestehende Applikationen für den Ansatz „Umweltmanagement durch Integration umweltorientierter Aufgaben in operative Prozesse".

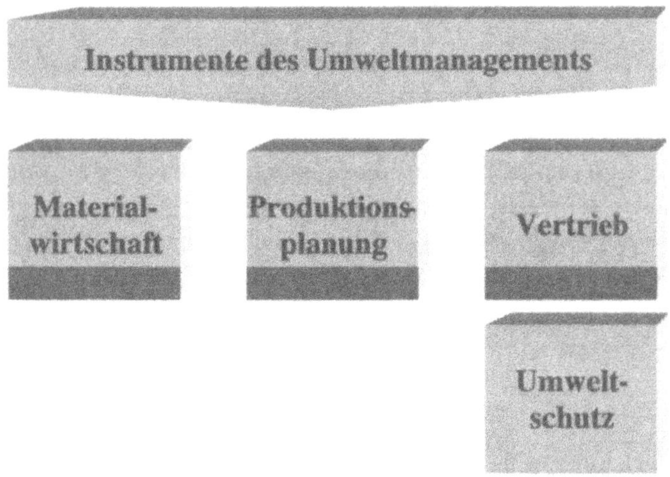

Abbildung 14: Modulerweiterung integrierter Softwaresysteme für Umweltmanagement durch Integration in operative Prozesse

Im Bereich des klassischen Umweltschutzes besteht bereits ein großes Angebot an Softwareunterstützung, insbesondere für den Umgang mit Gefahrstoffen, für das Umweltrecht und für die Abfallbewirtschaftung. Hier ist der Handlungsdruck für die Entwicklung umweltorientierter Software nicht geringer als in den anderen Bereichen. Eine Einbindung dieser Anwendungen in integrierte Softwarelösungen würde jedoch eine Synergie bei der Systempflege, Datenerfassung und –nutzung ergeben und diese somit wirtschaftlicher gestalten. Nachfolgende Abbildung zeigt beispielhaft den Bedarf der Einbindung des klassischen Umweltschutzes als eigenes Modul in integrierte Softwarelösungen für den Ansatz „Umweltmanagement als klassischer Umweltschutz".

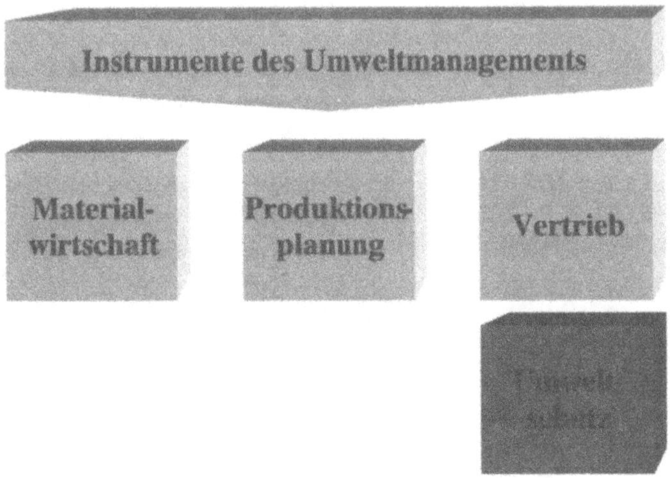

Abbildung 15: Modulerweiterung integrierter Softwaresysteme für Umweltmanagement als klassischer Umweltschutz

Die Ausrichtung von ECO-Integral zielt im wesentlichen auf das Umweltmanagement als Führungssystem ab.

Der Bedarf für eine Erweiterung dieses ECO-Integral-Ansatzes in Richtung einer Integration des Umweltmanagements in die operativen Prozesse kann durch die Ergebnisse der Firmenprojekte belegt werden. Das Konzept von ECO-Integral erlaubt und unterstützt diese zukünftig notwendige Erweiterung.

1 Umweltmanagement als Führungssystem

Die modernen, führungsorientierten Managementkonzeptionen weisen einige Gemeinsamkeiten auf. Management wird als ein Prozeß verstanden, der die zielgerichtete Entwicklung eines Unternehmens zum Inhalt hat. „Management ist die zielorientierte Gestaltung, Steuerung und Entwicklung des sozio-technischen Systems Unternehmen in sach- und personenbezogener Dimension“ [Hopfenbeck 1991, S. 409]. Richtungsweisend ist dabei die vom Management entwickelte Politik (Vision, Leitbild, Vorstellung, Philosophie) davon, wie das Unternehmen in der Zukunft aussehen sollte. Die Entwicklung des Unternehmens in die Richtung der festgelegten Politik kann durch die zyklische Abfolge der Management-Phasen erfolgen. Die Phasen können durch geeignete Instrumente (Management- und Informationsinstrumente) unterstützt werden, wobei eine Managementaufgabe in der zielbezogenen Ausgestaltung und Kombination dieser Instrumente liegt.

Umweltmanagement bedeutet somit die Einbeziehung einer ökologischen Entwicklungsperspektive in die Politik des Unternehmens. Dies darf allerdings nicht zu einer isolierten Umwelt-Politik führen, sondern muß zu einem integralen Bestandteil der Managementaufgaben werden. Hierdurch wird ein integriertes und effizientes Umweltmanagement möglich.

In regelmäßigen Abständen muß das Management sich von der Effizienz, der Wirkung und der Funktionsfähigkeit des Umweltmanagements überzeugen (Durchführung von Audits).

Zusammenfassend beinhaltet das **Umweltmanagement** folgende Aufgaben:

- Umweltpolitik entwickeln
- Führungssystem gestalten
- Instrumente kombinieren / anwenden
- Wirkung und Funktionsfähigkeit des Umweltmanagements prüfen

Entsprechend den Zielsetzungen von ECO-Integral sind im Folgenden lediglich die Bereiche des Umweltmanagements dargestellt, die sich direkt auf Stoff- und Energieflüsse beziehen. Hierzu zählt beispielsweise nicht: Die Schaffung von Stellen und Plänen, die Delegation von Verantwortung, die Erstellung von Arbeitsanweisungen oder die Dokumentation umweltrelevanter Aufgaben.

1.1 Umweltpolitik entwickeln

Die langfristige Sicherung des Unternehmens gehört zu den wichtigsten Merkmalen eines erfolgreichen Managements. In einer komplexen Umwelt mit dynamischen Märkten und stark ausdifferenzierten Kundenwünschen ist eine Existenssicherung nicht mehr ohne die permanente Entwicklung des Unternehmens möglich. Hierzu gehört beispielsweise die Beantwortung der Frage: welche Produkte soll das Unternehmen in 5, 10 oder 15 Jahren, auf welchen Märkten mit welchen Umwelt- und Qualitätsstandards anbieten? Die Entwicklung einer derartigen Vision ist primär eine kreative Tätigkeit und ist mit den Chancen und Risiken des unternehmerischen Handelns verbunden. Eine Softwareunterstützung ist dabei allerdings nur sehr begrenzt möglich.

Folgende **Zielbereiche** können Bestandteil der Umweltpolitik sein:

- Umweltwirkungen reduzieren
- Stoff- und energieflußbezogene Kosten senken
- Umweltrechtliche Anforderungen einhalten
- Stoff- und Energieflüsse verändern
- System verändern (z.B. Organisation, Gebäude, Anlagen, Boden)

1.2 Führungssystem gestalten

Die zur Umsetzung der Politik nötigen Entwicklungen des Unternehmens lassen sich zum besseren Verständnis in Phasen einteilen. Die Phasen können entweder linear oder zyklisch konzipiert werden.

Die lineare Phasenkonzeption ist auf einen bestimmten Zeitraum ausgelegt und unterscheidet beispielsweise die Startphase, die Konkretisierungsphase, Diffusionsphase und Stabilisierungsphase [Glasl/Lievegoed 1993]. Diese lineare Phasenkonzeption wurde auch bereits auf die ökologische Unternehmensentwicklung übertragen [Strobel/Wagner 1995, S. 479]. Dieses Entwicklungsmodell läßt sich aber wegen seiner hohen Innovationsanteile und den vergleichsweise geringen standardisierbaren Routinetätigkeiten nur in begrenztem Umfang durch EDV unterstützen.

Im Gegensatz hierzu ist die zyklische Phasenkonzeption geradezu prädestiniert, DV-technisch unterstützt zu werden. Denn kennzeichnend für die zyklische Phasenkonzeption ist eine regelmäßige Wiederholung der Phasen. Die regelmäßige Wiederholung soll insbesondere auch zu hohen Lerneffekten führen. Umweltmanagementsysteme, wie beispielsweise nach EMAS oder nach ISO 14.001, folgen diesem zyklischen Phasenkonzept. Folgende Phasen können idealtypischerweise unterschieden werden:

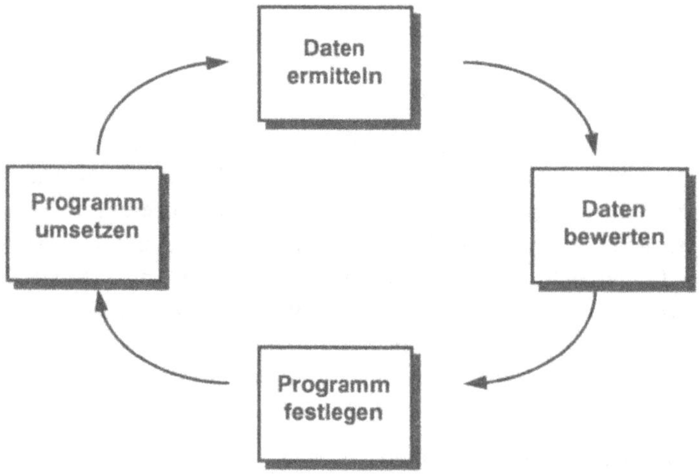

Abbildung 16: Führungssystem

1.2.1 Daten ermitteln

Grundlage von Entscheidungen der Planung, Steuerung und Entwicklung muß eine fundierte Kenntnis der Stoff- und Energiefluß-Daten sein. Eine strukturierte Darstellung der Stoff- und Energieflüsse kann als eine zentrale Aufgabe für die EDV bezeichnet werden. Die hohe monetäre und ökologische Relevanz der Stoff- und Energieflüsse unterstreicht die Notwendigkeit, in diesem Bereich Transparenz zu schaffen.

Die Stoff- und Energieflüsse sollen entsprechend den Zielbereichen insbesondere auf die folgenden Aspekte hin beschrieben werden:

- Mengen
- Umweltwirkung
- Kostenentstehung
- Umweltrecht

1.2.2 Daten bewerten

Die in der ersten Phase ermittelten Daten müssen auf ökologische und ökonomische Stärken und Schwächen des Unternehmens hin bewertet werden. Die Bewertungsphase kann nach zwei Methoden erfolgen.

Eine Methodik ist die Bewertung der IST-Situation mit IST-Daten. Grundlage hierfür können beispielsweise bestimmte Aggregationsformen der Daten über die IST-Situation (Zeitreihen, Kennzahlen, ...), Bewertungsverfahren oder Benchmarking-Systeme sein.

Die andere Methodik ist ein Abgleich zwischen der ermittelten IST-Situation und der im Plan bzw. Programm festgelegten Soll-Situation. Aus diesem Abgleich lassen sich wesentliche Erkenntnisse über die Funktionsfähigkeit des Umweltmanagements ziehen. Insbesondere sind Aussagen darüber möglich, wie gut die Planung und deren Umsetzung funktioniert.

Beide Methodiken der Bewertungsphase beziehen sich auf die in der ersten Phase ermittelten Daten der Stoff- und Energieflüsse und lassen sich daher durch die EDV unterstützten. Aus dieser Bewertungsphase werden Veränderungspotentiale abgeleitet, die durch die Festlegung des Programms operationalisierbar werden.

1.2.3 Programm festlegen

Bei der Festlegung des Programms in dieser Planungsphase müssen zwei entgegengesetzte Aufgabenstellungen zusammengeführt werden.

Die zur Konkretisierung der Vision eingesetzte strategische Planung gibt dem Unternehmen die Rahmenbedingungen für die Planungsvorgaben. Diese Vorgaben müssen mit der operativen Planung abgeglichen werden, um den Bereich von konkret umsetzbaren Vorgaben auszuarbeiten. Die Planung muß somit das Wünschenswerte mit dem Notwendigen bzw. Machbaren vereinen. Insofern ist die Planung primär eine kreative Aufgabe. Die Aufgabenstellung besteht daraus, die Stärken zu nutzen bzw. die Schwächen zu beseitigen und dabei das Unternehmen in die Richtung der Vision zu bewegen.

Die operative Planung erarbeitet operationalisierbare Ziele, die sich nach Möglichkeit auf die in der ersten Phase ermittelten und in der zweiten Phase bewerteten Daten beziehen. Für jedes Ziel müssen ausreichend Maßnahmen geplant werden, so daß eine Zielerreichung sichergestellt wird. Für bedeutende Ziele können bereits bei der Planung Korrektur- bzw. Folgemaßnahmen festgelegt werden. DV-Unterstützung ist insbesondere zur Verwaltung und zum leichteren Handling der Daten der operativen Planung sinnvoll.

Die Planungstätigkeit schließt mit der Verabschiedung des Programmes durch eine autorisierte Instanz ab.

1.2.4 Programm umsetzen

Die Politik wird erst dann mit Leben gefüllt bzw. die gewünschten Effekte (z.B. Umweltentlastung, Kostensenkung,...) treten erst dann ein, wenn die geplanten Maßnahmen tatsächlich auch umgesetzt werden. Es ist daher eine zentrale Managementaufgabe, die Umsetzung einzuleiten und die notwendigen Voraussetzungen dafür zu schaffen, daß die Maßnahmen zum gewünschten Erfolg führen.

1.3 Instrumente kombinieren / anwenden (Öko-Controlling)

Die klassische Aufgabe des Controllings ist die Koordination zwischen Führungssystem und Informationssystem und damit die Kombination der Instrumente [Horvath 1993]

Dementsprechend ist das Öko-Controlling „eine führungsunterstützende und abteilungsübergreifende Querschnittsfunktion und umfaßt innerhalb des betrieblichen Umweltmanagements die

- Informations-,
- Planungs-,
- Kontroll- und
- Koordinationsfunktion.

Das Öko-Controlling ist insbesondere auf die Informationserfassung zur stofflichen Seite des betrieblichen Geschehens (Stoff- und Energiedaten) und ihrer ökologischen Wirkung sowie deren rechtliche und gesellschaftliche Bewertung ausgerichtet. Umweltcontrolling gestaltet das Umweltinformationssystem, bereitet Umweltinformationen entscheidungsorientiert auf und stellt die Beschlußfassung zu umweltrelevanten Themen und das Setzen von Umweltzielen sicher." [Bundesumweltministerium, Umweltbundesamt 1995, 622]

Der zunehmende Handlungsdruck auf Industrieunternehmen, ökologische Risiken zu erkennen und ihnen frühzeitig zu begegnen, hat besonders in den letzten zehn Jahren zur Ausprägung zahlreicher „umweltorientierter Instrumente" geführt. Diese Instrumente werden von der betrieblichen Praxis jedoch noch in sehr unterschiedlichem Maße genutzt. Aufgabe des Managements ist insbesondere die für die jeweilige Zielsetzung und Situation passenden Instrumente auszuwählen, die Instrumente entsprechend inhaltlich auszugestalten und bei Bedarf unterschiedliche Instrumente sinnvoll zu kombinieren.

Folgende Instrumente werden im Datenmodell von ECO-Integral berücksichtigt:

- Umweltrechtliche Instrumente
- Stoff- und Energiebilanzen
- Bewertungsverfahren
- Umweltprogramm
- Kennzahlensysteme
- Umweltkostenrechnung
- Mikro-Makro-Link

Im einzelnen werden die Instrumente in Teil III beschrieben. Die im Referenzmodul enthaltenen Instrumente sind überschneidungsfrei modelliert und beziehen sich teilweise aufeinander. Sie dürfen daher nicht isoliert voneinander betrachtet werden, sondern müssen gezielt aufeinander abgestimmt und kombiniert werden.

Die Instrumente müssen entsprechend den Phasen des Führungssystems in einen zeitlichen zyklischen Bezug gesetzt werden. Das heißt, daß die Daten zur Beschreibung der IST-Situation auf die Form der Bewertung und die Struktur des Umweltprogramms abgestimmt sein sollte. Neben dem Phasenbezug sollten die Instrumente aber auch innerhalb der Zielbereiche (siehe Teil III, Kapitel 4) abgestimmt sein.

Mögliche Zuordnungen der Instrumente auf die Phase des Umweltmanagements und die Zielbereiche findet sich in der folgenden Abbildung 17.

Zielbereiche / Phasen	Umweltwirkungen reduzieren	Kosten senken	Umweltrecht einhalten
Ist-Daten ermitteln	Stoff- und Energie-Bilanz Kennzahlen	Umweltkostenrechnung	Kennzahlen
Ist-Daten auswerten	Umweltprogramm Kennzahlen Bewertungsverfahren	Umweltprogramm Kennzahlen	Umweltprogramm
Soll-Daten planen	Umweltprogramm	Umweltprogramm	Umweltprogramm
Plan umsetzen	-	-	-

Abbildung 17: Klassifizierung der Instrumente des Umweltmanagements

2 Umweltmanagement durch Integration in operative Prozesse

Zahlreiche bestehende Abläufe in den Unternehmen weisen häufig eine hohe Umweltrelevanz auf, ohne daß diese von den Mitarbeitern wahrgenommen wird. Dies zeigt sich beispielsweise deutlich am Prozeß des Einkaufs. So kann aus Kostengründen die Wahl auf einen bestimmten Lieferanten fallen, der unter guten oder schlechten Umweltstandards arbeitet. Der ausgewählte Lieferant kann mehr oder wenig hohe Transportemissionen verursachen. Weiter kann die anfallende Lieferantenverpackung sehr stark variieren (Menge, Verbundmaterialien, Materialvielfalt, Bereitschaft für Mehrwegsysteme,...). Nicht zuletzt kann das eingekaufte Material in Abhängigkeit vom Lieferanten von unterschiedlicher Qualität sein. Dies wiederum wirkt sich auf die Materialverluste in der Produktion und damit die Entsorgungsmengen aus.

In vergleichbarer Weise können auch weitere operative Prozesse betrachtet werden:

- Einkaufsprozeß
- Produktentwicklung
- Produktionsplanung
- Investitionsentscheidungen
- Logistik

Die meisten dieser Prozesse werden in den Unternehmen stark durch Software-Applikationen strukturiert und damit festgelegt. Eine ökologische Erweiterung dieser Applikationen hätte demzufolge zwei Effekte. Zum einen können bestimmte Vorgaben über vorzunehmende Entscheidungen und zu berücksichtigende Faktoren als Merkposten oder gar als Pflichtfeld angelegt werden. Zum anderen können beim Bearbeiten des jeweiligen Prozeßschrittes die für die Entscheidung notwendige Daten zur Verfügung gestellt werden.

Die Erweiterung bestehender Applikationen ist im Datenmodell von ECO-Integral bislang nicht enthalten. Eine künftige Erweiterung wäre aber sinnvoll.

3 Umweltmanagement als klassischer Umweltschutz

Der klassische Umweltschutz ist der am längsten praktizierte Ansatz des Umweltmanagements. Dieser Ansatz geht über eine reine Benennung von Beauftragten hinaus. Man kann erst dann von einem Umweltmanagement sprechen, wenn alle Aufgaben des klassischen Umweltschutzes unternehmensweit und medienübergreifend organisiert sind. Die Aufgaben des klassischen Umweltschutzes sind im wesentlichen:

- Einhaltung umweltrechtlicher Vorgaben
- Abwicklung des Entsorgungsprozesses

Die Herstellung der Rechtssicherheit (Compliance) ist eine wesentliche Aufgabe des Umweltmanagements. Aus Datensicht umfaßt dies folgende Funktionen:

- Externe Daten verwalten (z.B. Sicherheitsdatenblätter, Grenzwerte, Zusammenlagerungsverbote,...)
- Interne Daten erfassen (Abluft- und Abwasserwerte im Betriebstagebuch, Lagerbestände, ...)
- Daten überprüfen bzw. vergleichen
- Interne und externe Berichte erstellen

Das Datenmodell von ECO-Integral berücksichtigt diese Aufgaben durch die umweltrechtlichen Instrumente (siehe Teil III, Kapitel 7).

Die Entsorgung von Abfällen hat neben der notwendigen Einhaltung umweltrechtlicher Vorgaben auch eine logistische Komponente. So kann der Entsorgungsprozeß als regelmäßig durchzuführende operative Tätigkeit beschrieben werden (vergleichbar mit der Tätigkeit des Einkaufs). Dabei müssen zumindest Entsorger und Abfallarten verwaltet werden und Bewegungen mit entsprechender Dokumentation (Begleitschein, Entsorgungsnachweis, ...) geführt werden. Im Rahmen von ECO-Integral werden Entsorgungsprozesse nicht berücksichtigt.

4 Umweltmanagement gemäß EMAS und ISO 14.001

Die EMAS und die ISO 14.001 zählen zu den am meisten diskutierten Ansätzen zur Weiterentwicklung des betrieblichen Umweltschutzes. Sie beschreiben und definieren die Inhalte und die Organisationsstruktur eines Umweltmanagementsystems sowie deren systematische Überprüfung.

Zahlreiche Betriebe haben sich bereits am Gemeinschaftssystem der EU für die EMAS beteiligt sowie ihr Unternehmen nach der ISO 14.001 zertifizieren lassen. Viele weitere werden in den nächsten Jahren freiwillig oder auf Druck der Kunden ein normiertes Umweltmanagementsystem nach EMAS bzw. ISO 14.001 einführen.

Während die EMAS lediglich eine europaweite Akzeptanz findet, wird die Normung auf ISO-Ebene wie etwa die ISO 14.001 als internationale Norm weltweit anerkannt.

Ein Umweltmanagementsystem nach EMAS oder ISO 14.001 ist größtenteils als Führungssystem konzipiert. Deshalb stellt der Ansatz des Führungssystems die Grundlage für die Kombination der Instrumente der normierten Umweltmanagementsysteme dar. In den Systemen ist eine Integration umweltrelevanter Entscheidungen in operative Prozesse (z.B. Lieferantenauswahl, Produktdesign, etc.) vorgeschrieben. Voraussetzung der Systeme ist die Einhaltung der rechtlichen Vorgaben und die durch den Umweltschutz geschaffen werden muß.

Der Aufbau eines Umweltmanagementsystems, das den genannten Standards entspricht, läßt sich in zwei Schwerpunktbereiche einteilen:

- in einen organisatorischen Schwerpunktbereich und
- in einen stoff- und energiebezogenen Schwerpunktbereich

Die Organisation kann DV-technisch nur begrenzt unterstützt werden. Eine Unterstützung der nicht auf Stoff- und Energieflüsse bezogenen EMAS- und ISO 14.001-Anforderungen erfolgt somit im Rahmen von ECO-Integral nicht. Die Elemente hingegen, die sich direkt auf die Stoff- und Energieflüsse beziehen, werden durch das Referenzmodell auf einem begutachtungsfähigen Niveau beschrieben.

Die Umsetzung der standardisierten Umweltmanagementsysteme bietet den Betrieben eine Reihe von Vorteilen, die weit über Imageeffekte und Akzeptanz bei den Kunden hinausgehen. An erster Stelle stehen hier die interne Risikosenkung sowie Kostensenkungspotentiale durch einen effizienten Stoff- und Energieeinsatz. Aber auch eine durchgängige Gestaltung der Umweltschutzorganisation, die Chance auf Deregulierung und Kostenvorteile bei Banken und Versicherungen machen ein begutachtetes Umweltmanagementsystem zu einem wichtigen und integrativen Bestandteil des gesamten betrieblichen Managementsystems.

4.1 EMAS und Stoff- und Energieflüsse

4.1.1 EMAS-Bestandteile und Stoff- und Energieflüsse

Das EMAS läßt sich in folgende Bestandteile aufteilen:

- Standortabgrenzung
- Erste Umweltprüfung
- Systemelemente
- Umwelterklärung
- Registrierung / Validierung

Die Abgrenzung des Standorts ist die Voraussetzung für die Erfassung der relevanten Stoff- und Energieflüsse. Die Abgrenzung des Standortes ist in Art. 2 k) der EMAS beinhaltet

- räumliche Abgrenzung (Grundstücke, Gebäude, Anlagen, etc.)
- organisatorische Abgrenzung (Rechtsformen, Organisationseinheiten, Mitarbeiter, etc.)

Die erste Umweltprüfung ist eine erstmalige Bestandsaufnahme der Umweltrelevanz eines Standorts, die nur ein einziges Mal durchgeführt werden muß. Die Systemelemente der EMAS werden wegen ihrer hohen Stoff- und Energieflußrelevanz im folgenden Kapitel 4.1.2 genauer betrachtet.

Teile der Umwelterklärung beziehen sich direkt auf Stoff- und Energieflüsse und werden deshalb im Referenzmodell berücksichtigt. Die Prozesse der Begutachtung und Registrierung des Standorts haben keinen direkten Bezug zu den Stoff- und Energieflüssen.

4.1.2 EMAS-Systemelemente und Stoff- und Energieflüsse

Die EMAS gibt sowohl Zielsetzung als auch Anforderungen des betrieblichen Umweltmanagements vor. Zielsetzung ist die kontinuierliche Verringerung der Umweltauswirkungen. Um diese Verringerung einzuhalten, muß die Einhaltung der Umweltpolitik und der einschlägigen Rechts- und Verwaltungsvorschriften sowie die Anwendung der besten verfügbaren Technik, die wirtschaftlich vertretbar ist, sichergestellt werden.

Zur Sicherstellung der Anforderungen wird in der EMAS auch der formale Aufbau des Managementsystems vorgegeben. Basis des Managementsystems sind die sechs Systemelemente. Ergänzt werden die Systemelemente lediglich um die einmalige Umweltprüfung zum Einstieg in das System und um die Umwelterklärung im Anschluß an den Betriebsprüfungszyklus. Umweltmanagement besteht also im wesentlichen daraus, diese sechs Systemelemente einzurichten und sie zueinander in Beziehung zu setzen. Nachfolgende Abbildung 18 faßt die Struktur der EMAS zusammen:

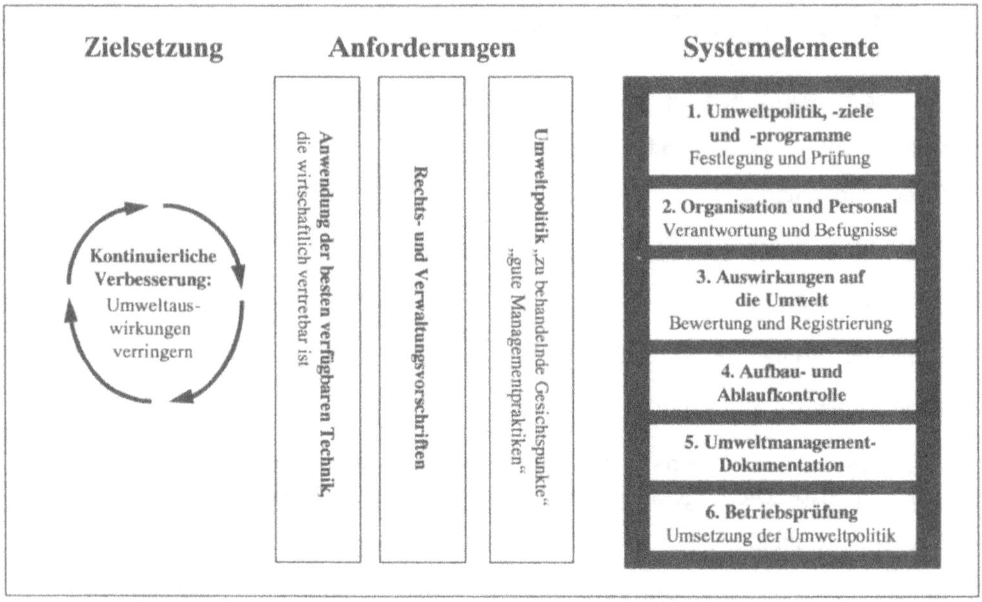

Abbildung 18: Struktur der EMAS

Die sechs Systemelemente beziehen sich in sehr unterschiedlichem Maße auf die Stoff- und Energieflüsse. Im einzelnen stellt sich der Zusammenhang folgendermaßen dar:

Die Umweltpolitik ist ein reines Textdokument mit allgemeinen strategischen Vorgaben und weist daher geringen Bezug zu den Stoff- und Energieflüssen auf.

Die Umweltziele und -programme nach EMAS lassen sich in drei Zielbereiche einteilen:

- **Umweltrechts-Ziele und -Programme** (beziehen sich auf den Bereich Umweltrecht)
- **Organisations-Ziele und -Programme** (beziehen sich auf EG-Verordnung 1836/93, Anhang I B. 2. Personal und Organisation, 4. Aufbau und Ablaufkontrolle, 5. Umweltmanagement-Dokumentation, 6. Umweltbetriebsprüfung und somit auf den Bereich der Umweltorganisation)
- **Stoff- und Energiefluß-Ziele und -Programme** (beziehen sich auf EG-Verordnung 1836/93, 3. Auswirkungen auf die Umwelt und somit auf den Bereich Umweltauswirkungen)

Das Referenzmodell beinhaltet die Ermittlung, Kontrolle und Organisation dieser drei Zielbereiche.

Im Element Organisation und Personal wird auf den Ebenen

- Managementvertreter
- Schlüsselfunktionen
- Mitarbeiter

die Bedeutung der Einhaltung der Umweltpolitik und die Verantwortung für umweltrelevante Aufgaben festgelegt. Das Element weist keinen Bezug zu den Stoff- und Energieflüssen auf.

Die Auswirkungen auf die Umwelt werden zunächst in Form von umweltrelevanten Stoff- und Energieflüssen dargestellt. Die Flüsse können dann mit entsprechenden Gewichtungsfaktoren auf die Wirkungskategorien zugeordnet werden.

Dieses Systemelement weist einen engen Bezug zu den Stoff- und Energieflüssen auf und wird daher im Referenzmodell umfassend dargestellt.

Im Systemelement der Aufbau- und Ablaufkontrolle werden Funktionen, Tätigkeiten und Verfahren mit Auswirkung auf die Umwelt festgelegt. Für diese werden die Abläufe festgelegt, dokumentiert und kontrolliert.

Für die relevanten Stoff- und Energieflüsse werden Akzeptanzkriterien und entsprechende Korrekturmaßnahmen bei Nichteinhaltung der Akzeptanzkriterien festgelegt. Hiermit wird die Grundlage für die Anforderungen der Aufbau- und Ablaufkontrolle gelegt.

Die Umweltmanagement-Dokumentation bezieht sich auf folgende Inhalte:

a) Darstellung von Umweltpolitik, -ziele und -programme

b) Beschreibung der Schlüsselfunktionen und -verantwortlichkeiten

c) Beschreibung der Wechselwirkungen zwischen den Systemelementen

d) Aufzeichnungen zu dem Erreichungsgrad der Umweltziele

Das Referenzmodell beinhaltet die beiden Punkte a) (außer der Umweltpolitik) und d).

Die Umweltbetriebsprüfung soll der Unternehmensleitung relevante Informationen über Funktions- und Leistungsfähigkeit des Umweltmanagementsystems übermitteln. Da hier kein Bezug zu den Stoff- und Energieflüssen vorhanden ist, wird die Umweltbetriebsprüfung durch das Referenzmodell nicht beschrieben.

4.1.3 EMAS-Inhalte mit direktem Bezug zu den Stoff- und Energieflüssen

Die inhaltliche Ausrichtung der EMAS wird durch die 12 zu behandelnden Gesichtspunkte aus Anhang I C der Verordnung vorgegeben.

1. Auswirkungen auf Umweltbereiche

Umweltauswirkungen lassen sich direkt auf Stoff- und Energieflüsse zurückführen. Sie werden im Referenzmodell abgebildet.

2. Energiemanagement

Energiemanagement bezieht sich auf Auswahl und Einsparung von Energie. Insbesondere für die Effizienzsteigerung der Energie ist eine struktur- und mengenbezogene Verfolgung der Energieflüsse notwendig. Diese Verfolgung wird durch das Referenzmodell beschrieben.

3. Rohstoffe und Wasserbewirtschaftung

Zur Bewirtschaftung, Einsparung, Auswahl und Transport von Rohstoffen und zur Wasserbewirtschaftung werden stoffflußbezogene Daten benötigt, die im Referenzmodell beschrieben werden.

4. Abfälle

Zur Vermeidung, Recycling und Wiederverwendung von Abfällen werden stoffflußbezogene Daten benötigt, die das Referenzmodell beinhaltet.

5. Lärmbelästigung

Lärmbelästigungen lassen sich nur begrenzt auf Stoff- und Energieflüsse zuordnen und werden daher vom Referenzmodell nicht berücksichtigt.

6. Produktionsverfahren

Produktionsverfahren sind unmittelbar an den umweltrelevanten Prozessen beteiligt, die sich auf Einsatz und Effizienz der Stoff- und Energieflüsse auswirken und werden daher im Referenzmodell berücksichtigt.

7. Produktplanung

Die Gestaltung der Produkte wirkt sich unmittelbar auf die Stoff- und Energieflüsse aus und wird daher Referenzmodell berücksichtigt.

8. Auftragnehmer und Lieferanten

Auftragnehmer und Lieferanten haben außer der Funktion als Quelle und Senke von Flüssen keinen klar definierten Bezug zu den Stoff- und Energieflüssen und werden daher im Referenzmodell nicht berücksichtigt.

9. Verhütung und Begrenzung von umweltschädigenden Unfällen

Verhütung und Begrenzung von umweltschädigenden Unfällen kann zum Teil auf Menge und Eigenschaft der gelagerten oder verarbeiteten Stoffe zurückgeführt werden. Über diese Angaben hinaus erfolgt aber keine Unterstützung durch das Referenzmodell.

10. Verfahren bei umweltschädigenden Unfällen

Die Festlegung von Verfahren bei umweltschädigenden Unfällen ist in erster Linie eine organisatorische Aufgabe und wird daher vom Referenzmodell nicht beschrieben.

11. Information und Ausbildung des Personals

Die von den Mitarbeitern benötigten Informationen über Stoff- und Energieflüsse werden durch das Referenzmodell beschrieben.

12. Externe Information

Der Datenteil der Umwelterklärung wird durch das Referenzmodell beschrieben.

Nachfolgende Abbildung 19 ordnet die „12 zu behandelnden Gesichtspunkte" der EMAS entlang der Stoff- und Energieflüsse an.

12 zu behandelnde Gesichtspunkte des Umweltmanagements nach EMAS

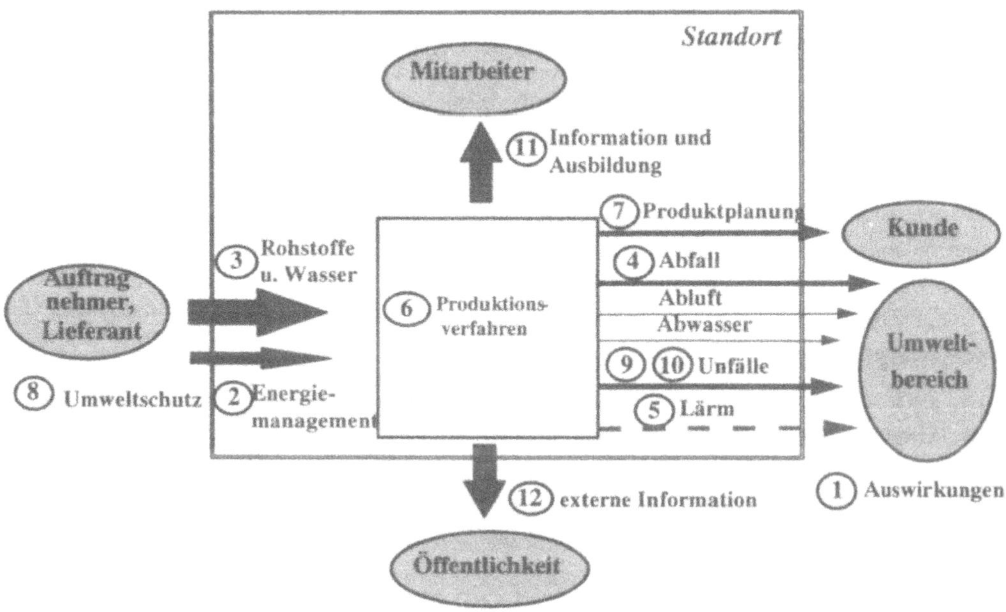

Abbildung 19: EMAS-Inhalte mit direktem Bezug zu den Stoff- und Energieflüssen

4.2 ISO 14.001 und Stoff- und Energieflüsse

4.2.1 Bestandteile der ISO 14.001 und Stoff- und Energieflüssen

Die Umweltmanagementnorm ISO 14.001 läßt sich in folgende drei Bestandteile aufteilen:

- Abgrenzung der Organisation
- Systemelemente
- Zertifizierung

Die Abgrenzung der Organisation ist die Voraussetzung für die Erfassung der relevanten Stoff- und Energieflüsse und wird daher durch das Referenzmodell beschrieben. Die Abgrenzung der Organisation (Kap. 3.12 der ISO 14.001) beinhaltet

- räumliche Abgrenzung (Grundstücke, Gebäude, Anlagen, etc.)
- organisatorische Abgrenzung (Rechtsformen, Organisationseinheiten, Mitarbeiter, etc.)

Die Systemelemente der ISO 14.001 werden bezüglich der Stoff- und Energieflußrelevanz und der Beschreibung durch das Referenzmodell im folgenden Kapitel 4.2.2 genauer betrachtet.

Die Zertifizierung des Umweltmanagementsystems erfolgt durch eine externe Organisation und hat keinen direkten Bezug zu den Stoff- und Energieflüssen. Daher wird die Zertifizierung nicht durch das Referenzmodell beschrieben.

4.2.2 Systemelemente der ISO 14.001 und Stoff- und Energieflüssen

Die ISO 14.001 enthält die grundsätzliche Zielsetzung der kontinuierlichen Verbesserung des Umweltmanagementsystems. Durch diesen Prozeß zur Weiterentwicklung des Umweltmanagements sollen in Übereinstimmung mit der Umweltpolitik Verbesserungen der Umweltleistungen insgesamt erzielt werden. Hierzu enthält die ISO 14.001 ein Ablaufschema zur kontinuierlichen Verbesserung des Umweltmanagementsystems mit folgenden fünf Systemelementen.

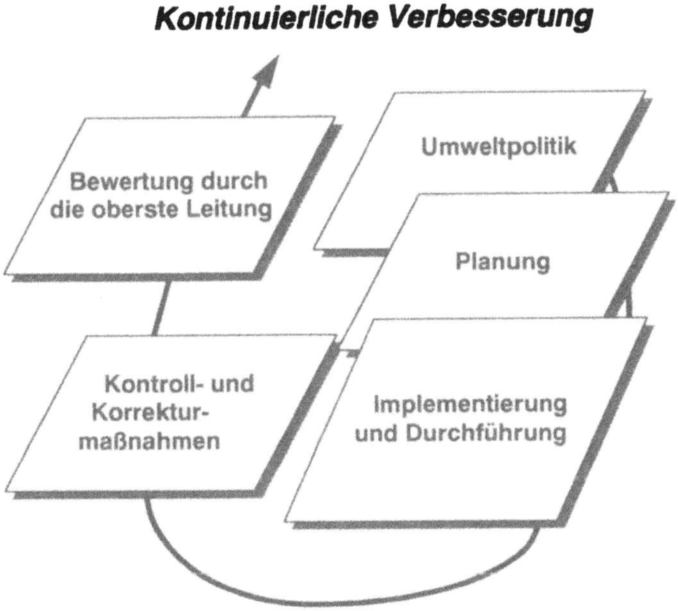

Abbildung 20: Systemelemente der ISO 14.001

Im einzelnen stellen sich die Systemelemente wie folgt dar:

Die Umweltpolitik ist ein reines Textdokument mit allgemeinen strategischen Vorgaben und weist daher geringen Bezug zu den Stoff- und Energieflüssen auf. Im Referenzmodell wird die Umweltpolitik nicht berücksichtigt.

Die Planung beinhaltet Verfahren zur Erfassung und Kontrolle von Umweltaspekten, um Einwirkungen auf die Umwelt verändern zu können. Dies kann über die Stoff- und Energieflüsse erfolgen und wird durch das Referenzmodell berücksichtigt.

Ein Verfahren zur Ermittlung und Verwaltung der relevanten gesetzlichen und anderen Forderungen muß in diesem Element eingeführt werden. Soweit die gesetzlichen Forderungen sich auf Stoff- und Energieflüsse beziehen, werden sie durch das Referenzmodell abgedeckt.

Weiterhin werden im Element „Planung“ Zielsetzungen, Einzelziele und zugehörige Umweltmanagementprogramme festgelegt. Hierbei ist immer ein direkter Bezug zu den Stoff- und Energieflüssen vorhanden und wird deshalb durch das Referenzmodell beschrieben.

Im dritten Systemelement müssen Organisationsstruktur und Verantwortung konzipiert und umgesetzt werden. Dies umfaßt das Festlegen, Dokumentieren und Bekanntmachen der Aufgaben, Verantwortlichkeiten und Befugnisse des Umweltmanagementsystems. Ein direkter Bezug zu den Stoff- und Energieflüssen besteht hierbei nicht, so daß eine Beschreibung durch das Referenzmodell nicht erfolgt.

Die Ermittlung von Schulungsbedarf und die Durchführung von Schulungen hat ebenso wie die Einführung und Aufrechterhaltung von Kommunikationsverfahren keinen direkten Bezug zu den Stoff- und Energieflüssen und ist daher nicht im Referenzmodell enthalten.

Die Dokumentation der Forderungen sowie der Wechselwirkungen des Managementsystems müssen erstellt und verwaltet werden. Eine Beschreibung durch das Referenzmodell erfolgt bezüglich Umweltzielen und Umweltmanagementprogrammen, Aufzeichnungen zum Erreichungsgrad der Umweltziele sowie zur Umweltleistung.

Die Lenkung der Dokumente hat keinen direkten Bezug zu den Stoff- und Energieflüssen und wird nicht durch das Referenzmodell beschrieben.

Die Ablauflenkung ermittelt und plant die Arbeitsvorgänge und Tätigkeiten, die im Zusammenhang mit den festgestellten bedeutsamen Umweltaspekten stehen. Das Referenzmodell beschreibt die Ermittlung der bedeutsamen Umweltaspekte, nicht aber die darauf aufbauende Ablauflenkung, da diese keinen direkten Bezug zu den Stoff- und Energieflüssen hat.

Verfahren der Notfallvorsorge und der zugehörigen Maßnahmenplanung haben keinen Bezug zu den Stoff- und Energieflüssen und werden deshalb nicht beschrieben.

Im vierten Systemelement werden Verfahren zur Überwachung und zur Messung organisiert. Im Referenzmodell werden Kontrollverfahren zur Zielerreichung beschrieben. Weiterhin wird die Erfassung, Dokumentierung und Bewertung der Umwelteinwirkungen und somit der Umweltleistungen beschrieben. Aufzeichnungen zur Kalibrierung und Wartung von Überwachungsgeräten sowie die Einführung eines Verfahrens zur Prüfung der relevanten gesetzlichen Umweltbestimmungen auf Einhaltung wird durch Referenzmodell teilweise abgedeckt.

Verfahren zu Abweichungen, Korrektur- und Vorsorgemaßnahmen werden durch das Referenzmodell beschrieben. Zu den relevanten Stoff- und Energieflüssen können Akzeptanzkriterien und zugehörige Korrekturmaßnahmen bei Überschreitung der Akzeptanzkriterien festgelegt werden. Entsprechende Verantwortlichkeiten können zugeteilt werden.

Umweltbezogene Aufzeichnungen werden durch das Referenzmodell nur im Bezug zur Verwaltung der Umweltziele und der Umweltmanagementprogramme beschrieben.

Verfahren und Programme zum Audit des Umweltmanagementsystems beziehen sich nicht direkt auf die Stoff- und Energieflüsse und werden deshalb nicht durch das Referenzmodell beschrieben.

Das Bewertungsverfahren des Umweltmanagementsystems durch die oberste Leitung hat keinen direkten Bezug zu den Stoff- und Energieflüssen und wird deshalb nicht durch das Referenzmodell beschrieben.

4.3 Kombination der ECO-Integral-Instrumente für EMAS und ISO 14.001

Ziel des Referenzmodells ECO-Integral ist nicht die vollständige Beschreibung aller Umsetzungsschritte der EMAS und der ISO 14.001. Vielmehr sollen lediglich die Teile der Verordnung bzw. der Norm beschrieben werden, die einen direkten Bezug zu den Stoff- und Energieflüssen aufweisen, da bei diesen Teilen der größte Nutzen einer integrierten Organisation der Daten zu erwarten ist.

Zur Beschreibung dieser stoff- und energieflußbezogen Abläufe können umfassen die Instrumente und Berichte des Referenzmodells von ECO-Integral genutzt werden.

Die Instrumente werden anhand des Informationsbedarfs, den die EMAS und die ISO 14.001 bei den Unternehmen auslöst, festgelegt und abgegrenzt.

Unter Berücksichtigung der auf Stoff- und Energieflüsse bezogenen Inhalte und Bestandteile der EMAS sowie der ISO 14.001 ergeben sich folgende Instrumente zur Unterstützung der Umweltmanagementsysteme:

4.3.1 Instrumente für die EMAS

Abbildung 21 zeigt den Zusammenhang zwischen den Bestandteilen der EMAS, den Phasen und den jeweiligen Instrumenten.

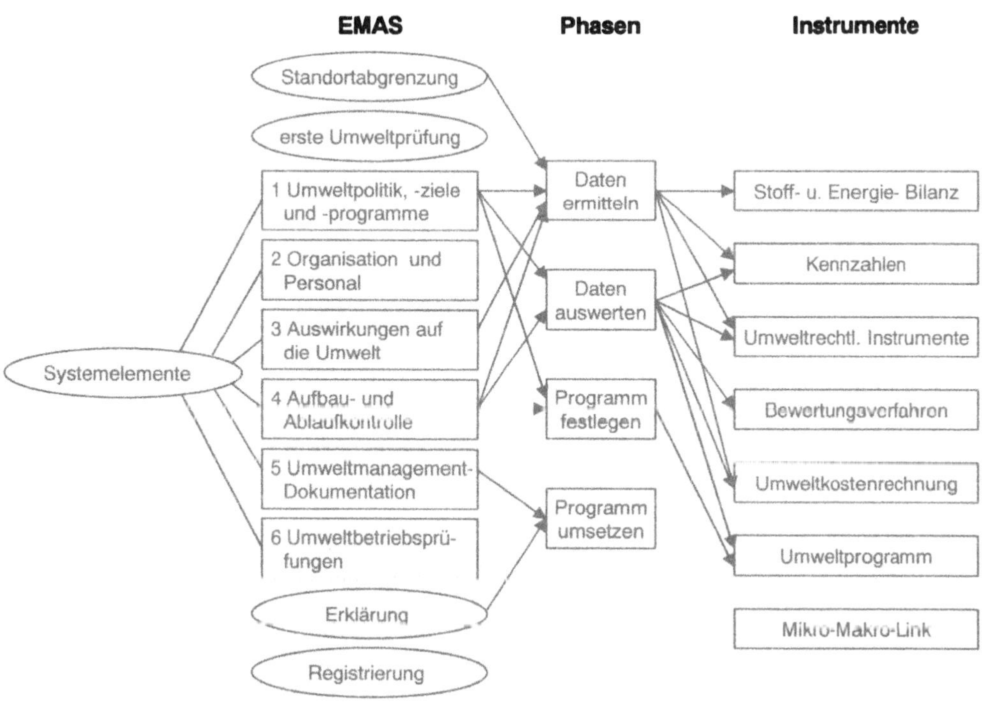

Abbildung 21: Instrumente für die EMAS

Die Phase „Daten ermitteln" wird innerhalb der EMAS durch den Einsatz der Instrumente „Stoff- und Energiebilanz", „umweltrechtliche Instrumente", „Umweltkostenrechnung" und „Kennzahlen" unterstützt. Die EMAS verlangt die Erfassung der relevanten Umweltauswirkungen. Die Erfassung kann sowohl durch ein entsprechendes Kennzahlensystem wie auch durch den Aufbau und die Gestaltung einer Stoff- und Energiebilanz erfolgen. Grundlage für die Ermittlung der Umweltauswirkungen bildet die Standortabgrenzung, da hierdurch das zu erfassende System festgelegt wird.

Die zweite Phase „Daten auswerten" dient der Aus- und Bewertung der ermittelten Umweltauswirkungen sowie ein Abgleich mit den gesetzten Zielen. In dieser Phase wird das Systemelement der Aufbau- und Ablaufkontrolle der EMAS unterstützt, da bei Überschreitung von gesetzten Akzeptanzkriterien Korrekturmaßnahmen eingeleitet werden. Die Instrumente „Kennzahlen", „Umweltprogramm", „Umweltkostenrechnung", sowie „Umweltrechtliche Instrumente" dienen der Auswertung der ermittelten Daten. Durch die Möglichkeit der Bewertung durch das Instrument „Bewertungsverfahren" können weitere Erkenntnisse aus den ermittelten Daten gewonnen werden.

In der Phase „Programm festlegen" wird mit dem Aufbau und der Fortschreibung des Umweltprogramms das Ziel der kontinuierlichen Verbesserung des betrieblichen Umweltschutzes unterstützt. Für das Umweltprogramm werden Ziele und zugehörige Maßnahmen zur Erreichung der Ziele formuliert. Weiterhin werden in dieser Phase Ziele zur Einhaltung von Grenzwerten und Mengenschwellen gesetzt (sog. Akzeptanzkriterien), die bei Nichteinhaltung durch Korrekturmaßnahmen unterstützt werden sollen.

Die vierte Phase „Programm umsetzen" wird durch ECO-Integral nicht unterstützt.

4.3.2 Instrumente für die ISO 14.001

Abbildung 22 zeigt den Zusammenhang zwischen den Kernbereichen der ISO 14.001, den Phasen und den jeweiligen Instrumenten.

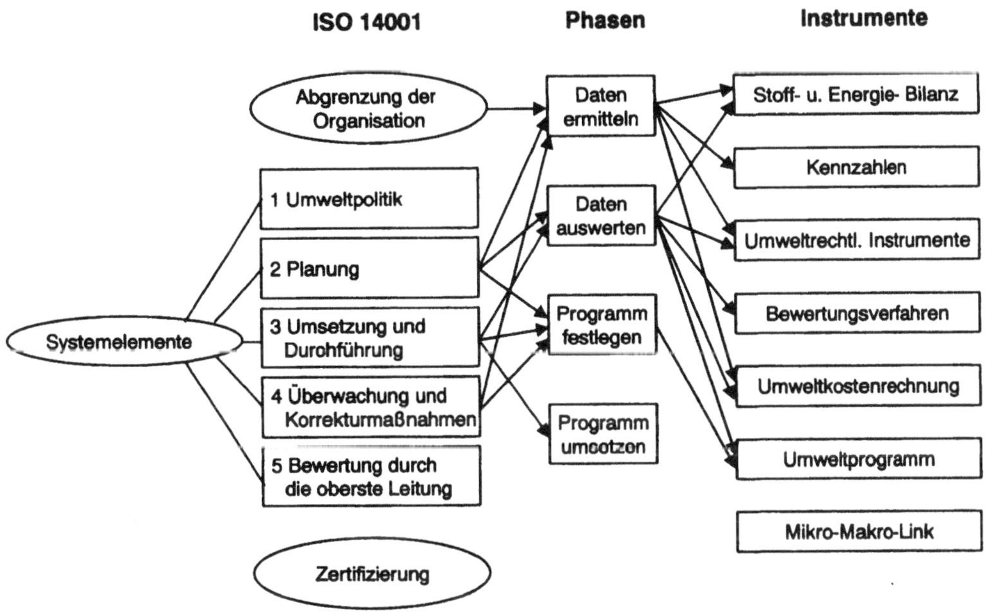

Abbildung 22: Instrumente für die ISO 14.001

Die Phase „Daten ermitteln“ wird innerhalb der ISO 14.001 durch den Einsatz der Instrumente „Stoff- und Energiebilanz“, „umweltrechtliche Instrumente“, „Umweltkostenrechnung“ und „Kennzahlen“ unterstützt. Die ISO 14.001 verlangt die Erfassung der relevanten Umweltauswirkungen. Die Erfassung kann sowohl durch ein entsprechendes Kennzahlensystem wie auch durch den Aufbau und die Gestaltung einer Stoff- und Energiebilanz durchgeführt werden. Grundlage für die Ermittlung der Umweltauswirkungen bildet die Abgrenzung der Organisation, da hierdurch das zu erfassende System festgelegt wird.

Die zweite Phase „Daten auswerten“ dient der Aus- und Bewertung der ermittelten Umweltauswirkungen sowie ein Abgleich mit den gesetzten Zielen. In dieser Phase wird das Systemelement „Überwachung und Korrekturmaßnahmen“ der ISO 14.001 unterstützt, da bei Überschreitung von gesetzten Akzeptanzkriterien Korrekturmaßnahmen eingeleitet werden. Die Instrumente „Kennzahlen“, „Umweltprogramm“, „Umweltkostenrechnung“ sowie „umweltrechtliche Instrumente“ dienen der Auswertung der ermittelten Daten. Durch die Möglichkeit der Bewertung mittels des Instrumentes „Bewertungsverfahren“ können weitere Erkenntnisse aus den ermittelten Daten gewonnen werden.

In der Phase „Programm festlegen“ wird mit dem Aufbau und der Fortschreibung des Umweltprogramms das Ziel der kontinuierlichen Verbesserung des betrieblichen Umweltschutzes unterstützt. Für das Umweltprogramm werden Ziele und zugehörige Maßnahmen zur Erreichung der Ziele formuliert. Weiterhin werden in dieser Phase Ziele zur Einhaltung von Grenzwerten und Mengenschwellen gesetzt (sog. Akzeptanzkriterien), die bei Nichteinhaltung durch Korrekturmaßnahmen unterstützt werden sollen.

Die vierte Phase „Programm umsetzen“ wird nicht unterstützt.

Teil III: Instrumente

Im zweiten Teil werden die Instrumente des Umweltmanagements behandelt. Jedes der folgenden Instrumente wird in einem Kapitel beschrieben:

- Stoff- und Energiebilanzierung für Unternehmen, Prozesse und Produkte
- Wirkungsanalyse und Bewertung
- Umweltkennzahlen und -kennzahlensysteme
- Umweltprogramm
- Umweltkostenrechnung
- Umweltrechtliche Instrumente
- Mikro-Makro-Link

Zu jedem Instrument werden zunächst **Zielsetzung** und **Grundlagen** in zwei Unterkapiteln behandelt. Dabei wird auf die für die Modellierung relevanten Inhalte eingegangen. Im Unterkapitel „**Modellierung**" werden Funktionen, Daten und Prozesse des Instruments entwickelt und beschrieben.

1 Stoff- und Energiebilanz für Unternehmen und Prozesse

Dieses und das folgende Kapitel beschreiben das Instrument „Stoff- und Energiebilanzen". Da Stoff- und Energiebilanzen (SuE-Bilanzen) im allgemeinen das Mengengerüst für Ökobilanzen liefern, soll zunächst in einem kurzen Exkurs der Begriff „Ökobilanz" abgegrenzt werden. Im Rahmen von ECO-Integral werden SuE-Bilanzen unabhängig von ihrer Rolle als Mengengerüst für Ökobilanzen auch für andere Zwecke beschrieben. Gleichwohl wird die Ökobilanzierung zusammen mit den in Teil III, Kapitel 3 beschriebenen Wirkungsanalyse- und Bewertungsverfahren in ECO-Integral unterstützt.

Exkurs zum Begriff der Ökobilanz

Der Begriff Ökobilanz bzw. Öko-Bilanz hat sich sowohl in der betriebswirtschaftlichen Theorie als auch in der Unternehmenspraxis etabliert, obwohl sich dahinter unterschiedliche Instrumente und Konzepte des betrieblichen Umweltschutzes verbergen. Die Konzepte unterscheiden sich sowohl hinsichtlich des zu bilanzierenden Gegenstandes, als auch hinsichtlich der anzuwendenden Instrumente.

Der Begriff wird auf Thalmann zurückgeführt [Thalmann/ Humbel 1985, S. 11ff], der unter dem Titel „Ökologische-Bilanz-Betrachtungen" verschiedene Verpackungsmaterialien ökologisch beurteilte. Nachfolgende Autoren erweiterten den Einsatz von Ökobilanzen auf Unternehmen und Prozesse [Pfriem 1989; Braunschweig 1992; Dyllick 1992], während das Umweltbundesamt Ökobilanzen als „Informations-, Planungs- und Kontrollinstrument der Produktpolitik" definiert [Umweltbundesamt 1992, S. 17]. Es gibt ferner unterschiedliche Auffassung darüber, ob in einer Ökobilanz lediglich ein- und ausgehende Stoff- und Energieflüsse in physikalischen Einheiten (kg, kWh) gegenübergestellt werden, oder ob (zusätzlich) eine ökologische Bewertung der Umweltauswirkungen durchzuführen ist [Braunschweig 1992]. Abbildung 23 zeigt eine Übersicht, über unterschiedliche Bezugsobjekte und Bestandteile von Ökobilanzen.

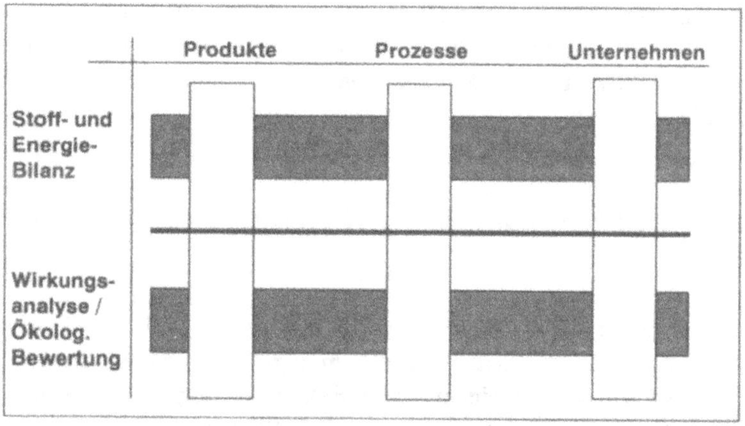

Abbildung 23: Formen der Ökobilanzen

Zur Vermeidung dieser hier angeführten Unklarheiten im Zusammenhang mit dem Begriff Ökobilanz haben verschiedene Autoren alternative Begriffe vorgeschlagen. Die Gegenüberstellung von Stoff- und Energieflüssen wird als Sachbilanz [Umweltbundesamt 1992], Stoff- und Energiebilanz [Hallay/ Pfriem 1992, S. 58] oder Input- Outputanalyse [Böning 1994, S. 27] bezeichnet, während für den bewertenden Teil Begriffe wie Bilanzbewertung oder Wirkungsanalyse [Umweltbundesamt 1992, S. 17] verwendet werden.

Da es offensichtlich keine einheitliche, wissenschaftlich allgemein akzeptierte Definition des Begriffs Ökobilanz gibt, werden im Rahmen von ECO-Integral folgende Festlegungen getroffen: Es wird unterschieden zwischen

- **Stoff- und Energiebilanzen** als Gegenüberstellung von Input und Output an Stoff- und Energieflüssen und
- **Wirkungsanalyse- und Bewertungsverfahren** zur ökologischen Bewertung von Stoff- und Energieflüssen.

Als Bezugsobjekte für diese Instrumente werden Unternehmen bzw. untenehmensinterne Prozesse einerseits und Produkte andererseits unterschieden. Daraus ergeben sich drei Instrumente, die zusammen den Themenkomplex „Ökobilanz" umfassen:

1. **Stoff- und Energiebilanzen von Unternehmen bzw. Prozessen**: Hierunter werden gegliederte Darstellung von Stoff- und Energieflüssen verstanden. Auf die Unterscheidung zwischen Prozeß- und Unternehmens-SuE-Bilanzen kann verzichtet werden, da die Vorgehensweisen bei der Erstellung der Bilanzen prinzipiell gleich sind. Untersuchungsobjekt ist eine Black-Box, die einen oder mehrere Prozesse enthalten kann.
2. **Stoff- und Energiebilanzen von Produkten**: Damit ist die Zuordnung von Stoff- und Energieflüssen auf die sie verursachenden Produkte gemeint.
3. **Wirkungsanalyse und Bewertungsverfahren**: Mit diesen Verfahren können die Daten aus den Stoff- und Energiebilanzen bewertet werden. Die beschriebenen Verfahren können aber auch im Rahmen von ECO-Integral für andere Zusammenstellungen von Stoff- und Energieflüssen (z.B. Abfallbilanzen) verwendet werden. Sie sind nicht an die Erstellung von SuE-Bilanzen gebunden.

In den folgenden drei Kapiteln werden diese drei Instrumente vorgestellt, wobei auf den Begriff „Ökobilanz" weitgehend verzichtet werden kann.

Literatur zum Thema Ökobilanz:

Böning, J. (1994): Methoden betrieblicher Ökobilanzierung. Marburg.

Braunschweig, A. (1992): Ökobilanzen - Streichhölzer gegen das ökologische Dunkel. GAIA 7/92, S. 170-174.

Dyllick, T. (1992): Ökologisch bewußte Unternehmensführung, Bausteine einer Konzeption. In: Die Unternehmung 6/92, S. 391-413.

Hallay; Pfriem (1992): Öko-Controlling. Umweltschutz in mittelständischen Unternehmen. Frankfurt/New York.

Thalmann, W. R.; Humbel, V. (1985): Ökologische Bilanzbetrachtungen. Hrsg.: Eidgenössenschaftlichen Materialprüfungs- und Versuchsanstalt, St. Gallen.

Pfriem, R. (1989): Die Ökobilanz. Ein betriebliches Informationsinstrument. In: Von der Ökobilanz zum Ökocontrolling. Tagungsband future-Forum 1988, Lengerich, S. 35-47.

Umweltbundesamt (Hrsg.) (1992): Ökobilanzen für Produkte. Bedeutung, Sachstand, Perspektiven. Berlin.

Umweltbundesamt (Hrsg.) (1995): Materialien des Umweltbundesamtes mit Bezug zur Produktbezogenen Ökobilanz. Berlin.

1.1 Zielsetzung

Stoff- und Energiebilanzen (SuE-Bilanzen) sind strukturierte Gegenüberstellungen von Stoff- und Energieflüssen, die im bilanzierten Objekt während einer Bilanzperiode anfallen. Sie sind ein zentrales Informationsinstrument des betrieblichen Umweltmanagements und dienen der Informationsbereitstellung für betriebsinterne und -externe Zwecke. Sie beziehen sich auf komplette Unternehmen (Konzerne), Teile eines Unternehmens (Werke, Standorte, Geschäftsbereiche) oder auf einzelne (technische) Prozesse (z.B. Fertigung, Maschinengruppe, Maschinen). Die Stoff- und Energieflüsse innerhalb des Bilanzobjektes werden dabei nicht dargestellt (Black-Box). Für betriebsinterne Zwecke liefern sie Stoff- und Energiedaten als Grundlage für umweltrelevante Entscheidungen, zur Erkennung von Schwachstellen im Umweltbereich, für die Zielbildung und die Fortschrittskontrolle. Zur betriebsexternen Kommunikation gehören jährlich veröffentlichte Umweltberichte, die Daten aus den SuE-Bilanzen enthalten [vgl. Hallay/ Pfriem 1992; Böning 1994; Bundesumweltministerium und Bundesumweltamt 1995].

Mit einer SuE-Bilanz können unterschiedliche Ziele verbunden sein, die sich zu drei wesentlichen Zielkategorien zusammenfassen lassen [vgl. Wörner et al. 1996, S. 118]:

1. Aufdeckung von technisch, ökologisch und betriebswirtschaftlichen Optimierungspotentialen.
2. Bereitstellung vergleichender und qualifizierender Information bzw. Präsentation des ökologischen Zustands des jeweiligen Betrachtungsobjekts.
3. Ökologische Organisationsentwicklung des Unternehmens durch Einbezug vieler Mitarbeiter in den ökologischen Bewußtseinsprozeß.

Innerhalb des Unternehmens steht die Aufgabe der Informationsversorgung von Entscheidungsträgern und die Koordination von Planungs- und Kontrollaufgaben im Vordergrund.

Im Rahmen von ECO-Integral wird das Ziel verfolgt, die Erstellung von SuE-Bilanzen durch die Integration in betriebliche Informationssysteme DV-unterstützt zu erleichtern und dabei die Datenqualität und die Effizienz der Erstellung zu steigern. Der Aufwand zur Erstellung einer SuE-Bilanz mit zuverlässigen Daten hat sich, wie dies auch in den Firmenprojekten deutlich wurde, als großes Hindernis für die weitergehende Verbreitung dieses Instrumentes herausgestellt. Erst eine weitgehend automatische Erstellung der SuE-Bilanz mit gesicherter Datenqualität ermöglicht die Unterstützung der genannten Ziele dieses Instrumentes.

1.2 Grundlagen

Ausgangspunkt für die Erstellung von SuE-Bilanzen ist die Tatsache, daß auf Grund von physikalischen Gesetzen (2. Hauptsatz der Thermodynamik) Materie und Energie nicht verbraucht, sondern lediglich umgewandelt wird. Durch betriebliche Produktionsprozesse werden die eingesetzten Materialien und Energien in Produkte, Verpackungen und in unerwünschte Reststoffe (Abfall, Abluft, Abwasser, Abwärme) umgewandelt (vgl. Abbildung 24).

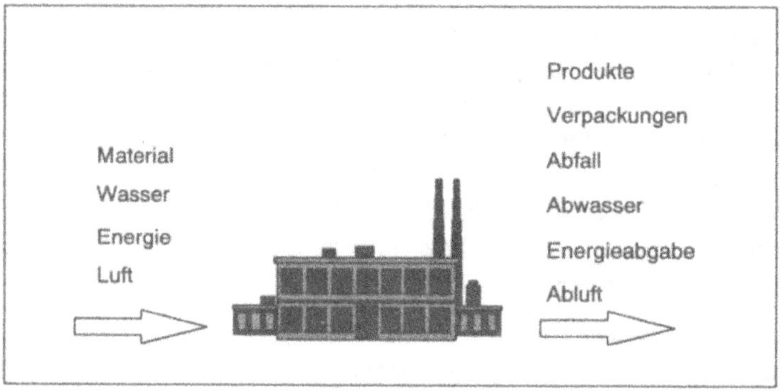

Abbildung 24: Ökobilanzprinzip

Das Wort „Bilanz“ stammt aus dem griechischen und bedeutet Waage. Mit einer Bilanz vergleicht man zwei Sachbestände unter der Voraussetzung, daß sie in vergleichbaren Einheiten vorliegen. Durch SuE-Bilanzen für Unternehmen und Prozesse werden betriebliche Transformationen strukturiert dargestellt, indem eingehende SuE-Flüsse ausgehenden SuE-Flüssen gegenübergestellt werden. Stoffflüsse werden in kg und Energieflüsse in kWh bzw. kJ angegeben. Die Mengen beziehen sich auf einen gegebenen Zeitraum. Bilanzierungsobjekt kann ein Unternehmen ein Standort, ein Teil eines Standorts oder auch ein einzelner Prozeß sein.

Ein Bilanzgleichgewicht ist gegeben, wenn die eingehende SuE-Flüsse den ausgehenden SuE-Flüssen entsprechen. Dies ist unter folgenden Voraussetzungen möglich:

- Alle ein- und ausgehenden Stoff- und Energieflüsse sind erfaßt
- Bestandsveränderungen werden entweder erfaßt oder sind auszuschließen

In Abbildung 25 ist dargestellt, aus welchen Teilen eine vollständige SuE-Bilanz besteht.

- Eine Energiebilanz stellt Input und Output von Energie gegenüber.
- Die Materialbilanz enthält die ein- und ausgehenden Stoffflüsse.
- In der Bestandsbilanz werden Anfang- und Endbestand der lagerfähigen Stoffe und Energieträger geführt.

Aufgrund der thermodynamischen Massen- und Energieerhaltungsgesetzen entspricht - bei vollständiger Erfassung aller SuE-Flüsse - die Differenz aus Input und Output in der Materialbilanz der Bestandsveränderung in der Bestandsbilanz.

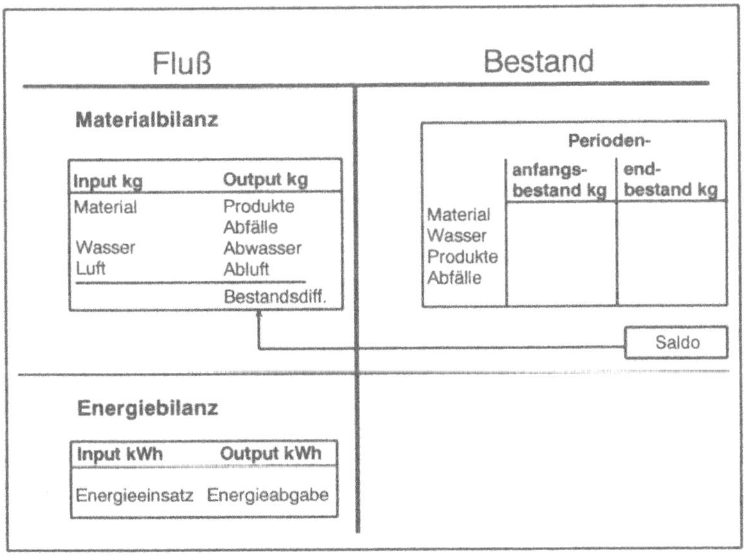

Abbildung 25: Vollständige Ökobilanzierung

1.3 Modellierung

In der Praxis ist die Realisierung einer vollständigen und detaillierten SuE-Bilanz nicht sinnvoll, da die komplette Beschaffung der notwendigen Daten mit unverhältnismäßig hohem Aufwand verbunden wäre. Insbesondere in den Bereichen Energieabgabe, Abwasserfracht, Abluft ist eine genaue Mengenermittlung nicht oder nur schwer durchführbar.

Existierende SuE-Bilanzen für Unternehmen bzw. Prozesse weichen daher von der idealen SuE-Bilanz ab. Sie enthalten in der Regel keine vollständigen Bestandsinformationen und zahlreiche SuE-Flüsse werden nicht oder nur unvollständig beachtet (z.B. Input an Luftsauerstoff; Input an Briefen von Kunden etc.). Die Umrechnung auf einen einheitlichen Maßstab (kg für Stoffe; kWh für Energie) ist oft mit erheblichen Schwierigkeiten verbunden. Außerdem ist die oben beschriebene Trennung in Materialbilanz und Energiebilanz in der Praxis selten anzufinden; stattdessen wird meist eine zusammengefaßte Darstellung gewählt.

Aus diesen Gründen sind „perfekte" SuE-Bilanzen mit Bilanzgleichgewicht zwischen In- und Output nicht realisiert worden. Für die Ziele der SuE-Bilanz (Aufdecken von Schwachstellen, Optimierung, Organisationsentwicklung) sind diese auch nicht notwendig. Mit ECO-Integral soll daher unter Beachtung der Kosten- und Nutzen-Aspekte eine möglichst vollständige SuE-Bilanz erstellt werden können. Dabei soll die Datenerhebung zum größten Teil automatisiert erfolgen. Die mit der Automatisierung der Datenbeschaffung eingesparte

Zeit kann von den beteiligten Mitarbeiter für die Datenbewertung und Schwachstellenanalyse verwendet werden.

Die folgenden Abschnitte geben das Fachkonzept für SuE-Bilanzen wieder, das auf dem gemeinsamen Kern-Modell von ECO-Integral aufbaut.

1.3.1 Funktionen

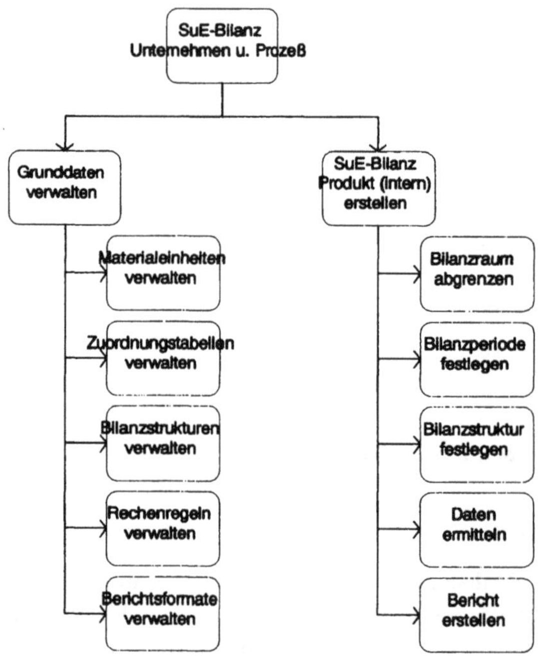

Abbildung 26: Funktionsbaum SuE-Bilanz für Unternehmen und Prozesse

Oben (Exkurs zum Begriff der Ökobilanz) wurden SuE-Bilanzen als "strukturierte Gegenüberstellungen von Stoff- und Energieflüssen definiert, die im Bilanzobjekt während der Bilanzperiode anfallen". Der Funktionsbaum spiegelt die notwendigen Schritte zur Aufstellung einer SuE-Bilanz wider (vgl. Abbildung 26, rechter Ast).

1. **Bilanzraum abgrenzen**: Es muß festgelegt werden, für welches Objekt eine SuE-Bilanz aufgestellt werden soll (Unternehmen, Standort, Prozeß etc.).
2. **Bilanzperiode abgrenzen**: Der Zeitraum, für den bilanziert werden soll, ist festzulegen.
3. **Bilanzstruktur festlegen**: Die Art, in der die Daten strukturiert werden sollen, ist festzulegen.
4. **Ermittlung der Daten:** Für die in der Bilanzstrukur festgelegten Positionen müssen die Daten ermittelt werden.
5. **Bericht erstellen**: Die Ergebnisse der SuE-Bilanz sind in einem Bericht darzustellen.

Der linke Ast des Funktionsbaum zeigt die Grunddatenverwaltung für die SuE-Bilanzerstellung. Die einzelnen Elemente werden im folgenden Abschnitt im Rahmen der Datenbeschreibung erläutert.

1.3.2 Daten

Die Entwicklung der Datenstruktur erfolgt anhand der Schritte zur Erstellung der SuE-Bilanz (vgl. rechter Ast des Funktionsbaums).

1.3.2.1 Bilanzraum abgrenzen

SuE-Bilanzen werden für alle Bereiche des Unternehmens erstellt. Zu Beginn muß deshalb die zu bilanzierende Einheit als Bilanzraum genau abgegrenzt werden.

Mögliche Unterscheidungen sind dabei:

- ein gesamtes Unternehmen (Konzern)
- ein gesamter Standort
- ein einzelnes Werk
- eine Abteilung / Verantwortungsbereich
- eine Kombination von Prozessen / Maschinengruppen
- ein einzelner Prozeß / eine einzelne Maschine

Diese auf den ersten Blick triviale Arbeit ist in der Praxis mit zahlreichen Schwierigkeiten verbunden. Es gibt häufig Unternehmensstrukturen, bei denen mehrere rechtlich unabhängige Unternehmen auf einem Standort tätig sind und sich die räumliche, organisatorische und damit die stoffliche Abgrenzung durch gemeinsam genutzte Infrastruktur als schwierig herausstellt. Sachverhalte, die bei der Bilanzraumabgrenzung zu Schwierigkeiten führen, sind beispielsweise:

- Subunternehmer (z.B. Putzkolonnen, Kantinenbetreiber, Drittfertiger auf dem Werksgelände etc.)
- Es werden für andere Unternehmen Leistungen in Lohnfertigung erbracht.
- Teile der Wertschöpfung werden an externe Stellen vergeben.
- Transportleistungen können durch externe Spediteure oder durch eigene Fahrzeuge erbracht werden.
- Materialien werden innerhalb eines Unternehmen mehrmals zwischen verschiedenen Standorten hin und her bewegt.

Vor der Bilanzraumabgrenzung muß deshalb geklärt werden, wie die Stoff- und Energieflüsse im Zusammenhang mit diesen Aspekten zu behandeln sind. Eine allgemeine Empfehlung kann nicht gegeben werden; es ist jedoch darauf zu achten, daß zusammenhängende Stoff- und Energieflüsse komplett betrachtet werden. Entscheidet man sich beispielsweise, Stoff- und Energieflüsse von Subunternehmern nicht in die SuE-Bilanz mit aufzunehmen, so muß darauf geachtet werden, daß kein von einem Subunternehmer verursachter Materialfluß in der Bilanz enthalten ist (z.B. wenn der Subunternehmer seinen Abfall zusammen mit den Abfällen des Unternehmen entsorgt).

Erster Schritt für die eindeutige Abgrenzung des Bilanzraumes ist deshalb die hinreichend detaillierte Modellierung aller Stoff- und Energieflüsse. Alle wichtigen Mengenstellen, Bewegungskanäle und Bewegungsarten müssen sich in der „ECO-Integral-Datenbasis" des Unternehmens wiederfinden. Der Bilanzraum wird dann über die Mengenstellen des Unternehmens „gelegt" (vgl. Abbildung 27).

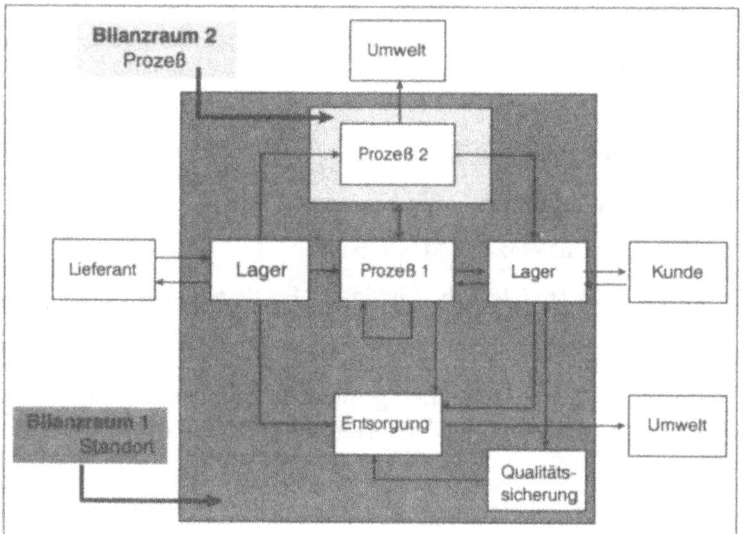

Abbildung 27: Vereinfachte Darstellung der Mengenstellen in einem Unternehmen

Die Abgrenzung des Bilanzraumes entspricht der eindeutigen Aufteilung aller vorhandenen Mengenstellen in zwei Gruppen:

Bilanzraum = Alle Mengenstellen, die innerhalb des Bilanzraumes liegen

Außenraum = Alle Mengenstellen, die außerhalb des Bilanzraumes liegen

Die Aufstellung der Bilanz folgt dann den einfachen Regeln:

- Alle Mengenbewegungen vom Außenraum in den Bilanzraum sind Input.
- Alle Mengenbewegungen vom Bilanzraum in den Außenraum sind Output.
- Alle Bewegungen innerhalb der Räume spielen für die Bilanzierung keine Rolle.
- Die aggregierten Bestandsveränderungen aller Mengenstellen im Bilanzraum müssen für eine vollständige Bilanz ausgewiesen werden.

Aus DV-technischer Sicht ist die Abgrenzung des Bilanzraumes demnach unproblematisch. Der Bilanzraum kann völlig beliebig über alle Mengenstellen „gelegt" werden. Es spielt dabei keine Rolle, ob es sich um einen Standort, einen Konzern, oder einen Prozeß handelt. Es ist auch möglich, völlig frei darüber zu entscheiden, ob Subunternehmer, Dienstleister etc. in den Bilanzraum einzuschließen sind oder nicht. Wichtig ist jedoch - insbesondere bei überbetrieblichen Vergleichen - alle Annahmen und Entscheidungen über die Abgrenzung des Bilanzraumes deutlich zu formulieren. Eine SuE-Bilanz eines Unternehmens, bei der der Transport zwischen den einzelnen Werken ausgeklammert ist (die entsprechende Mengenstelle „Transport" liegt im Außenraum), kann nicht mit einer Bilanz verglichen werden, in der dieser Transport integriert ist. Je nach individuellem Ziel des bilanzierenden Unternehmens, können jedoch beide Bilanzraumabgrenzungen sinnvoll sein (z.B. je nachdem, ob der Transport vom Unternehmen beeinflußbar ist oder nicht). Abbildung 28 zeigt das ERM zur Abgrenzung des Bilanzraums.

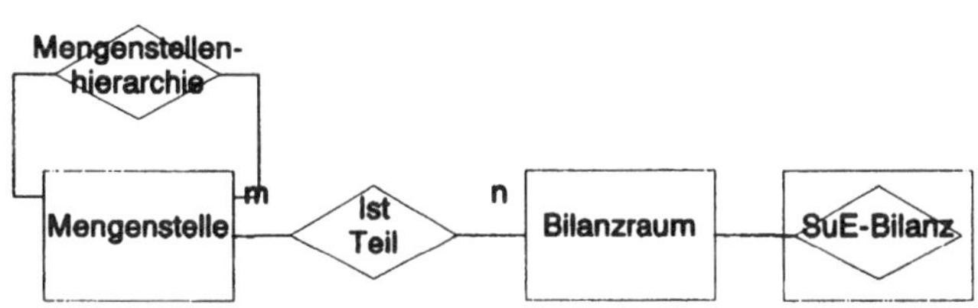

Abbildung 28: ERM Bilanzraumabgrenzung

Mengenstellen werden als Teil eines Bilanzraums modelliert (n:m-Beziehung „Ist-Teil" zwischen den Entitytypen „Mengenstelle" und „Bilanzraum"). Der so definierte Bilanzraum wird der SuE-Bilanz zugeordnet.

1.3.2.2 Bilanzperiode festlegen

Für Prozeß-, Unternehmens- und Standortbilanzen muß neben der Bilanzraumabgrenzung auch eine zeitliche Bilanzabgrenzung vorgenommen werden. Als Bilanzperiode gilt der Zeitraum, für den alle relevanten Stoff- und Energieflüsse ermittelt werden. Mögliche Bilanzperioden können sein:

- Tag
- Woche
- Monat
- Quartal
- oder Jahr.

Für manuell erstellte Unternehmens-SuE-Bilanzen wird gewöhnlich das Geschäftsjahr als Bilanzperiode gewählt. Grund hierfür ist der große Datenbeschaffungsaufwand, der eine häufigere Bilanzierung nicht zuläßt. Durch die DV-unterstützte Erstellung der SuE-Bilanzen ist es jedoch möglich, kürzere und vom Anwender flexibel festlegbare Bilanzperioden zu wählen. Alle Bewegungen, die innerhalb des gewählten Bilanzraumes und innerhalb des Zeitraumes liegen, werden vom System aggregiert und gemäß der Bilanzgliederung dargestellt. Bei kurzen Bilanzperioden können jedoch Abgrenzungsprobleme auftreten, die zu einer Verzerrung der Ergebnisse führen. Dies hat u.a. folgende Gründe:

- SuE-Flüsse unterliegen starken saisonalen Schwankungen (der gesamte Heizölbedarf wird innerhalb eines Monats gedeckt; 50% der Verkäufe werden innerhalb eines Monats abgewickelt, etc.)
- Die betrieblichen Transformationsprozesse sind deutlich länger als die Bilanzperiode. Input und Output sind dann nur schwer vergleichbar, da der Input nicht in direktem Bezug zum Output steht.
- Stetige SuE-Flüsse (z.B. Strom, Wasser) werden über kumulierende Meßgeräte abgelesen und erst nachträglich in Bewegungen umgerechnet (siehe dazu auch die Ausführungen im Teil IV, Kapitel 1).
- Bewegungsdaten werden mit Verspätung im DV-System verarbeitet.

Aus diesen Gründen erscheint eine Bilanzperiode für Unternehmensbilanzen, die kleiner als ein Monat ist, nicht sinnvoll. Monatlich erstellte SuE-Bilanzen können nur von Sachkundigen, die mit den betrieblichen Gegebenheiten (Beschaffungs- und Absatzschwankungen) vertraut sind, interpretiert werden. Bilanzperioden, die länger als ein Jahr sind, sind in der Praxis nicht anzufinden. Für externe Zwecke sollte daher eine jährliche Bilanzperiode gewählt werden. Bei Prozeßbilanzen oder sehr homogenen Unternehmensbereichen können gegebenenfalls auch kürzere Bilanzperioden sinnvoll sein.

Abbildung 29 zeigt das einfache ERM zur Bilanzperiode. Der Entitytyp „Bilanzperiode" setzt sich aus einer „von"- und einer „bis"-Zeit zusammen und geht als Schlüssel in die SuE-Bilanz ein.

Abbildung 29: ERM Bilanzperiode

1.3.2.3 Bilanzstruktur festlegen

Die Bilanzstruktur, die auch als Kontenplan bezeichnet wird, bestimmt die Zusammenstellung und Struktur der Bilanzpositionen. Es wird festgelegt, welche Stoffe und Energien in die Bilanz aufgenommen werden und wie diese gegliedert werden sollen. Es stellt sich daher die Frage, welchen Anforderungen eine Bilanzstruktur gerecht werden muß. Im folgenden seien zunächst grundsätzliche Anforderungen an eine Bilanzstruktur beschrieben:

- **Sachlogisch trennscharfe Strukturierung**: Die einzelnen Bilanzpositionen dürfen auf der Stoff- und Energieflußebene keine Überschneidungen zulassen, da dies einer Doppelzählung gleichkäme (z.B. wenn Lösemittel sowohl als Hilfstoffe und als Betriebsstoffe gezählt werden).
- **Vollständigkeit im thermodynamischen Sinne**: Alle Stoff- und Energieaustauschbeziehungen des Bilanzierungsobjektes (räumliche und zeitliche Bilanzraumabgrenzung vorausgesetzt) sind so weit wie möglich zu erfassen. Zu berücksichtigen ist hier allerdings der Erfassungsaufwand, so daß bei der Vollständigkeit je nach Datenlage Abstriche gemacht werden müssen (Bsp. Sauerstoffbedarfe bei Verbrennung). Zur Feststellung des thermodynamischen Gleichgewichts müssen material- bzw. stoffbezogene Bilanzpositionen und energiebezogene Bilanzpositionen in jeweils einheitlichen Größen darstellbar bzw. umrechenbar sein (kg bzw. kWh).
- **Zielorientierte, variable Sichten auf die Bilanz:** Mit SuE-Bilanzen werden unterschiedliche Ziele verfolgt. Die Informationen der Sachbilanz sind demgemäß zielgerecht darzustellen. Der Vorteil einer DV-gestützen SuE-Bilanz sind variable, an Auswertungszielen orientierte Sichten auf die Sachbilanz.
- **Nähe zur unternehmerischen Praxis**: Die Bilanzstruktur muß sich an den in der Praxis verfügbaren Unternehmensdaten bzw. an deren Strukturierung im Informationssystem orientieren, um den Datenerfassungsaufwand in Grenzen zu halten. Zu diesem

Zweck werden in vielen SuE-Bilanzen Bilanzpositionen aus der Handelsbilanz in die SuE-Bilanz übernommen (z.B. Anlage- und Umlaufgüter).

Kriterium	Mögliche Ausprägungen			
Flußrichtung	Input	Output	Bestand	
Flußobjektart und -typ	Material	Energieträger	Energie	
Umweltmedienbezug / Aggregatzustand	Luft (gasförmig)	Material (fest)	Wasser (flüssig)	
Umweltbeeinflussung	umweltbeeinflussend		nicht-umweltbeeinflussend	
Erwünschtheit / Warenförmigkeit (Zweckorientierung)	erwünscht		nicht-erwünscht	
Rolle in der betrieblichen Wertschöpfung	Rohmaterial	Hilfs-/Betriebsstoffe	Handelsware	etc.
Verweildauer im Unternehmen	Umlaufgüter		Anlagegüter, (Gebäude)	

Tabelle 1: Mögliche Kriterien und Ausprägungen für die Gliederung einer SuE-Bilanz

Aufbauend auf einer Recherche veröffentlichter SuE-Bilanzen, Literaturrecherchen (vgl. Literaturliste zu diesem und dem vorangegangenen Abschnitt) und eigenen Überlegungen wird folgende oberster Ebene einer Bilanzstruktur für die SuE-Bilanz vorgeschlagen (vgl. Abbildung 30):

Input	Output
Umlaufgüter	**Warenförmige Produkte (Zweckprodukte)**
Rohstoffe	Hauptprodukte
Hilfsstoffe	Nebenprodukte
Betriebsstoffe	Handelsware
Angelieferte Verpack.	Produktverpackungen
Verpackungsmaterialien	Transportverpackung
Handelsware	**Abfall**
	Abfall zur Beseitigung
	Abfall zur Verwertung
Wasser	**Abwasser**
Energie	**Energieabgabe**
Luft	**Abluft**

Abbildung 30: Bilanzstruktur der SuE-Bilanz (Vorschlag)

Eine allgemeine gesetzliche oder gesetzesähnliche Standardisierung von SuE-Bilanzstrukturen (vergleichbar den GOB- bzw. den IKR-Kontenrahmen bei der finanzbuchalterischen Bilanzierung) ist kurzfristig nicht zu erwarten. Dazu sind die Anforderungen an eine SuE-Bilanzgliederung zwischen den Branchen zu unterschiedlich und es liegen noch zuwenig Erfahrungen vor. Es gibt jedoch bereits branchenbezogene Bilanzierungsrichtlinien (z.B. die Bilanzierungsrichtlinien für Finanzdienstleister des VfU) bzw. Empfehlungen für eine vergleichbare Bilanzstruktur innerhalb einer Branche. Eine Software, die ECO-Integral umsetzt, sollte also einen erweiterbaren Katalog an unterschiedlichen Bilanzstrukturen enthalten. Dem Nutzer kann die Möglichkeit gegeben werden, diese Bilanzstruktur an den speziellen Bedarf anzupassen.

Abbildung 31 zeigt die Datenstruktur zur Bilanzstruktur. Der Bilanzstrukturkopf setzt sich aus Bilanzpositionen zusammen (Beziehungstyp „Bilanzpos.-Zuordnung“). Bilanzpositionen befinden sich innerhalb einer Bilanzstruktur in einer 1:n-Hierarchie zu sich selbst („Struktur“-Beziehung bei Bilanzposition). Kontenarten sind Spezialisierungen von „Bilanzposition“. Einer Kontenklasse sind mehrere Hauptkonten zugeordnet, ein Hauptkonto besteht aus einer Menge von Sachkonten, die wiederum in Unterkonten aufgeteilt werden. Eine weitere Spezialisierungshierarchie wird durch die Verwendung der Bilanzposition als Input- oder Outputposition benötigt. Damit ist die Grundform der Bilanzstruktur beschrieben. Der Bilanzstrukturkopf wird für eine bestimmte Klassifikationsherkunft und eine Bilanzart angelegt. Ein Beispiel wäre der Unternehmensbilanzvorschlag (= Stoff- und Energiebilanzart) des VfU (= Klassifikationsherkunft) zu nennen. Unterschieden werden vorgegebene und eigendefinierte Bilanzstrukturen. Vorgegebene Bilanzstrukturen würden vom Softwarelieferant eingerichtet und dürften vom Anwender nicht verändert werden, wohl aber als Vorlage für eigendefinierte Bilanzstrukturen dienen (Spezialisierung des Typs „Bilanzstrukturkopf“).

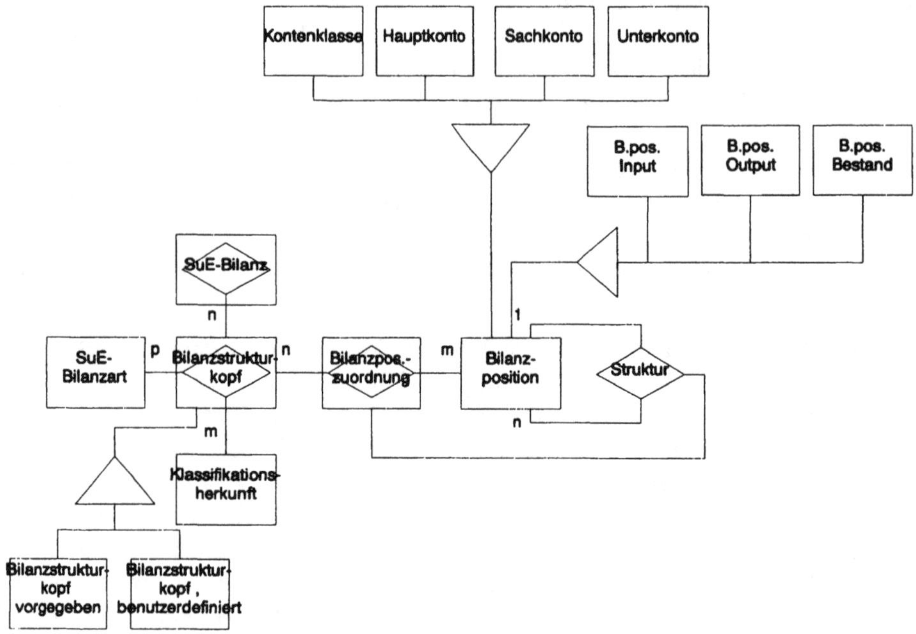

Abbildung 31: ERM Bilanzstruktur

Für jede Bilanzstruktur muß eine **„Zuordnungstabelle"** angelegt werden, in der die Stoff- und Energieflüsse den einzelnen Bilanzposition zugeordnet werden. Im einfachsten Fall handelt es sich dabei um eine 1:n Beziehung zwischen Bilanzposition und Material (der Bilanzposition I.1.1 werden beispielsweise die Materialnummern 444, 445 und 445 zugeordnet). In manchen Fällen kann es jedoch notwendig werden, die Bewegungsart mit in diese Zuordnungstabelle aufzunehmen (90% des Ölverbrauch fällt unter die Bilanzposition „Rohstoffverbrauch", 10% gehört jedoch zum „Hilfsmittelverbrauch". Ein Material fließt aufgrund unterschiedlicher Bewegungsarten und muß zwischen unterschiedlichen Bilanzpositionen aufgeteilt werden). Außerdem muß es möglich sein, bestimmte Materialflüsse mit anderen zu verrechnen (z.B. kann es Sinn machen Retouren nicht als Materialinput sondern als Verminderung des Produktoutputs zu betrachten). Tabelle 2 stellt das Prinzip der Zuordnungstabelle dar.

Nr.	Bilanzposition	Mat-Nr.	Material	Bewegungs-art	Nr.	Verrechnung
I 1.1	Papier	444	Papier chlorfrei	Mat.einsatz	678	
		445	Papier recycel	Mat.einsatz	678	
		446	Papier farbig	Mat.einsatz	678	
...						
I 1.3	Öl (Produkt.rohstoff)	567	Öl	Mat.einsatz	678	
I 2.3	Öl (Schmiermittel)	567	Öl	Fertigungs-unterstützung	234	
I 3.9	Retouren	568	Produkt 1	Retouren	245	O 1.4
		569	Produkt 2			
...						

Tabelle 2: Prinzip einer Zuordnungstabelle „Bilanzposition - Materialnummer - Bewegungsart“

Es gibt drei Möglichkeiten, Bilanzstrukuren in der Verbindung mit Zuordnungstabellen DV-mäßig zu unterstützen:

- In den **Materialstammdaten** ist für jedes Material die Bilanzposition festgelegt. Damit fällt zwar für den Nutzer kein Aufwand an, doch ist es ihm weder möglich unter verschiedenen Bilanzstrukturen auszuwählen, noch können einzelne Materialien unterschiedlichen Bilanzpositionen zugeordnet werden.
- In **vorgegebenen Zuordnungstabellen** sind die Zuordnungen zwischen Material und Bilanzposition im System hinterlegt. Es kann zwar zwischen verschiedenen Strukturen gewählt werden, eine individuelle Anpassung ist jedoch nicht möglich.
- Mit Hilfe vorgegebener Bilanzstrukturen **werden eigene Bilanzstrukturen** definiert. Das DV-System muß also eine Prozedur enthalten, die die Erstellung und Ergänzung von Zuordnungstabellen unterstützt.

Die ersten beiden Alternativen sind starr und lassen wenig Gestaltungsspielraum für die individuelle Anpassung an die sich wandelnden Gegebenheiten eines Unternehmens zu. Es empfiehlt sich daher die dritte Alternative. Folgende Anforderungen sind zu erfüllen:

- Typische Bilanzstrukturen sollten vorgegeben sein.
- Für diese Bilanzstrukturen sind die Zuordnungstabellen vorzugeben.
- Die Erstellung oder Anpassung eigener Bilanzstrukturen muß einfach möglich sein (z.B. mit Mausbedienung und Drag and Drop).

- Für eigen erstellte Zuordnungstabellen müssen Testroutinen durchgeführt werden, die
    - überprüfen, ob Materialien (mit Bewegungsarten) eindeutig zugeordnet sind,
    - auflisten welche Materialien noch gar nicht zugeordnet sind und
    - eventuell überprüfen, ob sachlogisch falsche Zuordnungen gemacht wurden (z.B. ob das Einsatzmaterial Wasser der Bilanzposition Produktoutput zugeordnet wurde).

Diese Alternative läßt einerseits genug Freiheiten für eine individuelle Anpassung und ist andererseits durch vorgegebene Strukturen anwenderfreundlich.

Abbildung 32 zeigt die Datenstruktur der Zuordnungstabelle. Sie ist eine n:m:p:q-Beziehung zwischen der Bilanzposition, dem Material, der Bewegungsart und dem Bilanzstrukturkopf. Die Einbeziehung des Bilanzstrukturkopfes ist notwendig, da alle Zuordnungen für Bilanzstrukturen spezifisch sein müssen.

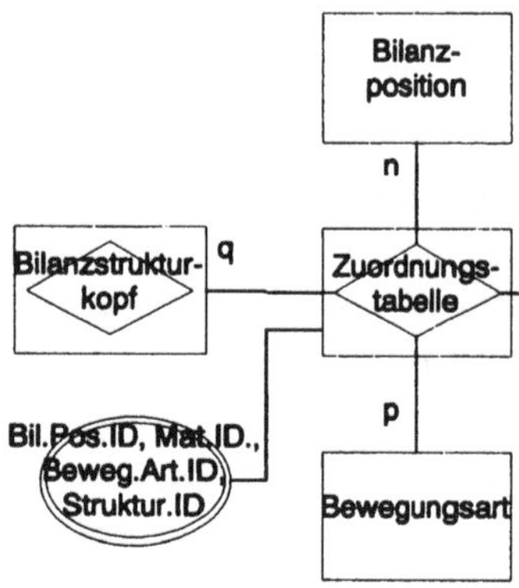

Abbildung 32: ERM Zuordnungstabelle

Es kann desweiteren sinnvoll sein, für ein Unternehmen zwei Zuordnungstabellen zu definieren. Eine auf Materialebene (Dispositionsebene), die andere auf Stoffebene (elementare Materialien). Damit lassen sich die Stoff- und Energieflüsse in zwei unterschiedlichen Sichten darstellen. Für einen Kunden eines Unternehmens beispielsweise ist die Materialebene verständlicher; für den Gefahrstoffbeauftragten dagegen ist die Stoffsicht von größerem Nutzen. Aus der Zuordnung von Materialien zu Stoffen, kann diese stoffbezogene Zuordnungstabelle automatisch aus der materialbezogenen Zuordnungstabelle erstellt werden. Aufgrund der Definition des Stoffs als Spezialisierung des Materials (vgl. Teil IV, Kapitel 1.2.1) wird hierfür keine neue Datenstruktur benötigt.

1.3.2.4 Daten ermitteln

Nachdem der Bilanzraum, die Bilanzperiode und die Bilanzgliederung festgelegt wurden, kann die Erstellung der SuE-Bilanz durchgeführt werden. Dies erfolgt in fünf Schritten:

a) Daten automatisch ermitteln

b) Daten prüfen

c) Daten manuell ergänzen

d) Daten erneut prüfen

e) Daten als Bericht ausgeben

ad a) Daten automatisch ermitteln

Die automatische Datenermittlung ist eine Auswertung auf die Bewegungsdaten, die in der Datenbasis vorhanden sind (vgl. Tabelle 3).

Datum	Von Mengen-stelle	Nach Mengen-stelle	Material	Menge	Bewegungsart
12.02.97	Kunde 6787	Warenannahme	Papier 45878	345 kg	Warenbezug 565
12.02.97	Lager 3454	Produktion 345	Gehäuse 456	34 kg	Prod.auftrag 454
...					

Tabelle 3: Ausschnitt aus einer Bewegungsdatei

Alle Bewegungsdaten, die den folgenden Kriterien genügen, werden aggregiert:

- Datum liegt innerhalb der Bilanzperiode.
- Die „von Mengenstelle“ ist im Außenraum und gleichzeitig ist die „nach Mengenstelle“ im Bilanzraum (Input).
- „Von Mengenstelle“ ist im Bilanzraum und gleichzeitig ist die „nach Mengenstelle“ im Außenraum (Output).

Die Zuordnung der Mengen auf die Bilanzpositionen erfolgt gemäß der Zuordnungstabelle (vgl. Tabelle 2).

Soll eine SuE-Bilanz inklusive Bestandsveränderung erstellt werden, werden anschließend die Bestandsveränderungen innerhalb des Bilanzraumes ermittelt. Die dazugehörende Rechenvorschrift ist:

Bestand an Material aller Mengenstellen innerhalb des Bilanzraumes zum Bilanzperiodenende <u>minus</u> Bestand aller Mengenstellen innerhalb des Bilanzraumes zum Bilanzperiodenanfang.

Die Verrechnung der Bestandsdifferenz erfolgt dadurch, daß die gesamten Bestandsdifferenzen in eine Sammelposition „Bestandsdifferenz“ auf der Inputseite (bei Bestandsabnahme) oder in die entsprechende Bilanzposition auf der Outputseite (bei Bestandszunahme) übertragen werden.

Wie eine Bilanzposition genau berechnet werden soll, ist in der Rechenregel hinterlegt. Die Rechenregel wird für jede Zuordnung einer Bilanzposition zu einer Bilanzstruktur festgelegt (vgl. Abbildung 33). Ist die Berechnung einer Position in allen Fällen gleich, kann die Zuordnung alternativ auch zur Bilanzposition erfolgen.

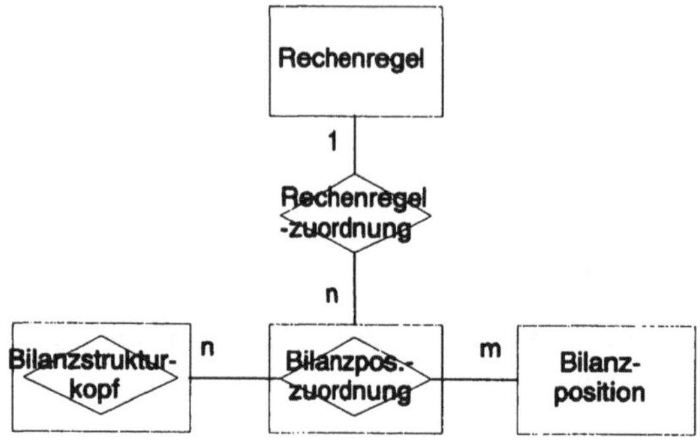

Abbildung 33: ERM Rechenregel zur Berechnung von Bilanzpositionen

Die einheitliche Umrechnung der Materialmengen in kg bzw. der Energiemengen in kWh oder MJ ist für die Erstellung der SuE-Bilanz von größter Wichtigkeit. Abbildung 34 zeigt die Datenstruktur zur Umrechnung von Einheiten. Ein Material kann in unterschiedlichen Einheiten ausgedrückt werden. Die „Bezugseinheit-Zuordnung" gibt an, mit welchem Umrechnungsfaktor ein Material von einer Einheit in eine andere umgerechnet werden kann.

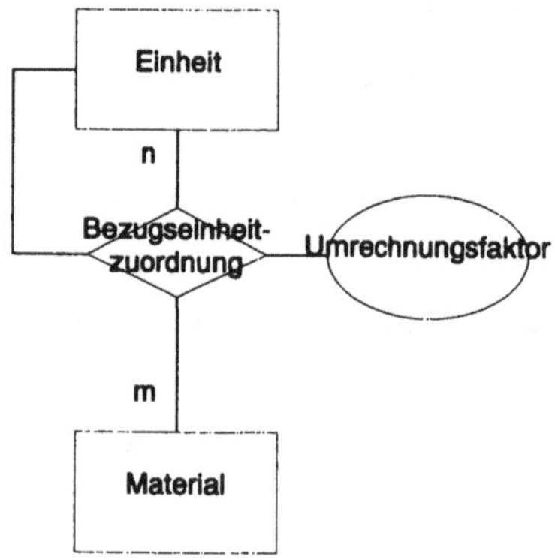

Abbildung 34: ERM Umrechnung der Einheiten

Zur Erstellung von SuE-Bilanzen muß für jedes Material zumindest ein Satz zur Umrechnung der Materialeinheit in die Bezugseinheit kg angelegt werden (für Energien in die Einheit kWh), oder die Einheit kg / kWh im Materialstamm gepflegt werden.

ad b) Daten prüfen

In einer Prüfroutine müssen anschließend alle Bewegungen, die die obigen Kriterien erfüllen (siehe Kap. 1.3.2.4), aber keiner Bilanzposition zugeordnet werden, als „Fehlersumme" ausgegeben werden (z.B. existiert für die Lieferung von Zwischenprodukten an ein Tochterunternehmen keine entsprechende Bilanzposition im Output). Diese Fehlersumme gibt Hinweise auf eine nicht vollständige Bilanzstruktur, die entweder ergänzt oder aber begründet unvollständig gehalten werden kann.

ad c) Daten manuell ergänzen

Anschließend muß die Möglichkeit gegeben sein, die SuE-Bilanz manuell nachzubereiten bzw. zu ergänzen. Bewegungsdaten, die weder als gemessene Ist-Werte noch als errechnete Soll-Werte in der gemeinsamen Datenbasis vorliegen (z.B. Emissionsbewegungen, die aus externen Messungen abgeschätzt werden), müssen manuell in die SuE-Bilanz eingegeben werden können. Dabei können bestimmte Bilanzpositionen aus den Werten anderer Bilanzpositionen errechnet werden (z.B. wird die Energieabgabe mit dem Energieeinsatz gleichgesetzt, oder es kann der CO_2-Ausstoß über den Einsatz an Heizöl und Erdgas näherungsweise errechnet werden). Dies gilt auch für „exotische" SuE-Flüsse, die nicht als Bewegung in der gemeinsamen Datenbasis geführt werden, sondern lediglich wegen der erforderlichen Vollständigkeit der SuE-Bilanz ermittelt werden sollen (z.B. Input an Luftsauerstoff).

Die Rechenvorschrift wird als Beziehungstyp der Bilanzposition zu sich selbst modelliert (vgl. Abbildung 35). Sie enthält die Information wie eine Position aus der anderen berechnet werden kann.

Abbildung 35: ERM Rechenvorschrift manuelle Berechnung von Bilanzpositionen

ad d) Daten erneut prüfen

Die vorliegenden Daten können durch Prüfroutinen auf Stimmigkeit überprüft werden. Eine typische Prüfroutine ist die Differenzbildung aus Input und Output. Überschreitet die Differenz einen vorgegebenen Prozentsatz (z.B. 10%), so deutet dies darauf hin, daß die Bilanz bewußt oder unbewußt unvollständig gehalten ist (bedeutende Flüsse fehlen) oder daß Fehler aufgetreten sind (z.B. bei der Umrechnung von Stückzahlen in Gewicht).

ad e) Daten als Bericht ausgeben

Für die Darstellung der SuE-Bilanz können unterschiedliche Formate der Darstellung gewählt werden. Dazu müssen verschiede Berichtsformate im System vorgehalten werden. Denkbar sind Übersichten in unterschiedlicher Darstellungstiefe oder Darstellungsweise (Bestandsdaten, Materialbilanz und Energiebilanz getrennt oder als gemeinsame Auswertung etc.). Die Berichtsformate können außerdem einzelnen Bilanzstrukturen zugeordnet werden. Abbildung 36 zeigt die Attribute der Entität „Berichtsformat".

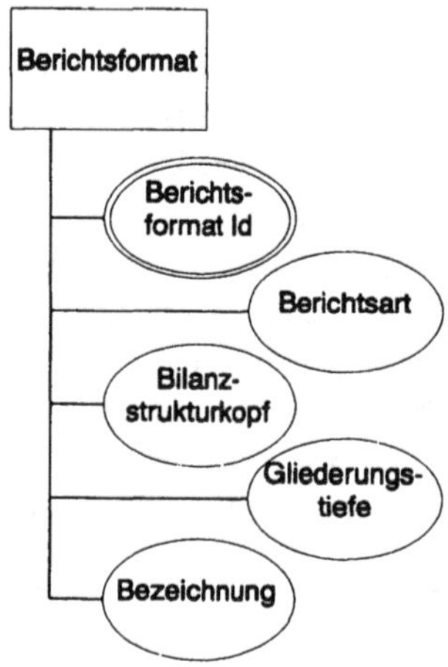

Abbildung 36: Attribute des Berichtsformats

Abbildung 37 zeigt das Gesamt-ERM zur SuE-Bilanz für Unternehmen und Prozesse im Überblick.

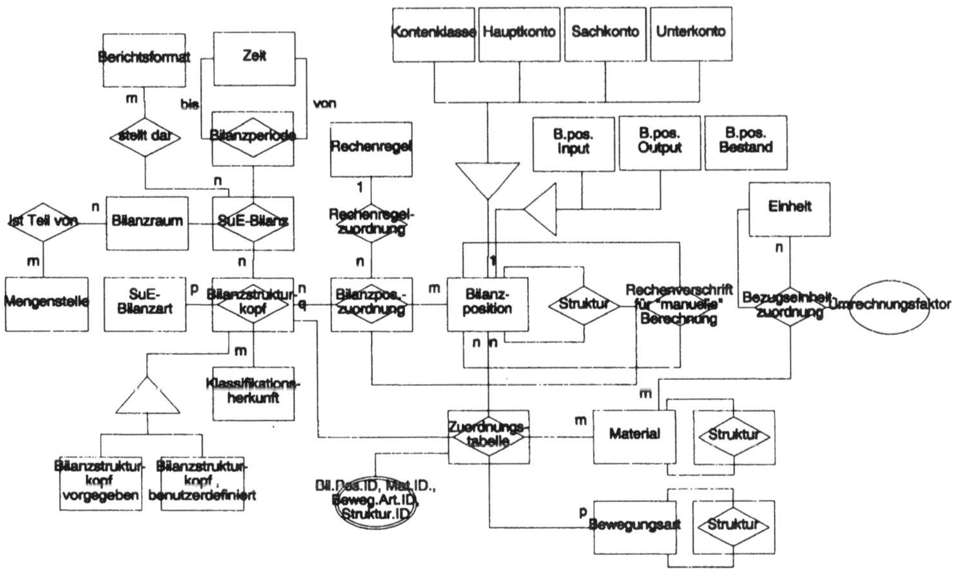

Abbildung 37: ERM der SuE-Bilanz für Unternehmen und Prozesse

1.3.3 Prozesse

In diesem Kapitel werden die Prozesse im Zusammenhang mit der Erstellung einer SuE-Bilanz beschrieben. Die detailliertere Beschreibung der Einzelschritte erfolgte bereits im Rahmen der Datenbeschreibung (vgl. Teil III, Kap. 1.3.2).

Der grundsätzliche Ablauf der Erstellung einer SuE-Bilanz ist in Abbildung 38 dargestellt. Die Erstellung einer SuE-Bilanz muß vorbereitet werden. Danach werden die Daten ermittelt und entsprechend dem ausgewählten Berichtstyp dargestellt.

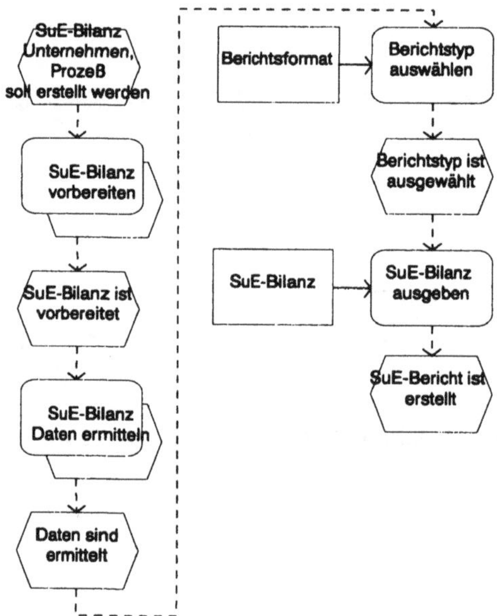

Abbildung 38: EPK Ablauf der Erstellung einer SuE-Bilanz

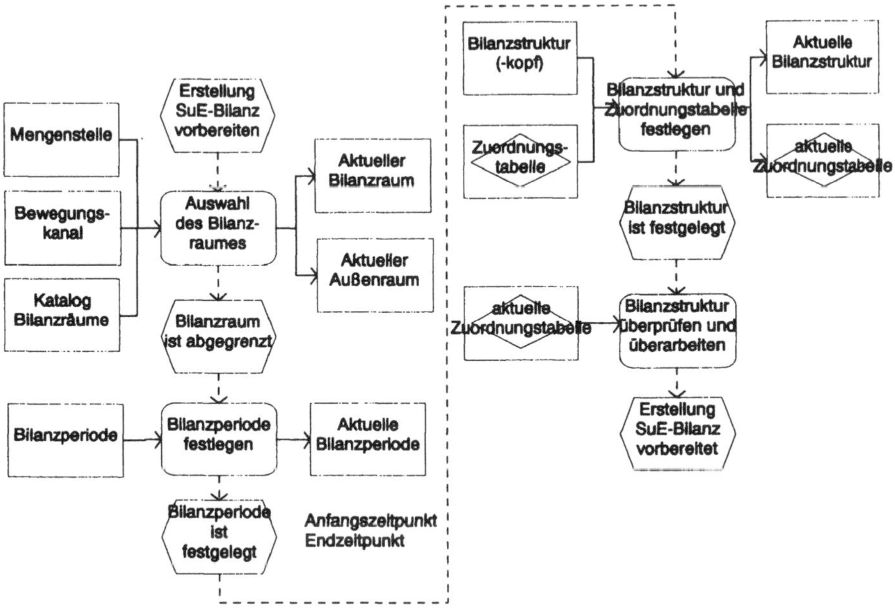

Abbildung 39: EPK SuE-Bilanz vorbereiten

Abbildung 39 zeigt den Teilprozeß „SuE-Bilanz vorbereiten“. Hier werden Bilanzraum, Bilanzperiode und Bilanzstruktur festgelegt. Dies setzt voraus, daß die Bilanzstruktur mit hinterlegter Zuordnungstabelle schon existiert. Ist dies nicht der Fall, kann eine vorgegebene Bilanzstruktur benutzerdefiniert angepaßt werden.

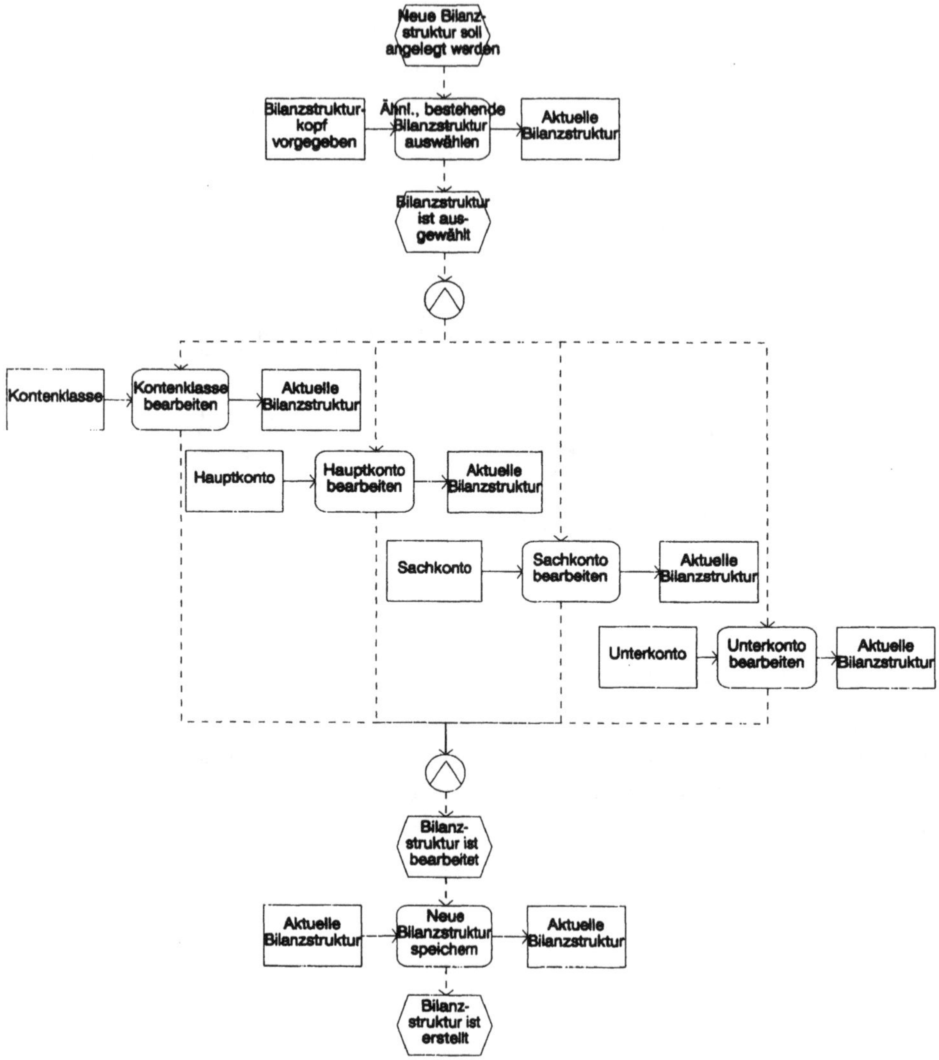

Abbildung 40: EPK Erstellung einer benutzerdefinierten Bilanzstruktur

Abbildung 40 zeigt, wie aus einer vorgegebenen Bilanzstruktur eine auf die gegebene Situation passende Bilanzstruktur erstellt wird. Die einzelnen Bilanzpositionen können dann entsprechend den eigenen Ansprüchen verändert werden. Die neu angelegte Bilanzstruktur, wird als benutzerdefinierte Bilanzstruktur gespeichert und steht dann für die Erstellung von SuE-Bilanzen zur Verfügung.

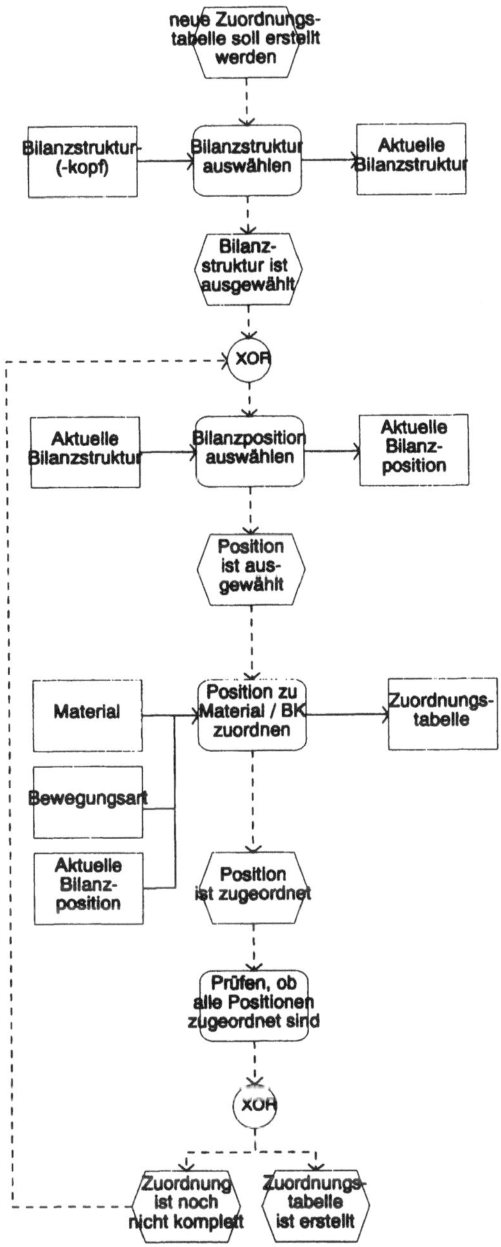

Abbildung 41: EPK Erstellung einer Zuordnungstabelle

In Abbildung 41 ist beschrieben, wie eine Zuordnungstabelle angelegt wird, die für jede Bilanzstruktur definiert sein muß. Eine Zuordnungstabelle legt die Beziehung zwischen Bewegungsdaten und Bilanzpositionen fest. Zuerst wird die Bilanzstruktur ausgewählt, auf die sich die Zuordnungstabelle bezieht. Danach wird jede einzelne Bilanzposition einem Material und gegebenenfalls einer Bewegungsart zugeordnet.

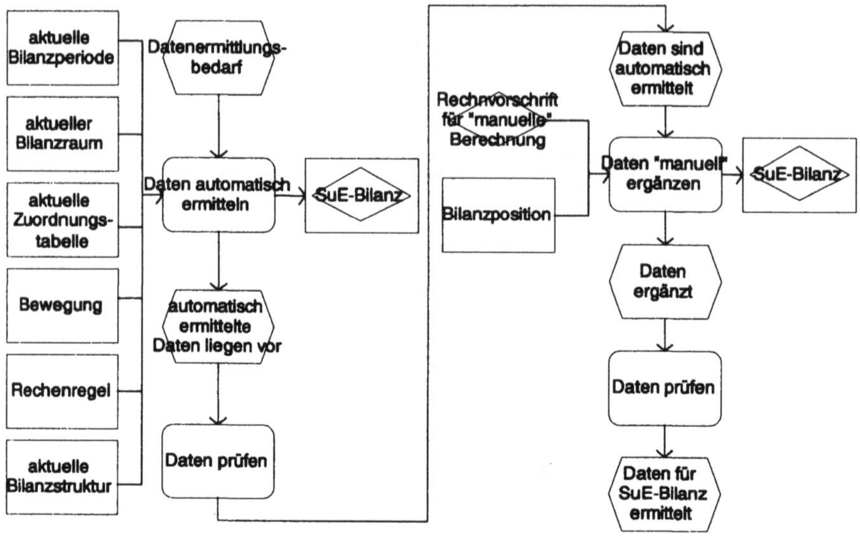

Abbildung 42: EPK Daten für SuE-Bilanz ermitteln

Abbildung 42 zeigt abschließend den Teilprozeß der Datenermittlung. Die Bilanzdaten werden zunächst automatisch mittels der oben gezeigten Datenstruktur ermittelt und dann manuell mit Hilfe der Rechenvorschrift für die „manuelle" Berechnung von Bilanzpositionen ergänzt.

1.4 Verwendete und weiterführende Literatur

Beck, M. (Hrsg.) (1993): Ökobilanzierung im betrieblichen Management. Würzburg.

Böning, J. (1994): Methoden betrieblicher Ökobilanzierung. Marburg.

Braunschweig, A. (1992): Ökobilanzen - Streichhölzer gegen das ökologische Dunkel. GAIA 7/92, S. 170-174.

Bundesumweltministerim; Umweltbundesamt (Hrsg.) (1995): Handbuch Umweltcontrolling. München.

Dyllick, T. (1992): Ökologisch bewußte Unternehmensführung, Bausteine einer Konzeption. In: Die Unternehmung 6/92, S. 391-413.

Günther, E. (1994): Ökologieorientiertes Controlling. München.

Hallay; Pfriem (1992): Öko-Controlling. Umweltschutz in mittelständischen Unternehmen. Frankfurt/New York.

Hilty, L.M.; Jaeschke, A.; Page, B.; Schwabl, A. (Hrsg.) (1994): Informatik für den Umweltschutz. 8. Symposium, Hamburg.

Lessing, H.; Lipeck, U. W. (Hrsg.) (1996): Informatik für den Umweltschutz. 10. Symposium, Hamburg.

Page, B.; Hilty, M. (1994): Umweltinformatik. Informationstechniken für Umweltschutz und Umweltforschung. München.

Schaltegger, S. (1994): Zeitgemäße Instrumente des betrieblichen Umweltmanagements. In: Die Unternehmung 2/94, S. 117-131.

Wörner, C.; Dold, G.; Krcmar, H. (1996): Anwendungspotentiale von produktbezogenen Ökobilanzen. In: Krcmar, H.; Dold, G. (Hrsg.): Aspekte der Ökobilanzierung. Ansprüche, Ziele und Computerunterstützung, Wiesbaden, S. 23-129.

2 Stoff- und Energiebilanz für Produkte

Stoff- und Energiebilanzen für Produkte sind strukturierte Gegenüberstellungen von Stoff- und Energieflüssen, die durch ein Produkt verursacht werden. Die Betrachtungen können sich dabei

- auf den kompletten Lebensweg des Produktes - von der Rohstofferschließung, über diverse Produktionsstufen und die Nutzung bis zur Entsorgung des Produktes [SETAC 1993, S. 5; Umweltbundesamt 1992, S. 17].
- oder nur auf einen Teil dieses Produktlebensweges beziehen, meist auf den mit dem Herstellungsprozeß innerhalb eines Unternehmens verbundenen Stoff- und Energieflüssen [Kunert 1994, S. 65].

Im ersten Falle spricht man dann von einer **Produktökobilanz** (im englischen „Life-Cycle-Assessment" = LCA), im zweiten Fall von einer „**unternehmensinternen Stoff- und Energiebilanz für Produkte**". Eine Produktökobilanz schließt nach Meinung der Mehrzahl der Autoren eine Wirkungsanalyse und Bewertung der SuE-Flüsse mit ein [Schaltegger/ Sturm 1992; Umweltbundesamt 1992]. Dieser Teil der Produktökobilanzierung ist im Instrument Bewertungsverfahren beschrieben. Eine weitere Form der produktbezogenen Ökobilanzierung ist die Produktlinienanalyse (PLA) [Teichert/Baumgartner, 1990], die die LCA um gesellschaftliche und wirtschaftliche Betrachtungen erweitert.

2.1 Zielsetzung

Mit einer SuE-Bilanz für Produkte können ähnlich wie bei der SuE-Bilanz für Unternehmen unterschiedliche Ziele verbunden sein, die sich zu drei wesentlichen Zielkategorien zusammenfassen lassen:

- Aufdeckung von technisch, ökologisch und betriebswirtschaftlichen Optimierungspotentialen
- Bereitstellung vergleichender und qualifizierender Information bzw. Präsentation des ökologischen Zustands des Produktes
- Ökologische Organisationsentwicklung des Unternehmens durch Einbezug vieler Mitarbeiter in den ökologischen Bewußtseinsprozeß.

Die Fragen „wer nutzt SuE-Bilanzen?" und „welches Ziel wird mit der Bilanzierung verfolgt?" können nicht unabhängig voneinander beantwortet werden. Die Umweltauswirkungen eines Produktes können für den Verbraucher, der im Supermarkt verschiedene Biersorten vergleichen will, ebenso interessant sein wie für den Entwicklungsingenieur, der ein umweltfreundliches Auto konstruieren soll und Werkstoffalternativen bewerten muß. Folgende Ziele lassen sich daher für die produktbezogene SuE-Bilanz spezifizieren [Dold 1996, S. 71ff]:

Ziele	Oberbegriffe
Produkt optimieren	Identifikation von Schwachstellen Optimierung von Abläufen Optimierte Ressourcennutzung Reduzierung von Emissionen
Produkte vergleichen	Produkt- bzw. Produktkomponentenvergleich
Information erhalten	Produktinformation von außen Produktinformation (im Sinne von Gutachten)
Information weitergeben	Öffentlichkeitswirkung / Öffentlichkeitsarbeit Produktinformation nach außen Produktinformation nach innen
Beteiligte Mitarbeiter und Verbraucher sensibilisieren	Ökologische Arbeitskreise Unterstützung von Kaufentscheidungen

Tabelle 4: Ziele bei der Nutzung von produktbezogenen SuE-Bilanzen

2.2 Grundlagen

Will man für ein Produkt eine strukturierte Gegenüberstellung von Stoff- und Energieflüssen aufstellen, so muß zuerst festgelegt werden, inwieweit ein Produkt an der Verursachung dieser Stoff- und Energieflüsse beteiligt ist. In der Literatur zur produktbezogenen Ökobilanzierung werden Rohstoffgewinnung, Produktion, Transport und Verteilung, Gebrauch, Recycling und Entsorgung in dieser chronologischen Abfolge als Abschnitte eines Produktlebensweges genannt [SETAC 1991, S. 5]. Auf all diesen Abschnitten werden SuE-Flüsse verursacht.

Abbildung 43 zeigt den möglichen strukturellen Aufbau eines Produktlebensweges, wobei die einzelnen Abschnitte des Produktlebensweges zu den Phasen Produktion, Gebrauch und Reduktion zusammengefaßt sind. Die Darstellung ist vereinfacht und zeigt nicht alle Einzelaspekte eines Produktlebensweges:

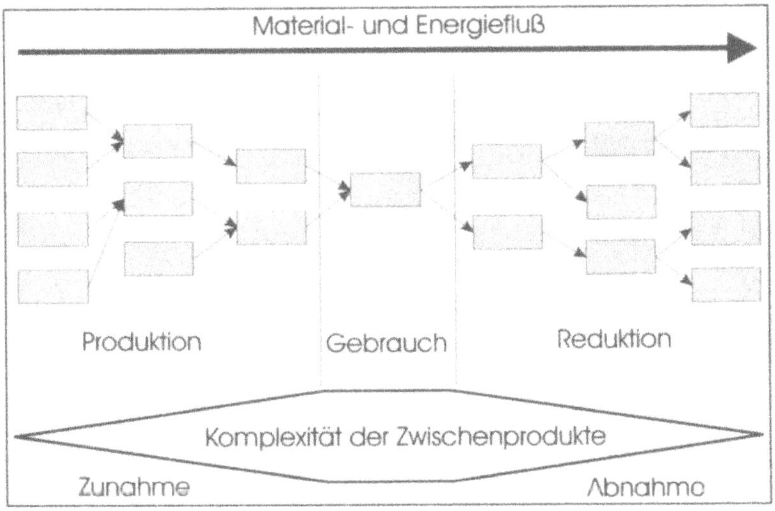

Abbildung 43: Möglicher Aufbau eines Produktlebensweges

Ein Produktlebensweg ist aus einer Menge von Stoff- und Energietransformationsprozessen zusammengesetzt (vgl. graue Kästchen in Abbildung 43), die mit Stoff- und Energieflüssen und mit der Umwelt des Produktlebensweges verbunden sind.

Zwischen Rohstoffgewinnung und Produktion wird in der Struktur des Produktlebensweges nicht unterschieden. Beide werden zur Produktionsphase zusammengefaßt, da das gemeinsame Merkmal beider Phasen das Zustandekommen eines (Zwischen-) Produktes aus mehreren Vorprodukten ist. Die Reduktion beschreibt die Zerlegung eines (Zwischen-) Produktes in ein oder mehrere Reduktionsprodukte. Zwischen der Produktions- und der Reduktionsphase befindet sich die Gebrauchsphase. Die Produktions- und die Reduktionsphase können sich aus beliebig vielen Prozeßstufen zusammensetzen, wohingegen die Gebrauchsphase auf eine Prozeßstufe beschränkt ist [Dold 1996, S.144].

Eine komplette SuE-Bilanz für ein Produkt muß sich folglich auf alle drei Phasen beziehen. Nur wenn alle Prozesse inklusive der Transportprozesse vollständig in die Betrachtung mit aufgenommen werden, ist ein Vergleich von alternativen Produkten anhand der Stoff- und Energieflüsse möglich.

Auf die Modellierung einer solchermaßen vollständigen Ökobilanzierung (LCA) wird im Rahmen von ECO-Integral verzichtet, da ein betriebliches Informationssystem nicht den Anforderungen einer überbetrieblichen Produktlebensweg-verfolgung gerecht werden kann. Für diese Zwecke gibt es spezielle Ökobilanzsoftwareprodukte (z.B. CUMPAN [Dold 1996] oder UMBERTO [Schmidt / Häuslein 1996]), die aber an dieser Stelle nicht behandelt werden sollen.

Ein betriebliches Umweltinformationssystem sollte jedoch die Stoff- und Energieflüsse **innerhalb des Unternehmens**, die durch die Produktion eines Produktes verursacht werden, als interne Produktbilanz ausweisen können, damit die Grundlage für die Erstellung einer kompletten Produktbilanz geschaffen werden.

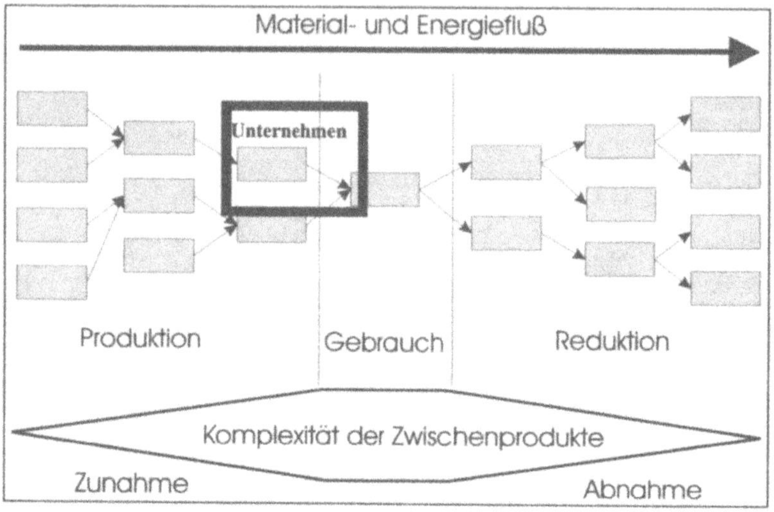

Abbildung 44: Bereich der Modellierung

Idealerweise verfügen alle an der Produktion und Reduktion eines Produktes beteiligte Unternehmen innerhalb des Produktlebensweges über ein Umweltinformationssystem, das die Erstellung interner SuE-Bilanzen für Produkte unterstützt. Eine komplette Produktökobilanz könnte dann unternehmensübergreifend DV-gestützt erstellt werden. Dazu eignet sich als Plattform für die Bilanzerstellung und -verbreitung z.B. das Internet [vgl. Rutschmann/Dold/Krcmar 1997]. Voraussetzung für ein solches System ist die Definition einheitlicher Bilanzierungsregeln und Datenformate auf der inhaltlichen Ebene und der Datenübertragungsebene sowie die Ergänzung um gebrauchsbezogene Stoff- und Energieflüsse. Auf der Geschäftsebene (Kommunikation mit Kunden und Lieferanten) ist der elektronische Datenaustausch zwischen betriebsinternen Systemen (Electronic Data Interchange (EDI) bereits seit längerer Zeit Stand der Technik. EDI-Standardisierungen wie z.B. UN/EDIFACT könnten z.B. um den Stoff- und Energieflußbereich ergänzt werden.

ECO-Integral als Referenzmodell für eine Standardsoftware unterstützt diese Idealvorstellung, indem Grundlagen für die Standardisierung geschaffen werden. Im Falle, daß ein großer Softwarehersteller das Modell umsetzt, könnten zumindest alle Anwender dieses Systems ihre Daten elektronisch austauschen und damit den Datensammlungsprozeß ökonomischer gestalten.

2.3 Modellierung

In den folgenden Abschnitten wird das Referenzmodell für die unternehmensinterne Produktökobilanz beschrieben.

2.3.1 Funktionen

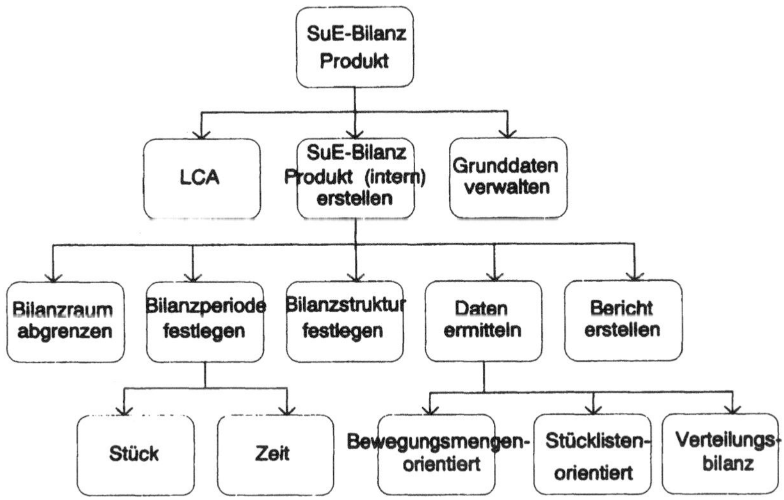

Abbildung 45: Funktionsbaum SuE-Bilanz Produkte

Der Funktionsbaum (vgl. Abbildung 45) gibt eine Übersicht über die modellierten Funktionen im Rahmen der Produktbilanzierung. Im folgenden wird auf die Funktionen der Bilanzerstellung eingegangen. Die Grunddatenverwaltung ist auf der Ebene des Funktionsbaums identisch mit der der unternehmenbezogenen SuE-Bilanz.

2.3.2 Daten

Die Anforderungen an die Datenstruktur sind im wesentlichen identisch mit denen aus der SuE-Bilanz für Unternehmen und Prozesse. Durch die Bilanzraumabgrenzung wird das Bezugsobjekt der Bilanzbetrachtung festgelegt, indem die beteiligten Mengenstellen ausgewählt werden. Die Zuordnungstabelle schafft den Bezug zwischen Bilanzpositionen und Materialien bzw. Bewegungsarten. Abweichend zu den SuE-Bilanzen für Unternehmen müssen die SuE-Flüsse des Unternehmens auf die einzelnen Produkte zugeordnet werden, was nicht immer eindeutig geleistet werden kann (insbesondere bei Hilfs- und Betriebsstoffen, die für mehrere Produkte eingesetzt Werden). Daher werden in den folgenden Abschnitten drei unterschiedliche Verfahren der Datenermittlung unterschieden.

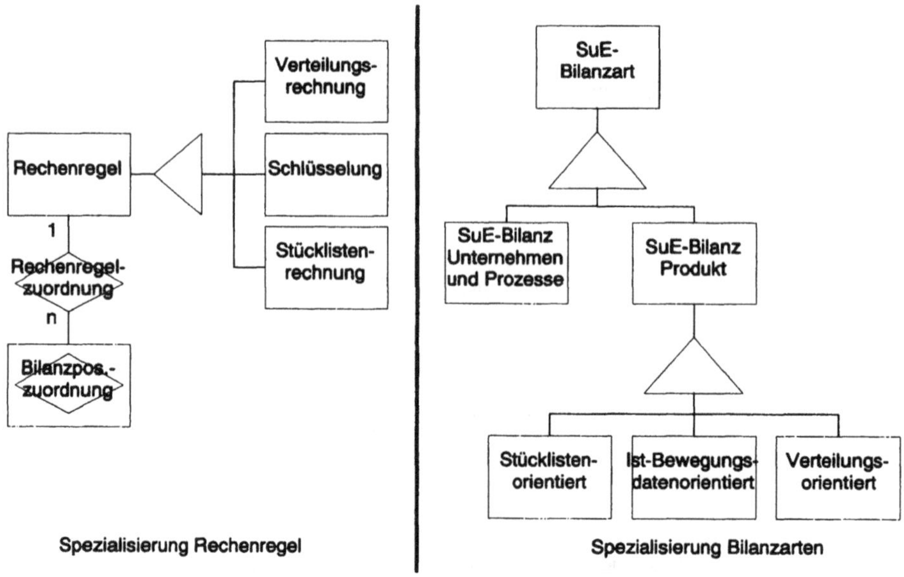

Abbildung 46: ERM-Erweiterungen für die produktbezogene Ökobilanz

Die unterschiedlichen Verfahren resultieren einerseits in einer Spezialisierung des Typs „Rechenregel", andererseits werden je nach angewendetem Verfahren unterschiedliche Bilanzarten unterschieden (Spezialisierung des Typs „Bilanzart") (vgl. Abbildung 46).

2.3.2.1 Abgrenzen des Bilanzraumes

Die Abgrenzung des Bilanzraumes der Produktbilanz erfolgt in zwei Stufen. Die erste Stufe der Abgrenzung ist die (meist implizit durchgeführte) Beschränkung auf einen kleinen Teil des Produktlebenszyklus, nämlich auf die Produktion in dem Unternehmen.

Im zweiten Schritt der Bilanzraumabgrenzung müssen die Mengenstellen bestimmt werden, die an der Produktherstellung beteiligt sind. Die hier auftretenden Schwierigkeiten treten auch bei der Bilanzraumabgrenzung von Unternehmensbilanzen auf und sind deshalb an anderer Stelle beschrieben (vgl. Teil III, Abschnitt 1.3.2.1).

2.3.2.2 Abgrenzen der Bilanzperiode

Bei der SuE-Bilanz für Produkte kann zwischen einer Stückbilanz und einer Zeitbilanz unterscheiden werden. Bei der Stückbilanz ist die Bezugsbasis auf der die Stoff- und Energieflüsse ermittelt werden, das einzelne Stück – unabhängig davon, wie lange für die Produktion eines Stückes benötigt wird; bei der Zeitbilanz beziehen sich die Mengen auf eine festgelegte Zeitperiode. Der Zusammenhang zwischen Stück- und Zeitbilanz läßt sich relativ einfach über die in der Periode hergestellte Produkte herstellen (Stückbilanz = Zeitbilanz/ Stück innerhalb Bilanzperiode).

Für die Stückbilanz entfällt naheliegenderweise die Abgrenzung der Bilanzperiode. Für die Zeitbilanz bieten sich ähnlich wie bei der Unternehmensbilanz unterschiedliche Zeiträume an. Für Produkte mit kurzer Produktionsdauer und bei übersichtlichen Produktionsstrukturen können gegebenenfalls auch kürzere Bilanzzeiträume gewählt werden (Tage, Wochen).

2.3.2.3 Bilanzstruktur festlegen

Aufgabe der Stoff- und Energiebilanz (intern) ist die sinnvolle Zusammenfassung (Aggregation) und Ordnung aller Stoff- und Energieflüsse, die mit der Produktion eines Produktes zusammenhängen. Die Gliederung dieser SuE-Flüsse sollte naheliegenderweise mit den Gliederungen von SuE-Bilanzen für Unternehmen gleich sein. Anmerkungen und Probleme in Zusammenhang mit der Bilanzstrukturierung können daher aus dem entsprechenden Abschnitt entnommen werden (vgl. Teil III, Abschnitt 1.3.2.1).

2.3.2.4 Daten ermitteln

Für die Erstellung der Produktbilanz werden folgende Daten benötigt:

- Einsatzmaterial (Roh-, Hilfs- und Betriebsstoffe, Wasser, Luft)
- Energieeinsatz
- Produktmenge (inkl. Verpackung)
- Kuppelprodukte
- Reststoffe (Abfall, Abwasser, Emissionen in die Abluft)
- Energieabgabe.

Die Ermittlung der Daten für die Produktbilanz, kann grundsätzlich durch eine

- stücklistenorientierte
- eine Ist-Bewegungsdatenorientierte
- oder eine verteilungsorientierte

Datenerhebung erfolgen.

Diese drei Verfahren werden im nachfolgenden Kapitel „Prozesse" erläutert und als EPKs dargestellt. Der grundlegende Ablauf der SuE-Bilanzerstellung für Produkte ist mit Ausnahme der Datenermittlung identisch mit der der unternehmensbezogenen SuE-Bilanz (vgl. Teil III, Abschnitt 1.3.3).

2.3.3 Prozesse

Bei der stücklistenorientierten Variante gilt die Voraussetzung, daß in einer erweiterten Stückliste genügend Informationen über stofflich- und energetische In- und Outputs in das Produkt enthalten sind. Klassische Stücklisten enthalten zwar Informationen über den Materialeinsatz je Produkteinheit, sie enthalten jedoch i.d.R. keine weiteren Daten bezüglich Energieeinsatz, Hilfstoffanteil, anfallende Reststoffe und Energieabgabe. Eben solche Daten sind in einer im Rahmen von ECO-Integral vorgeschlagenen „erweiterten Stückliste" enthalten (vgl. Teil IV, Abschnitt 1.2.2.2).

Aus diesen erweiterten Stücklisten lassen sich dann problemlos produktbezogene SuE-Bilanzen auf der Basis von Planwerten erstellen. Die produzierten Produktstückzahlen müssen mit der Stückliste „multipliziert" werden (um Doppelzählungen zu vermeiden, dürfen jedoch keine Stücklisten von Vorprodukten mit einbezogen werden). Man muß dabei bedenken, daß es sich dann um „Soll-Daten" handelt, und die tatsächlichen Ist-Verbräuche davon abweichen können. Außerdem geben auch erweiterte Stücklisten nicht die kompletten Stoff- und Energieflüsse wider (meist fehlen z.B. geringe Mengen an Hilfs- und Betriebsstoffe und Reaktionsstoffe aus der Umwelt wie z.B. Luftsauerstoff).

Daher muß die Möglichkeit gegeben sein, die errechneten Daten um manuell eingegebene Werte zu ergänzen. Nicht-stücklisten-bezogene Stoff- und Energieflüsse können über Differenzbildung (z.B. Reststoffmenge = Materialeinsatz - Produktgewicht) oder über anteilsmäßige Verteilung den Produkten zugeordnet werden. Entweder wird der gesamte Hilfsstoffeinsatz des Unternehmens gemäß der Gesamtgewichte der hergestellten Produkte auf die einzelnen Produkte verteilt oder es werden Schlüsselgrößen aus dem Betriebsabrechnungsbogen in Zusammenhang mit der Kostenträgerrechnung angewendet.

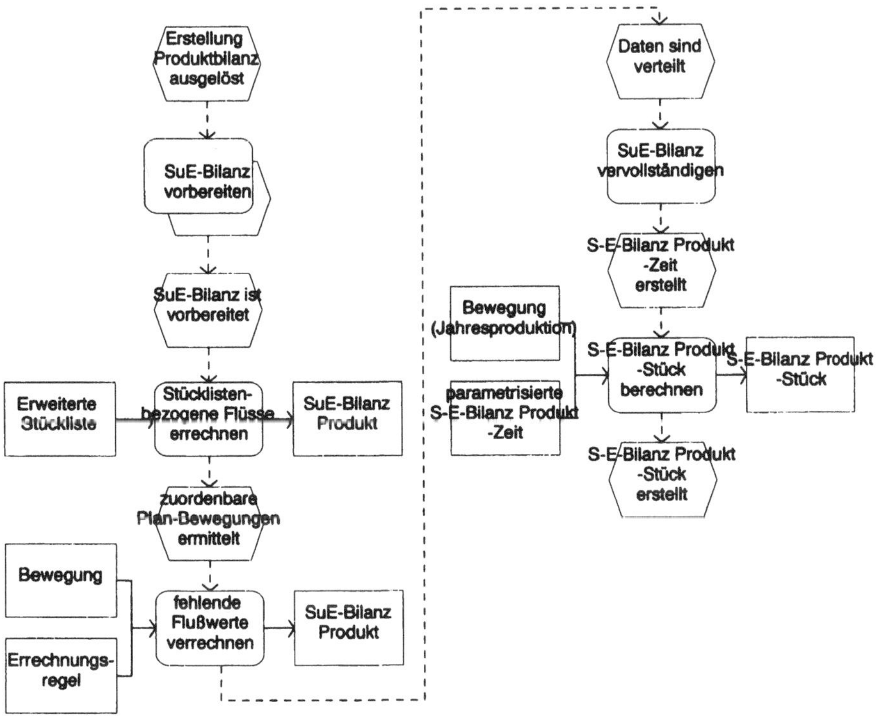

Abbildung 47: EPK Datenermittlung für die interne Produktbilanz (Variante 1)

Bei der **Ist-Bewegungsdatenorientierten Variante** werden die Ist-Bewegungsdaten, die durch die Produkterstellung verursacht werden, direkt aus der gemeinsamen Datenbasis gemäß der Bilanzgliederung aggregiert. Es ist jedoch fraglich, nach welchen Kriterien die relevanten Bewegungen aus der Bewegungsdatei selektiert werden. An einer Mengenstelle können unterschiedliche Produkte hergestellt werden und ein Material kann für verschiede Produkte eingesetzt werden. Auch sind die Bewegungsarten nicht immer eindeutig auf ein Produkt zuzuordnen. Es bietet sich daher folgende Vorgehensweise an: Es werden die Bewegungsdaten aggregiert, die im direkten Zusammenhang mit dem Produkt stehen. Dieser Zusammenhang läßt sich beispielsweise über den Fertigungsauftrag oder über Auftragsnummern, die mit den Einzelbewegungsdaten verbunden sind, herstellen.

Stoff- und Energieflüsse, die nicht direkt dem Produkt zugeordnet werden können, müssen errechnet bzw verteilt werden. Dazu werden die SuE-Flüsse entweder über Differenzbildung (z.B. Reststoffmenge = Materialeinsatz - Produktgewicht) oder über anteilsmäßige Verteilung (der gesamte Hilfsstoffeinsatz des Unternehmens wird gemäß den Gesamtgewichten hergestellter Produkte auf die einzelnen Produkte verteilt) den Produkten zugeordnet werden (vgl. Variante 1).

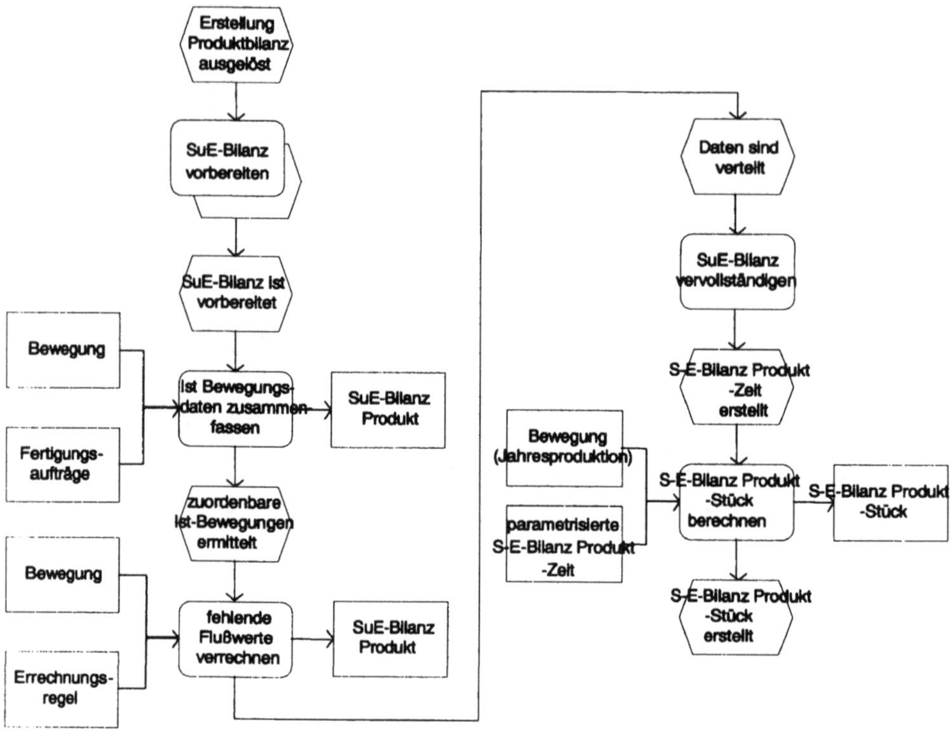

Abbildung 48: EPK Datenermittlung für die interne Produktbilanz (Variante 2)

Die **verteilungsorientierte Variante** steht unter der Prämisse, daß alle SuE-Flüsse eines Unternehmens für die Produktion der verschiedenen Produkte verwendet werden und folgerichtig auch komplett auf diese Produkte verteilt werden müssen. Ausgehend von der SuE-Bilanz des Unternehmens werden alle Input- und Outputströme den einzelnen Produkten zugeordnet (vgl. Tabelle 5).

Gesamtbilanz (Unternehmen)	Menge	Bilanz Produkt 1	Bilanz Produkt 2	Bilanz Produkt 3	Rest
Material					
Metall	1.234 kg	60%	30%	5%	5%
...	...	...	...	...	...
Abfall					
Gewerbemüll	400 kg	20%	60%	18%	2%
...	...	...	...	...	...

Tabelle 5: Produktbilanzierung durch Verteilung der Gesamtbilanz

Die Verteilung der Gesamtmengen auf die einzelnen Produkte kann teilautomatisiert erfolgen. Ein Vorschlag für die Verteilung der Einsatzmaterialien, Energie- und Wasserverbräuchen, sowie des Reststoffanfalls kann über eine „Multiplikation" der Produktmenge mit den jeweiligen erweiterten Stücklisten automatisch errechnet werden. Die verbleibenden Stoff- und Energiemengen werden in Abhängigkeit von verschiedenen Schlüsseln (Gewicht, Stück, Volumen, Wert) auf die Produkte verteilt werden. Auch hier muß die Möglichkeit gegeben werden, die errechneten Werte zu ergänzen und zu korrigieren. Für bestimmte nicht produktbezogene Prozesse kann auch ein nicht verteilter Rest gebildet werden.

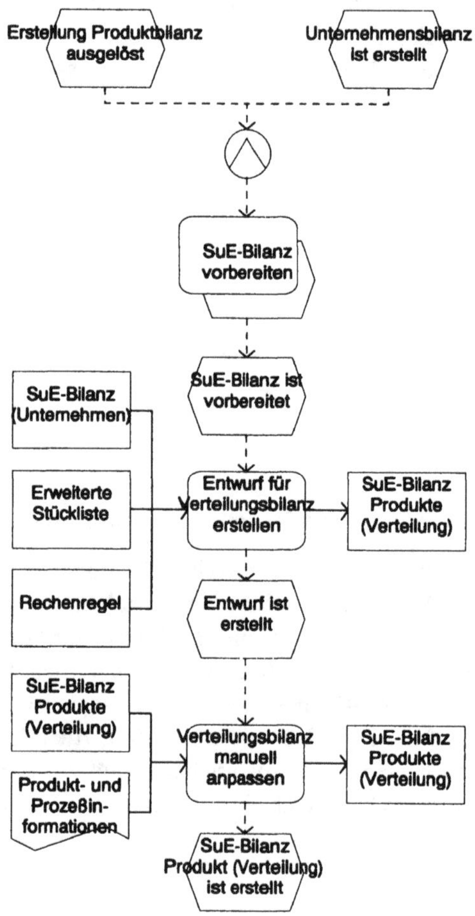

Abbildung 49: EPK Datenermittlung für die interne Produktbilanz (Variante 3)

Zusammenfassend werden die unterschiedlichen Datenquellen der drei Verfahren in Tabelle 6 gegenübergestellt:

Verfahren	Material	Hilfs- und Betriebsstoffe	Produkt	Reststoffe
Stücklisten-orientierte Variante	Stückliste	erweiterte Stückliste / Verteilung	Stückliste	erweiterte Stückliste, Verteilung / Errechnen
Ist-Bewegungsdaten-orientierte Variante	Ist-Bewegungen	Ist-Bewegung/ Verteilung	Ist-Bewegung	Ist-Bewegung/ Verteilung
Verteilungsorientierte Variante	Verteilung	Verteilung	Verteilung	Verteilung

Tabelle 6: Datenerhebung der Varianten

Jede der drei aufgeführten Erhebungsarten kann zu einem unterschiedlichen Ergebnis für die Produktbilanz führen. Alle Verfahren haben Vor- und Nachteile:

- Das **stücklistenorientierte** Verfahren ist sehr einfach, setzt jedoch voraus, daß die erweiterten Stücklisten komplett und korrekt sind. Es kann jedoch immer nur „Soll-Daten“ liefern und eignet sich daher nicht für eine Steuerung und Kontrolle der produktbezogenen SuE-Flüsse über einen gewissen Zeitraum hinweg.
- Das **Ist-Bewegungsdatenorientierte** Verfahren verwendet im Gegensatz dazu einen hohen Anteil an Ist-Werten für den Materialeinsatz. Bei den anderen SuE-Flüsse (Hilfs- und Betriebsstoffe, Reststoffe, Emissionen) werden jedoch relativ willkürliche Schlüsselungen bzw. Berechnungen vorgenommen.
- Das **verteilungsorientierte** Verfahren hat den Vorteil, daß durch die simultane Aufstellung aller Produktbilanzen eines Unternehmens keine SuE-Flüsse „vergessen“ werden. Alle SuE-Flüsse müssen auf die Produkte verteilt werden, wobei die „richtige“ Schlüsselung analog zum zweiten Verfahren problematisch bleibt.

Um ein realistisches Bild der durch ein Produkt verursachten Stoff- und Energieflüsse zu erhalten, kann es sinnvoll sein, alle drei Verfahren anzuwenden und die Ergebnisse miteinander zu vergleichen. Über die Analyse und Veränderung der gesetzten Annahmen können größere Unterschiede der Ergebnisse abgebaut werden. In einem iterativen Prozeß kann man sich so der „tatsächlichen“ SuE-Bilanz für Produkte nähern.

2.4 Verwendete und weiterführende Literatur

Beck, M. (Hrsg.) (1993): Ökobilanzierung im betrieblichen Management. Würzburg.

Bundesumweltministerium; Umweltbundesamt (Hrsg.) (1995): Handbuch Umweltcontrolling. München.

Dold, G. (1996): Computerunterstützung der produktbezogenen Ökobilanzierung. Wiesbaden.

Krcmar, H.; Dold, G. (Hrsg.) (1996): Aspekte der Ökobilanzierung. Ansprüche, Ziele und Computerunterstützung. Wiesbaden.

Kunert (1994): Umweltbericht der Kunert AG. Immenstadt.

Projektgemeinschaft Lebenswegbilanzen (Hrsg.) (1992): Methoden für Lebenswegbilanzen von Verpackungssystemen. München.

Rutschmann, D.; Dold, G.; Krcmar, H. (1997): Netcumpan. Internetbasierte Ökobilanzierung für Produkte - Konzeption und Implementierung. In: Informatik für den Umweltschutz, 11. Symposium Umweltinformatik. Straßburg, Band I, S. 90-102.

Schaltegger, S.; Sturm, A. (1995): Öko-Effizienz durch Öko-Controlling. Zürich.

Schmidt, M.; Häuslein, A. (1996): Ökobilanzierung mit Computerunterstützung - Produktbilanzen und betriebliche Bilanzen mit dem Programm Umberto. Heidelberg.

SETAC (Hrsg.) (1991): A Technical framework for Life-Cycle Assessment, Washington.

SETAC (Hrsg.) (1994): Allocation in LCA. Proceedings of the Europeen Workshop in Leiden.

Teichert, V.; Baumgartner, T. (1990): Die Produktlinienanalyse. In: Das Wirtschaftsstudium, 5/1990, S. 282-284.

Umweltbundesamt (Hrsg.) (1992): Ökobilanzen für Produkte. Bedeutung, Sachstand, Perspektiven. Berlin.

Umweltbundesamt (Hrsg.) (1995): Materialien des Umweltbundesamtes mit Bezug zur Produktbezogenen Ökobilanz. Berlin.

Wörner, C.; Dold, G.; Krcmar, H. (1996): Anwendungspotentiale von produktbezogenen Ökobilanzen. In: Krcmar, H.; Dold, G. (Hrsg.): Aspekte der Ökobilanzierung. Ansprüche, Ziele und Computerunterstützung. Wiesbaden, S. 23-129.

3 Wirkungsanalyse und Bewertung

3.1 Zielsetzung

Das Ziel der Bewertung ist es, den Vergleich unterschiedlicher Alternativen zu Entscheidungszwecken zu ermöglichen. Entscheidungsalternativen im Rahmen von ECO-Integral sind Verfahren (Produktion, Entsorgung), zwischen denen entschieden werden muß, oder Produkte, die zu unterschiedlichen internen und externen Zwecken beurteilt werden sollen. Grundlage der Bewertung ist dabei entweder eine Stoff- und Energiebilanz für Prozesse, Betriebe oder Produkte oder eine beliebige andere Zusammenstellung von Stoff- und Energieflüssen[1].

Ökologieorientierte Entscheidungen werden ermöglicht, indem die Umweltwirkungen der Entscheidungsalternativen quantifiziert und aggregiert dargestellt werden. Am besten wird eine Entscheidung durch ein Informationssystem dann unterstützt, wenn das aggregierte Bewertungsergebnis in Form **einer** Maßzahl vorgelegt wird, die von einer möglichst großen Anzahl von „Betroffenen" akzeptiert wird. Um dies zu erreichen, muß ein Bewertungsverfahren zum einen Konflikte zwischen unterschiedlichen umweltpolitischen Zielen bewältigen, da unterschiedliche Umweltwirkungen zum Zweck der Aggregation vergleichbar gemacht werden müssen. Zum anderen muß ein Wertmaßstab angelegt werden, der möglichst breit akzeptiert wird bzw. einer Norm entspricht. Wer den Wertmaßstab entwickelt und wann er angewendet wird, sind grundsätzliche Fragen der Bewertung. Es herrscht bis heute ein reger Streit über das „richtige" Bewertungsverfahren für Ökobilanzen. Die Akzeptanz einer Bewertung hängt weiterhin von der Nachvollziehbarkeit und der Transparenz der Bewertungsergebnisse ab.

Aus dieser knappen Darstellung der Bewertungsproblematik lassen sich eine Reihe von Anforderungen an die DV-gestützte Bewertung im Rahmen von ECO-Integral ableiten:

- ein möglichst quantifiziertes Ergebnis
- hochaggregiertes und damit entscheidungsfreundliches Ergebnis
- Angebot heute akzeptierter und praktikabler Bewertungsverfahren
- Verarbeitungsmöglichkeit für mehrere Sätze von Bewertungsfaktoren innerhalb eines Verfahrens
- Dokumentation
- Nachvollziehbarkeit der Bewertung.

---

1 Wenn im folgenden also von Stoff- und Energiebilanzen oder Sachbilanzen als Ausgangspunkt für Wirkungsanalyse und Bewertung die Rede ist, so sind damit auch beliebig zusammengestellte Stoff- und Energieflüsse gemeint (z.B.: einzelne Bilanzpositionen oder ein anderer beliebiger Ausschnitt einer Stoff- und Energiebilanz).

3.2 Grundlagen

Wirkungsanalyse und Bewertung von Stoff- und Energieflüssen sind zwei Arbeitsschritte bei der Ökobilanzierung, die nicht immer voneinander getrennt werden. Zur besseren Strukturierung werden die Grundlagen jedoch gesondert erläutert.

3.2.1 Wirkungsanalyse

Die in physikalischen Mengeneinheiten gemessenen Stoff- und Energieflüsse erlauben per se noch keine Aussage über deren Umweltauswirkungen. Zur Abschätzung der Wirkungen haben in der wissenschaftlichen Diskussion zwei Verfahren eine größere Bedeutung erlangt: die Wirkungsanalyse nach [SETAC 1993a] und der MIPS-Ansatz des Wuppertal-Institutes [Schmidt-Bleek 1993, 99ff]. Diese Diskussion bezieht sich in erster Linie auf die Ökobilanzierung von Produkten. Für die auf Unternehmensstandorte bezogene Analyse von Umweltwirkungen werden beide Verfahren derzeit praktisch nicht angewendet. In den heute vorliegenden Umweltberichten von Firmen wird meist versucht, über die in der Stoff- und Energiebilanz verdichteten Daten direkt verbal-argumentativ Aussagen zu treffen. In den Umweltberichten finden sich zur Zeit also normalerweise keine Aussagen über die Auswirkung der Unternehmensaktivitäten auf die Ozonschicht, Eutrophierung oder Klimaveränderung. Dennoch wären Aussagen dieser Art wünschenswert, um die Umweltberichte beispielsweise besser vergleichbar zu machen. In ECO-Integral soll deshalb unabhängig von der derzeitigen Praxis Unternehmensökobilanzen zu erstellen ein Weg aufgezeigt werden, die unternehmensbezogene Wirkungsanalyse durchzuführen.

Die **Wirkungsanalyse nach SETAC und ISO** erfolgt in drei Schritten: 1. Klassifizierung, 2. Charakterisierung und 3. Normalisierung [vgl. SETAC 1991, SETAC 1993a, SETAC 1993b, SETAC 1994]. Bei der **Klassifizierung** (classification) werden die in der Sachbilanz erhobenen Daten mit den Wirkungen verbunden. Dazu werden Bilanzpositionen der Stoff- und Energiebilanz (z.B. die Abgabe einer bestimmten Menge SO_2, der Verbrauch einer bestimmten Menge von Kupfer) nach einem Vorschlag der SETAC zu Kategorien und Subkategorien aggregiert (vgl. Tabelle 7). Die Wirkungen sind zu den Wirkungskategorien ökologische und menschliche Gesundheit und Inanspruchnahme von Ressourcen zusammengefaßt.

Kategorien und Subkategorien von Umweltwirkungen
Ressourcenverbrauch[1]
Flußressourcen
Lagerressourcen
Ökologische Gesundheit - Chemische Stressoren
Klimagase
Ozongase
Ökotoxisch wirkende Stoffe
Versauerungsbegünstigende Stoffe
Photochemische Oxidantien
Nährstoffe
Ökologische Gesundheit - Nicht-chemische Stressoren
Veränderungen von Lebensräumen
Verlandung
Lärm
Bodenverdichtung

Tabelle 7: Beispiele für Wirkungs(sub-)kategorien

Eine Bilanzposition wird mit einer oder mehreren Wirkungen verbunden. Diese wird als primäre Wirkung bezeichnet. Entlang der Wirkungskette können dann weitere sekundäre und tertiäre etc. Wirkungen identifiziert werden. Abhängig vom Untersuchungsrahmen, den vorhandenen Mitteln und Daten, dem verfügbaren Wissen, oder der Relevanz von Wirkungen können die Wirkungsketten bis in eine beliebige Tiefe weiterverfolgt werden. Die Identifizierung und Auswahl der berücksichtigten (Teil-)Wirkungsketten beinhaltet von der Seite der durchführenden Person eine Reihe von wertgeladenen Entscheidungen, die einer Dokumentation zur späteren Nachvollziehbarkeit und Interpretation bedürfen. Das Umweltbundesamt fordert für die Erstellung von Wirkungsanalysen im Rahmen der Ökobilanzierung deshalb die Verwendung von geschlossenen Listen von Wirkungen, die in einem Standardmodell zu berücksichtigen wären.

Der zweite Schritt ist die **Charakterisierung** (characterization). Sie beinhaltet die Analyse bzw. Abschätzung der Größenordnung von potentiellen Wirkungen in den jeweiligen Kategorien, die ein Element der Sachbilanz haben könnte. Bei der Charakterisierung werden die im ersten Schritt identifizierten Wirkungen quantitativen Deskriptoren zugeordnet. Die SETAC schlägt eine Reihe von Methoden vor, um dieses zu bewerkstelligen. Die Methoden

1 Die SETAC unterscheidet Flußressourcen und Lagerressourcen. Flußressourcen sind prinzipiell erneuerbar, wie z.B. Luft und Wasser. Lagerressourcen sind nicht erneuerbar, beispielsweise Land, fossile Energieträger oder Mineralien.

werden auf einer Skala eingeordnet, die den Grad der benötigten Spezifizierung von orts- oder situationsbezogenen Informationen der Sachbilanz beschreibt. Dabei kann in fünf Ebenen unterschieden werden, die sich hinsichtlich ihres Grades an Ortsspezifität und Situationsabhängigkeit unterscheiden:

1. Orts- und situationsspezifische Erfassung von Wirkungen
2. Generische Erfassung von Wirkungen
3. Erfassung von chemischen und ökotoxikologischen Eigenschaften
4. Bildung von Äquivalenten für Wirkungen
5. Aggregierte Stoff- und Energiebilanz und Klassifikation

Je orts- und situationsspezifischer die Informationen der Stoff- und Energiebilanz sind, um so exakter ist die Wirkungsanalyse, um so höher aber auch der Datenbedarf und somit der Aufwand der Wirkungsanalyse. Gleichzeitig sind die Möglichkeiten der Aggregation bei der Erstellung der Bilanz geringer, je mehr orts- und situationsspezifische Informationen benötigt werden. Aus Gründen der Praktikabilität scheint es deshalb einerseits angemessen, auf diese Informationen bei der Wirkungsabschätzung zu verzichten. Andererseits wird im Falle einer einfachen Klassifikation der aggregierten Sachbilanz keine systematische Wirkungsanalyse durchgeführt, denn hierbei werden die Daten der Sachbilanz nach dem Kriterium ihrer möglichen geschätzten Wirkungen lediglich geordnet. Somit ist die Bildung von Äquivalenten die Alternative, die sowohl vom Aufwand her praktikabel, als auch methodisch gesehen noch aussagekräftig ist, wenn Umweltwirkungen von Stoffflüssen in Unternehmen beurteilt werden sollen. Das Verfahren der Äquivalente ist im folgenden Absatz beschrieben.

Hierbei werden die Daten der Sachbilanz mittels sogenannter Äquivalente aggregiert und zu Wirkungskategorien zusammengefaßt. Ein Äquivalent beschreibt das Potential, das ein Stoff innerhalb einer bestimmten Wirkungskategorie hat. Für jede Wirkungskategorie wird die Wirkung eines spezifischen Stoffes als Referenz auf den Wert 1 normiert. Stoffe, die ebenfalls einen Beitrag zu dieser Wirkungskategorie liefern, erhalten einen ihrer Wirkung im Vergleich zum Referenzstoff entsprechenden Wert. Die Äquivalente werden von Wissenschaftlern für einen Stoff oder ein Material allgemeingültig erhoben; d.h. es fließen keine orts- und situationsspezifischen Informationen aus der Sachbilanz in die Aggregation ein. Das Problem dabei ist die Definition der Äquivalente. Sie müssen Stoff- und Energieflüsse mit den gewünschten Endpunkten von komplexen Wirkungsketten, die für die Ökobilanzierung von Interesse sind, verbinden. Die für die Untersuchung gewählten Endpunkte müssen nicht unbedingt den in einer Kausalkette letzten Wirkungen entsprechen. Beispielsweise kann die Erwärmung der Atmosphäre (Treibhauseffekt) als Wirkung gewählt werden, über die eine Aussage gemacht werden soll. Der Treibhauseffekt kann jedoch noch viele weitere Wirkungen nach sich ziehen, wie beispielsweise das Abschmelzen des Polareises.

Die über alle gleichartigen Stoffe aggregierten Outputmengen der Sachbilanz werden mit den Äquivalentzahlen multipliziert und die Sachbilanz damit in Äquivalenten ausgedrückt. Die Ermittlung der Äquivalente ist insgesamt aufwendig und erfordert einen großen Sachverstand über Ursache-Wirkungsbeziehungen in der Ökosphäre. Der Ansatz erscheint vernünftig, da die Äquivalente von Fachleuten einmal allgemeingültig festgelegt werden und der Ökobilanzierer auf diese zurückgreifen und mit wenig Aufwand eine Wirkungsanalyse erstellen kann. Kritiker bemängeln die derzeit geringe Verfügbarkeit der Werte und ihre nicht orts- und situationsspezifische Festlegung, die im konkreten Fall zu falschen Ergebnissen führen kann.

Im dritten Schritt der Normalisierung werden die relativen Unterschiede zwischen den einzelnen Wirkungskategorien abgeschätzt. Dazu werden die Wirkungsbeiträge des Bilanzierungsobjekts in einer Wirkungskategorie in bezug zur Gesamtwirkung in der Kategorie eines Bezugsraumes (Deutschland, Europa, ...) gesetzt. Würde keine Normalisierung durchgeführt, so ginge man implizit davon aus, daß das Verhältnis der berechneten Wirkpotentiale zur Gesamtbelastung einer Wirkungskategorie gleich hoch sind [Stahl/Walz et al. 1997, 85].

Ausgangspunkt zur Entwicklung des **MIPS-Ansatzes** ist Kritik an der Vorgehensweise nach dem SETAC-Vorschlag:

- Für viele bekannte Stoffe und Chemikalien ist nicht bekannt, wie sie auf die Umwelt tatsächlich einwirken.
- Die tatsächlichen Umweltwirkungen von Stoffemissionen hängen davon ab, wann und wo sie in die Umwelt entlassen werden. Wirkungen sind also orts- und situationsspezifisch. Diese Informationen kann eine Stoff- und Energiebilanz nicht liefern.
- Nur eine Gesamtbetrachtung aller Wirkungen macht Vergleiche möglich. Da dies aber nicht möglich ist, muß eine Wirkungsanalyse immer wertgeladen sein und kann keinen Anspruch auf Objektivität erheben. Die Auswahl und Gewichtung der betrachteten Wirkungen hängt immer von der jeweiligen Aktualität von Umweltproblemen ab (aktuell wären das z.B. das Ozonloch und der Treibhauseffekt und damit das CO_2 und FCKW).

Das MIPS-Konzept wurde als Antwort auf diese Problematik entwickelt. Ausgangspunkt war die Suche nach einem gemeinsamen Nenner für die Vielzahl von Umweltproblemen, mit denen wir täglich konfrontiert sind. Als gemeinsamer Nenner kann das Wirkungspotential eines Produktes auf die Umwelt durch die lebenswegweiten Materialinputs pro Dienstleistungseinheit, die aus dem Gebrauch eines Produktes erhalten werden kann, definiert werden. Diese Maßeinheit wird mit dem Begriff MIPS (material-input per service-unit oder material-intensity per service-unit) benannt. MIPS betrachtet demnach nur Materialinputs in das untersuchte System und keine Outputs. Aufgrund der starken Vereinfachung des Verfahrens bleibt dahingestellt, ob es eine breite Anerkennung finden wird. Teilweise wird überlegt, MIPS lediglich als Screening (Grobuntersuchung) der eigentlichen Ökobilanzierung voranzustellen.

3.2.2 Bewertungsverfahren

Bewertungsverfahren lassen sich entsprechend drei unterschiedlicher Vorgehensweisen gliedern [in Anlehnung an Giegerich 1993, 3]:

- Verbal-argumentativer Ansatz
- Nutzwertanalytischer Ansatz
- Bewertungsmodelle

Beim **verbal-argumentativen** Ansatz werden einzelne Teilaspekte des Bewertungsproblems mittels klar formulierter und dokumentierter Argumente zu einem Gesamturteil verdichtet. Die Bewertung wird normalerweise von einer Expertengruppe und den vom Bewertungsurteil Betroffenen gemeinsam durchgeführt. Dadurch soll einerseits die Subjektivität verringert und andererseits die Akzeptanz zu erhöht werden. Es wird kein quantifiziertes bzw. hochaggregiertes Ergebnis ermittelt.

Werden **nutzwertanalytische** Ansätze genutzt, sind zunächst Kriterien zu definieren, mit denen die Eigenschaften der zu bewertenden Objekte möglichst vollständig charakterisiert werden sollen. Jedes Kriterium wird im Verhältnis zu den anderen Kriterien gewichtet. Für jedes Kriterium wird der Zielerfüllungsgrad geschätzt. Aus Gewichtung und Zielerfüllungsgrad kann das Bewertungsergebnis berechnet werden.

Bewertungsmodelle versuchen im Gegensatz zu den beiden obengenannten Ansätzen über rechnerisch nachvollziehbare Verfahren zu einem Bewertungsergebnis zu gelangen. Dabei werden unterschiedliche Ansatzpunkte verwendet. Dies spiegelt sich in einer Vielzahl von Ansätzen wider, die in den folgenden Abschnitten näher erläutert sind [eine ausführliche Erläuterung findet sich in Schaltegger/Sturm 1994]. Übergreifend ist zu bemerken, daß diese Bewertungsmodelle direkt auf Stoff- und Energieflüsse anzuwenden sind, oder aber erst nach vorangegangener Wirkungsanalyse Verwendung finden.

Den Ausgangspunkt der **energieflußorientierten Ansätze** bilden die beiden Hauptsätze der Thermodynamik (Energieerhaltungssatz, Entropiesatz). Einfache energieflußorientierte Ansätze untersuchen lediglich den inhärenten Energiegehalt von stofflichen Prozeßinputs. Diese bilden mit der verbrauchten Prozeßenergie einen aggregierten Indikator für die Umweltbelastung. Andere mögliche ökologierelevante Eigenschaften von Stoffflüssen werden nicht berücksichtigt. Anwendungsvoraussetzung für energieflußorientierte Bewertungsansätze ist eine Stoff- und Energiebilanz. Für den einfachen energieflußorientierten Ansatz muß für jedes Inputmaterial der Bilanz die inhärente Energiemenge sowie die gesamte Prozeßenergie bekannt sein. Die Outputseite wird lediglich für die Kontrolle des Bilanzgleichgewichts benötigt und findet keine Berücksichtigung bei der Bewertung. Ein anderer Ansatz zieht die Entropie als Maßstab für globale Umweltbelastungen heran. Für den Entropieansatz muß der Anstieg der Entropie durch die Umwandlungsprozesse innerhalb des Bilanzraumes bekannt sein sowie die tatsächliche Entropieverringerung durch natürliche Umwandlungsprozesse mit Energiezufuhr von der Sonne.

Die **stoffflußorientierten Ansätze** konzentrieren sich ausschließlich auf stoffliche Bewegungen als Indikatoren für die Umweltbelastung. Unterschieden werden muß zwischen Ansätzen, die sowohl die Input- als auch die Outputseite von Prozessen berücksichtigen, und Ansätzen, die nur die Inputseite betrachten. Weiterhin existieren verschiedene Maße, zu denen die realen, bilanzobjektinduzierten Stoffflüsse in Beziehung gesetzt werden, um sie zu gewichten.

Ansätze der kritischen Stoffflüsse gehen davon aus, daß für jeden Stoff ein weltweiter (oder regionaler) kritischer Stofffluß - bezogen auf eine Zeiteinheit - existiert, bei dessen Überschreitung durch den tatsächlichen weltweiten Stofffluß die Umwelt einen inakzeptablen Zustand annimmt. Diesem kritischen Stofffluß wird der vom Menschen verursachte Stofffluß (wiederum bezogen auf eine Zeiteinheit) gegenübergestellt. Das Resultat ist ein Äquivalenzfaktor, mit dem reale Verbräuche und Abgaben des Bilanzierungsobjektes durch Multiplikation gewichtet werden. Die Maßeinheit der Äquivalenzfaktoren ist „Rechnungseinheit pro physikalische Verbrauchs- und Abgabengröße", so daß nach der Verknüpfung nur noch dimensionslose Rechnungseinheiten übrigbleiben, die bis zu einem einzigen Wert beliebig hochaggregiert werden können [vgl. Müller-Wenk 1978].

Der Ansatz der geogenen Stoffflüsse ersetzt den kritischen Stofffluß durch den geogenen Stofffluß, um den Unsicherheiten der Bestimmung des kritischen Stoffflusses zu entgehen. Geogene Stoffflüsse sind solche, die sich über die Jahrtausende natürlicherweise eingependelt haben. Es wird angenommen, daß sie langfristig unkritisch sind und die Stabilität der Ökosphäre nicht gefährden.

Der weiter oben dargestellte MIPS-Ansatz des Wuppertal-Institutes [Schmidt-Bleek 1993] kann auch als ein stoffflußorientierter Ansatz gelten. Er berücksichtigt allerdings nur Prozeßinputs und gewichtet die Stoffflüsse nicht. Die Maßeinheit ist immer nur die Masse der Stoffflüsse, so daß die Aggregation zu einem Wert möglich wird.

Schadensfunktionsorientierte Bewertungsansätze basieren auf dem Versuch, auf experimenteller, naturwissenschaftlicher Grundlage die wichtigsten Schadensfunktionen von Stoffen zu ermitteln, diese zu gewichten und daraus eine stoffspezifische Schadensfunktion abzuleiten. Die Schädlichkeit eines Stoffes (= ökologische Relevanz) wird aus dem Erfüllungsgrad der Kriterien und den Kriteriengewichten ermittelt. Die ökologische Schädlichkeit eines Produktes kann z.B. als Summe der Schädlichkeiten der produktlebensweginduzierten Stoffabgaben an die Umwelt beschrieben werden. Demnach berücksichtigen diese Ansätze ausschließlich Prozeßoutputs und keine Inputs.

Es werden drei unterschiedlich weitgehende Stufen in der Aggregation von Einzeleffekten unterschieden:

- Lediglich Quantifizierung einzelner spezifischer Umweltwirkungen (z.B. Fischtoxizität, Abbaubarkeit in einem Umweltmedium) ohne Aggregation der Einzelwerte zu einer Gesamtwirkung des untersuchten Stoffes.
- Beurteilung einzelner Schadwirkungen eines Stoffes und ihre Aggregation bei gleich starker oder unterschiedlicher Gewichtung einzelner Aspekte über ein einziges Umweltmedium (z.B. alle möglichen Schadwirkungen eines Stoffes im Wasser).

- Naturwissenschaftliche Beurteilung ökologischer Wirkungen einzelner Stoffe in allen Umweltmedien und nachträgliche Aggregation aller Einzelurteile zu einem umweltmedienübergreifenden Schädlichkeitswert.

Die Ansätze der dritten Stufe sind die einzigen, die direkt der Beurteilung von Umweltwirkungen im Rahmen der Ökobilanzierung dienen.

Bevor **grenzwertorientierte Ansätze** erläutert werden, soll der inhaltlich und rechtlich unterschiedlich verwendete Begriff „Grenzwert" erläutert werden. Unter einem Grenzwert wird jede Art von offiziell empfohlener oder gesetzlich geregelter Mengen- oder Konzentrationsbegrenzung unerwünschter, meist anthropogener Stoffe in Boden, Luft, Wasser, Nahrung etc. verstanden. Grenzwerte sollen den Handelnden Obergrenzen setzen. Sie werden in der Regel um so schärfer festgelegt, je besser die Analysemethoden und je höher die aktuellen Umweltbelastungen sind. Der gesellschaftliche Prozeß der Grenzwertbildung scheint nicht über alle Zweifel erhaben zu sein und der materielle Gehalt von Grenzwerten ist deshalb nicht unumstritten - dennoch spiegeln Grenzwerte „längerfristige und, bezogen auf Aussagen einzelner Experten oder Politiker, relativ gesicherte Veränderungen der wissenschaftlichen und gesellschaftlichen Vorstellungen über die Grenzen ökologischer Systeme" wider.

Die grenzwertorientierten Ansätze benutzen allgemein festgelegte Grenzwerte, um tatsächliche Stoffemissionen eines Bilanzierungsobjektes zu gewichten. Die Vorgehensweise der vorhandenen Ansätze ist dabei recht unterschiedlich. Die am weitesten gehenden Ansätze versuchen, die Menge eines Umweltmediums, gemessen in Volumeneinheiten (m^3 Luft, Wasser, Boden), zu bestimmen, die benötigt wird, um bei einer Stoffemission bis zur einer nach dem Grenzwert gerade noch zulässigen Konzentration verdünnt zu werden. Die einzelnen Volumenmengen werden anschließend zu einer Gesamtvolumenmenge aggregiert, wobei ein willkürliches Gewichtungsverhältnis der drei Umweltmedien angenommen wird.

Mit **monetären Bewertungsansätzen** wird versucht, Umweltbelastungen einen Geldwert zuzuordnen. Aufgrund des Kollektivgutcharakters der Umweltgüter haben diese keinen Marktpreis, so daß eine Bewertung von Umweltgütern durch den Markt nicht erfolgt. Zur außermarktmäßigen monetären Bewertung der Umweltqualität werden deshalb Hilfsgrößen verwendet. Mögliche Hilfsgrößen sind

- Schadenskosten, welche eine nachträgliche monetäre Schätzung der Schäden von Umweltbelastungen darstellen (z.B. Gesundheitsschäden),
- Ausweichkosten, welche die Kosten der physischen Abschirmung von Umweltgütern vor Schadensquellen oder des räumlichen Ausweichens darstellen,
- Planungs- und Überwachungskosten, welche die Kosten für Forschung, Entwicklung, Planung und Durchsetzung von Umweltzielen bezeichnen und
- Vermeidungs- und Beseitigungskosten, welche einerseits aus Maßnahmen zur Verhinderung von Umweltbelastungen durch Kosten der Emissionsreduzierung und andererseits durch Kosten der Beseitigung von Umweltschäden resultieren.

Andere monetäre Bewertungsansätze versuchen, durch Befragung von Individuen hinsichtlich ihrer Präferenzen eine direkte Wertschätzung von Umweltgütern zu erhalten. Die Präferenzen werden entweder durch die

- Zahlungsbereitschaft für die Verbesserung der Umweltqualität,
- die Zahlungsbereitschaft für die Vermeidung einer Verschlechterung der Umweltqualität,
- die Forderung, um auf eine potentielle Verbesserung der Umweltqualität zu verzichten oder
- die Forderung, um eine Verschlechterung der Umweltqualität hinzunehmen ermittelt.

In den bisher beschriebenen Ansätzen wurden die Risiken von potentiellen Schadwirkungen, z.B. durch einen Störfall oder höhere Gewalt, mehr oder weniger nicht berücksichtigt. **Risikoorientierte Ansätze** nehmen aber genau diese Risiken als Indikatoren zur Charakterisierung von Umweltbelastungen.

Der formal-normative Ansatz der Risikoforschung definiert das Risiko als das Produkt von Wahrscheinlichkeit und Ausmaß eines Schadens. Dieses „objektive Risiko" ist „immer dann anwendbar, wenn sich die Wahrscheinlichkeit eines Schadensereignisses angeben läßt und der Schaden nach einem quantitativen Maß eindeutig bestimmbar ist.

Die probabilistische Risikoabschätzung, indem sie als Kriterium für das Ausmaß eines potentiellen Schadens aus einer Punktquelle die dort gelagerte oder umgesetzte Stoffmenge, die Stoffart (eingestuft in Wassergefährdungsklassen) und die Lage zu Schutzgütern wählt. Als Anhaltspunkt für die Versagenswahrscheinlichkeit wird der Sicherheitsstandard der Punktquelle (z.B. einer Produktionsanlage) bestimmt (Stand der Technik).

3.3 Modellierung

Nachdem im vorhergehenden Kapitel auf verschiedene Verfahren der Wirkungsanalyse und Bewertung eingegangen wurde und allgemeine Anforderungen beschrieben wurden, sollen hier zunächst die Anforderungen dieser Verfahren an die Modellierung beschrieben werden (vgl. Tabelle 8 und Tabelle 9). Wesentliche Unterschiede bestehen hinsichtlich der Stoff- und Energiebilanz darin, ob Inputseite und Outputseite benötigt werden, sowie im Stoffbezug. Verschiedene Verfahren benötigen eine stoffbezogene Zusammenstellung der Bilanzpositionen, während andere mit einer Stoff- und Energiebilanz auf Materialebene auskommen. Sofern letzteres zutrifft, ist eine Zuordnung der Stoffe erforderlich, aus denen sich die eingesetzten und abgegebenen Materialien zusammensetzen (vgl. Ausführungen zur Datenbasis). Zudem gibt es weitere methodenspezifische Anforderungen.

Ansatz zur Wirkungsanalyse	Anforderungen		
	Stoff- und Energiebilanz (-struktur)	Materialstamm	Sonstiges
Wirkungsanalyse in Anlehnung an SETAC/ISO	• Stoff- und Energiebilanz (stoffbezogen)	• Zuordnungstabelle Material/Stoffe	• Wirkungszuordnung zu einzelnen Bilanzpositionen (Standardisierungsfaktoren bzw. Äquivalente)
MIPS	• Inputseite einer Stoff- und Energiebilanz (materialbezogen)	• Gewichtsangaben für Inputstoffe bzw. -materialien	• Maßeinheit ist nur die Masse der Stoffflüsse

Tabelle 8: Anforderungen unterschiedlicher Verfahren der Wirkungsanalyse

Ansatz zur Bewertung	Anforderungen		
	Stoff- und Energiebilanz (-struktur)	Materialstamm	Sonstiges
Verbal-argumentativ	• SuE-Bilanz	• keine besonderen Anforderungen	• Kommentarfeld für jede Bilanzposition
Nutzwertanalytisch	• SuE-Bilanz	• Zuordnung von Material/Stoff zu Knappheitsfaktoren	• keine weiteren speziellen Anforderungen
Energieflußorientiert (einfache Ansätze)	• SuE-Bilanz (materialbezogen)	• inhärente Energiemenge für Inputmaterial	• Prozeßenergie muß bekannt sein
Energieflußorientiert (Entropieansatz)	• *nicht relevant*	• *nicht relevant*	• Entropieanstieg durch Umwandlungsprozesse innerhalb Bilanzraum muß bekannt sein
Stoffflußorientiert	• SuE-Bilanz (stoffbezogen) mit Input- und/oder Outputseite	• Zuordnungstabelle Material/Stoffe • Gewichtsangaben auf Stoffebene	• kritischer Stofffluß (Äquivalenzfaktoren)bzw. geogener Stofffluß muß für jeden Stoff bekannt sein
Schadensfunktionsorientiert	• Outputseite der SuE-Bilanz (stoffbezogen)	• Zuordnungstabelle Material/Stoffe	• stoffbezogene Schadensfunktionen mit generischer Erfassung von Wirkungen müssen bekannt sein
Grenzwertorientiert	• Outputseite der SuE-Bilanz (stoffbezogen)	• Zuordnungstabelle Material/Stoffe	• Grenzwerte für Outputstoffe
Monetär	• *nicht relevant*	• *nicht relevant*	• vorhergehende Wirkungsanalyse • „außermarktliche" Kosteninformationen bzw. Zahlungsbereitschaftsanalysen
Risikoorientiert (formal-normativ)	• SuE-Bilanz (stoffbezogen)	• Zuordnung Material / Stoff ist sinnvoll	• Wahrscheinlichkeit von Schadensereignissen • Wirkungsanalyse zur Abschätzung nicht in der Bilanz erfaßten Risiken
Risikoorientiert (probabilistisch)	• SuE-Bilanz (stoffbezogen)	• Bewegungsmengen • Stoffart • Lage zu Schutzgüter	• Wirkungsanalyse zur Abschätzung nicht in der Bilanz erfaßten Risiken

Tabelle 9: Anforderungen unterschiedlicher Verfahren Bewertung

Bevor diese Verfahren der Wirkungsanalyse bzw. Bewertung modelliert werden, ist zu prüfen, welche heute bereits umsetzbar sind.

Energieflußorientierte Ansätze scheinen für die Ökobilanzierung momentan als nicht geeignet, da die reine Energiebetrachtung einseitig ist und da es Probleme bei der Erfassung von prozeßverursachten Entropiezunahmen gibt. Auch sind die inhärenten Energiemengen von Materialien teils nicht bekannt.

Stoffflußorientierte Ansätze haben den Vorteil, die Bewertung auf ein einziges rechnerisches Maß zu verdichten (z.B. Ökopunkte). Problematisch ist jedoch die Erfassung der kritischen bzw. geogenen Stoffflüsse. Sie sind außerdem kontextabhängig, wie ein Vergleich der Definition von Ökopunkten in verschiedenen Ländern zeigt: in der Schweiz werden derzeit 30 Parameter verwendet, in Belgien 25, in Norwegen 40 [Ankele/ Meyerhoff 1997, 9].

Aggregation auf ein Maß ist auch bei den schadensfunktionsorientierten Ansätzen möglich. Hier erfolgt eine umfassende Betrachtung der Outputseite. Inputs werden jedoch nicht berücksichtigt. Zur Anwendung dieser Ansätze wäre eine aufwendige wissenschaftliche Untersuchung notwendig, um die Schadensfunktionen zu ermitteln.

Grenzwertorientierte Ansätze haben den Vorteil, daß sie mit Grenzwerten allgemein akzeptierte Maßstäbe verwenden. Auch hier kann eine Verdichtung auf eine einzige Zahl erfolgen. Nachteilig ist hier, daß die Inputs nicht berücksichtigt werden und daß nicht immer Grenzwerte zur Verfügung stehen.

Hauptnachteile bei monetären Ansätzen sind die aufwendige Ermittlung und die große Unsicherheit bei der Bereitstellung monetärer Werte. Ansätze, die das Risiko in die Bewertung einbeziehen, erweitern die übliche Sicht um Risiken durch Umweltbelastungen. Allerdings ist hier einschränkend auf den Aufwand und großen Bewertungsspielraum bei der Erfassung von Risiken hinzuweisen. Außerdem erlaubt es eine Stoff- und Energiebilanz als Grundlage der Bewertung nicht, sämtliche Risiken abzuleiten.

Als **Fazit** aus den vorangegangen Ausführungen läßt sich festhalten:

- Viele quantitative Verfahren sind zwar theoretisch wünschenswert, aber in ihrer praktischen Umsetzbarkeit beschränkt. Es mangelt entweder an verläßlichen Daten oder der Datengewinnungsaufwand steht in keinem Verhältnis zum Informationsnutzen.
- In der Bilanzierungspraxis wird aus diesem Grund meist auf ein quantitatives Bewertungsverfahren verzichtet. Zur Bewertung der Umweltwirkungen von Unternehmensstandorten werden in der Regel verbal-argumentative und nutzwert-analytische Verfahren angewendet. Sie sollen deshalb im Rahmen von ECO-Integral betrachtet werden, auch wenn die dahinterstehende Methodik eher trivialer Natur ist.
- In dem Maß, wie sich der Datenerfassungsaufwand reduzieren läßt und wie die Arbeit (inter-)nationaler Normungsgremien voranschreitet, wird es wahrscheinlicher, daß auch Wirkungsanalyseverfahren und Bewertungsmodelle in der Unternehmenspraxis genutzt werden.

- Vorreiter sind stoffflußorientierte Verfahren, die schon heute in manchen Ländern zur Bewertung von Stoff- und Energiebilanzen eingesetzt werden (z.B. Schweiz, Niederlande, Belgien).
- Zusätzlich ist das Verfahren der SETAC bzw. ISO praktikabel, die Beiträge zu Wirkungskategorien zu ermitteln. Vorausgesetzt Standardsoftwarehersteller setzen das ECO-Integral-Konzept um, ergibt sich außerdem als Vorteil, daß die Bewertungsdaten bei den entsprechenden Unternehmen in einheitlicher Struktur vorliegen. Diese Datenbasis sollte es mittelfristig erleichtern, lebenswegweite Produktbilanzen zu erstellen. Sie werden heute aufgrund immer stärker vernetzter Produktion wichtiger, wenn für Produktionsverbünde ökologisch relevante Entscheidungen anstehen.

Aus diesen Gründen werden im folgenden Abschnitt die in vier Verfahren

- Wirkungskategorien,
- Verbal-argumentativ,
- ABC-XYZ-Analyse und
- Umweltbelastungspunkte

modelliert. Für diese macht es - nach unserer Einschätzung - derzeit Sinn, innerhalb eines EDV-Systems die notwendigen Strukturen und Daten vorzuhalten (vgl. Tabelle 10).

3.3.1 Funktionen

In Abbildung 50 ist der Funktionsbaum zur Wirkungsanalyse und den Bewertungsverfahren dargestellt.

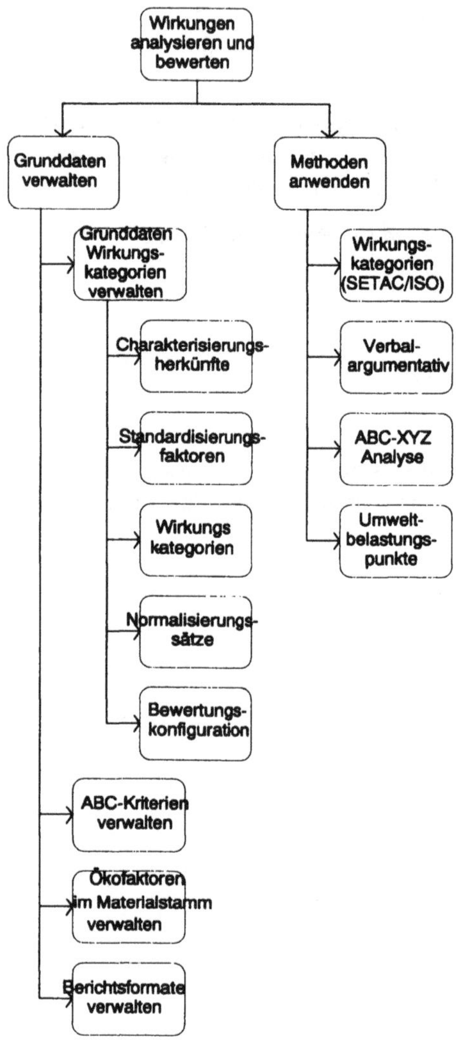

Abbildung 50: Funktionsbaum Wirkungsanalyse und Bewertung

3.3.2 Daten

Die modellierten Verfahren haben an die Datenbasis unterschiedliche Anforderungen, die in Tabelle 10 beschrieben sind.

Ansatz	Beschreibung	Informationsanforderungen
Wirkungskategorien (SETAC, ISO)	• Beurteilung des Einflusses auf gewichtete Wirkungskategorien auf der Basis von Standardisierungsfaktoren	• Wirkungskategorien, Gewichtungsfaktoren, Normalisierungsdaten etc. müssen benutzerdefiniert verwaltet werden • unterschiedlichen Anforderungen der verschiedenen Systematiken (nach Umweltbundesamt, Münchner Schule, SETAC)
Verbal-argumentativ	• verbales Kommentieren der Bilanzpositionen	• Zuordnung von Textfeldern zu Bilanzpositionen
Nutzwertanalytisch: ABC-XYZ-Analyse	• Ordinale Bewertung des Input und Output nach ökologischer Relevanz und Quantität	• jede Bilanzposition muß bewertet werden können • verschiedene Beurteilungskategorien müssen angelegt werden können
Stoffflußorientierte Bewertung („Schweizer Schule“)	• jeder Stoff wird gemäß eines Knappheitsfaktors beurteilt	• allgemeingültige Knappheitsfaktoren müssen vorhanden sein und im Materialstamm verwaltet werden

Tabelle 10: Die wichtigsten Wirkungsanalyse- und Bewertungsverfahren und deren Informationsanforderungen

Die in obiger Tabelle aufgezählten Anforderungen an ein DV-System sich in programmiertechnischer Hinsicht mit Ausnahme der Ermittlung von **Wirkungskategorien nach SETAC und ISO** wenig anspruchsvoll. Im folgenden wird zuerst die Datenstruktur für das SETAC/ISO-Verfahren entwickelt (vgl. Abbildung 51). Danach werden die anderen Verfahren beschrieben.

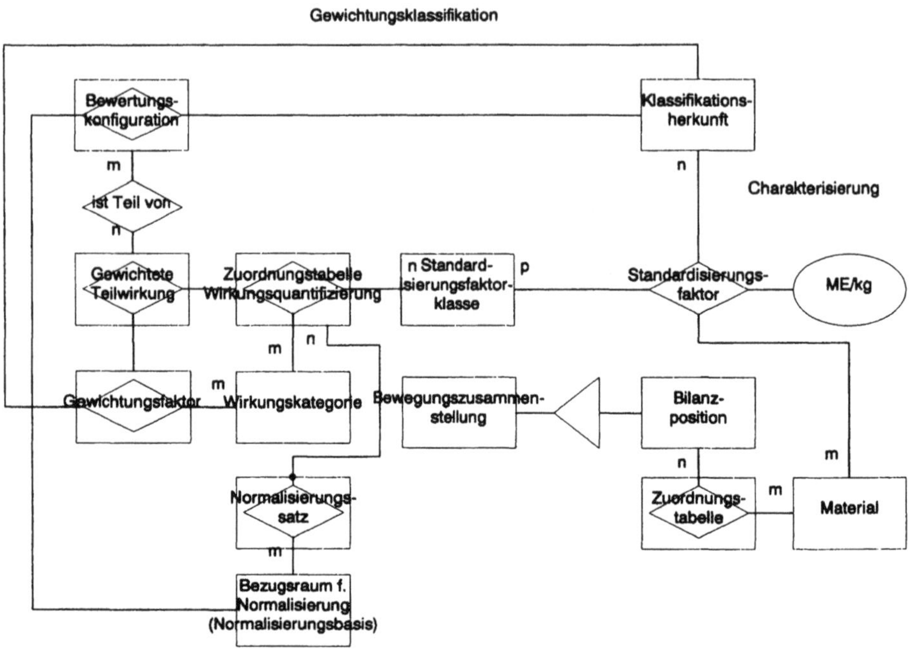

Abbildung 51: ERM Verfahren Wirkungskategorien (SETAC, ISO)

Die Bewegungszusammenstellung ist ein abstrakter Begriff für jede Zusammenstellung von Bewegungen die Teil eines zu bewertenden Objektes ist. Im ERM ist die Bilanzposition als Beispiel für den Fall der Ökobilanzierung aufgeführt (Bilanzposition als Spezialisierung der Bewegungszusammenstellung). Die Bilanzposition ist über die Zuordnungstabelle mit dem Material verknüpft (vgl. Teil III, Kapitel 1).

Die Charakterisierung erfolgt über die Standardisierungsfaktoren bzw. deren Klassifizierung und der Charakterisierungsherkunft: Für Materialien (Materialien i.e.S. und Stoffe) werden für jede Standardisierungsfaktorklasse (z.B. CO_2-Äquivalent) die Standardisierungsfaktoren (pro kg) als Stammdaten verwaltet. Werden diese Faktoren von mehreren „Anbietern" entwickelt und angeboten, so kann zusätzlich die Charakterisierungsherkunft verwaltet werden. Die Standardisierungsfaktorklasse wird über die Beziehung „Zuordnungstabelle Wirkungsquantifizierung" der Wirkungskategorie zugeordnet. Damit wird festgelegt, welche Klasse zur Charakterisierung welcher Wirkungskategorie dient (z.B.: CO_2-Äquivalent charakterisiert das Treibhauspotential, SO_2- und PO_4 -Äquivalente charakterisieren das Versauerungspotential).

Die Wirkungskategorien werden normalisiert. Dazu werden im Entity „Bezugsraum f. Normalisierung" Bezugsräume als Normalisierungsbasis verwaltet. Die Verknüpfung „Normalisierungssatz" zwischen der Entität „Zuordnungstabelle Wirkungsquantifizierung" und dem Bezugsraum enthält die Normalisierungsinformationen.

Im Rahmen der Bewertung werden einzelnen Wirkungskategorien Gewichtungsfaktoren in Form von %-Anteilen - die sich zu 100 aufsummieren - zugeordnet. Der Gewichtungsfaktor gibt die relative Bedeutung der Kategorie wieder. Die Gewichtung der Wirkungskategorien erfolgt derzeit nicht allgemeingültig und ist verschiedenen, variablen Einflüssen ausgesetzt (z.B. die öffentliche Meinung zur Bedeutung von Umweltproblemen). Deshalb werden mehrere frei definierbare Gewichtungskriterien und zugeordnete Sätze von Gewichtungsfaktoren verwaltet.

Aus der Kombination einer Wirkungsquantifizierung und einem Gewichtungsfaktor ergibt sich eine gewichtete Teilwirkung, die Teil einer benutzerdefinierten Bewertungskonfiguration ist. Eine Bewertungskonfiguration ist eine benutzerdefinierte Menge von gewichteten Teilwirkungen, die sich auf eine Charakterisierungsherkunft und einen Bezugsraum für die Normalisierung beziehen muß.

Nachdem für die Wirkungsanalyse das relativ komplexe Verfahren, Wirkungskategorien zu ermitteln, datentechnisch aufbereitet wurde, folgt nun die kurze Beschreibung einer vergleichsweise einfachen Methode. So erfordert es die **verbal-argumentative Methode** lediglich, offene Kommentarfelder bei jeder Bilanzposition einzuführen. DV-technisch wäre eine Gruppenunterstützung zur gleichzeitigen oder zeitlich verteilten gemeinsamen Bearbeitung dieser Felder wünschenswert, um dem argumentativen Charakter der Bewertung Rechnung tragen zu können. Nützlich wäre ein Analysewerkzeug, das die DV-gestützte Analyse der abgegebenen Argumente und Wertungen ermöglicht und eine Einigung der Beteiligten unterstützt. Solche Werkzeuge sind verfügbar. Die Integration in betriebswirtschaftliche Standardsoftwaresysteme macht hier jedoch keinen Sinn.

Die **ABC-XYZ-Analyse** erfolgt durch die freie Zuordnung eines Satzes von Bewertungen nach dem ABC-XYZ-Raster zu jeder Bilanzposition. Dies kann durch das Anhängen einer entsprechenden Tabelle an die Bilanzposition erfolgen. Die Tabellen können für grafische Auswertungen ausgewertet werden (vgl. Abbildung 52).

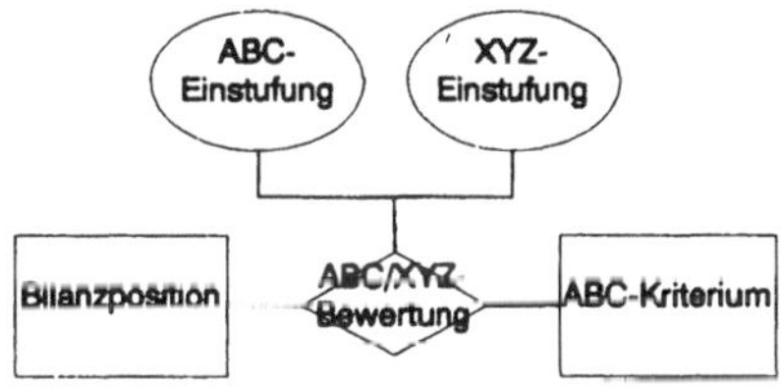

Abbildung 52: ERM Bewertung ABC/XYZ

Die **„Schweizer Schule" als stoffflußorientierte Methode** erfordert die Verwaltung der vorgegebenen Ökofaktoren im Materialstamm. Müssen unterschiedliche Anbieter von Ökofaktoren berücksichtigt werden, so muß die Herkunft der Faktoren mit verwaltet werden (vgl. Abbildung 53).

In der Regel genügt also eine Erweiterung des Materialstamms um Bewertungsinformationen. Die eigentliche Schwierigkeit liegt in der Bereitstellung und Pflege allgemeingültiger Bewertungsfaktoren (z.B. Öko-/Knappheitsfaktoren von Stoffen). Sinnvoll wären online-Aktualisierungsdienste, die mit Daten übergeordneter Institutionen, wie dem Umweltbundesamt oder internationalen Normungsgremien, versorgt werden. Die praktische Realisierung dieser Idee läßt momentan noch auf sich warten.

Abbildung 53: ERM Bewertung „Schweizer Schule"

3.3.3 Prozesse

3.3.3.1 Wirkungskategorien

Der theoretische Hintergrund zur Durchführung der Methode „Wirkungskategorien" wurde im Grundlagenabschnitt dieses Kapitels schon ausführlich dargelegt. Sind die Grunddaten des in Abbildung 51 dargestellten ERMs verfügbar, so ist der Ablauf des Verfahrens recht einfach, da alle benötigten Daten abgerufen werden können.

Zunächst ist ein Bewertungsszenario auszuwählen, mit dem der Bezugsraum für die Normalisierung, die zu berücksichtigenden Teilwirkungen und die ausgewählte Charakterisierungsherkunft und damit die richtigen Standardisierungsfaktoren festgelegt sind. Dann kann für jede einzelne Teilwirkung durch die Multiplikation der Ist-Mengen der Stoff- und Energiebilanz (bzw. der Bewegungszusammenstellung) mit den entsprechenden Standardisierungsfaktoren und den Normalisierungssätzen die Beiträge zu den einzelnen Teilwirkungen erfolgen (vgl. Abbildung 54).

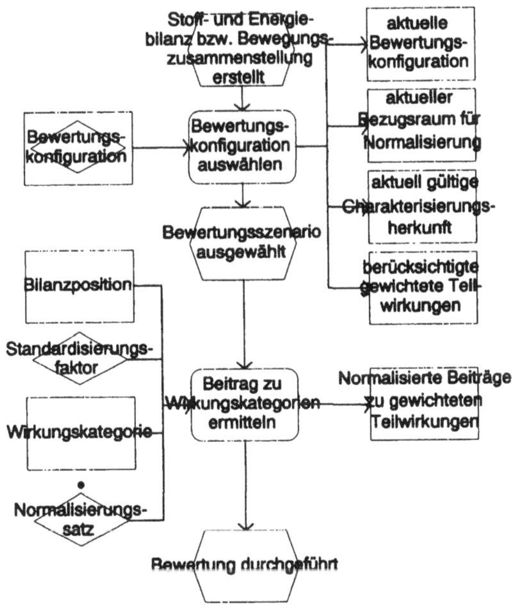

Abbildung 54: EPK Bewerten mit Wirkungskategorien

3.3.3.2 Verbal-argumentatives Verfahren

In den meisten Umweltberichten und -erklärungen werden für die dort veröffentlichten Ökobilanzen keine quantitativen Verfahren der Wirkungsanalyse und Bilanzbewertung verwendet. Statt dessen werden die Umweltwirkungen der Stoff- und Energiebilanz bzw. Materialbilanz im verbal-argumentativen Verfahren qualitativ bewertet. Dabei werden einzelne Positionen der Bilanz kommentiert und mögliche Konsequenzen aufgezeigt. In einem Kommentar werden die Recherchen und Analysen zu den Bilanzpositionen erläutert (z.B. die Bedeutung einer bestimmten Emission auf die lokale Umwelt). Darauf aufbauend werden ökologisch relevante Schlußfolgerungen gezogen, d.h. Aussagen darüber, welcher Materialeinsatz zu vermeiden, zu verringern oder zu präferieren ist. Meist wird die Bewertung noch um die abgeleiteten unternehmensbezogenen Ziele, umzusetzenden Maßnahmen und deren Kosten-Nutzen-Effekte ergänzt. Die hinter dieser Art der Bewertung stehenden Prämissen werden allerdings selten offengelegt.

Das verbal-argumentative Verfahren verzichtet bewußt auf eine systematische Wirkungsanalyse und Bilanzbewertung. Begründet wird dies mit der praktischen Erfahrung, die rein beschreibende, qualitative Bewertung der Bilanzpositionen reiche bereits aus, um ökologische Verbesserungen und betriebswirtschaftliche Einsparungspotentiale zu realisieren. Eine Wirkungsanalyse wird mit der Begründung als überflüssig betrachtet, es ginge in erster Linie darum, die Stoff- und Energieflüsse zu reduzieren. Der Erfolg dieses Bewertungsansatzes hängt damit zusammen, daß sich zum einen noch keine der theoretischen Bewertungsmodelle etablieren konnte. Zum anderen wird in den Unternehmen das Kommentieren der Stoff- und Energiebilanz als praktikabel und ausreichend für eine Schwachstellenanalyse angesehen. Diese einfache Vorgehensweise spiegelt sich in Abbildung 55 wider.

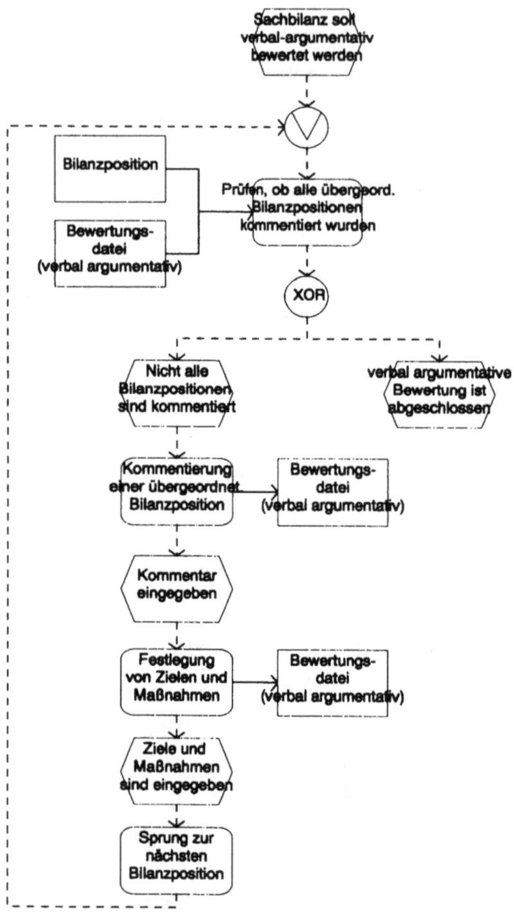

Abbildung 55: EPK verbal-argumentativ bewerten

3.3.3.3 ABC-XYZ-Analyse als nutzwertanalytischer Ansatz

Die in betrieblichen Entscheidungsprozessen angewandte ABC-Analyse wurde zur ökologischen Bewertung als ABC-XYZ-Analyse weiterentwickelt [Stahlmann 1989, Hallay/ Pfriem 1992]. Ziel ist es dabei, Betriebs-, Prozeß-, Produkt- und Standortbilanzen primär auf ökologische Schwachstellen hin zu untersuchen, den Handlungsbedarf festzustellen und Handlungsalternativen zu beurteilen.

Die ABC-Analyse beruht auf dem Grundgedanken, daß häufig wenige Faktoren ein Problem entscheidend prägen. Die ABC-Analyse teilt die zu beurteilenden Faktoren nach ihrer Relevanz für die jeweilige Fragestellung in drei Kategorien ein: **Kategorie A** drückt den größten Problembeitrag eines Faktors aus, **C** den geringsten. Faktoren mit unklarem Problembeitrag fallen in die **Kategorie B**. Damit beschreibt die ABC-Analyse lediglich eine relative (ordinale) Einstufungsmöglichkeit der zu bewertenden Faktoren, ohne die zu verwendenden Kriterien zu liefern. Dies scheint angesichts der Unsicherheit von Umweltdaten angemessen, um keine „Scheinexaktheit" durch absolute Rechengrößen vorzutäuschen.

Bewertungskriterien für Umweltwirkungen sollen zur Entscheidungsfindung, Prioritätensetzung und Aufdeckung ökologischer Schwachstellen beitragen. Deshalb müssen die Kriterien interne wie externe Anforderungen an das ökologische Unternehmensverhalten möglichst umfassend widerspiegeln (umweltrelevante Unternehmensziele und umweltpolitische Ziele des Staates). Bei der Festlegung sind naturwissenschaftliche Kenntnisse, gesellschaftliche Anforderungen, Werturteile und Zukunftsaspekte einzubringen. Vom BMU und UBA werden folgende Kriterien vorgeschlagen [BMU/UBA 1995, 130ff]:

- Einhaltung umweltrechtlich und -politischer Anforderungen
- gesellschaftliche Akzeptanz
- Gefährdungs- und Störfallpotential
- internalisierte Umweltkosten
- negative externe Effekte (Umweltwirkungen auf vor- und nachgelagerte Stufen)
- Erschöpfung nicht regenerativer Ressourcen.

Zusätzlich wird teilweise eine XYZ-Analyse durchgeführt. Dabei werden die Mengeneffekte der Umweltwirkungen abgeschätzt und ebenfalls relativ in Klassen eingestuft. Kategorie X steht für hohes, Y für mittleres und Z für geringes Einsatzvolumen. Die Kombination aus ABC- und XYZ-Analyse soll es ermöglichen, quantitative und qualitative Einwirkungseffekte von Stoffen, Produkten und Verfahren auf die Umwelt schwerpunktartig einzukreisen und zu verdeutlichen. Die Vorgehensweise ist in Abbildung 56 dargestellt.

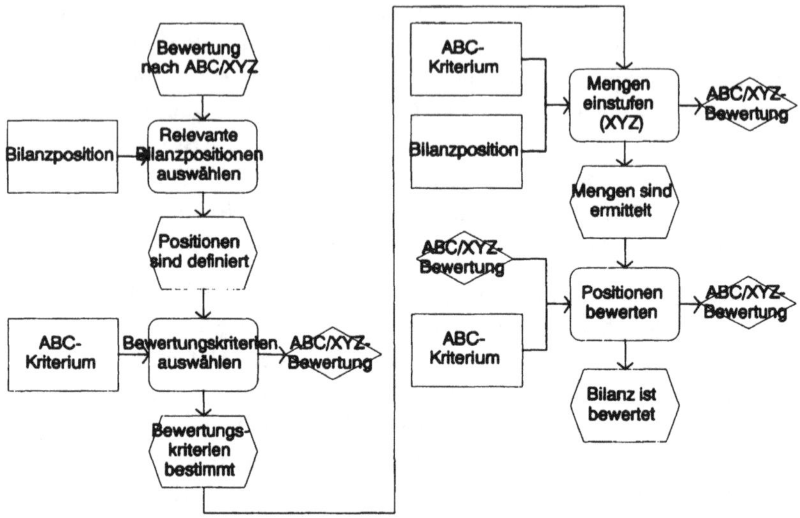

Abbildung 56: EPK Bewerten mit ABC/XYZ-Analyse

Die ABC-XYZ-Analyse kann als flexible Methode zur ökologischen Bewertung beurteilt werden. Das Verfahren wird in vielen Unternehmen eingesetzt und hat sich als praktikabel erwiesen. Aufgrund des stark subjektiven Charakters der Bewertung sowie der Abgrenzung und Auswahl der Beurteilungskriterien müssen allerdings auch die Beschränkungen gesehen werden [vgl. Haasis 1995, 136]. Die ABC-XYZ-Analyse ist somit eher ein „firmeninternes Controllinginstrument" als eine wissenschaftlich fundierte Bewertungsmethode.

3.3.3.4 Bewertung mit Umweltbelastungspunkten

Ein stofffflußorientiertes Bewertungsmodell, das Eingang in die Praxis gefunden hat, ist die Bewertung nach dem bei Braunschweig/Müller-Wenk beschriebenen Verfahren [1993, 43 ff; s. auch Ahbe/Braunschweig/Müller-Wenk 1990]. Die Bewertung erfolgt hierbei über **„Ökofaktoren"**. Sie sollen die ökologische Knappheit von Stoffen widerspiegeln. Die ökologische Knappheit hängt dabei von den tatsächlich in einer Region angefallenen Emissionen (Ist-Fluß) und dem kritischen Fluß ab. Dieser gibt an, welche Emissionsmenge gerade noch als von der natürlichen Umwelt verkraftbar erachtet wird. Multipliziert man die Ökofaktoren mit den entsprechenden Bilanzpositionen, so erhält man Umweltbelastungspunkte (auch Ökopunkte genannt) als dimensionslose und somit aggregierbare Zahl.

Die Ökofaktoren orientieren sich an rechtskräftigen gesetzlichen Normen (z.B. Grenzwerten), völkerrechtlich verbindlichen Verpflichtungen oder Aussagen anerkannter wissenschaftlicher Gremien. Das Konzept wurde zwar für die Schweiz entwickelt. Es ist aber prinzipiell auf andere Länder übertragbar.

Voraussetzung für die Anwendung ist, daß die Ökofaktoren als Maß für die Beanspruchung knapper Umweltressourcen im Konsens aufgestellt und den Unternehmen leicht zugänglich gemacht werden. Die Bewertung selbst liegt prinzipiell bereits darin, wie die Ökofaktoren festgelegt werden. Sie ist abhängig von Wissenstand und Interessen der bei diesem Prozeß Beteiligten [Ankele/Meyerhoff 1997, 9]. In Abbildung 57 ist ein abschließender Vorschlag zur Vorgehensweise der Bewertung mit Umweltbelastungspunkten nach der „Schweizer Schule" gezeigt:

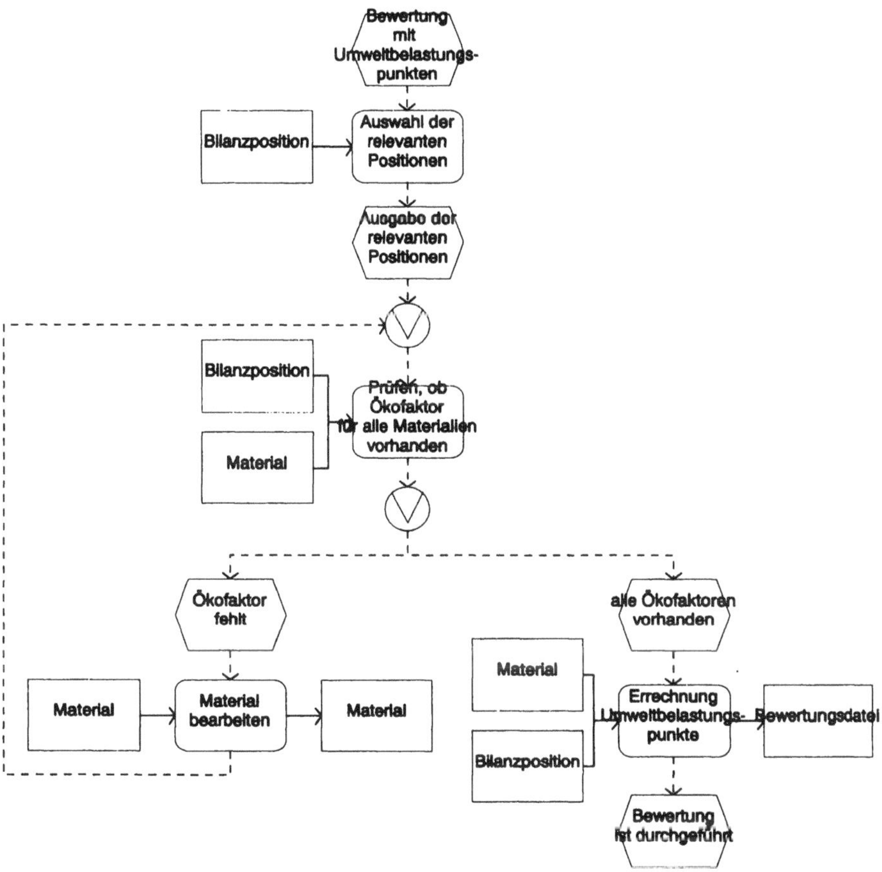

Abbildung 57: EPK bewerten mit Umweltbelastungspunkten

3.4 Verwendete und weiterführende Literatur

Ahbe, S.; Braunschweig, A.; Müller-Wenk, R. (1990): Methodik für Ökobilanzen auf der Basis ökologischer Optimierung. Schriftenreihe Umwelt Nr. 133, Bundesamt für Umwelt, Wald und Landschaft (BUWAL), Bern.

Ankele, K.; Meyerhoff, J. (1997): Ökonomisch-ökologische Bewertung. In: IÖW (Hrsg.): Ökologisches Wirtschaften 3/4, S. 8 - 10.

Braunschweig, A.; Müller-Wenk, R. (1993): Ökobilanzen für Unternehmen: eine Wegleitung für die Praxis. Bern.

Giegerich, J. (1993): Bilanzbewertung - Stand und Perspektiven. Diskussionspapier des ifeu-Institutes, Heidelberg.

Haasis, H.-D. (1995): Ökologische Bilanzierung. In: Junkernheinrich, M.; Klemmer, P.; Wagner, G.R.: Handbuch zur Umweltökonomie. Berlin, S. 133-138.

Hallay, H.; Pfriem, R. (1992): Öko-Controlling. Umweltschutz in mittelständischen Unternehmen. Frankfurt, New York.

Müller-Wenk, R. (1978): Die ökologische Buchhaltung - Ein Informations- und Steuerungsinstrument für umweltkonforme Unternehmenspolitik. Frankfurt a. M.

Schaltegger, S.; Sturm, A. (1994): Ökologieorientierte Entscheidungen in Unternehmen (2. Aufl.). Bern.

Schmidt-Bleek, F. (1993): Wieviel Umwelt braucht der Mensch? MIPS - das Maß für ökologisches Wirtschaften. Berlin.

SETAC (Hrsg.) (1991): A Technical Framework for Life-Cycle Assessment. Workshop held at Smugglers Notch, Vermont, 18.- 23. August 1990, Washington.

SETAC (Hrsg.) (1993a): Guidelines for Life-Cycle Assessment: A 'Code of Practice'. Edition 1, from the SETAC Workshop held at Sesimbra, Portugal, 31 March – 3 April 1993, Brüssel.

SETAC (Hrsg.) (1993b): A Conceptual Framework For Life-Cycle Impact Assessment, from the SETAC-Workshops held at Sandestin, Florida, USA, February 1992, Pensacola Fl.

SETAC (Hrsg.) (1994): Allocation in LCA. Proceedings of the European Workshop in Leiden.

Stahl, B.; Walz, R.; Böhm, E. (1997): Anleitung zur Bewertung in Ökobilanzen. In: UmweltWirtschaftsForum 2/1997, S. 83-88.

Stahlmann, V. (1989): Öko-Controlling in einer integrierten Materialwirtschaft. In: Förderkreis Umwelt future e.V., Institut für ökologische Wirtschaftsforschung (IÖW): Von der Öko-Bilanz zum Öko-Controlling. Lengerich.

4 Umweltprogramm

Das Aufstellen von Programmen ist ein Ansatz, der bereits in den 50er und 60er Jahren in den USA für die Budgetierung des Haushalts entwickelt und umgesetzt wurde. Grundlegende Idee ist es, von den übergeordneten Zielen einer Organisation auszugehen und diese dann im Rahmen der Planung weiter zu verfeinern. Im Zentrum des Ansatzes steht die „Zielanalyse, ... die ... nachrangige Ziele ableiten und durch Operationalisieren und Quantifizieren in realisierbare Programmziele umformen will..." [Gabler 1988, 1045]. Das Aufstellen eines Programms kann somit als top-down Ansatz bezeichnet werden. In Gegensatz hierzu ist beispielsweise das japanische Kaizen zu sehen, das sich aus einer Vielzahl von Einzelaktivitäten ergibt und als bottom-up Ansatz bezeichnet werden kann.

Im Rahmen der umweltorientierten Unternehmensführung wurde dieser Ansatz auch für ökologische Entwicklungsprozesse genutzt. So sprechen beispielsweise Hallay und Pfriem von:

- Konkreten Zielen und
- Durchzuführenden Maßnahmen

als zentrale Bestandteile des Ökocontrollings. „Erst solche konkrete Ziele können die Basis für ein Umweltprogramm bilden" [Hallay/Pfriem 1992, 133].

4.1 Zielsetzung

Das Instrument Umweltprogramm soll Betriebe dabei unterstützen, ihre Ziele und Maßnahmen zu verwalten und deren Umsetzung zu kontrollieren. Dies gilt insbesondere für die folgenden Bereiche:

- Konkretisierung und Umsetzung der eigenen Umweltpolitik.
- Entwicklung und Realisierung von Kostensenkungspotentialen.
- Unterstützung der kontinuierlichen Verbesserung im Rahmen von EMAS und ISO 14.001 (Umweltziele und Maßnahmen).
- Formulierung und Kontrolle umweltrechtlicher Vorgaben.

Der wesentliche Nutzen des Instruments Umweltprogramm liegt in der Verknüpfung der Ziele mit der vorhandenen Datenbasis. Erst durch die kontinuierliche Verfolgung des Zielerreichungsgrades wird die notwendige Ausgangsbasis für ein wirkungsvolles (Öko-) Controlling beschaffen.

4.2 Grundlagen

Insbesondere im Zuge der zunehmenden Umsetzung der Umweltmanagementsysteme EMAS und ISO 14.001 hat die Erstellung von Umweltprogrammen große Verbreitung in der Industrie gefunden. Mit der Erstellung des Umweltprogramms werden die Grundlagen für den Entwicklungsprozeß des Unternehmens im Umweltbereich gelegt. Beide Umweltmanagementsysteme schreiben die Erstellung, Aktualisierung und Kontrolle eines Umweltprogrammes vor und definieren die Strukturen hierfür. Die Aufgabe des Umweltprogrammes ist es die kontinuierliche Verbesserung zu planen, zu organisieren und sicherzustellen. Darüber hinaus wird durch die EMAS die Veröffentlichung des Umweltprogramms in der Umwelterklärung verlangt.

Das Umweltprogramm setzt sich aus folgenden Bestandteilen zusammen:

- Umweltziele
- Maßnahmen

Die Umweltziele operationalisieren die Umweltpolitik des Unternehmens zu meßbaren Vorgaben, die erreicht werden sollen. Die Maßnahmen beinhalten konkrete Aktivitäten, die zur Erreichung der Ziele notwendig sind.

4.2.1 Umweltziele

Die Umweltziele sollten auf allen Hierarchieebenen des Unternehmens formuliert werden, also von der obersten Managementebene als Entscheidungsträger des gesamten Umweltmanagements bis hin zu den einzelnen betroffenen Umsetzungsverantwortlichen und Fachabteilungen.

Bei der inhaltlichen Ausgestaltung von Zielen treten häufig Überlagerungen und Redundanzen auf. So stehen beispielsweise die Ziele „den Energieeinsatz pro Jahr um 5 % zu senken“ und „den K-Wert der Gebäudeisolierung um 20 % zu senken“ unmittelbar in Zusammenhang. Um diese Überschneidungen transparent zu machen und um die Ziele systematisch aufeinander zu beziehen, sollte eine Zielhierarchie einführt werden. Folgende Zielebenen lassen sich dabei unterscheiden:

- Umweltmanagement-Ziele
- Stoff- und Energiefluß-Ziele
- System-Ziele

Die Zielebenen dieser Hierarchisierung stehen für die unterschiedlichen Konkretisierungsgrade von Umweltzielen. Die jeweils untere Zielebene konkretisiert die darüberliegende Ebene. Gerade im Rahmen von Planungsphasen werden allgemeinere Ziele auf einer oberen Ebene durch die Formulierung von Zielen auf der darunter liegenden Ebene differenziert und damit für die Mitarbeiter leichter umsetzbar (vgl. Abbildung 58).

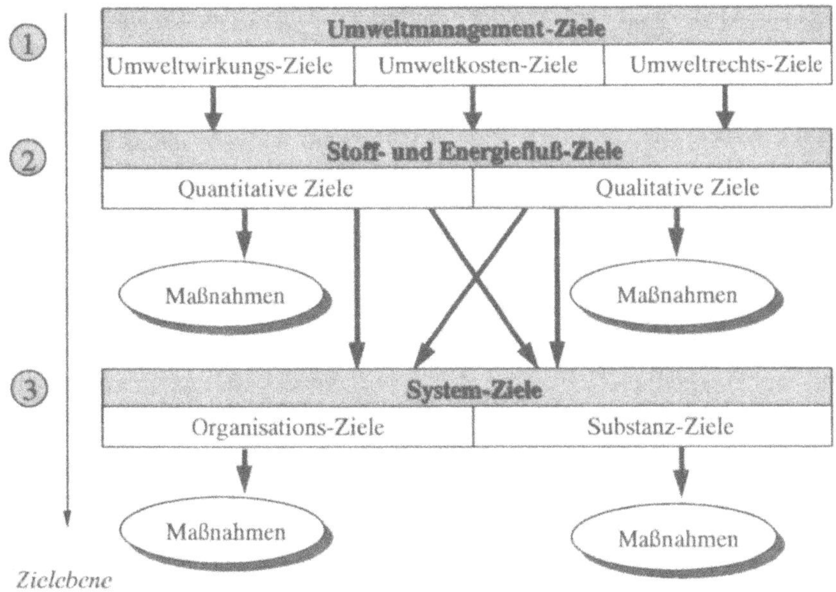

Abbildung 58: Zielebenen von Umweltzielen

Entsprechend den Aufgabenfeldern des Umweltmanagements können wiederum drei Kategorieren von Umweltmanagement-Zielen gebildet werden. Jedes Umweltmanagement-Ziel kann genau einer der folgenden Kategorien zugeordnet werden:

- Umweltwirkungs-Ziel (bezogen auf Wirkungskategorien, Substitution, Effizienz, Verzicht, etc.)
- Umweltkosten-Ziel (bezogen auf Ist-Kosten, Kostensenkung etc.)
- Umweltrechts-Ziel (bezogen auf Einhaltung von Grenzwerten, etc.)

Umweltwirkungs-Ziele beziehen sich auf die Verringerung der Umweltauswirkungen. Zur Operationalisierung können hier verschiedene Bewertungsverfahren genutzt werden (vgl. Teil III Kapitel 3). Ein Beispiel hierfür ist die Senkung des Wirkungsindikators (gemäß Wirkungsanalyse) zum Treibhauseffekt um 10 %.

Umweltkosten-Ziele beziehen sich auf die Planung der Umweltkosten (vgl. Teil III, Kapitel 6). In der Regel werden sich die Umweltkosten-Ziele auf die Kostensenkung beziehen, beispielsweise auf die Wasser- und Energiekosten. Jedoch ist auch die Einhaltung eines Budgets für Umweltaktivitäten als Ziel denkbar. Weiterhin ist die Verwendung eines bestimmten Anteils des Umsatzes für Umweltmarketing oder Ökosponsoring eine mögliche Ausprägung.

Die Einhaltung der umweltrelevanten Rechts- und Verwaltungsvorschriften kann durch die Formulierung von Umweltrechts-Zielen organisiert werden (vgl. Teil III, Kapitel 7). So kann im einfachsten Fall die Einhaltung einer Norm als Ziel angelegt werden, um dieses Ziel dann durch weitere Ziele und Maßnahmen zu konkretisieren. Das Umweltprogramm in diesem umfassenden Sinne würde somit auch die Delegation von umweltrechtlicher Verantwortung abdecken.

Die zentrale Ebene der Zielverwaltung von ECO-Integral sind Stoff- und Energiefluß-Ziele. Letztendlich müssen alle Umweltziele einen Einfluß auf die Stoff- und Energieflüsse nehmen, um sich ökologisch auszuwirken. Stoff- und Energiefluß-Ziele sind somit das Bindeglied sowohl zwischen den Zielebenen als auch den Zielbereichen. Die Zuordnung eines Stoff- und Energiefluß-Ziels auf mehrere Umweltmanagement-Ziele ist möglich. Beispielsweise kann sich ein Stoff- und Energiefluß-Ziel (Verringerung des Energieeinsatzes um x%) sowohl reduzierend auf den Treibhauseffekt (Umweltwirkungs-Ziel) als auch verringernd auf die Einkaufskosten (Umweltkosten-Ziel) auswirken.

Die Stoff- und Energiefluß-Ziele lassen sich in verschiedene Kategorien nach quantitativen und qualitativen Aspekten unterteilen. Quantitative Stoff- und Energiefluß-Ziele sind:

- Reduzierung des Einsatzes bestimmter Stoffe und Energie
- Vermeidung des Einsatzes bestimmter Stoffe und Energie
- Einhaltung von Schwellen- und Grenzwerten beim Einsatz bestimmter Stoffe und Energie

Qualitative Stoff- und Energiefluß-Ziele sind auf der Ebene von ECO-Integral nicht meßbar und können somit auch nicht kontrolliert werden.

Die dritte Ebene in der Zielhierarchie sind die System-Ziele. Diese beziehen sich auf die Veränderung der Bedingungen, unter denen Stoff- und Energieflüsse eingesetzt und transformiert werden. Somit unterscheiden sich System-Ziele in:

- Organisations-Ziele
- Substanz-Ziele

Organisations-Ziele wären beispielsweise die Verbesserung von Regelungen und Dokumentationen sowie die Schulung von Mitarbeitern.

Substanz-Ziele beziehen sich auf die Veränderung der Gebäude (z.B. Isolation), Anlagen und Maschine (z.B. Wirkungsgrad) oder auf Eigenschaften des Bodens (z.B. Altlastensanierung).

Zusammenhängende Ziele, die sich jeweils auf ein übergeordnetes Ziel beziehen, werden Zielsystem genannt. Ein Zielsystem beschreibt die systematische Verbindung von Zielen durch Verfeinerung von übergeordneten Zielen. Durch die Bündelung der Wirkungen von Zielen unterer Zielebenen kann z.B. ein Umweltwirkungs-Ziel der ersten Zielebene „Reduzierung des verursachten Treibhauseffektes um x%“ genauer formuliert und quantifiziert werden.

Beispielsweise können für die drei Kategorien der Umweltmanagement-Ziele Zielsysteme aufgebaut werden. Die Zielsysteme beziehen sich dann auf die Verringerung der Umweltauswirkungen, auf die Senkung der Umweltkosten oder auf die Einhaltung der umweltrechtlichen Vorgaben. Ein weiteres Zielsystem kann auf die Umsetzung der EMAS ausgerichtet sein, so daß alle auf die EMAS bezogenen Ziele hierdurch gebündelt werden.

Umweltziele können nach dem Zeitbezug in „kontinuierliche Ziele" und in „stichtagsbezogene Ziele" unterschieden werden.

Kontinuierliche Ziele geben eine Bandbreite vor, innerhalb der sich bestimmte Daten immer bewegen sollten. Die Grenze kann dabei in Form von kleiner, gleich oder größer beschrieben werden.

Rechtliche Vorgaben wie beispielsweise Grenzwerte für Abwasser und Abluft oder Lagervorschriften können weitestgehend als kontinuierliche Ziele formuliert werden (vgl. hierzu auch Teil III, Kapitel 7). Es können aber auch eigen auferlegte Vorgaben durch diese Ziele gesteuert werden. Als Beispiel hierzu ist ein kontinuierliches Ziel das dauerhafte Unterschreiten des Stromverbrauchs, um unter einer bestimmten Spitzenlast zu bleiben.

Stichtagsbezogene Ziele beziehen sich auf einen abgegrenzten Zeitraum und müssen erst zu einem bestimmten Datum, dem sog. Stichtag, erreicht werden. Bis zu dieser Erreichungsfrist ist der IST-Wert zu dem Ziel-Wert relativ unerheblich. Ein Vergleich der beiden Werte durch den Soll-Ist-Vergleich zeigt bereits vor dem Stichtag den Erreichungsgrad des Ziels (vgl. Abbildung 70).

Jedes Umweltziel setzt sich aus verschiedenen Komponenten zusammen. Ein Umweltziel hat mindestens folgende Bestandteile:

- Zieltext
- Erreichungsfrist
- Quantifizierung des Ziels
- Verantwortlichkeit
- Übergeordnetes Ziel
- Befugter zur Freigabe.

Die Formulierung eines Ziels setzt definitionsgemäß die Vorgabe eines verbindlichen Zeithorizonts voraus, mit dessen Ablauf die Zielerreichung vollzogen werden sollte. Für kontinuierliche Ziele entfällt die Festlegung eines Zeithorizontes.

Eine Quantifizierung der Umweltziele ist sinnvoll, da nur hierdurch eine Kontrolle der Zielerreichung möglich wird. Ebenso wird für die Umsetzungsverantwortlichen durch die Quantifizierung ein Zielhorizont greifbar und die Umsetzung somit unterstützt.

Für die Erreichung der Ziele werden verantwortliche Personen und/oder verantwortliche Organisationseinheiten bestimmt, um eine Umsetzung zu gewährleisten.

Die Angabe des übergeordneten Ziels ermöglicht den Aufbau eines Zielsystems. Hierdurch können die Zusammenhänge einzelner Ziele transparent gemacht werden.

Eine Zuordnung von Zielen auf Befugte für die Freigabe erleichtert den Ablauf bis zur Umsetzung der Umweltziele und sorgt zudem für Transparenz in den Entscheidungswegen.

Die Kontrolle der Zielerreichung wird durch die Festlegung von Fristen für die Erreichung der Umweltziele sowie durch deren Quantifizierung gewährleistet. Die regelmäßige Ermittlung aktueller Daten bezogen auf die Zielwerte durch den Soll-Ist-Vergleich (vgl. Teil III, Abschnitt 4.3.3.2) ermöglicht auch die Fortschreibung des Zielerreichungsgrades über den Umsetzungszeitraum.

4.2.2 Maßnahmen

Die Maßnahmen des Umweltprogramms werden in die zwei Kategorien „Umsetzungsmaßnahmen für die Zielerreichung" und „Korrekturmaßnahmen bei Nichterreichung" unterteilt.

4.2.2.1 Umsetzungsmaßnahmen für die Zielerreichung

Die Zielerreichung sollte in einzelne Schritte der Umsetzung unterteilt werden. Somit können gerade bei schwer zu erreichenden Zielen die einzelnen Umsetzungsschritte auf mehrere Verantwortliche verteilt werden. Darüber hinaus wird der Weg der Zielerreichung durch diese Unterteilung transparenter. Die Maßnahmen für die Zielerreichung beschreiben diese einzelnen Tätigkeiten, die für die Erreichung des gewünschten Ergebnisses nötig werden. Hierbei können mehrere Maßnahmen einem Ziel sowie eine Maßnahme mehreren Zielen zugeordnet werden. Prinzipiell muß einem Ziel aber mindestens eine Maßnahme zugeteilt sein.

Eine Umsetzungsmaßnahme zur Zielerreichung hat somit folgende Mindestbestandteile:

- Zugeordnetes Ziel
- Maßnahmentext
- Verantwortlichkeit
- Umsetzungsfrist
- Mittel für Maßnahmenumsetzung
- Befugter zur Freigabe.

Die Zuordnung von Mitteln für die Maßnahmenumsetzung unterstützt zum einen die Investitionsplanung zu Beginn des Geschäftsjahres, zum anderen kann eine Kosten-Nutzen-Abschätzung für die Zielerreichung hierdurch durchgeführt werden.

4.2.2.2 Korrekturmaßnahmen bei Nichterreichung

Die Korrekturmaßnahmen sind die zweite Kategorie von Maßnahmen innerhalb des Umweltprogramms. Sie werden erst bei Feststellung von nicht gewünschten Zuständen ausgeführt wie beispielsweise die Nichterreichung von Zielen zur gesetzten Erreichungsfrist. Folgende Auslöseereignisse für die Korrekturmaßnahmen sind mindestens zu unterscheiden:

- Unbefriedigenden Zielerreichungsgrad durch Soll-Ist-Vergleich feststellen
- Überschreitung der Erreichungsfrist eines Ziels feststellen
- Überschreitung von selbst gesetzten Mengenschwellen feststellen
- Überschreitung von gesetzlichen Grenzwerten feststellen

Im Gegensatz zu den Maßnahmen zur Zielerreichung müssen Korrekturmaßnahmen bei Feststellung einer ungewünschten Abweichung sofort ausgeführt werden. Dies gilt im speziellen für das Überschreiten von gesetzlichen Grenzwerten oder sonstigen Zielen, deren Nichterreichung zu Verstößen gegen die Umweltpolitik führen könnte. Korrekturmaßnahmen sind somit zur Vermeidung bzw. zur Verringerung von unerwünschten Folgen.

Für die Umsetzung der Maßnahmen werden verantwortliche Personen und / oder verantwortliche Organisationseinheiten bestimmt. Die Kontrolle der Maßnahmenumsetzung wird durch die Festlegung von Fristen für die Umsetzung der Maßnahmen gewährleistet.

Bei Nichterreichung des Zielwertes soll eine Abweichungsanalyse innerhalb des Soll-Ist-Vergleichs mögliche Gründe aufzeigen, weshalb das Ziel nicht erreicht wurde, um dann die notwendigen Korrekturmaßnahmen einleiten zu können.

Eine Korrekturmaßnahme hat somit folgende Bestandteile:

- Zugeordnetes Ziel
- Auslöseereignisse der Korrekturmaßnahme (z.B. Zielerreichungsgrad)
- Maßnahmentext
- Verantwortlichkeit
- Umsetzungsfrist
- Mittel für Maßnahmenumsetzung
- Befugter zur Freigabe

4.2.3 Einordnung des Umweltprogramms in den Umweltmanagement-Zyklus

Der Management-Zyklus wird durch die Erstellung, Umsetzung und Kontrolle von Umweltprogrammen geschlossen. Nachfolgende Abbildung 59 zeigt das Wirkungsbereiche des Umweltprogramms in den Phasen Aus- und Bewertung, Planung und Umsetzung.

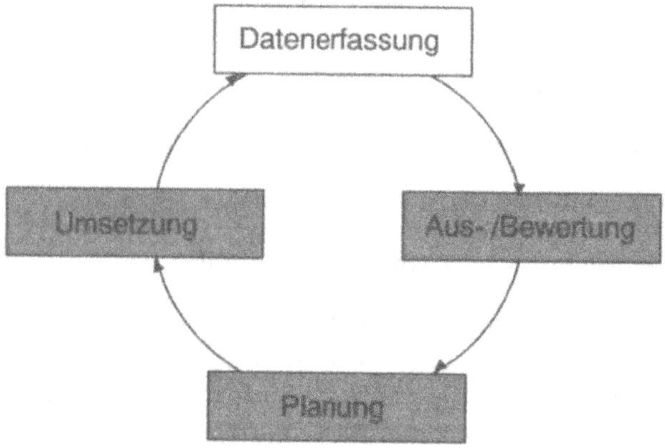

Abbildung 59: Umweltprogramm im Umweltmanagementzyklus

Das Instrument des Umweltprogramms unterstützt:

- Die Aus-/und Bewertung in Form des Soll-Ist-Vergleiches
- Die Planung durch das Verwalten von Umweltzielen und Umsetzungs- und Korrekturmaßnahmen
- Die Umsetzung des Umweltprogramms durch personen- und zeitbezogene Auswertung und Abfragen.

4.3 Modellierung

Das in ECO-Integral modellierte Instrument Umweltprogramm berücksichtigt die Anforderungen der normierten Umweltmanagementsysteme EMAS und ISO 14001. Dies bedeutet, daß in dem Instrument Umweltprogramm alle geforderten Attribute der EMAS[1] sowie der ISO 14001[2], die sich auf ein System zu einer zielgerichteten und kontrollierbaren Verbesserung des betrieblichen Umweltschutzes beziehen, abgedeckt sind. Darüber hinaus werden die Prüfung der Zielerreichung durch einen Soll-Ist-Vergleich sowie Auswertungen für verschiedene Zielgruppen zur Unterstützung der Umsetzung des Umweltprogramms ermöglicht.

1 Die Attribute der EMAS werden in Art. 2c und Anhang I. A. der Verordnung beschrieben.

2 Die Attribute der ISO 14001 werden durch die Kapitel 3.7, 3.10, 4.3.3, 4.3.4, A.3.3 und A.3.4 der Norm festgelegt.

4.3.1 Funktionen

Das Instrument Umweltprogramm läßt sich in drei Schwerpunkte unterteilen und umfaßt somit folgende Funktionen:

- Umweltprogramm festlegen
- Zielerreichung prüfen
- Umweltprogramm auswerten

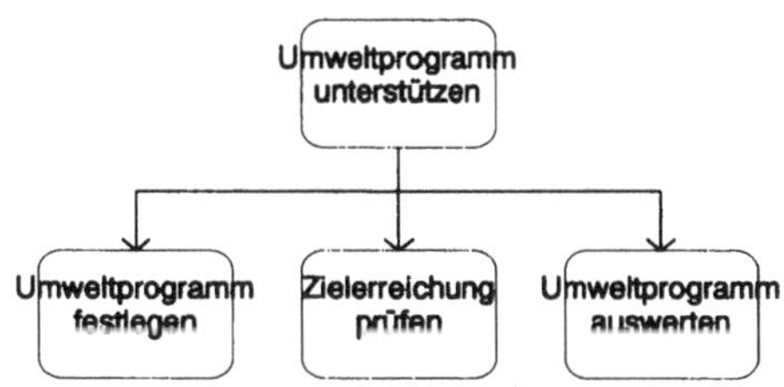

Abbildung 60: Funktionsbaum Umweltprogramm

Die einzelnen Funktionen und deren zugehörigen Abläufe werden im Kapitel „Prozesse“ im einzelnen dargestellt.

4.3.2 Daten

Das Umweltprogramm hat die Aufgabe, die Umsetzung der Umweltziele zu unterstützen. Somit sind die wichtigsten Elemente des Umweltprogrammes das Umweltziel und die Maßnahmen, deren Umsetzung der Zielerreichung dienen sollen.

In einem Entity-Relationship-Model ergeben sich zusammenfassend die folgenden Attribute für den Entitytyp „Umweltziel“:

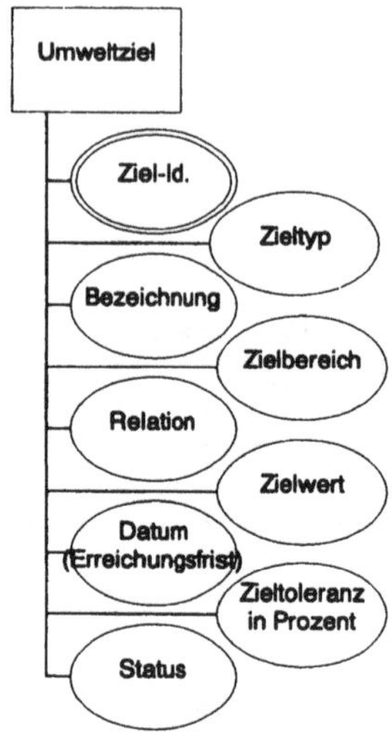

Abbildung 61: Attribute des Entitytyps „Umweltziel“

Das Attribut „Ziel-Id.“ dient der eindeutigen Identifizierung einer Entität des Entitytyps „Umweltziel“. Es ist das Schlüsselattribut dieses Entitytyps - der sog. Primärschlüssel.

In „Zieltyp“ kann spezifiziert werden, ob es sich um ein kontinuierliches oder ein stichtagbezogenes Ziel handelt. Das Attribut „Bezeichnung“ dient zur Ausformulierung des Ziels. In „Zielbereich“ wird festgelegt, welchem Zielbereich ein Umweltziel zugeordnet ist. Mögliche Ausprägungen dieses Attributs sind „Umweltwirkung“, „Umweltkosten“, „Umweltrecht“, „Stoff- und Energiefluß (quantitativ)“, Stoff- und Energiefluß (qualitativ)“, „Organisation“ und „Substanz“ (vgl. Abbildung 58).

Die Attribute „Zielwert“, „Relation“ und „Zieltoleranz“ sind eng miteinander verknüpft. Das Attribut „Zielwert“ ist die Quantifizierung des Ziels, welches in „Bezeichnung“ ausformuliert wurde. In „Relation“ wird beschrieben in welchem Verhältnis das angestrebte Ziel zum Zielwert stehen muß. Soll beispielsweise ein Grenzwert über- oder unterschritten werden oder muß er genau erreicht werden. „Zieltoleranz“ gibt in Prozent an, wie groß die Abweichung bei der Zielerreichung sein darf. Diese Felder ermöglichen später eine Interpretation und Auswertung der Umweltziele.

Durch „Datum“ wird die Frist festgelegt, innerhalb derer das Ziel erreicht sein muß. Für kontinuierliche Ziele nimmt dieses Attribut keinen Wert an.

Mit dem Attribut „Status“ kann dokumentiert werden, in welchem Zustand der Zielerreichung sich das entsprechende Ziel gegenwärtig befindet. Mögliche Ausprägungen dieses Attributs sind z.B. „Entwurf“, „verabschiedet“, „erreicht“ oder „nicht erreicht“.

Für die Erreichung eines Umweltziels können entweder einzelne Mitarbeiter oder Organisationseinheiten im ganzen verantwortlich gemacht werden. Diese XOR-Beziehung wird im Entity-Relationship-Modell in Abbildung 62 durch die 1:n-Relation „verantwortlich für" zwischen den Entitytypen „Verantwortlicher" und „Umweltziel" ausgedrückt. Durch die Relation „befugt zur Freigabe" wird festgelegt, welcher Mitarbeiter ein Umweltziel freigeben kann.

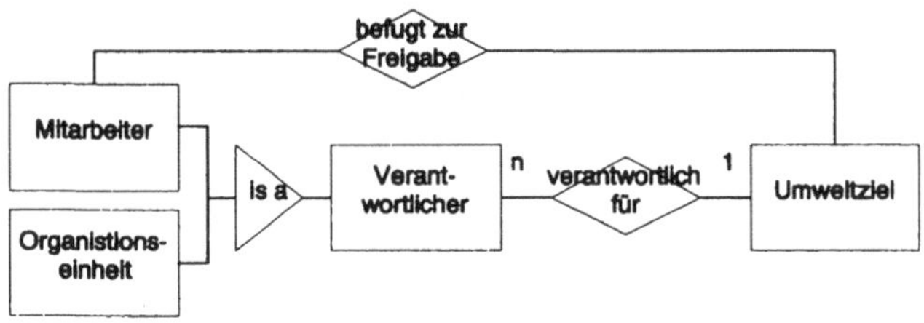

Abbildung 62: ERM Verantwortlichkeit und Befugnis für Umweltziele

Die Quantifizierung der Ziele erfolgt durch die Zuordnung von Wirkungsindikatoren (vgl. Teil III, Kapitel 3.2.1) oder von Kennzahlen (vgl. Teil III, Kapitel 5). Ziele können sich entweder auf Wirkungsindikatoren oder auf Kennzahlen beziehen. Dabei muß jedes Ziel genau einem der beiden Entitytypen zugeordnet werden, um eindeutig definiert zu sein.

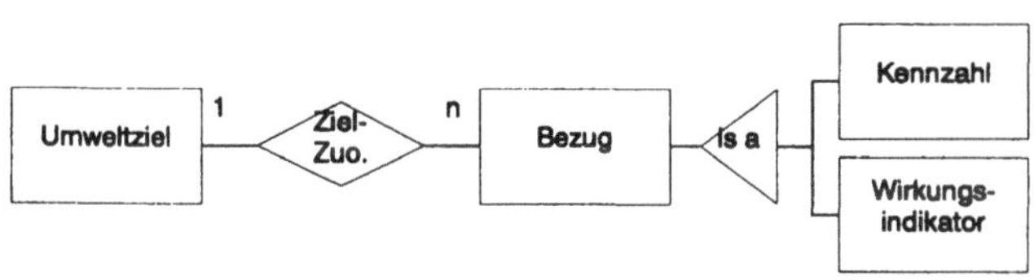

Abbildung 63: ERM Zielzuordnung

Die Zuordnungen in Abbildung 63 bilden die Grundlage für die Durchführungen von Soll-Ist-Vergleichen.

Wie in Teil III, Kapitel 4.2.2 beschrieben, werden im Rahmen des Umweltprogramms Maßnahmen definiert, deren Umsetzung die Erreichung der Umweltziele gewährleisten soll. Für den Entitytyp „Maßnahme" ergeben sich in diesem Zusammenhang die folgenden Attribute:

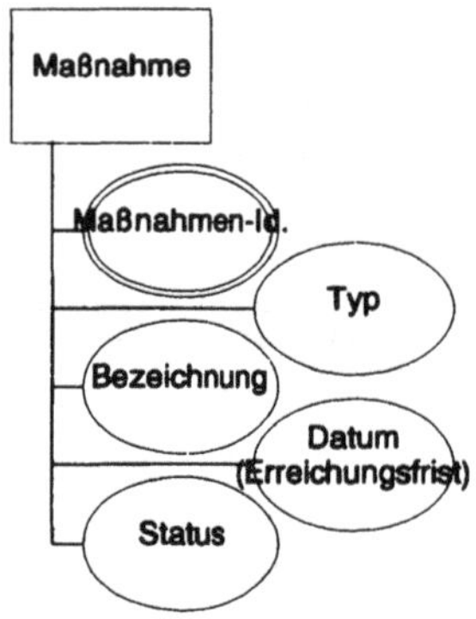

Abbildung 64: Attribute des Entitytyps „Maßnahme"

Das Attribut „Maßnahmen-Id." dient als Primärschlüssel der eindeutigen Identifizierung einer Entität dieses Entitytyps. In „Bezeichnung" kann die entsprechende Maßnahme ausformuliert werden. Ob es sich um eine Umsetzungs- oder eine Korrekturmaßnahme handelt und bis wann die entsprechende Maßnahme umgesetzt werden soll, wird in „Typ" bzw. „Datum (Erreichungsfrist)" dokumentiert.

Mit dem Attribut „Status" kann verwaltet werden, in welchem Umsetzungsstatus sich die entsprechende Maßnahme befindet. Mögliche Ausprägungen dieses Attributes sind beispielsweise „Entwurf, „verabschiedet", „in Arbeit", „umgesetzt" oder „gescheitert".

Diejenigen Mitarbeiter oder Organisationseinheiten, die für die Umsetzung einer Maßnahme verantwortlich bzw. zur Freigabe derselben berechtigt sind, werden dieser Maßnahme in Abbildung 65 mittels der Relationen „verantwortlich für" und „befugt zur Freigabe" zwischen den Entitytypen „Verantwortlicher" bzw. „Mitarbeiter" und „Maßnahme" zugeordnet.

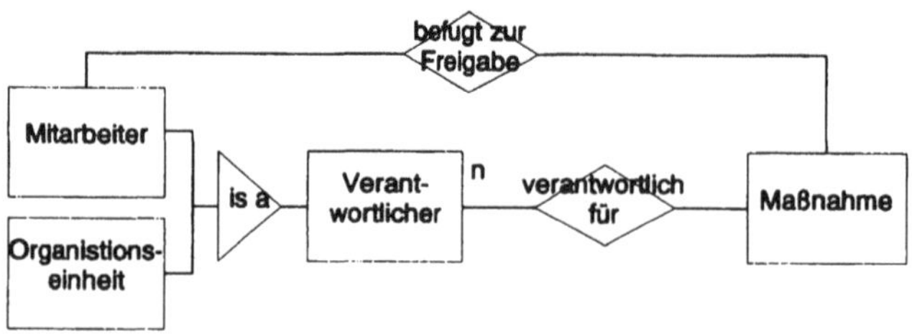

Abbildung 65: ERM Verantwortlichkeit und Befugnis für Maßnahmen

Die für die Umsetzung der Maßnahme bewilligten Mittel stellen Ressourcen des Unternehmens dar. Die Bewilligungen werden im Datenmodell durch eine Zuordnung der Ressourcen zu den Maßnahmen verwaltet. Desweiteren wird durch die Relation „bewilligt durch" dokumentiert, wer die Ressourcen bewilligt hat.

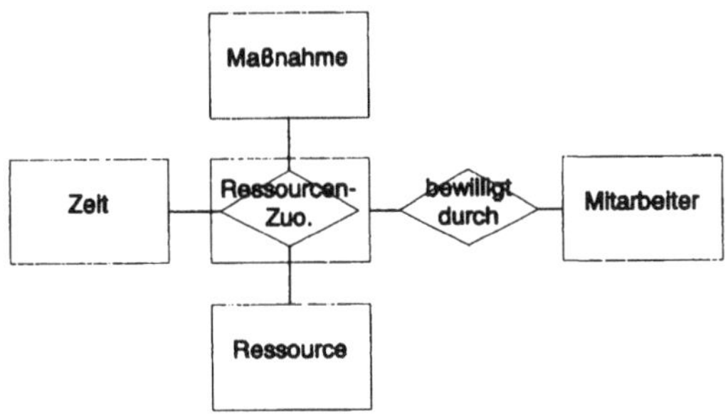

Abbildung 66: ERM Zuordnung von Ressourcen

Die uminterpretierte Relation „Ressourcen-ZUO" hat hierbei die folgenden Attribute:

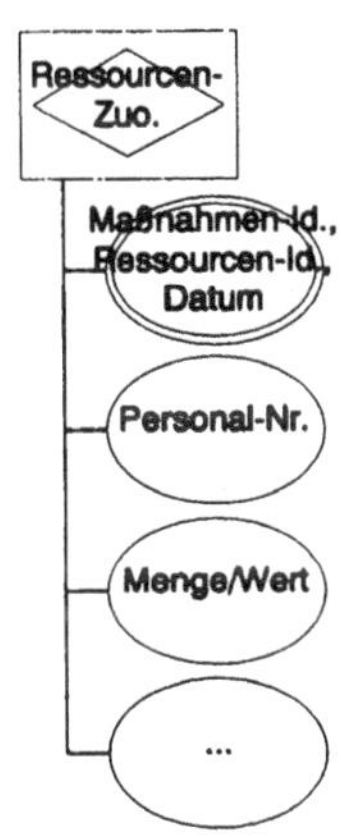

Abbildung 67: Attribute der Relation „Ressourcen-ZUO"

Die Bewilligung einer Ressource zur Umsetzung einer speziellen Maßnahme wird durch die Schlüsselattribute der entsprechenden Maßnahme und Ressource und durch den Zeitpunkt der Bewilligung eindeutig dokumentiert. Das Attribut „Personal-Nr." verweist auf denjenigen Mitarbeiter, der die Ressource bewilligt hat. In „Menge/Wert" wird festgehalten, in welcher Höhe die Ressource zur Umsetzung der entsprechenden Maßnahme zu dem jeweiligen Zeitpunkt bewilligt wurde. Das Attribut „..." steht stellvertretend für weitere Informationen, die im Zusammenhang mit der Ressourcenverteilung für das Unternehmen von Bedeutung sein können, z.B. Kommentare, in denen eine Begründung angeführt wird.

In einem weiteren Schritt werden die Maßnahmen den Zielen zugeordnet. Eine Maßnahme kann dabei gleichzeitig mehreren Zielen zugeordnet werden, während zur Erreichung eines Ziels wiederum mehrere Maßnahmen umgesetzt werden müssen.

Abbildung 68: ERM Verknüpfung von Ziel und Maßnahme

Ziele stehen untereinander auch in einem Verhältnis und können zu verschiedenen Zielsystemen zusammengefaßt werden.

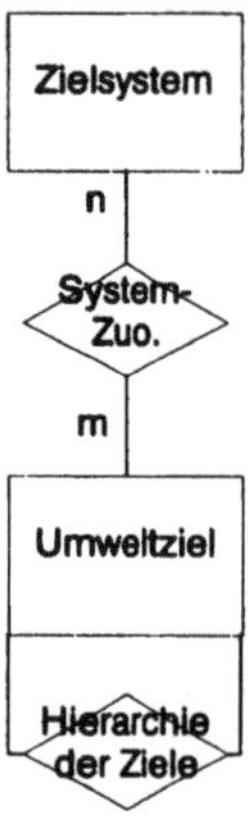

Abbildung 69: ERM Zuordnung von Zielen zu Zielsystemen

Das Datenmodell in Abbildung 69 ermöglicht, Umweltmanagement-Ziele zu einem Zielsystem zusammenzufassen und die Ziele untereinander hierarchisch zu gliedern. Hierbei können System-Ziele den Stoff- und Energiefluß-Zielen untergeordnet werden und diese wiederum den Umweltmanagemet-Zielen (vgl. Abbildung 58).

Zur Dokumentation des Fortschritts bei der Umsetzung von Maßnahmen bzw. der Zielerreichung sollte die Möglichkeit bestehen, zu einem beliebigen Zeitpunkt für ein Ziel bzw. eine Maßnahme festzuhalten, inwieweit die Maßnahme zu diesem Zeitpunkt bereits umgesetzt bzw. das Ziel erreicht ist. Bei ungenügender Umsetzung bzw. Zielerreichung werden Korrekturmaßnahmen ausgelöst. Zu diesem Zwecke werden im Datenmodell die Relation „Grad der Zielerreichung“ zwischen den Entitytypen „Zeit“ und „Umweltziel“ und die Relation „Grad der Maßnahmenumsetzung“ zwischen „Zeit“ und „Maßnahme“ eingeführt (vgl. Abbildung 70).

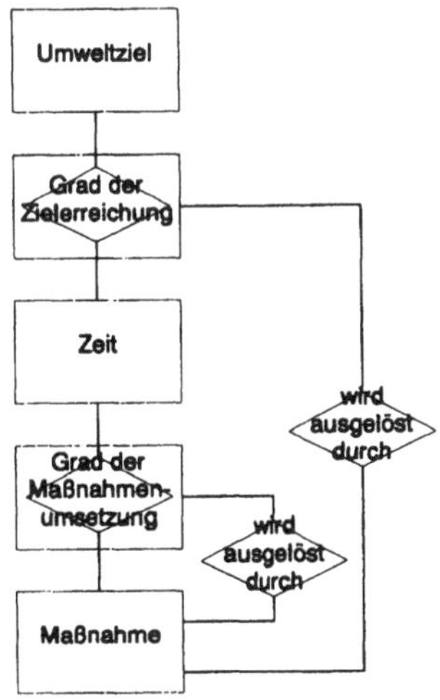

Abbildung 70: ERM Dokumentation der Zielerreichung und Maßnahmenumsetzung

Die Relationen „Grad der Zielerreichung“ und „Grad der Maßnahmenumsetzung“ haben hierbei die folgenden Attribute:

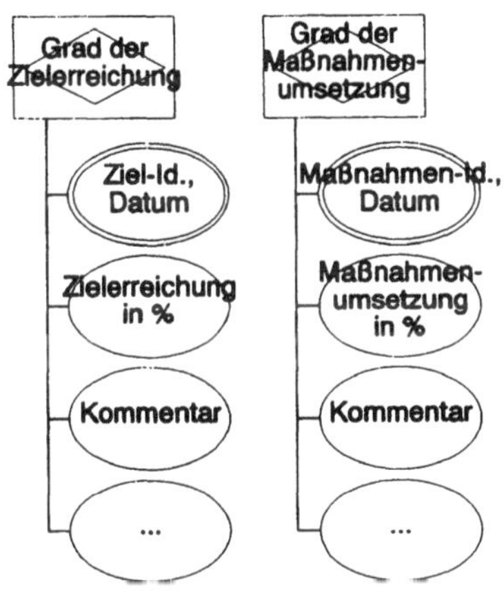

Abbildung 71: Attribute der Entitytypen „Grad der Zielerreichung“ und „Grad der Maßnahmenumsetzung“

Im Attribut „Kommentar“ kann der Zielerreichungsgrad begründet und kommentiert werden. Im Rahmen eines Soll-Ist-Vergleichs können mögliche Gründe aufgezeigt werden, warum das Ziel nicht erreicht bzw. die Maßnahme nicht umgesetzt wurde.

Die Relationen „wird ausgelöst durch“ in Abbildung 70 dokumentieren, welche Korrekturmaßnahmen bei ungenügendem Zielereichungsgrad bzw. bei ungenügendem Fortschritt in der Umsetzung einer Maßnahme eingeleitet worden sind.

Zusammenfassend erfordert die Verwaltung des Umweltprogramms zumindest das folgende Datenmodell:

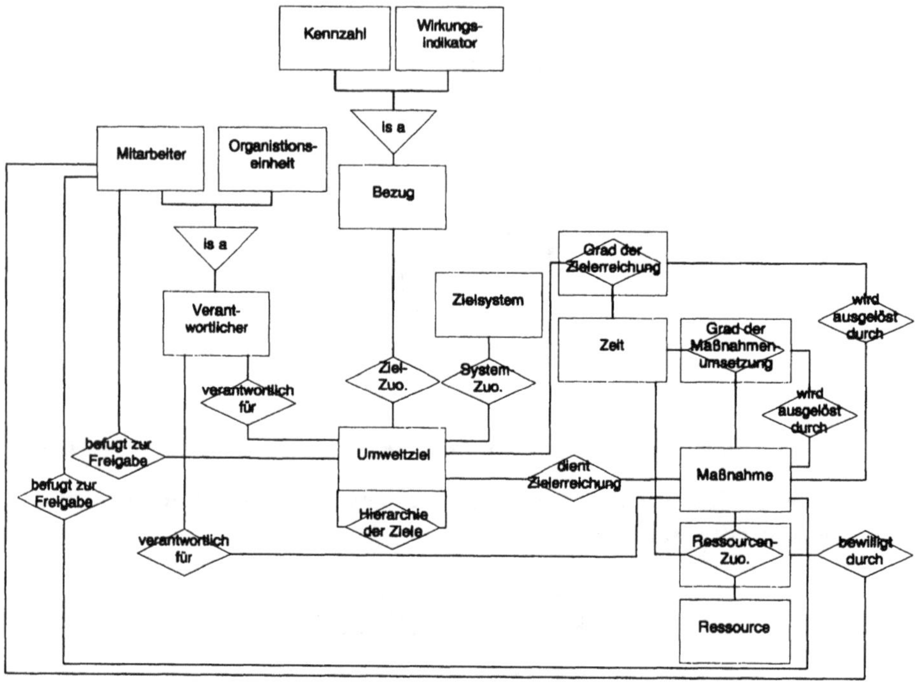

Abbildung 72: ERM Verwaltung eines Umweltprogramms

4.3.3 Prozesse

Die Prozesse des Instrumentes Umweltprogramm unterteilen sich in die drei Bereiche der Erstellung und Anpassung des Umweltprogramms, der Prüfung der Zielerreichung durch den Soll-Ist-Vergleich und der verschiedenen Auswertungen über das Umweltprogramm.

4.3.3.1 Umweltprogramm festlegen

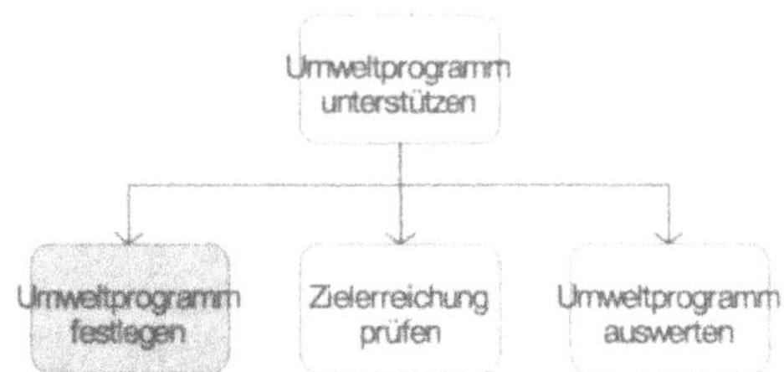

Abbildung 73: Festlegung des Umweltprogramms

Der Prozeß der Festlegung des Umweltprogramms erfolgt in zwei Phasen. Die erste Phase ist die erstmalige Erstellung und die anschließende Genehmigung des Umweltprogramms. Die zweite Phase ist die Anpassung bzw. Aktualisierung und die anschließende Genehmigung des Umweltprogramms. Während die erste Phase nur einmal bei der erstmaligen Erstellung ausgeführt wird, wird die zweite Phase im Laufe der Umweltmanagementzyklen automatisiert periodisch sowie bei aktuellem Bedarf immer wieder durchlaufen. Die einzelnen Arbeitsschritte der beiden Phasen sind vergleichbar, so daß der Ablauf im folgenden am Beispiel der ersten Phase dargestellt wird.

Der Ablauf zur Aufstellung eines Umweltprogramms ist in folgendem EPK dargestellt:

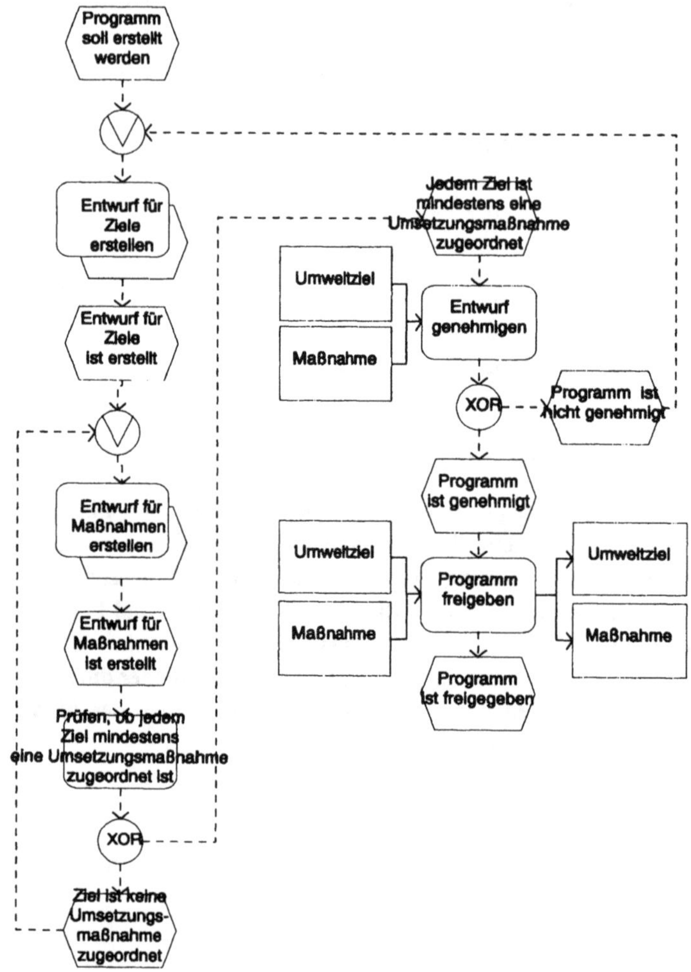

Abbildung 74: EPK Ablauf zur Aufstellung des Umweltprogramms

In der ersten Phase des Aufstellens des Umweltprogramms werden zuerst die Umweltziele formuliert (vgl. Abbildung 75).

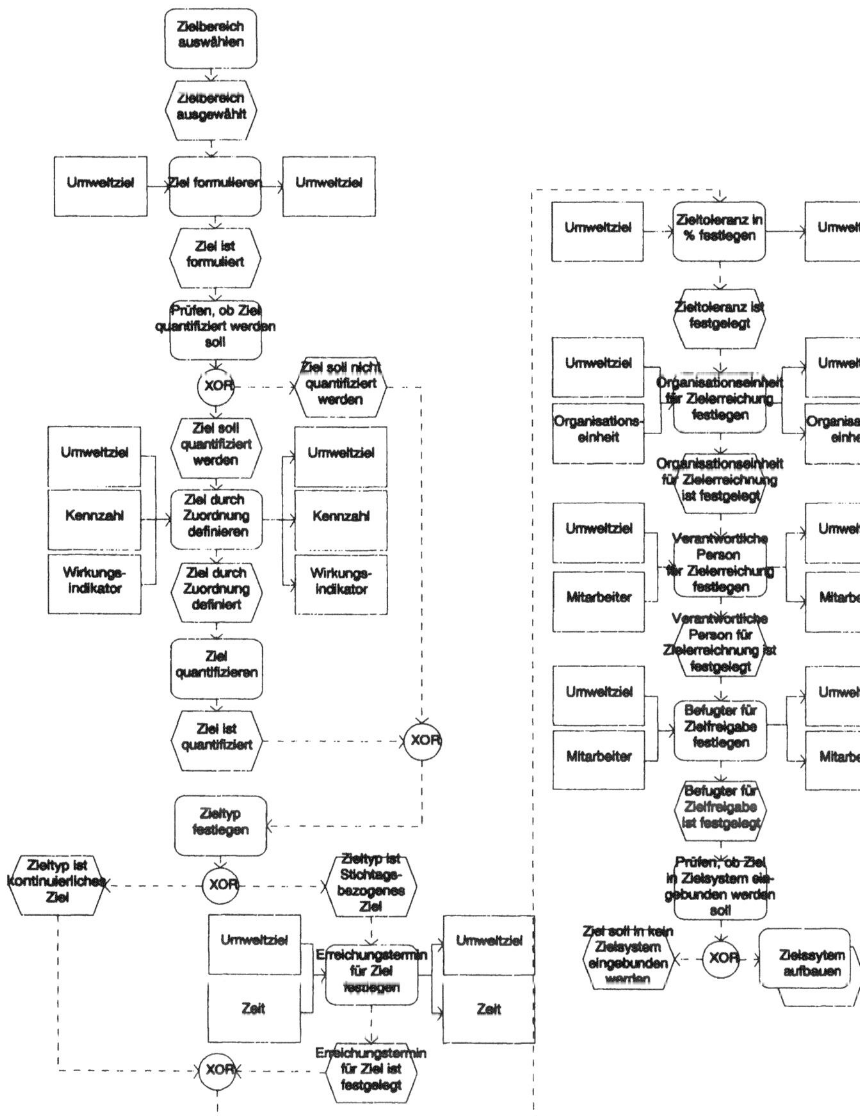

Abbildung 75: EPK Ablauf zur Erstellung eines Entwurfs für Ziele

Anschließend werden die zugehörigen Maßnahmen (vgl. Abbildung 76) erstellt.

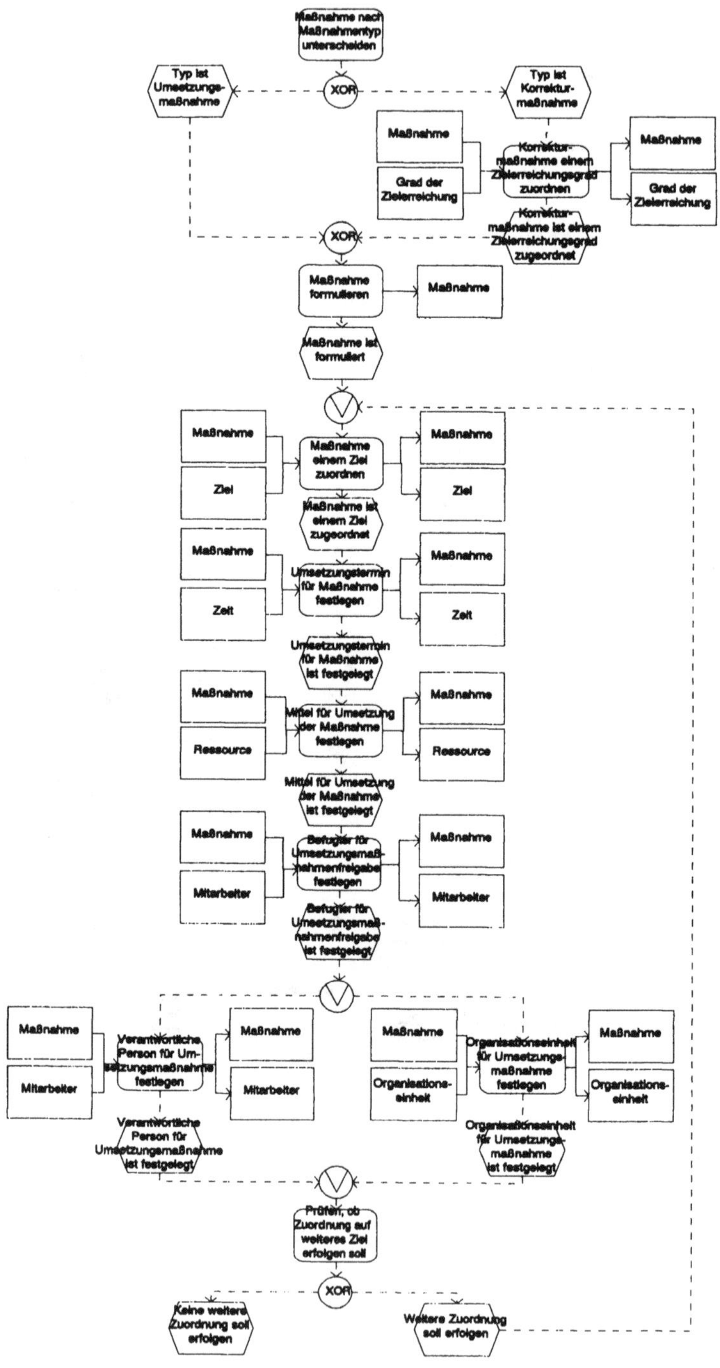

Abbildung 76: EPK Ablauf zur Erstellung eines Entwurfs für Maßnahmen

Dieser Entwurf des Umweltprogramms wird von Befugten des Unternehmens verabschiedet. Im Umweltprogramm macht sich dies durch den unterschiedlichen Status „Entwurf" oder „verabschiedet" der Ziele und Maßnahmen bemerkbar.

Eine Anpassung oder Aktualisierung des Umweltprogramms kann beispielsweise aus folgenden Gründen geschehen:

- cincm Ziel ist bisher keine Maßnahme zugeordnet
- das Umweltprogramm ist nicht genehmigt worden
- die periodisch festgelegte Überarbeitung ist fällig geworden
- unternehmerische Rahmenbedingungen haben sich verändert
- gesetzliche Rahmenbedingungen haben sich verändert

Der Entwurf zur Anpassung bzw. Aktualisierung des Umweltprogramms muß ebenfalls von Befugten verabschiedet werden, um für die anschließende Umsetzungsphase offiziell in Kraft zu treten.

Die Ziele der unterschiedlichen Zielebenen des Umweltprogramms stehen oftmals in Beziehung miteinander. Der Ablauf zum Aufbau eines Zielsystems wird in Abbildung 77 beschrieben.

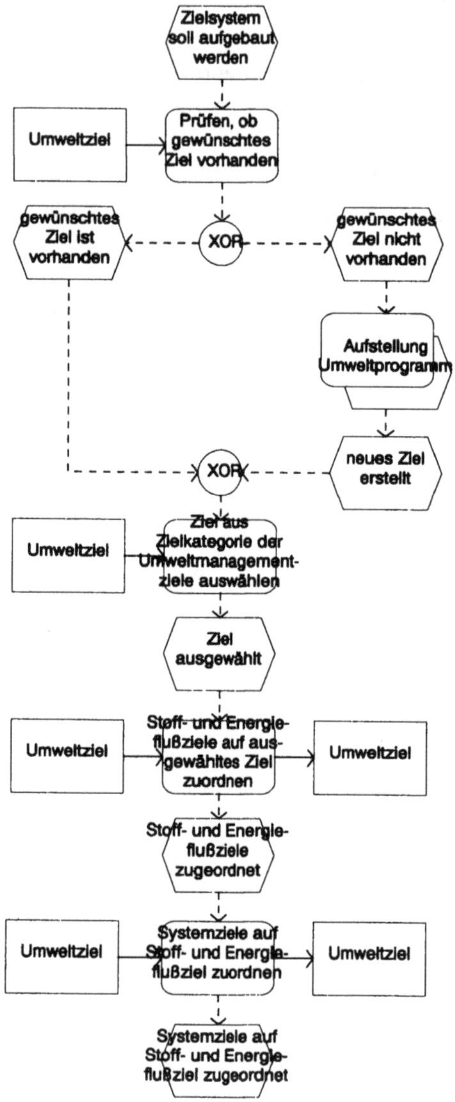

Abbildung 77: EPK Ablauf zum Aufbau eines Zielsystems

4.3.3.2 Zielerreichung prüfen (Soll-Ist-Vergleich)

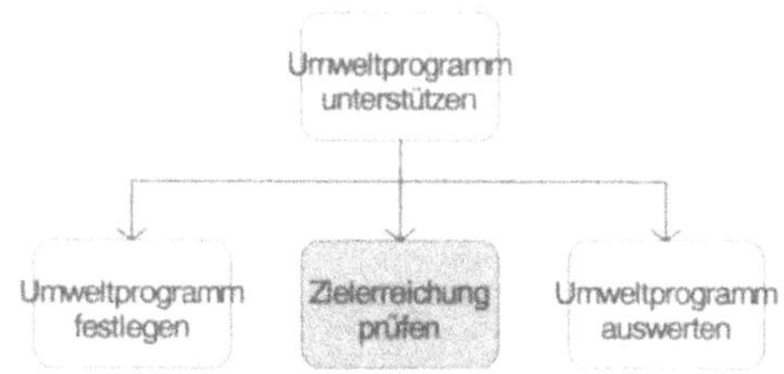

Abbildung 78: Prüfung der Zielerreichung

Die Prüfung der Zielerreichung mittels des Soll-Ist-Vergleichs ist ein Kontrollinstrument, das die Veränderung in der Entwicklung der betrieblichen Umweltleistung feststellt. Aus dem Verhältnis von Ist-Wert und dem Ziel-Wert (Soll-Wert) ergibt sich der Zielerreichungsgrad.

Ist das Ziel nicht erreicht worden, so werden gegebenenfalls die festgelegten Korrekturmaßnahmen eingeleitet. Je nach Höhe des ungenügenden Zielerreichungsgrads können entsprechend der Zieltoleranz unterschiedliche Korrekturmaßnahmen ausgewählt werden. Die Korrekturmaßnahmen können bereits mit der Formulierung der Ziele innerhalb des Umweltprogramms festgelegt werden, so daß bei Unterschreiten der Zieltoleranz des jeweiligen Zielerreichungsgrads zu dem festgelegten Zielerreichungsdatum entsprechende Korrekturmaßnahmen automatisiert ausgelöst werden.

Die Prüfung der Zielerreichung führt zu einer Statusänderung des Ziels in den Status „erreicht“ oder „nicht erreicht“.

Der Ablauf des Soll-Ist-Abgleichs für Umweltziele wird in Abbildung 79 beschrieben.

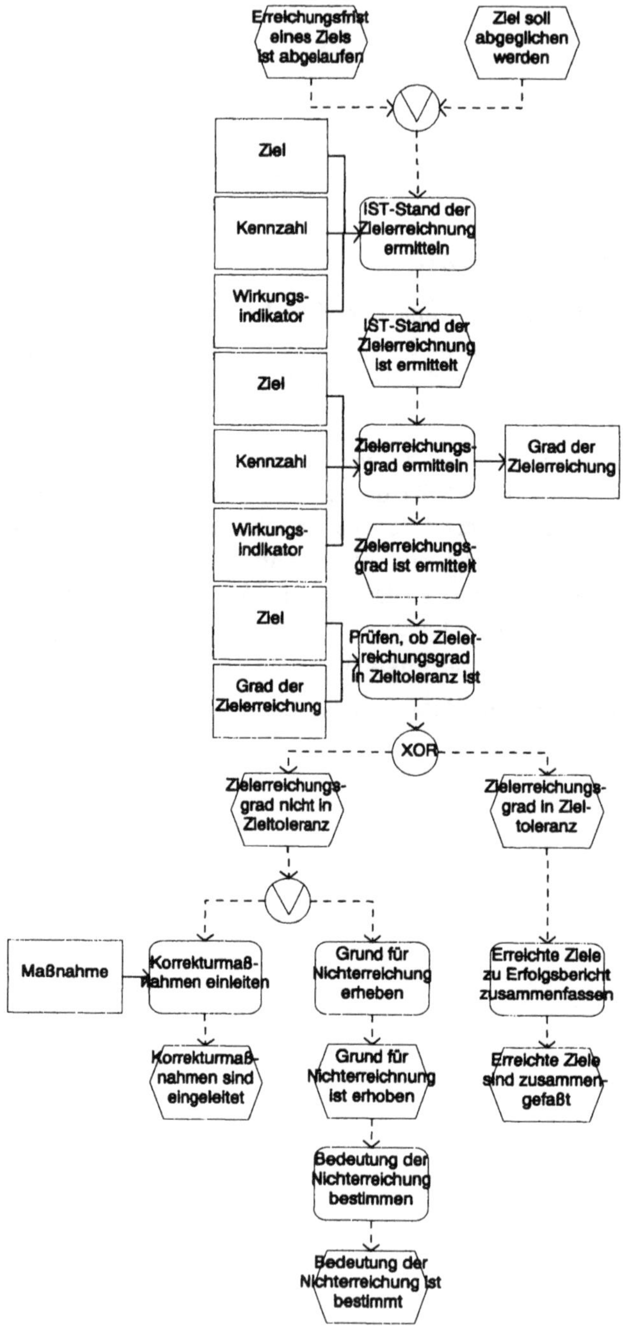

Abbildung 79: EPK Ablauf des Soll-Ist-Abgleichs für Ziele

Analog zu den Umweltzielen kann dieses Kontrollinstrument auch zur Prüfung der Maßnahmenumsetzung herangezogen werden. Durch die Ermittlung des aktuellen Standes der Maßnahmenumsetzung (IST) und dem Abgleich mit dem zeitlich geplantem Stand (SOLL) kann der Umsetzungsgrad für die Maßnahmen bestimmt werden.

Der Ablauf des Soll-Ist-Abgleichs für Maßnahmen wird in Abbildung 80 beschrieben.

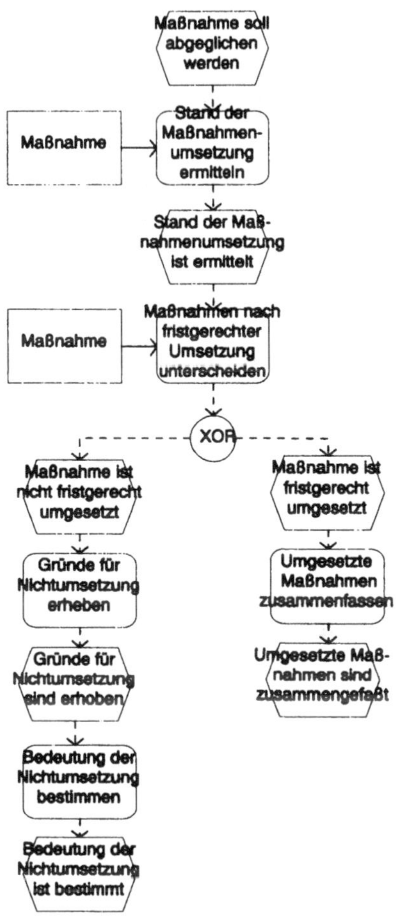

Abbildung 80: EPK Ablauf des Soll-Ist-Abgleichs für Maßnahmen

Die Prüfung der Maßnahmenumsetzung führt zu einer Statusänderung der Maßnahmen in den Status „verabschiedet“, „in Arbeit“ oder „umgesetzt“.

4.3.3.3 Umweltprogramm auswerten (Berichte)

Abbildung 81: Auswertung des Umweltprogramms

Für unterschiedliche Aufgaben des Umweltmanagements werden verschieden zusammengestellte Informationen aus dem Umweltprogramm benötigt. Gründe für diese unterschiedlichen Zusammenstellungen sind:

- Information der Mitarbeiter
- Kontrolle der Umsetzung
- Interne Dokumentation des Programmes (gemäß EMAS und ISO 14.001)
- Angaben für die Umwelterklärung
- Statistische Auswertungen (z.B. für Öffentlichkeitsarbeit)

Entsprechend den jeweiligen Aufgaben können diese Informationen durch verschiedene Aggregationen gruppiert werden:

- Nach Personen
- Nach Datum (Erreichungstermin innerhalb der nächsten x Monate)
- Erreichten Zielen (Erfolgsbericht)
- Umgesetzte Maßnahmen (Erfolgsbericht)
- Nicht erreichten Zielen (Mißerfolgsbericht)
- Nicht gegriffene Maßnahmen (Mißerfolgsbericht)

4.4 Verwendete und weiterführende Literatur

Bayerisches Staatsministerium für Landesentwicklung und Umweltfragen (Hrsg.) (1995): Das EG-Öko-Audit in der Praxis - Ein Leitfaden. München.

Bundesumweltministerium/Umweltbundesamt (Hrsg.) (1995).: Handbuch Umweltcontrolling. Bonn, Berlin.

Burschel, C.; Claes, Th.; Hallay, H.; Pfriem, R. (1989): Umweltpolitk in kleinen und mittleren Unternehmen, München.

Clausen, J.; Fichter, K. (1996): Umweltbericht - Umwelterklärung, Konzepte für eine glaubwürdige Kommunikation von Unternehmen. München.

Dyllick, T. (1990): Ökologisch bewußtes Management. In: Die Orientierung Nr. 96, Bern.

Fichter, K. (Hrsg.) (1995): Die EG-Öko-Audit-Verordnung. Mit Öko-Controlling zum zertifizierten Umweltmanagementsystem. München.

Freimann, J. (1989): Instrumente sozial-ökologischer Folgeabschätzung im Betrieb. Wiesbaden.

Gabler Wirtschafts-Lexikon (1988): Wiesbaden.

Gray, R. (1993): Accounting for the Environment. London.

Hallay, H.; Pfriem, R. (1992): Öko-Controlling. Umweltschutz im mittelständischen Unternehmen. Frankfurt/Main.

Hillary, R. (1994): The Eco-Management and Audit Scheme. A practical guide. Technical Communications Ltd. Letchworth.

Hopfenbeck, W. (1989): Allgemeine Betriebs- und Managementlehre. Landsberg am Lech.

Horvath, P. (1991): Controlling. München.

Küpper, H.-U. (1995): Controlling. Konzeption, Aufgaben und Instrumente. Stuttgart.

Landesanstalt für Umweltschutz Baden-Württemberg (1994): Umweltmanagement in der metallverarbeitenden Industrie. Leitfaden zur Öko-Audit-Verordnung. Karlsruhe.

Meffert, H.; Kirchgeorg, M. (1993): Marktorientiertes Umweltmanagement. Stuttgart.

Öko-Institut (1995): Umweltziele statt Last-Minute-Umweltschutz. Nationale und internationale stoffbezogene Zielvorgaben. Freiburg.

Rück, Th. (1993): Öko-Controlling als Führungsinstrument. Wiesbaden.

Schaltegger, S.; Sturm, A. (1992): Ökologieorientierte Entscheidungen in Unternehmen. Ökologisches Rechnungswesen statt Ökobilanzierung. Bern.

Schulz, E.; Schulz, W. (1993): Umweltcontrolling in der Praxis. München.

Schulz, E.; Schulz, W. (1994): Ökomanagement. München.

Steger, U. (1992): Handbuch des Umweltschutzes. München.

Wagner, B.; Günther, E. (1993): Ökologieorientierung des Controlling. In: Die Betriebswirtschaftslehre, Nr. 2/93, 53. Jahrgang, Köln, S. 143-166.

Waskow, S. (1994): Betriebliches Umweltmanagement. Heidelberg.

Wöhe, G. (1986): Einführung in die Betriebswirtschaftslehre. 16. Auflage. München.

5 Umweltkennzahlen und -kennzahlensysteme

Kennzahlen haben in der Betriebswirtschaftslehre eine lange Tradition. Im Rahmen des Rechnungswesens oder des Controllings sind Kennzahlen ein wichtiges Hilfsmittel für Planungs-, Steuerungs- und Kontrollprozesse. Wöhe definiert betriebswirtschaftliche Kennzahlen als „Zahlen, die auf bestimmten betrieblichen Daten beruhen und eine konzentrierte Aussagekraft über diese Daten besitzen." [Wöhe 1986, S. 1255].

Nach Goldmann/Weber kann in Analogie zur Definition der betriebswirtschaftlichen Kennzahl eine betriebliche Umweltkennzahl dahingehend definiert werden, daß sie einen „betrieblichen Sachverhalt, der direkt oder indirekt auf die natürliche Umwelt Einfluß nimmt, quantifiziert darstellt" [Goldmann/ Weber 1995, S. 6].

Von einem Umweltkennzahlensystem kann entsprechend zu den Erfahrungen aus der Betriebswirtschaftslehre gesprochen werden, wenn einzelne Umweltkennzahlen, welche für sich genommen nur einzelne Aspekte beleuchten und somit eine sehr begrenzte Aussagefähigkeit besitzen, zu einem umfassenden System sich ergänzender Kennzahlen zusammengefaßt werden [vgl. Hopfenbeck 1989, S. 771 und S. 1100].

5.1 Zielsetzung

Kennzahlensysteme können in Rahmen von ECO-Integral entweder als eigenständiges Instrument genutzt oder mit anderen Instrumenten wie Stoff- und Energiebilanzen, Umweltkostenrechnung, Umweltrecht oder Umweltprogramm kombiniert werden. Die Anwendung des Instruments Kennzahlensysteme unterstützt folgende Kernfunktionen:

- Datenerfassung strukturieren und damit Transparenz schaffen
- Erfaßte Daten auswerten und damit Potentiale und Schwachstellen aufdecken
- Umweltziele operationalisieren
- Umweltleistung meßbar und kontrollierbar machen
- Mit externen Anspruchsgruppen kommunizieren

Eine spezifische Ausrichtung obiger Kernfunktionen unterstützt die Einführung und Aufrechterhaltung von Umweltmanagementsystemen gemäß EMAS und ISO 14001. Dabei werden alle Elemente der Managementsysteme abgedeckt, die sich auf Stoff- und Energieflußdaten beziehen.

Das Instrument unterstützt bei der themen- und zielgruppenbezogenen Verdichtung des umfangreichen Datenmaterials bezüglich der Stoff- und Energieflüsse und deren Umweltrelevanz. In aggregierter Form werden die relevanten Schlüsselinformationen für unterschiedliche Zielgruppen des Umweltmanagements zusammengestellt.

Die Umweltkennzahlen machen umweltrelevante Handlungsfelder des Unternehmens meßbar und schaffen hierdurch operationalisierbare Umweltziele [vgl. James/Bennet 1994]. Durch Umweltkennzahlen können Umweltziele somit quantifiziert und kontrolliert werden.

Im Rahmen eines Benchmarking, in dem Kennzahlen verschiedener Unternehmensbereiche (z.B. Standorte, Werke, Abteilungen, ...) miteinander verglichen werden, können Kennzahlen auch zu einem übergeordneten Standort- oder Unternehmensvergleich beitragen. Dadurch werden sie zu einem zentralen betrieblichen Steuerungsinstrument für die kontinuierliche Verringerung der Umweltauswirkungen.

Umweltkennzahlen bieten die Grundlage für den Datenteil einer glaubhaften und nachvollziehbaren Umweltberichterstattung.

5.2 Grundlagen

Betriebliche Umweltkennzahlen spielen eine wichtige Rolle für ein effizientes Umweltmanagement in Unternehmen. Seit 1992 wurden in der Literatur zum Umweltcontrolling und Umweltmanagement verschiedene Ansätze für Umweltkennzahlensystemen diskutiert. Die international bekanntesten Vorschläge beruhen auf:

- Hallay [1992];
- Clausen/Mai/Büttner [1992];
- Strobel [1992];
- European Green Table [1993];
- Business in the Environment / KPMG [1993];
- James/Bennet [1994];
- Azzone/Manzini [1994];
- Bundesumweltministerium/Umweltbundesamt [1995];
- Goldmann/Weber [1995];
- Rauberger/Wagner in Bundesumweltministerium/Umweltbundesamt (Hrsg.) [1997];

Im folgenden sind die wesentlichen Aspekte dieser Kennzahlensysteme zusammengefaßt.

5.2.1 Systemgrenzen für Kennzahlensysteme

Als Systemgrenze für Kennzahlensysteme kommen in Frage:

- Das gesamte **Unternehmen**
- Ein einzelner **Standort**
- Ein **Transformationsprozeß** (oder eine Kombination von Transformationsprozessen)
- Ein **Produkt** (oder eine Kombination von Produkten).

Für Unternehmens- und Standortkennzahlen werden in der Regel die Einkaufs- und Verkaufsgrößen, sowie die entsorgten Abfallmengen und Emissionen herangezogen. Sie dienen der Erfolgskontrolle des Umweltmanagements über einen längeren Zeitraum hinweg, sowie der verdichteten Information für verschiedene Zielgruppen (z.B. jährlicher Bericht an die Geschäftsleitung, Aushänge für Mitarbeiter, Umweltberichte etc.). Darüber hinaus können Standortkennzahlen die Anforderungen der EMAS an die Erfassung der Umweltauswirkungen sowie deren Veröffentlichung in der Umwelterklärung erfüllen. Analog können durch Unternehmens- oder Standortkennzahlen die geforderten Umweltaspekte bzw. Umweltauswirkungen nach ISO 14001 zusammengestellt werden.

Kennzahlen, die auf Produkt- und Prozeßebene gebildet werden, beziehen sich meist auf Daten der „Ressourcenverbräuche“, der Produktion sowie der erzeugten Abfälle und Emissionen. Sie eignen sich vor allem als Planungs-, Steuerungs- und Kontrollinstrument für die jeweils betroffene Fachabteilung. Durch zeitnahe Feedback-Schleifen stellen Kennzahlen eine wichtige Grundlage für Lernprozesse dar. Die Bildung von Produkt- und Prozeßkennzahlen ist insbesondere für die Kontrolle der wesentlichen Ressourcenverbraucher und der Emissionsquellen zu empfehlen.

5.2.2 Inhalte von Kennzahlen

Kennzahlen können sich aus folgenden Inhalten zusammensetzen:

- Die Menge von Stoff- und Energieflüssen
- Die Vielfalt von Stoff- und Energieflüssen
- Die Kosten von Stoff- und Energieflüssen.

Mengenbezogene Kennzahlen werden in physischen Einheiten wie Kilogramm, Tonnen, Kilowattstunden, Kubikmeter oder Stück geführt. Nach Möglichkeit sollten jedoch die Einheiten der thermodynamischen Erhaltungssätze gewählt werden, nämlich kg und kWh. Dies erhöht die Vergleichbarkeit unter den Kennzahlen. Beispiel für eine mengenbezogene Kennzahl ist die Einkaufsmenge an Gefahrstoffen innerhalb eines Jahr in kg.

Ein weiterer inhaltlicher Schwerpunkt von Kennzahlen ist die „Vielfalt“ der unterschiedlichen Stoff- und Energieträger. Kennzahlen zur Vielfalt bestimmen für ein bestimmtes Material (z.B. Input an Rohstoffen, Schmierstoffen, Reinigungsmitteln, Büromaterialien, etc.) die Anzahl der einzelnen Artikel mit demselben Einsatzzweck. Durch diese Erkenntnis werden Einsparpotentiale für ökologisch und/oder ökonomisch sinnvolle Substitutionen und Reduktionen aufgedeckt. Beispiel für eine vielfaltsbezogene Kennzahl ist die Anzahl der Einkaufsmengen an Gefahrstoffen innerhalb eines Jahres in Stück.

Kostenaspekte haben auch im Umweltschutz eine große Bedeutung. Durch die Bildung von kostenbezogenen Kennzahlen können ökologische und ökonomische Inhalte zusammengeführt werden. Die kostenbezogenen Kennzahlen „übersetzen“ umweltrelevante Sachverhalte und Entscheidungsgrundlagen in die Sprache des Managements. Es können sowohl Umweltschutzkosten (beispielsweise Betriebskosten für Umweltschutztechnologie) wie auch Einsparpotentiale (beispielsweise durch effizienteren Material- und Energieeinsatz) mit DM Beträgen quantifiziert werden.

5.2.3 Zeitbezug von Kennzahlen

Kennzahlen weisen immer einen Zeitbezug auf. Sie können unterteilt werden in:

- Zeitraumbezogene Kennzahlen
- Zeitpunktbezogene Kennzahlen.

Die wesentlichste zeitraumbezogene Kennzahl bezieht sich auf Flüsse von Stoffen oder Energien. Der Zeitraum kann sich grundsätzlich auf eine beliebige Periode beziehen. Hauptsächlich werden die Perioden ‚Kalenderjahr', ‚Geschäftsjahr', ‚Quartal', ‚Monat', ‚Woche' oder ‚Tag' herangezogen.

Die wesentlichste zeitpunktbezogene Kennzahl ist der Bestand. Dieser kann entweder zyklisch ermittelt werden, beispielsweise bei der Ausweisung von Inventuren zum Jahresanfang und –ende. Andererseits kann der Bestand kontinuierlich ermittelt werden. Ein Beispiel hierfür ist die Einhaltung von Lagervorschriften, bei denen die Lagermenge immer unterhalb eines bestimmten Wertes liegen muß.

5.2.4 Arten von Kennzahlen

Das 'Handbuch Umweltcontrolling' übernimmt die aus der Betriebswirtschaft bekannte Unterscheidung zwischen absoluten und relativen Umweltkennzahlen [vgl. Bundesumweltministerium/Umweltbundesamt 1995]. Nachfolgende Abbildung 82 zeigt diese Unterscheidung der Umweltkennzahlen:

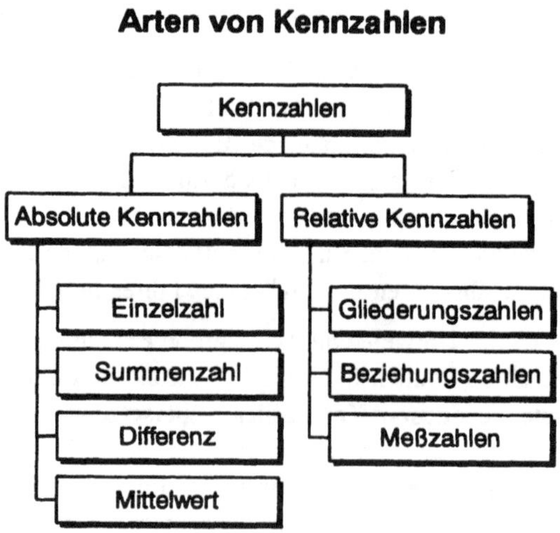

Abbildung 82: Arten von Kennzahlen

Unter absoluten Umweltkennzahlen versteht man dabei jene Zahlen, die einen Zustand oder einen Sachverhalt unmittelbar schildern. Absolute Kennzahlen sind aus ökologischer Sicht von besonderer Bedeutung., da sie die jeweilige Auswirkung in der tatsächlichen Größe darstellen. Sie haben somit eine hohe Aussagekraft über Umweltwirkungen und sind ein wichtiger Leistungsmaßstab für das Umweltmanagement.

Absolute Kennzahlen können wie folgt dargestellt werden:

- als Einzelzahl (z.B. Stromverbrauch pro Zeitraum)
- als Summe (z.B. Energieeinsatz aller Energieträger pro Zeitraum)
- als Differenz (z.B. Energieeinsparungen = Differenz der Verbräuche verschiedener Perioden)
- als Mittelwert (z.B. durchschnittlicher Energieeinsatz pro Tag innerhalb eines Zeitraums).

Absolute Kennzahlen quantifizieren beispielsweise den Verbrauch von Rohstoffen, die Menge betrieblicher Emissionen, die Anzahl von Grenzwertüberschreitungen oder den durchschnittlichen Bestand an Gefahrstoffen über einen bestimmten Zeitraum (z.B. Jahr, Monat, Tag etc.) oder zu einem bestimmten Zeitpunkt (z.B. Inventurstichtag).

Die relativen Umweltkennzahlen (oder Verhältniszahlen) setzen umweltrelevante Größen des Unternehmens miteinander in Beziehung. Sie stellen das Verhältnis von absoluten Daten untereinander dar. Hierdurch können beispielsweise rechnerisch die Schwankungen in der Produktion bereinigt und die Effizienz der eingesetzten Ressourcen ausgewiesen werden.

Relative Kennzahlen lassen sich wie folgt unterteilen:

- Gliederungszahlen
- Beziehungszahlen
- Bezugszahlen.

Gliederungszahlen werden in Prozent ausgedrückt und informieren über den Anteil bestimmter Teilgrößen an einem Ganzen. Alle Teilgrößen des Ganzen zusammen ergeben den sog. ‚Modal Split'. Beispiele für Gliederungszahlen sind:

- Anteil des Energieträgers Gas am Gesamtenergieverbrauch
- Anteil von Wertstoffen am Gesamtabfall
- Anteil von Recyclingrohstoffen am Gesamtrohstoffeinsatz.

Beziehungszahlen setzten verschiedenartige Zahlen zueinander in Beziehung. Beispielsweise kann die Abfallmenge mit der Produktionsmenge oder dem Rohstoffeinsatz in Beziehung gesetzt werden. Beziehungszahlen beschreiben insbesondere die Effizienz des Material- und Energieeinsatzes und zielen somit auf Abfall- und Emissionsreduzierungen sowie auf Verminderung des Ressourcenverbrauchs ab. Die Effizienz wird mit dem Verhältnis von Input zu Output ausgedrückt (z.B. die Effizienzkennzahl von Materialeinsatz zum Output Produkt). Beziehungskennzahlen können auch aus dem Bestand und der zugehörigen Bewegung zusammengesetzt werden, um so die Reichweite des jeweiligen Materials auszudrücken.

Eine weitere Kategorie von relativen Kennzahlen sind sogenannte Bezugszahlen. Sie setzen sich aus dem Verhältnis von Kennzahlen zu bestimmten Bezugsgrößen zusammen (z.B. Energieeinsatz pro m^3 Nutzfläche, Wasserverbrauch pro Mitarbeiter etc.). Die Bezugsgrößen beziehen sich im Unterschied zu den Beziehungszahlen nicht auf Stoff- und Energieflüsse und müssen daher zusätzlich bei der Kennzahlenbildung in das Datenmodell eingebracht werden.

Der Einsatz von absoluten und relativen Kennzahlen bietet eine sich ergänzende Aussagekraft zur Umweltleistung des Untersuchungsobjektes. Die absoluten Kennzahlen zeigen beispielsweise die Höhe der Umweltbelastung und die relativen Kennzahlen machen hierzu deutlich, ob Optimierungspotentiale noch bestehen oder ob bereits durchgeführte Umweltmaßnahmen greifen. Folgendes Beispiel macht diesen Sachverhalt deutlich:

Bei der Erhöhung der absoluten Produktionsmenge steigt auch die absolut eingesetzte Materialmenge im Vergleich zur Vorperiode. Ist aber der Anstieg der relativen Kennzahl (Beziehungszahl) von eingesetzter Materialmenge und Produktionsmenge geringer als der Anstieg der absoluten Produktionsmenge, so zeigt dies einen effizienteren Materialeinsatz auf.

5.2.5 Nutzungsformen von Kennzahlensystemen

In Analogie zu den Anwendungsbereichen in der Betriebswirtschaftslehre ergeben sich für Umweltkennzahlen die folgenden Nutzungsformen:

- Drill-Down-Analyse
- Benchmarking (Unternehmens-, Standort- und Prozeßvergleich)
- Zeitreihenvergleich
- Soll-Ist-Vergleich

Durch die Anwendung der Drill-Down-Analyse können bei auffälligen und abweichenden Kennzahlen durch immer weitere Konkretisierung mögliche Einflußfaktoren ausfindig gemacht werden. Abbildung 83 erläutert die Methode der Drill-Down-Analyse anhand des Beispiels einer Beziehungszahl zur Materialeffizienz.

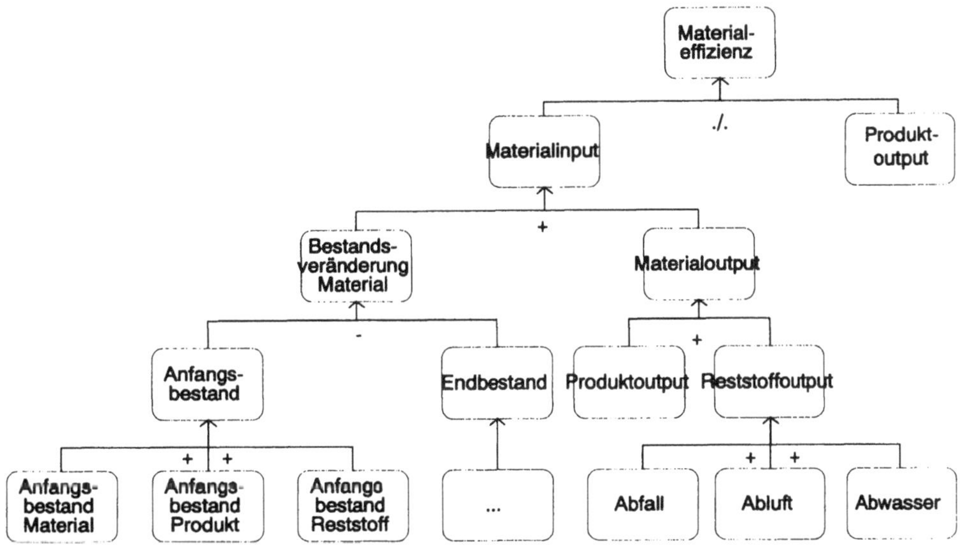

Abbildung 83: Systematik einer Drill-Down-Analyse

Beim Benchmarking werden Umweltkennzahlen verschiedener „Einheiten" miteinander verglichen. Es handelt sich bei den Einheiten um Kennzahlen von Unternehmen, Standorten, Werken, Prozessen, Abteilungen oder auch einzelnen Anlagen. Ziel des Benchmarkings ist die Ermittlung eigener Stärken und Schwächen im Vergleich zu anderen Einheiten. Je nachdem, ob es sich dabei um einen internen Vergleich mit Werten des eigenen Unternehmens oder um einen externen Vergleich (z.B. mit Werten von Wettbewerbern oder dem Branchendurchschnitt) handelt, wird zwischen innerbetrieblichen und außerbetrieblichen Vergleichen unterschieden. Die Gegenüberstellung von Kennzahlen durch das Benchmarking kann Optimierungspotentiale aufzeigen, aus denen konkrete Verbesserungsziele abgeleitet werden können.

Eine besondere Eigenschaft der Kennzahlen liegt darin, daß sie wichtige Entwicklungen im betrieblichen Umweltschutz zahlenmäßig beschreiben und über Jahre hinweg vergleichbar machen. Kennzahlen im Zeitvergleich werden zur Messung von Veränderungen der betrieblichen Umweltsituation eingesetzt. Die regelmäßige Ermittlung von Kennzahlen in Zeitreihen ermöglicht das frühzeitige Erkennen von gegenläufigen Tendenzen und übernimmt damit die Funktion eines Frühwarnsystems. Dadurch können Trends in der Datenentwicklung erkannt und deren Ursachen erforscht werden.

Beim Soll-Ist-Vergleich werden Kennzahlen zur Planung, Steuerung und Kontrolle von Umweltzielen eingesetzt. Im laufenden Vergleich der aktuellen IST-Werte mit den SOLL-Werten (Planwerte oder Umweltziele) können Abweichungen frühzeitig erkannt und Korrekturmaßnahmen ergriffen werden.

5.2.6 Grundsätze der Kennzahlenbildung

Bei dem Aufbau und der Weiterführung von Kennzahlen müssen folgende sechs Grundsätze berücksichtigt werden:

- **Vergleichbarkeit:** Die Kennzahlen müssen einen Vergleich (z.B. für das Benchmarking, ...) ermöglichen und Veränderungen der Umweltleistung widerspiegeln.
- **Zielorientierung:** Die aufgestellten Kennzahlen müssen so ausgestaltet sein, daß sie auf vom Unternehmen beeinflußbare Verbesserungsziele hinwirken.
- **Ausgewogenheit:** Die Kennzahlen müssen möglichst repräsentativ die Umweltleistung widerspiegeln. Problembereiche und Umweltchancen sollten ausgewogen darstellen.
- **Kontinuität:** Die Kennzahlen müssen nach den gleichen Erfassungskriterien aufgestellt werden und sich auf vergleichbare Zeiträume bzw. Maßeinheiten beziehen, um vergleichende Aussagen zu ermöglichen.
- **Aktualität:** Die Häufigkeit der Kennzahlenermittlung (z. B. monatlich, vierteljährlich, jährlich) muß ausreichend hoch sein, um zeitgerecht Einfluß auf Zielgrößen nehmen zu können.
- **Verständlichkeit:** Die dargestellten Kennzahlen müssen für den Anwender klar und verständlich sein und seinen Informationsbedürfnissen entsprechen. Das System muß übersichtlich sein und sollte sich auf die wichtigsten Zahlen konzentrieren.

5.2.7 Einordnung des Kennzahlensystems in den Umweltmanagementzykus

Die Ansätze zu Umweltkennzahlensystemen in der Literatur haben die Einordnung in den Umweltmanagementzyklus gemeinsam. In diesem Zyklus werden Umweltkennzahlensysteme im Rahmen der Datenerfassung sowie der Aus- und Bewertung eingesetzt.

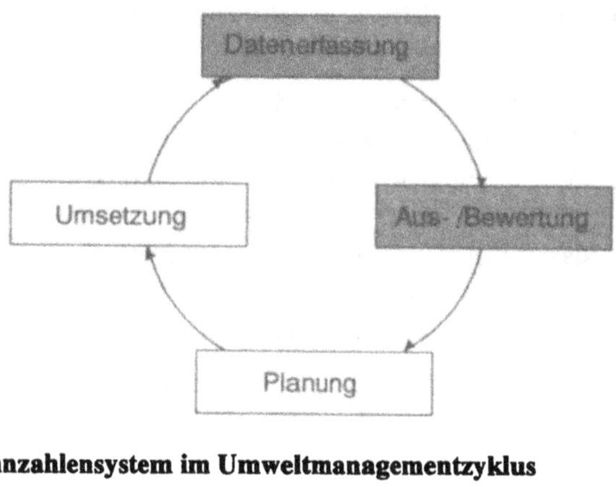

Abbildung 84: Kennzahlensystem im Umweltmanagementzyklus

Die umweltrelevante Datenerfassung kann durch den Aufbau eines entsprechenden Kennzahlensystems strukturiert und vorgegeben werden. Dies trifft insbesondere für die normierten Umweltmanagementsysteme EMAS und ISO 14001 sowie auch für die Kernkennzahlen eines Umweltmanagementsystems zu (vgl. Teil II, Kapitel 1). Die Erfassung der notwendigen Daten für die Einhaltung umweltrechtlicher Vorgaben kann auch durch ein entsprechendes Kennzahlensystem unterstützt werden. Kennzahlen stellen somit eine vereinfachte Alternative zu Stoff- und Energiebilanzen dar.

Zur Aus- und Bewertung können Kennzahlensysteme in Form von verdichteten Einzeldaten, Benchmarking, Periodenvergleich, Soll-Ist-Vergleich und Drill-Down-Analyse genutzt werden.

5.3 Modellierung

Das Instrument Umweltkennzahlen- und Umweltkennzahlensystem wird im folgenden anhand von Funktionen, Datenstrukturen und Prozessen beschrieben.

5.3.1 Funktionen

Die Bildung der Funktionen orientiert sich an der zeitlichen Aufeinanderfolge der Nutzungsformen von Kennzahlensystemen.

Zunächst müssen einzelne Daten als Kennzahl definiert werden. Die Kennzahlen beziehen sich auf Bewegungen, Bestände und weitere Bezugsgrößen.

Dann erst können die Kennzahlen zu aussagekräftigen Kennzahlensystemen zusammengefaßt werden. Einzelne Kennzahlen können dabei mehreren Systemen zugeordnet werden (vgl. Teil III, Abschnitt 5.3.3.1).

Anschließend werden verschiedene Nutzungsformen im Umgang mit den Kennzahlensystemen angeboten. Jedes Kennzahlensystem kann auf jede der angebotenen Formen genutzt werden.

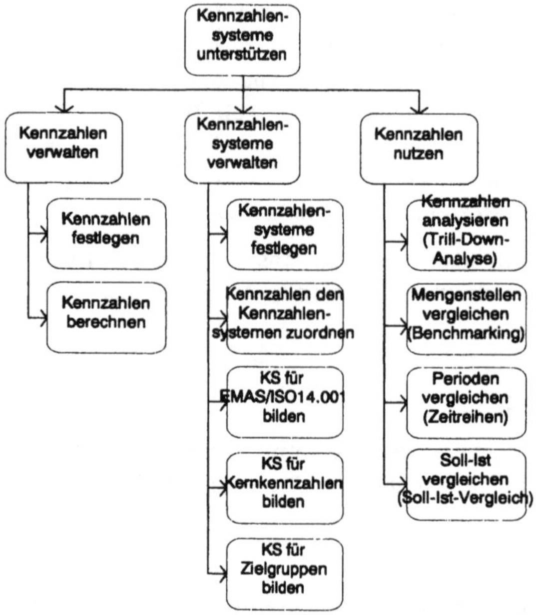

Abbildung 85: Funktionsbaum Kennzahlen und Kennzahlensysteme

Im Abschnitt „Prozesse" werden die Funktionen im einzelnen beschrieben.

5.3.2 Daten

Die in Teil III, Kapitel 5.2.4 definierten Arten von Kennzahlen lassen sich in einem ERM wie folgt zusammenfassen:

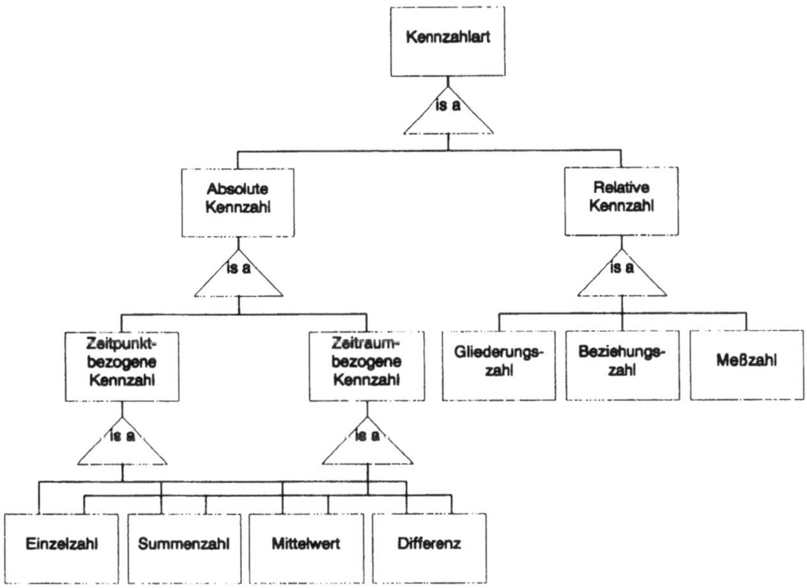

Abbildung 86: Kennzahlarten

Kennzahlen sind in der Regel das Ergebnis einer Berechnung, welche einer genau spezifizierten Berechnungsvorschrift folgt. Für die Datenmodellierung bedeutet dies, daß ein Entitytyp „Kennzahldefinition" eingeführt wird. Dem Entitytyp werden die Attribute zur eindeutigen Identifikation (Primärschlüssel), für den Namen der Kennzahl, für die Zuordnung zu einer in Abbildung 86 definierten Kennzahlenart, zur Definition einer interpretierbaren Berechnungsvorschrift und für die Mengeneinheit, in der das Ergebnis der Berechnung ausgewiesen wird, zugeordnet.

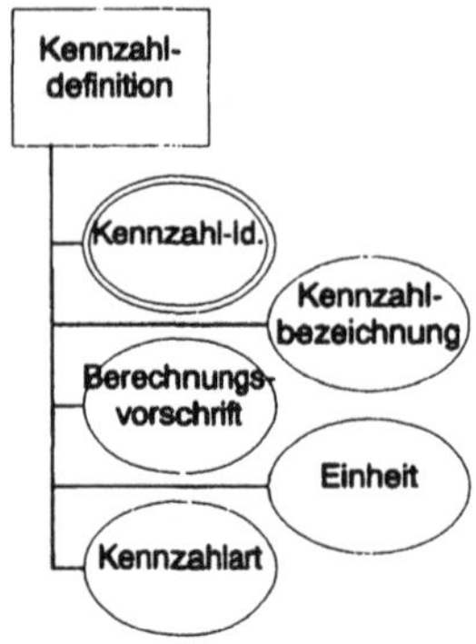

Abbildung 87: Attribute des Entitytyps „Kennzahldefinition“

Für die Berechnung der Bezugskennzahlen muß darüber hinaus sichergestellt werden, daß die für die Berechnung benötigten Bezugsgrößen (vgl. Kapitel 5.2.4) im Datenmodell verwaltet werden. Mögliche Bezugsgrößen sind:

Bezugsgröße	Einheit
Mitarbeiter	MA
Arbeitstage	Tage
Betriebsstunden	h
Umsatz	DM
Fläche	m^2
Raum	m^3
Anzahl Fertigungsaufträge	Stück
...	...

Tabelle 11: Bezugsgrößen

Im ERM der Abbildung 88 wird der Entitytyp „Bezugsgröße“ eingeführt. Er besitzt die Attribute „Größen-Id.“ zur eindeutigen Identifikation einer Bezugsgröße, „Bezeichner“, in dem der umgangsprachliche Name der Bezugsgröße angegeben werden kann, „Berechnungsvorschrift“, in dem die Rechenregel zur Ermittlung der Bezugsgröße dokumentiert wird, und „Einheit“, welches die Mengeneinheit angibt, in der die Bezugsgröße geführt wird.

Die Werte, die eine Bezugsgröße annimmt, können entweder laufend oder bei Bedarf berechnet werden. Das Ergebnis der Berechnung wird dokumentiert. Die Wahl der Vorgehensweise zur Berechnung der Bezugsgröße hängt von einer Vielzahl von Faktoren wie beispielsweise den verfügbaren System-Ressourcen, dem Datenaufkommen und der Qualität von historisierten Daten ab [Vetter 1991, S. 306ff]. Das ERM in Abbildung 88 bietet die Möglichkeit, die berechneten Werte zu archivieren

Je nachdem, ob sich eine Bezugsgröße auf das Betrachtungssystem, den betrachteten Zeitraum oder auf beides bezieht, ist der Wert, den die Größe annimmt, ein Attribut der Relation „Bezugsgröße (System)“, „Bezugsgröße (Periode)“ oder „Bezugsgröße (System/Periode)“. Bei den Größen, die sich auf das System beziehen, muß darüber ein Anfangs- und ein Enddatum angegeben werden, die den Gültigkeitszeitraum für die Bezugsgröße beschreiben.

Beispiel 1: Die Anzahl der Mitarbeiter ist eine Bezugsgröße, die sich auf das System bezieht. In den Attributen der Relation „Bezugsgröße (System)“ in Abbildung 88 können diejenigen Mitarbeiter verwaltet werden, die von einem Zeitpunkt a bis zu einem Zeitpunkt b innerhalb des Betrachtungssystems beschäftigt waren.

Beispiel 2: Die Anzahl der Arbeitstage bezieht sich unmittelbar auf den betrachteten Zeitraum. Im Attribut „Wert“ der Relation „Bezugsgröße (Periode)“ können die Arbeitstage verwaltet werden, die sich auf ein speziellen Zeitraum beziehen.

Beispiel 3: Die Anzahl der Fertigungsaufträge bezieht sich immer auf ein bestimmtes Betrachtungssystem *und* einen Betrachtungszeitraum. Dieser Wert kann in Abbildung 88 sinnvoll im Attribut „Wert“ der Relation „Bezugsgröße (System/Periode)“ dokumentiert werden.

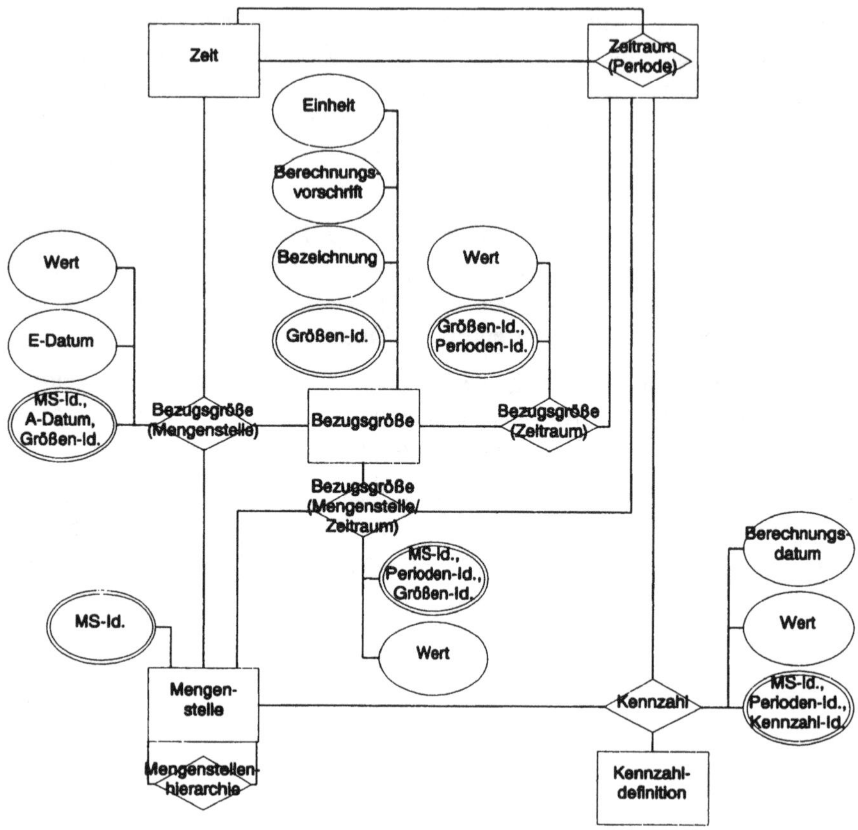

Abbildung 88: ERM Bezugsgrößen und Kennzahlen

Soll die Verfolgung der zeitlichen Entwicklung von Kennzahlen möglich sein, so erscheint es nicht sinnvoll, die Ergebnisse immer aktuell zu berechnen, da rückwirkend an den Bewegungsdaten kaum Änderungen eintreten. Vielmehr sollte eine Möglichkeit geschaffen werden, die Berechnungsergebnisse sinnvoll zu dokumentieren. In dem Entity-Relationship-Model in Abbildung 88 können diese Ergebnisse im Attribut „Wert" der Relation „Kennzahl" verwaltet werden. Eine Kennzahl wird hier eindeutig identifiziert durch die Angabe der Kennzahldefinition, des Betrachtungssystem und des Zeitraums, für den die Kennzahl berechnet wurde. Mit dem Attribut „Berechnungsdatum" wird dokumentiert, wann ein spezieller Wert berechnet wurde. Dies ermöglicht eine spätere Einschätzung der Aktualität und der Aussagekraft des berechneten Wertes.

Verallgemeinert kann anhand der Relation „Kennzahl" folgende Aussage gemacht werden: „Die Kennzahl x nimmt für das System y im Zeitraum z den Wert n an."

Kennzahlen gewinnen an Aussagekraft, wenn sie zu einem System zusammengefaßt werden. Kennzahlensysteme sind themen- und zielgruppenbezogene Kombinationen einzelner Kennzahlen.

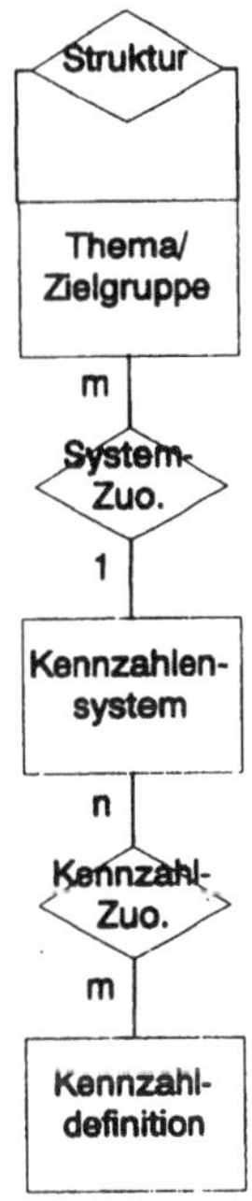

Abbildung 89: Kennzahlensysteme

Im ERM der Abbildung 89 kann eine Kennzahl einem oder mehreren Kennzahlensystemen zugeordnet werden. Ein Kennzahlensystem hingegen besteht aus einer oder mehreren Kennzahlen.

Die Systeme ihrerseits können für eine oder mehrere Themen bzw. Zielgruppen aussagekräftig sein und eine Zielgruppe oder ein Thema kann sich auf Aussagen von einem oder mehreren Systemen stützen. Durch die Relation „Struktur“ können Themen oder Zielgruppen, die in bezug zueinander stehen, aufeinander verweisen.

5.3.3 Prozesse

5.3.3.1 Kennzahlen verwalten

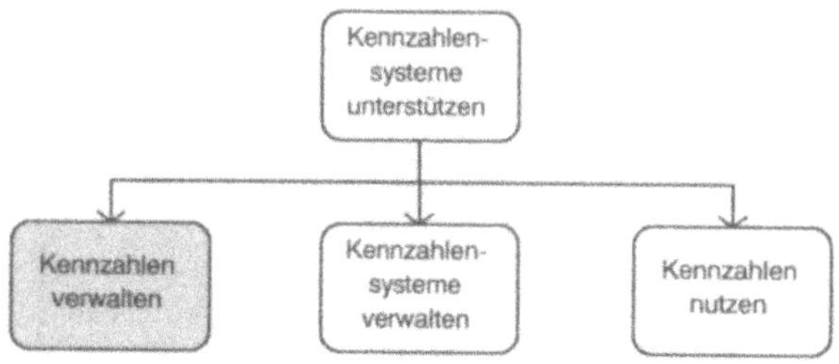

Abbildung 90: Kennzahlen verwalten

Kennzahlen stellen die Datenbasis für Kennzahlensysteme dar. Es müssen also zunächst entsprechende Kennzahlen festgelegt werden. Der erste Schritt hierbei ist die Unterscheidung zwischen den absoluten und den relativen Kennzahlen (vgl. Abbildung 91).

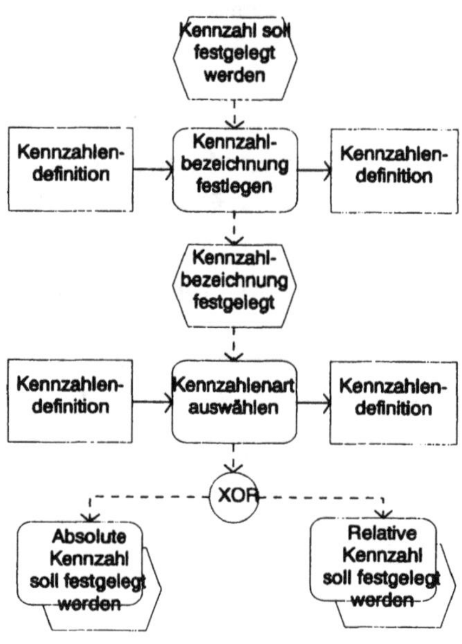

Abbildung 91: EPK Ablauf zur Festlegung einer Kennzahl

Den Ablauf zur Festlegung einer absoluten Kennzahl zeigt Abbildung 92.

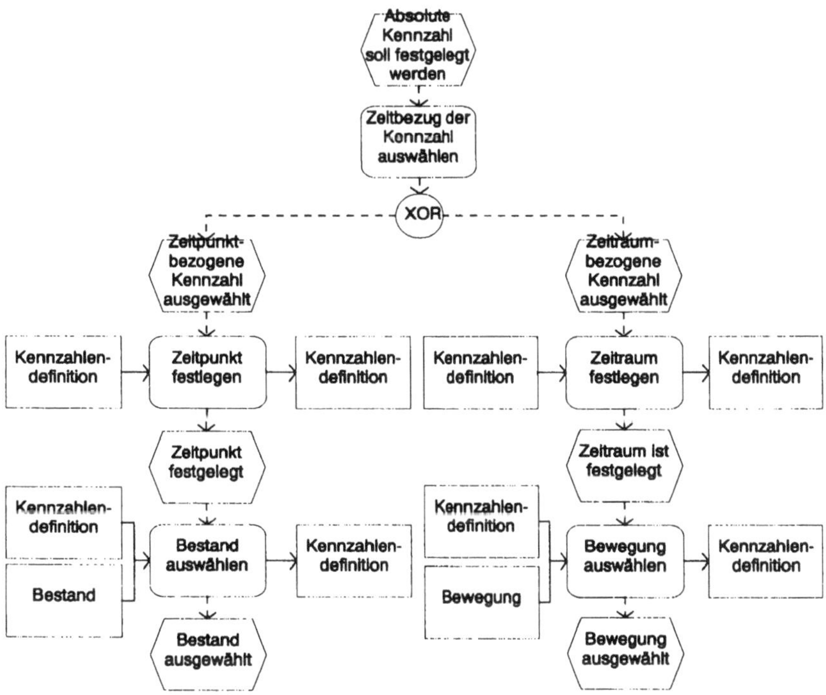

Abbildung 92: EPK Ablauf zur Erstellung einer absoluten Kennzahl

Bewegungen und Bestände müssen dabei keine Einzelbuchungen sein, sondern können bereits in aggregierter Form genutzt werden. Mögliche Aggregationen ergeben sich entsprechend folgender Merkmale:

- der Materialhierarchisierung (z.B. Reinigungsmittel)
- der Materialattributierung (z.B. WGK, Gefahrenmerkmal, ...)
- der Zuordnung zu Mengenstellen (Standort, Produktion, Prozeß, ...)
- der Bewegungsart (Input, gewünschter Output, ungewünschter Output)
- der Zeit (z.B. Zeitpunkt, Tag, Woche, Monat, Quartal, Jahr)

Bewegungen können auch durch Verknüpfung mehrerer Merkmale aggregiert werden.

Analog zu den absoluten Kennzahlen zeigt Abbildung 93 die Vorgehensweise zur Erstellung von relativen Kennzahlen:

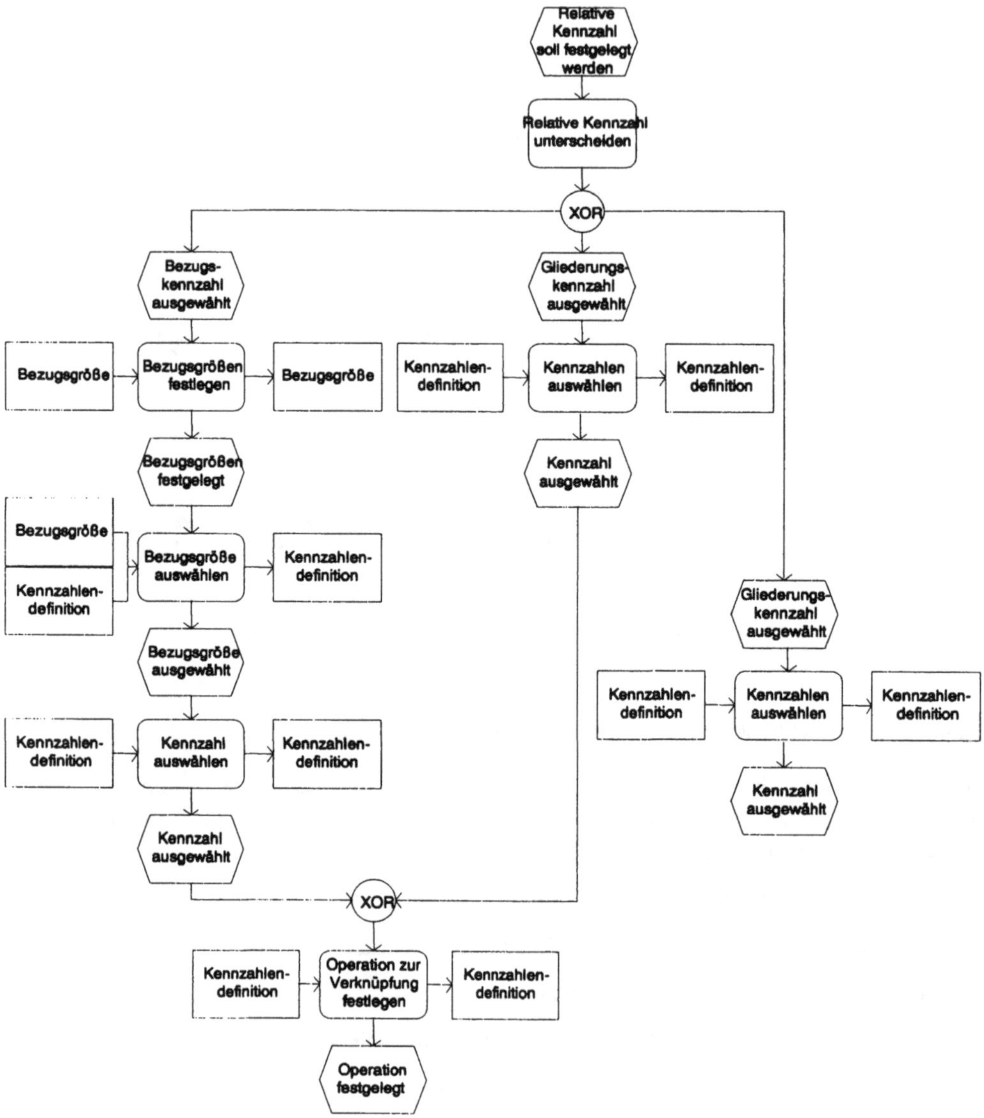

Abbildung 93: EPK Ablauf zur Erstellung einer relativen Kennzahl

Für die Bildung von relativen Kennzahlen müssen zwei oder mehr Bewegungen und / oder Bestände ausgewählt werden. Die Verknüpfungsoperation ist eine mathematische Formel.

Grundlage für die Bildung von Bezugskennzahlen können Bewegungen, Bestände und / oder relative Kennzahlen sein. Die Verknüpfungsoperation ist wiederum eine mathematische Formel.

5.3.3.2 Kennzahlensysteme verwalten

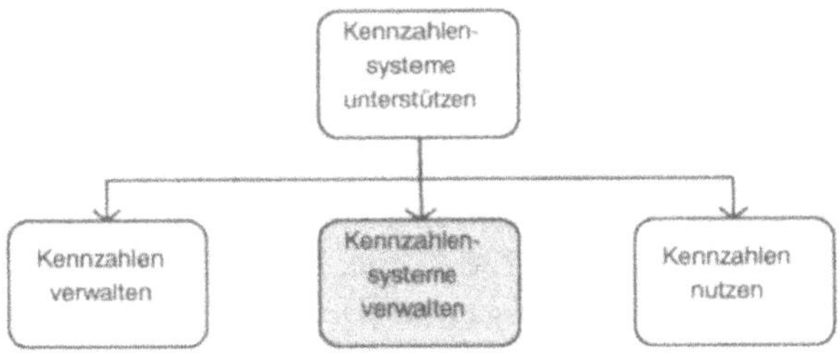

Abbildung 94: Kennzahlensysteme verwalten

Im Anschluß an die Kennzahlenbildung können die Kennzahlen zu entsprechenden Kennzahlensystemen zusammengefaßt werden.

Folgende Kennzahlensysteme sind verbreitet:

- Kennzahlensystem für das Umweltrecht
- Kennzahlensystem für eine Umwelterklärung / einen Umweltbericht
- Kennzahlensystem für ein internes Umweltmanagement (gemäß EMAS / ISO 14.001)
- Kernkennzahlen (gemäß Leitfaden Umweltbundesamt)
- Kennzahlensystem für spezifische Zielgruppen

Es ist denkbar wichtige geforderte Daten für umweltrechtliche Berichtspflichten und Mengenschwellenüberwachungen zu einem „Kennzahlensystem Umweltrecht" zusammenzustellen. Aufgrund der Komplexität des deutschen Umweltrechts ist jedoch eine vollständige Vorgabe eines solchen Kennzahlensystems durch eine externe Stelle (z.B. Behörde) nicht realisierbar.

Die EMAS fordert eine Zusammenfassung der umweltrelevanten Zahlenangaben in der Umwelterklärung (Art. 5 der EMAS). Für die Umwelterklärung müssen Zahlenangaben mit Mengendaten pro Jahr über maximal vier Jahre zusammengestellt werden. Diese Forderung kann durch ein Kennzahlensystem mit absoluten Kennzahlen erfüllt werden. Folgende umweltrelevante Bereiche müssen hierzu abgedeckt werden:

- Rohstoffverbrauch
- Wasserverbrauch
- Energieverbrauch
- Abfallaufkommen
- Abwasser
- Abluft

Sowohl die EMAS wie auch die ISO 14.001 sehen eine Erfassung der Umweltauswirkungen vor. Diese Umweltauswirkungen stehen im Mittelpunkt der Aktivitäten des Umweltmanagement und des Umweltprogramms. Für die Erfassung der Umweltauswirkungen kann ein Kennzahlensystem gebildet werden, das sich aus absoluten Kennzahlen zusammensetzt. Hierzu ist zunächst die Abgrenzung des Standortes (Art. 2 k) der EMAS) bzw. der Organisation (Kap. 3.12 der ISO 14001) notwendig. Alle Mengenstellen müssen sich also eindeutig einem Standort bzw. einer Organisation zuordnen lassen. Erst dann kann die Festlegung der umweltrelevanten Bereiche gemäß EMAS und ISO 14001 erfolgen. Zu folgenden umweltrelevanten Bereichen müssen Bewegungen (Daten zu Stoff- und Energieflüssen) erhoben werden (Anhang I B 3. a) - f) der EMAS bzw. Kap. A.4.2.1 der ISO 14001):

- Emissionen in die Luft
- Einleitung von Abwasser
- Abfälle
- Abwärme
- Wassereinsatz
- Energieeinsatz
- Andere natürliche Ressourcen

Darüber hinaus ist die Erfassung von Lärm, Geruch und optischen Einwirkungen gefordert, wird aber im Rahmen von ECO-Integral nicht abgedeckt. Wünschenswert wäre eine Zuordnung dieser Umweltauswirkungen zu den Tätigkeiten, durch die sie ausgelöst werden.

Zielgruppen können nach interner und externer Zugehörigkeit unterschieden werden. Als interne Zielgruppen lassen sich zum einen die oberste Managementebene und zum anderen die betroffenen Abteilungen unterscheiden. Kennzahlen für die oberste Managementebene dienen zur Planung, Steuerung und Kontrolle der Umweltleistung des gesamten Unternehmens. Hingegen sind Kennzahlen für die einzelnen betroffenen Abteilungen zur Planung, Steuerung und Kontrolle der Umweltleistung ihres jeweiligen Einflußbereichs sinnvoll. Konkret dienen die Kennzahlen für die jeweilige Zielgruppe zur Erfassung von umweltrelevanten Bereichen, um darauf aufbauend diese Bereiche steuernd zu beeinflussen. Die Formulierung von kennzahlenbezogenen Zielen stellt die Grundlage für eine kontrollierte Veränderung der jeweiligen Umweltleistung dar. Die Zielerreichung sowie die Entwicklung der Umweltleistung werden durch die periodische Kennzahlenbildung kontrolliert.

Externe Zielgruppe ist insbesondere die Öffentlichkeit. In zunehmenden Maße können aber auch Kunden, Banken, Versicherungen und Behörden hinzugezählt werden. Die Glaubwürdigkeit und die Aussagekraft eines Berichts an diese externen Zielgruppen unterstützen Kennzahlen durch die Zusammenfassung von umweltrelevanten Aussagen.

5.3.3.3 Kennzahlen nutzen

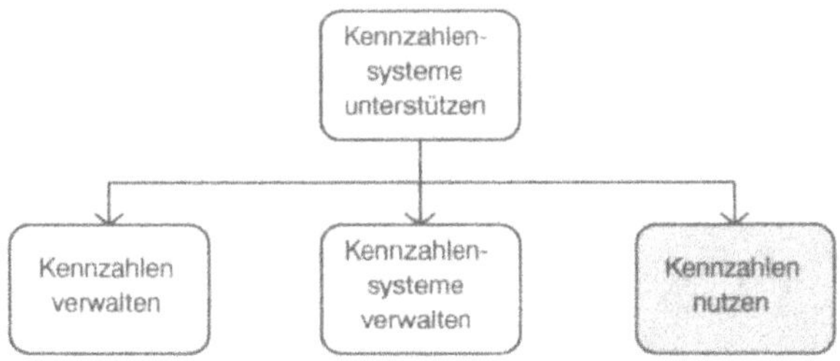

Abbildung 95: Kennzahlen nutzen

Die Nutzung der Kennzahlensysteme erleichtert und unterstützt den Umgang und die Auswertung der Daten.

Es ergeben sich folgende Prozesse:

- Kennzahlen analysieren (Drill-Down-Analyse)
- Mengenstellen vergleichen (Benchmarking)
- Zeiträume / Stichtage vergleichen (Zeitreihen)
- Kennzahl mit Umweltziel vergleichen (Soll-Ist-Vergleich)

5.3.3.3.1 Drill-Down-Analyse

Die Funktion der Drill-Down-Analyse erfordert den Aufbau zusammenhängender Kennzahlensysteme. Solche zusammenhängenden Systeme entstehen durch die Hierarchisierung von:

- Material
- Mengenstellen
- Zeit

Weiterhin entstehen diese Systeme durch inhaltlich aufeinander aufbauende Kennzahlen. Zusammenhängende Kennzahlen können sich beispielsweise an der Materialeffizienz ausrichten. Grundsätzlich eignen sich Beziehungskennzahlen besonders gut für die Drill-down-Analyse.

Die Analyse der Kennzahlen wird insbesondere dadurch unterstützt, daß aggregierte Bewegungen immer weiter nach unterschiedlichen Merkmalen aufgelöst und konkretisiert werden.

5.3.3.3.2 Benchmarking

Die Funktion des Benchmarking stellt sich als Vergleich mehrerer zum Teil aggregierter Mengenstellen (Gesamtmengenstellen) dar. Falls externe Benchmarkingpartner berücksichtigt werden sollen, müssen die entsprechenden Kennzahlen zusätzlich erfaßt werden, da sie im Rahmen des bestehenden Datenmodells nicht abgebildet sind.

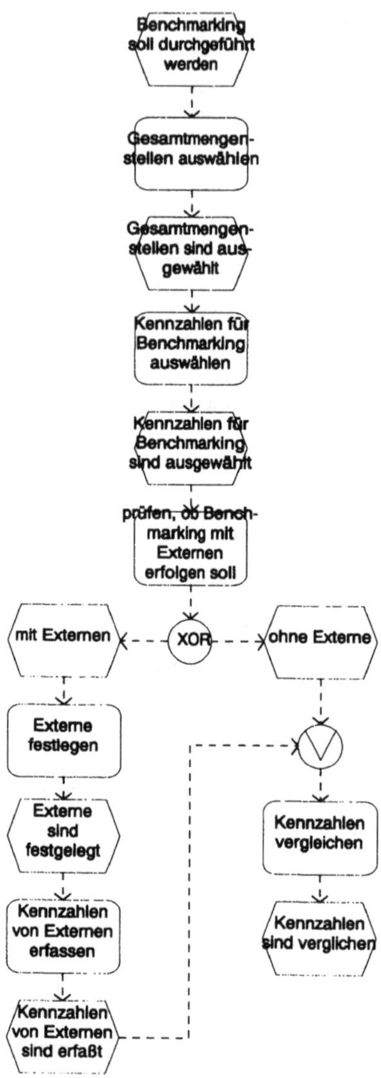

Abbildung 96: EPK Benchmarking mit Kennzahlen

5.3.3.3.3 Zeitreihen

Zeitreihen sollten grundsätzlich für alle im Datenmodell erzeugbaren Daten gebildet werden können. Schwerpunkte für die Nutzung von Zeitreihen sind:

- Bestände
- Bewegungen
- Kennzahlen

5.4 Verwendete und weiterführende Literatur

Azzone, G.; Manzini, R. (1994): Measuring strategic environmental performance. In: Business Strategy and the environment. London, Vol. 26, No. 6., P. 1-14.

Bennett, M. (1994): The financial measurement of environmental performance. Wolverhampton.

Bundesumweltministerium/Umweltbundesamt (Hrsg.) (1995): Handbuch Umweltcontrolling. Bonn, Berlin.

Bundesumweltministerium/Umweltbundesamt (Hrsg.) (1997): Leitfaden Betriebliche Umweltkennzahlen. Bonn.

Business in the Environment/KPMG (1993): A measure of committment - guidelines for measuring environmental performance. London.

Clausen, J.; Fichter, K. (1996): Umweltbericht - Umwelterklärung, Konzepte für eine glaubwürdige Kommunikation von Unternehmen. München.

Clausen, C.; Mai, G.; Büttner, S. (1992): Umweltkennzahlen für eine Gießerei. In: Institut für ökologische Wirtschaftsforschung (Hrsg.). Umweltkennzahlen für Unternehmen. Berlin, S. 11-19.

Dyllick, T; Schneidewind, U. (1995): Ökologische Benchmarks - Erfolgsindikatoren für das Umweltmanagement von Unternehmen. IWÖ-Diskussionsbeitrag Nr. 26, St. Gallen.

Europäischer Chemieverband <CEFIC> (Hrsg.) (1995): European Responsible Care Indicators of Performance. Brüssel.

European Green Table (1993): Environmental Performance Indicators in Industry. Report 3: Draft Handbook, Oslo.

Fichter, K. (Hrsg.) (1995): Die EG-Öko-Audit-Verordnung. Mit Öko-Controlling zum zertifizierten Umweltmanagementsystem. München.

Future e.V. (Hrsg.) (1994b): Leitfaden Umweltbericht/ Umwelterklärung. Osnabrück.

Goldmann, B.; Schellens, J. (1995): Betriebliche Umweltkennzahlen und ökologisches Benchmarking. Schriftenreihe Wirtschaft und Umwelt, Köln.

Goldmann, B.; Weber, F (1995): Betriebliche Umweltkennzahlen. BJU Umweltberater, Deutscher Wirtschaftsdienst, Köln.

Hallay, H. (1992): Öko-Controlling mit Hilfe von Kennzahlen. In: Institut für ökologische Wirtschaftsforschung (Hrsg.). Umweltkennzahlen für Unternehmen. Berlin, S. 1-9.

Hopfenbeck, W. (1989): Allgemeine Betriebs- und Managementlehre. Landsberg am Lech.

Horvath, P. (1991): Controlling. München.

Irwin, H. et. al. (1995): A benchmark for reporting on chemicals at industrial facilities. World Wildlife Fund. Washington D.C.

James, P.; Bennett, M. (1994): Environment-related Performance Measurement in Business. From Emissions to Profit and Sustainability? Ashridge Management Research Group. Berkhamsted.

Knight, A. (1995): B/Q, it's suppliers and the environment. In: UNEP (Hrsg.). Industry and the Environment. Paris, S. 32-34.

Organisation für wirtschaftliche Zusammenarbeit und Entwicklung <OECD> (1995): Environmental Indicators. A preliminary set. Paris.

Rauberger, R. (1996): Benchmarking mit Umweltkennzahlen bei Banken. In: Ökologisches Wirtschaften. Nr. 2 /1996, München, S. 17-19.

Rennings, K. (1994): Indikatoren für eine dauerhaft-umweltgerechte Entwicklung, Rat von Sachverständigen für Umweltfragen (Hrsg.). Stuttgart.

Schmidt-Bleek, F. (1994): Wieviel Umwelt braucht der Mensch? MIPS - Das Maß für ökologisches Wirtschaften. Berlin, Basel, Boston.

Schulz, E.; Schulz, W. (1994): Ökomanagement. München.

Schulz, E.; Schulz, W. (1993): Umweltcontrolling in der Praxis. München.

Siegwart, H. (1990): Kennzahlen für die Untermehmensführung. Management Praxis. Bern, Stuttgart.

Strobel, M. (1992): Ein ökologieorientiertes Kennzahlensystem. In: Institut für ökologische Wirtschaftsforschung (Hrsg.). Umweltkennzahlen für Unternehmen. Berlin, S. 21-37.

UNEP (1994a): Company Environmental Reporting. A Measure of Progress of Business and Industry Towards Sustainable Development. Technical Report No. 24, Paris.

Verband der Chemischen Industrie (1996): Verantwortliches Handeln. Frankfurt.

Verein für Umweltmanagement in Banken, Sparkassen und Versicherungen (Hrsg.) (1996): Umweltberichterstattung von Finanzdienstleistern. Ein Leitfaden zu Inhalten, Aufbau und Kennzahlen von Umweltberichten für Banken und Sparkassen. Bad Honnef.

Wagner, B.; Günther, E. (1993): Ökologieorientierung des Controlling. In: Die Betriebswirtschaftslehre. Nr. 2/93, 53. Jahrgang, Köln, S. 143-166.

Wöhe, G. (1986): Einführung in die Betriebswirtschaftslehre. 16. Auflage, München.

6 Umweltkostenrechnung

6.1 Zielsetzung

Das Instrument „Umweltkostenrechnung“ wird auf drei Ziele ausgelegt: wirtschaftliches Umweltmanagement, externe Berichterstattung und wirtschaftliche Kostenrechnung.

Wirtschaftliches Umweltweltmanagement

Das Instrument „Umweltkostenrechnung“ soll der Erkennung und Erschließung von einzelwirtschaftlichen Reserven im betrieblichen Umweltmanagement dienen. Diese Reserven können sowohl in einem über die gesetzlichen Anforderungen hinausgehenden Umweltschutz (Nutzung von „win-win-Situationen“) als auch in der Optimierung der Erfüllung gesetzlicher Umweltauflagen (Milderung von „win-lose-Situationen“) liegen.

Die Umweltkostenrechnung soll dazu sowohl Handlungsdruck zur Senkung von Umweltkosten schaffen als auch praktische Hilfestellung bei der Kostensenkung selbst leisten.

Externe Berichterstattung

Die externe Berichterstattung zu Investitionen und Aufwendungen für den Umweltschutz soll unterstützt werden. Dies kann Berichtspflichten nach § 15 des Umweltstatistikgesetzes (UStatG) oder die freiwillige, externe Berichterstattung in Umweltberichten betreffen.

Wirtschaftliche Kostenrechnung

Der zusätzliche Aufwand für die Umweltkostenrechnung soll minimiert werden und in jedem Fall in einem angemessenen Verhältnis zum damit zu erzielenden Nutzen stehen. Dies wird als Voraussetzung für die Akzeptanz und Nutzung des Instruments in der Praxis angesehen.

6.2 Grundlagen

6.2.1 Aufbau auf einem geschlossenen Konzept

Die Umweltkostenrechnung ist ein bisher noch wenig entwickeltes und nur begrenzt standardisiertes Feld. Dementsprechend finden sich in Literatur und Praxis eine Vielzahl mehr oder wenig ausformulierter und geeigneter Ansätze zur Erreichung der o.a. Ziele.

Die Modellierung der Umweltkostenrechnung und ihre Einbindung in ECO-Integral setzen voraus, daß unter der Vielzahl der Ansätze eine gewisse Auswahl getroffen wird und diese in **ein** durchgängiges, geschlossenes Konzept integriert werden.

Auswahl und Vereinheitlichung erfolgen in diesem Kapitel in den folgenden Schritten:

- Zusammenfassung der bestehenden Ansätze zu Hauptansätzen. Aus diesen Hauptansätzen werden die von ECO-Integral grundsätzlich zu unterstützenden ausgewählt.
- Darstellung der strukturellen Anforderungen an die Umweltkostenrechnung, die sich aus den Zielen des wirtschaftlichen Umweltmanagements und der wirtschaftlichen Kostenrechnung ergeben.
- Definition des Begriffs „Umweltkosten". Auswahl derjenigen Bestandteile der Umweltkosten, deren Erfassung, Zuordnung und Ausweis mit den Zielen der Umweltkostenrechnung in ECO-Integral im Einklang stehen und unterstützt werden sollen.
- Für diese ausgewählten Kostenbestandteile werden in Literatur und Praxis unterschiedliche und nicht kompatible Begriffe verwendet. Diese Begriffe werden in eine übergreifende Systematik eingeordnet.
- Einordnung der in den Hauptansätzen angewandten Rechnungsverfahren in eine durchgängige, übergreifende Systematik.

6.2.2 Auswahl der Hauptansätze

Beschreibung der Hauptansätze

Die in Literatur und Praxis vertretenen Ansätze zur Umweltkostenrechnung lassen sich zu vier Hauptansätzen zusammenfassen [Fischer 1997a, S. 129-173; Fichter/Loew et al. 1997, S. 35]:

- **Berichterstattung nach § 15 UStatG** - Das Umweltstatistikgesetz schreibt seit längerem bereits die Erhebung der Investitionen für den Umweltschutz sowie seit neuerem die Erhebung der Aufwendungen für den Umweltschutz vor. Diese externe Berichtspflicht trifft zwar bei weitem nicht alle Unternehmen aber viele Großunternehmen. Erhoben werden internalisierte Aufwendungen und Kosten für den end-of-pipe Umweltschutz. § 15 UStatG verlangt die Zuordnung dieser Kosten nach Regelungsbereichen des Umweltrechts (Abfall, Gewässerschutz, Immissionsschutz, Natur- und Landschaftsschutz sowie Bodenschutz). Nicht verlangt werden Zuordnungen zu verursachenden Faktoren wie Fertigungsprozessen, Produkten, Einsatzmaterialien oder Reststoffen [ohne Verfasser 1995, §15; Statistisches Bundesamt 1996, S. 1-6].
- **Umweltschutzkostenrechnung** - In diesem Hauptansatz ist je nach Autor von „Umweltschutzkosten" oder schlicht „Umweltkosten" die Rede. Die darunter zu verstehenden Kosten sind jedoch im wesentlichen dieselben. Im weiteren wird deshalb der Begriff „Umweltschutzkosten" als stellvertretend für den Begriff „Umweltkosten" verwandt. Unter Umweltschutzkosten sind die dem Betrieb durch Umweltschutz zusätzlich entstehenden (d.h. internalisierte) Kosten zu verstehen. Diese sollen den o.a. Regelungsbereichen des Umweltrechts aber auch Kostenstellen und Kostenträgern zugeordnet werden. Dazu, ob die Rechnung sich auf verursachungsgerechte Zuordnungen beschränken sollte, werden verschiedene Ansichten vertreten [Fleischmann/Paudtke 1977, S. 9; Haasis 1992, S. 118; Kloock 1993, S. 182; ohne Verfasser 1996, S. 43-47; Roth 1992, S. 107].

- **Reststoffkostenrechnung** - Ein weniger bekannter, wirksamer Ansatz der Umweltkostenrechnung ist die Reststoffkostenrechnung. Dieser Rechnung werden die vollen von den Reststoffströmen verursachten Kosten zugrundegelegt (d.h. von allen nicht im Produkt enthaltenen Outputs). Diese „Reststoffkosten" umfassen den Großteil der Kosten des Umweltschutzes, darüber hinaus aber Kosten der Umweltbelastung. Nach ersten Erfahrungswerten lassen sich mit ihrer Anwendung Umweltentlastungen um 20-40% sowie eine Senkung der Gesamtkosten um 1-2% erzielen. Diese Kosten werden Reststoffströmen, Kostenstellen, Kostenträgern und Einsatzmaterialien verursachungsgerecht zugeordnet [Fischer 1993, S. 7; Fischer/Blasius 1995, S. 439-457; Fischer 1997a, S. 1ff].
- **Rechnung mit externalisierten Umweltkosten** - In der Literatur wird verschiedentlich die Auffassung vertreten, daß externalisierte Kosten der vom Betrieb verursachten Umweltbelastungen in der betrieblichen Kostenrechnung zu berücksichtigen seien. Dazu werden zunächst Fragen der Monetarisierung von Umweltschäden und deren verursachungsgerechte Zurückführung auf einzelne Betriebe behandelt. Die weitere kostenrechnerische Behandlung sieht, wie bei den o.a. (internalisierten) Umweltschutzkosten, die Zuordnung auf Kostenstellen und Kostenträger vor [Diese Ansätze werden in Fichter/Loew et al., S. 95-109, charakterisiert].

Ein weiterer Ansatz ist die von Strobel postulierte **Flußkostenrechnung** [Strobel 1994, S. 107f]. Diese läßt sich in zwei Teile untergliedern: die oben genannte Reststoffkostenrechnung (Erfassung und Zuordnung der von Reststoffströmen verursachten Kosten) sowie die „Produktflußkostenrechnung" (Erfassung und Zuordnung der Kosten, die von den in das eigentliche Produkt eingehenden Materialströmen verursacht werden) [siehe dazu auch Fichter/Loew et al. 1997, S. 84 und S. 126]. Die Flußkostenrechnung beruht auf dem Grundgedanken, daß alle Stoff- und Energieströme umweltrelevant sind und damit die von ihnen nachvollziehbar verursachten Kosten für das Umweltmanagement auch entscheidungsrelevant sind. Über die Reststoffkostenrechnung hinaus ist dieser Ansatz jedoch kostenrechnerische noch nicht konkretisiert worden. Die Flußkostenrechnung wird deshalb nicht als eigenständiger Hauptansatz behandelt.

Auswahl der zu unterstützenden Hauptansätze

Eine Optimierung der externalisierten Kosten dient nur begrenzt und eher langfristig den Eigeninteressen des Betriebes. Externalisierte Kosten werden von Betrieben deshalb in aller Regel gar nicht oder nur qualitativ berücksichtigt [Strebel 1980, S. 46]. Eine Erhebung und Zuordnung dieser Kosten würde damit weder dem wirtschaftlicheren Umweltmanagement noch der wirtschaftlichen Kostenrechnung dienen. Der Hauptansatz „Rechnung mit externalisierten Umweltkosten" wird deshalb nicht unterstützt.

Die übrigen Hauptansätze dienen einem oder mehreren Zielen der Umweltkostenrechnung in ECO-Integral und stehen der Erfüllung deren anderer Ziele nicht entgegen. Das Instrument „Umweltkostenrechnung" wird deshalb darauf ausgerichtet, diese übrigen Hauptansätze in noch näher zu bestimmendem Umfang zu unterstützen:

- Berichterstattung nach §15 UStatG
- Umweltschutzkostenrechnung
- Reststoffkostenrechnung

Alle in diesen drei Hauptansätzen einfließenden Kosten, Aufwendungen und Erlöse werden im weiteren unter dem Begriff „**Umweltkosten**“ zusammengefaßt. Die drei Hauptansätze selbst werden im weiteren unter dem Begriff „**Umweltkostenrechnung**“ zusammengefaßt.

Da diese Hauptansätze sich ausschließlich auf internalisierte Kosten der Betriebe beziehen, werden im weiteren unter „Umweltkosten“ oder anderen Kostenblöcken auch ausschließlich **internalisierte** Kosten zusammengefaßt.

6.2.3 Anforderungen an die Umweltkostenrechnung

Aus den Zielen des wirtschaftlichen Umweltmanagements und der wirtschaftlichen Kostenrechnung ergeben sich unabhängig vom gewählten Hauptansatz eine Reihe struktureller Anforderungen [Fischer 1997a, S. 112-124]:

- **Erfassung der vollen Kostenwirkung von Umweltbelastung und Umweltschutz** - Die Umweltkostenrechnung sollte die volle Kostenwirkung von Umweltbelastung und Umweltschutz erfassen, damit kostengerechte Entscheidungen abgeleitet werden.
- **Verursachungsgerechte Kostenzuordnung** - Anders als bei der Kostenträgerrechnung in Systemen der Vollkostenrechnung besteht bei der Umweltkostenrechnung keine Notwendigkeit, alle Umweltkosten zuzuordnen. Eine Zuordnung von Umweltkosten zu Einsatzmaterialien, Prozessen, Produkten und Reststoffen sollte deshalb nur dann erfolgen, wenn die Zuordnung verursachungsgerecht ist. Nicht verursachungsgerechte Zuordnungen haben für das Kostenmanagement keinen Aussagewert. Sie gefährden darüber hinaus die Akzeptanz und damit die Wirksamkeit der Umweltkostenrechnung.
- **Zuordnung und Ausweis der Umweltkosten nach verursachenden Einsatzmaterialien, Prozessen, Produkten und Reststoffen** - Im Sinne der Entscheidungsorientierung der Umweltkostenrechnung sollte die verursachungsgerechte Zuordnung zu den Faktoren erfolgen, welche die Umweltkosten treiben. Dies sind die Einsatzmaterialien, die Produktionsprozesse, die hergestellten Produkte und die Reststoffströme. Eine Auswertung der Umweltkosten nach diesen verursachenden Faktoren bietet den dafür Entscheidungsverantwortlichen konkrete Hilfestellung. Dem Kostenmanagement wird ein Instrument in die Hand gegeben, begrenzte Ressourcen für die Kostensenkung gezielter und damit wirksamer einzusetzen.
- **Praktikable und belastbare Abgrenzung der Umweltkosten von anderen betrieblichen Kosten** - Wenn die Abgrenzung zu aufwendig ist, ist das Ziel der wirtschaftlichen Kostenrechnung nicht erfüllt. Wenn aufgrund eines Verzichts auf diesen Aufwand die Abgrenzung nicht belastbar ist, dann ist die Akzeptanz der Umweltkostenrechnung und damit wiederum deren Wirksamkeit und Wirtschaftlichkeit nicht gewährleistet.
- **Soll- / Ist- und Periodenvergleiche** - Die Umweltkostenrechnung sollte Zielsetzung, Soll-Ist-Vergleiche und Periodenvergleiche unterstützen, damit zentrale Elemente eines Umweltkostenmanagements, nämlich das Setzen und Überwachen von Kostenzielen unter Ausblendung nicht beeinflußbarer Faktoren sowie die Verifizierung von Maßnahmenerfolgen zu leisten sind.

6.2.4 Zugrundegelegte Kosten

6.2.4.1 Auswahl der behandelten Umweltkosten

In diesem Abschnitt werden zunächst die gesamten, denkbaren Kosteneffekte des Umweltmanagements dargestellt. Hieraus wird eine Auswahl derjenigen Kosten getroffen, deren Erfassung und Zuordnung in ECO-Integral unterstützt werden soll.

Die Entscheidung, welche Kosten den Umweltkosten zuzuordnen sind und damit Gegenstand der Umweltkostenrechnung werden, ist von hoher Bedeutung. Das Umweltmanagements wird nach Einrichtung einer Umweltkostenrechnung unter anderem an der Entwicklung der Umweltkosten gemessen. Damit das Umweltmanagement hier nicht zur Suboptimierung verleitet wird, sondern im Interesse des Gesamtunternehmens handelt, sollten in den Umweltkosten die **vollen**, vom Umweltmanagement beeinflußten Kosten enthalten sein (soweit dies praktikabel ist).

Entscheidungen und damit auch Kostenwirkungen des Umweltmanagements können grundsätzlich an allen Punkten erfolgen, an denen die betriebliche Leistungserstellung zu Umweltbelastungen führt. Diese Belastungsbereiche und deren Kostenwirkung auf das Unternehmen werden im folgenden kurz skizziert.

Die betriebliche Leistungserstellung verursacht Umweltbelastungen über den gesamten Produktlebenszyklus der erstellten Produkte [Strebel 1980, S. 20; Fischer 1997b, S. 5]:

- Belastungen bei der Gewinnung von Rohstoffen und deren Verarbeitung durch Zulieferer (incl. Transportleistungen)
- Belastungen bei Herstellung und Absatz des Produktes durch den Betrieb
- Belastungen beim ggf. erfolgenden Weiterverkauf sowie bei der Nutzung des Produktes
- Belastungen bei der Entsorgung bzw. Rücknahme und Aufbereitung des Produktes

Diese Umweltbelastungen, ebenso wie deren Vermeidung oder Begrenzung, verursachen eine Vielzahl von Kosten, die bei Entscheidungen des Umweltmanagements dem Grundsatz nach zu beachten sind. Angesichts der oben eingeführten Anforderungen an die Umweltkostenrechnung sind sie jedoch von unterschiedlicher Relevanz für ECO-Integral. Im folgenden wird ausgeführt, bei welchen dieser Kosten ECO-Integral die Erfassung und verursachungsgerechte Zuordnung unterstützt. Die Darstellung ist nach den obigen Stufen des Produktlebenszyklus gegliedert, an denen die Umweltbelastungen erfolgen [vgl. hierzu auch Kloock 1993, S. 183; Fischer 1997a, S. 70].

- Aus den Umweltbelastungen und Umweltschutzmaßnahmen im Zuge der Gewinnung von Rohstoffen und deren Verarbeitung durch Zulieferer entstehen den **Zulieferern** zum Teil Kosten. Diese Kosten werden an die Betriebe, die Produkte dieser Zulieferer beziehen, mit den Preisen für die bezogenen Produkte mehr oder weniger verursachungsgerecht weitergegeben.

Im Regelfall ist für den beziehenden Betrieb jedoch nicht erkennbar, welcher Anteil seiner Materialkosten durch Umweltbelastungen bzw. Umweltschutzmaßnahmen beim Zulieferer verursacht wird. Die Abgrenzung der Umweltanteile in diesen Kosten ist deshalb nicht praktikabel. Für die Zwecke des Umweltkostenmanagements werden diese Kostenanteile in ECO-Integral dementsprechend nicht berücksichtigt.

Durch Auswahl der Zulieferer und Produkte kann ein Betrieb jedoch auf das Ausmaß der Umweltbelastung im Zuge der Herstellung und Bereitstellung der eingekauften Materialien und Dienstleistungen einwirken. Wenn die umweltfreundlicheren Materialien mehr Kosten, werden diese Zusatzkosten in der Industrie teilweise den Umweltschutzkosten zugeordnet. Diese Zusatzkosten werden auch in ECO-Integral abgebildet.

- Kostenwirkungen von Umweltbelastungen und Umweltschutz bei **Herstellung und Absatz der Produkte** durch den Betrieb sind durch den Betrieb zu tragen und gehen in jedem Fall in die normale Kostenrechnung ein. Dies gilt auch für Kosten des Natur- und Landschaftsschutzes sowie für den Bodenschutz, die im wesentlichen im Zusammenhang mit den Fertigungsstandorten anfallen. Diese Kostenwirkungen lassen sich einzelnen Umweltbelastungen oder Umweltschutzmaßnahmen zuordnen. Sie sind von zentraler Bedeutung für die Umweltkostenrechnung.

  Von Reststoffströmen verursachte **Erlöse** (v.a. Verwertung von Abfällen) werden als negative Umweltkosten behandelt, da sie ebenso vom Umweltmanagement zu berücksichtigende wirtschaftliche Effekte von Umweltschutz und Umweltentlastung darstellen. Die Behandlung als negative Kosten ist gleichbedeutend mit einer Saldierung von Kosten und Erlösen, die aufgrund des Saldierungsverbotes in der Finanzbuchhaltung auf die Kostenrechnung beschränkt bleiben muß. Eine Überlagerung mit Erlösen für die abgesetzten Produkte besteht hier nicht.

  Die Erfassung und Zuordnung **des neutralen Aufwands** für den Umweltschutz ist ebenfalls zum Gegenstand von ECO-Integral gemacht worden, da sich hier insbesondere im Bereich des Bodenschutzes erhebliche wirtschaftliche Auswirkungen auf den Betrieb ergeben können.

- Kostenwirkungen von Umweltbelastungen und Umweltschutz bei der **Nutzung der Produkte** sind nur im Ausnahmefall direkt durch den Betrieb zu tragen und sind damit auch nicht Gegenstand des Instruments „Umweltkostenrechnung“. Ausnahmen sind z.B. der Zusatzaufwand der Produktentwicklung für die Produktmerkmale, die bei der Nutzung zu Umweltentlastungen führen, sowie Forderungen aufgrund des Produkthaftungsrechts.

- Kostenwirkungen von Umweltbelastungen und Umweltschutz bei der **Entsorgung der Produkte** werden derzeit in aller Regel von den Endverbrauchern getragen. In den Fällen, in denen diese Kosten vom Betrieb zu tragen sind (z.B. die Kosten der Produktrücknahme), werden sie zum Gegenstand des Instruments „Umweltkostenrechnung“.

Gegenstand der Umweltkostenrechnung in ECO-Integral sind somit die folgenden Kosten:

- Zusatzkosten für den Einkauf umweltfreundlicher Materialien
- Kosten sowie Verwertungserlöse für Umweltschutz und der Umweltbelastung im Rahmen von Produktherstellung und -absatz
- Zusatzkosten für die Vermeidung von Umweltbelastungen bei der Produktnutzung durch den Kunden
- Kosten für die Entsorgung oder Rücknahme der Produkte, soweit diese vom Betrieb zu tragen sind.
- Neutraler Aufwand für den Umweltschutz

Zum Teil entstehen dem Betrieb auch Kosten für Umweltbelastungen, die **nicht auf die betriebliche Leistungserstellung zurückzuführen** sind (z.B. Beseitigung von Altlasten, die von früheren Grundstückeigentümern verursacht wurden). Diese Kosten sind in der Umweltkostenrechnung ebenfalls zu berücksichtigen und werden je nach Verursachung und Kostencharakter einem der oben genannten Kostenblöcke zugeordnet.

6.2.4.2 Gliederung der behandelten Umweltkosten

Die verschiedenen Ansätze der Umweltkostenrechnung bauen auf sprachlich und inhaltlich unterschiedlichen Kostenbegriffen auf. Je nach Hauptansatz ist von „Aufwendungen für den Umweltschutz", von „Umweltschutzkosten" und von „Reststoffkosten" die Rede.

Um sie für die Zwecke von ECO-Integral in eine einheitliche, durchgängige Systematik einbetten zu können, werden die in den verschiedenen Ansätzen zugrundegelegten Kostenblöcke in insgesamt acht elementare Kostengruppen untergliedert.

Aus diesem Satz elementarer Kostengruppen lassen sich alle Kostenblöcke bilden, die Gegenstand der von ECO-Integral unterstützen Umweltkostenrechnung sind.

Zur Beschreibung dieser elementaren Kostengruppen werden zunächst einige begriffliche Grundlagen gelegt, die in Abbildung 97 dargestellt und im folgenden erläutert werden:

- Da ein Industriebetrieb, der keine Produkt herstellt, sich schnell auflösen wird, sind letztlich alle Kosten von dem Stofffluß „Produkt" verursacht. Je nach Kostenbeeinflussung und nach Leistungsfähigkeit der eingesetzten Kostenrechnungsverfahren ist dieser Zusammenhang kostenrechnerisch jedoch unterschiedlich gut nachvollziehbar. Dementsprechend lassen sich die Gesamtkosten eines Betriebes gedanklich aufteilen in
  - „Flußkosten", die kostenrechnerisch nachvollziehbar von den Stoff- und Energieströmen des Betriebes verursacht werden (z.B. Materialkosten), und in
  - „Andere Kosten", die zumindest nicht in einer kostenrechnerisch gut nachvollziehbaren Weise von den Stoff- und Energieströmen des Betriebes verursacht werden (z.B. Gehälter im Vorstandsbereich).

- Die Flußkosten lassen sich gedanklich wiederum unterteilen in
  - „Produktflußkosten", welche von den Stoff- und Energieströmen verursacht werden, die tatsächlich in das Produkt eingehen, und in
  - „Reststoffkosten", welche von den Stoff- und Energieströmen verursacht werden, die in die Reststoffe eingehen.

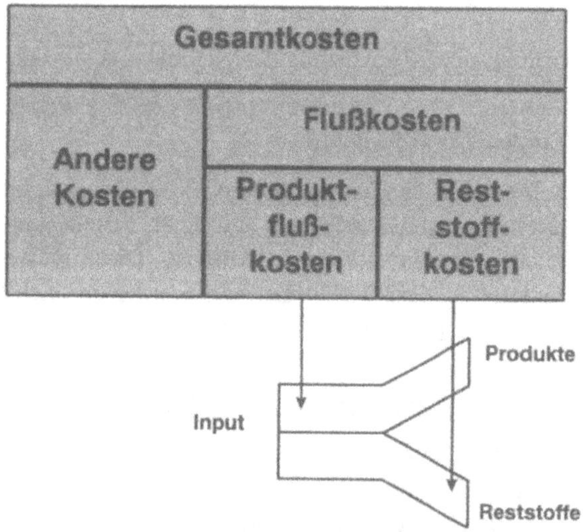

Abbildung 97: Flußkosten und andere Kosten

Ausgehend von dieser gedanklichen Gliederung werden die acht elementaren, ECO-Integral zugrundegelegte Kostengruppen in der folgenden Weise strukturiert, in Abbildung 98 dargestellt und anschließend erläutert [Fischer/Blasius, S. 440f; Fischer 1996, S. 126]:

Flußkosten

1. Kosten des integrierten Umweltschutzes
2. Kosten der Produktrücknahme
3. Kosten der Produktion von Reststoffen
4. Kosten der Entsorgung von Reststoffen

Andere Kosten/Aufwendungen

5. Kosten des Bodenschutzes
6. Kosten des Natur- und Landschaftsschutzes
7. Andere Umweltkosten
8. Neutraler Aufwand für den Umweltschutz

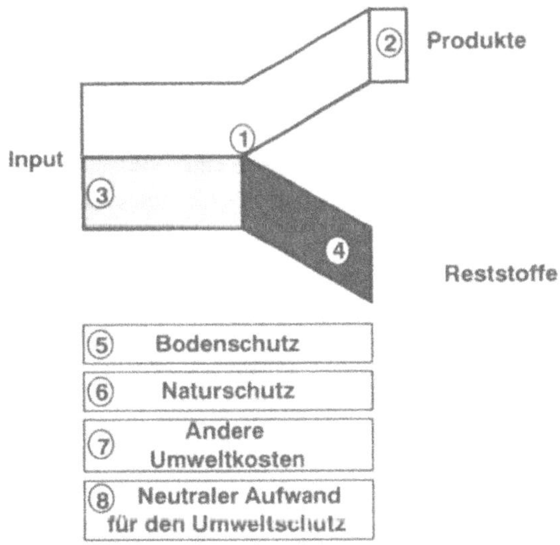

Abbildung 98: Acht elementare Kostengruppen

Die Kosten des **integrierten Umweltschutzes** sind Kosten, die dem Betrieb für die Vermeidung von Umweltbelastungen zusätzlich entstehen. Sie umfassen z.B. erhöhte Kosten für umweltfreundliche Einsatzstoffe, schadstoffarme Prozeßtechnologien sowie für die Entwicklung von Produkten, die in der Nutzung und Entsorgung umweltfreundlich sind. Diese Kosten sind in der Regel in den Kosten für den Produktdurchlauf enthalten.

Die Kosten der **Produktrücknahme** beinhalten die Kosten für die Übernahme der Produkte vom Endverbraucher, deren Rücktransport sowie deren Zerlegung/Verarbeitung. Gegen zu rechnen sind die ggf. erzielten Erlöse für die Rücknahme der Produkte sowie Kostenersparnisse, die durch innerbetriebliche Verwertung der zurückgenommenen Produkte erzielt werden.

Die Kosten der **Produktion von Reststoffen** beinhalten alle Kosten, die mit Stoffströmen variieren, welche im weiteren Durchlauf zu Reststoffen werden, incl. der Einkaufskosten für später anfallende Reststoffe und der Kosten der Fertigungsschritte, die sie vor Anfall als Reststoff durchlaufen. Dies umfaßt in der Regel auch alle Kosten der Versorgungsprozesse für Wasser, Energie, Wärme und Kälte.

Die Kosten der **Entsorgung von Reststoffen** beinhalten die Kosten, die dem Betrieb für Erfassung, Transport, Lagerung und Behandlung seiner Reststoffe entstehen, nachdem sie einmal angefallen sind, sowie die Kosten für deren Übernahme durch Dritte. Hierzu gehören damit auch alle Kosten und Erlöse des sogenannten end-of-pipe Umweltschutzes, wie z.B. Kosten und Erlöse der Abfallentsorgung oder -verwertung, der Abwasserbehandlung und nachgeschalteten Luftreinhaltung.

Die Kosten des **Bodenschutzes** sowie Kosten des **Natur- und Landschaftsschutzes** sind selbsterklärend.

Andere Umweltkosten für Umweltbelastung und Umweltschutz können z.B. die Kosten für Umweltbeauftragte sein.

Der **neutrale Aufwand für den Umweltschutz** beinhaltet Aufwand der nach § 15 UStatG zu erheben ist, der jedoch aufgrund der praktizierten Abgrenzung von Kosten und Aufwand nicht in die Kosten eingeht (z.B. geht der Aufwand für Altlastensanierung, der als periodenfremd, außergewöhnlich oder nicht auf dem Betriebszweck ausgerichtet eingestuft werden kann, nicht immer in die Kosten ein). Im Interesse einer vollständigen Abbildung der Erhebungen nach § 15 UStatG wird dieser Aufwand in ECO-Integral berücksichtigt.

6.2.5 Gruppierung der Umweltkosten nach Hauptansätzen

In diesem Abschnitt wird dargestellt, welche Umweltkosten welchen Ansätzen der Umweltkostenrechnung üblicherweise zugrundegelegt werden [Fischer 1996, S. 126].

Die für die Berichterstattung nach **§ 15 UStatG** zu erfassenden Kosten schließen die Kosten des integrierten Umweltschutzes aus. Sie bestehen im wesentlichen aus den elementaren Kostengruppen

3. Kosten der Entsorgung von Reststoffen (jedoch ohne Verwertungs- und andere Erlöse)
5. Kosten des Bodenschutzes
6. Kosten des Natur- und Landschaftsschutzes
7. Andere nicht flußvariable Kosten der Umweltbelastung und des Umweltschutzes
8. Neutrale Aufwendungen für Umweltbelastung und Umweltschutz

Die für die **Umweltschutzkostenrechnung** zu erfassenden und zuzuordnenden Kosten können alle Kostengruppen außer den Kosten für die Produktion von Reststoffen (Kostengruppe 3.) beinhalten.

Für die **Reststoffkostenrechnung** sind die Kostengruppen

2. Kosten der Produktion von Reststoffen
3. Kosten der Entsorgung von Reststoffen

zu erfassen und zuzuordnen.

6.2.6 Exkurs zur Praxisrelevanz

Die Berichterstattung nach **§ 15 UStatG** sowie sehr ähnliche, freiwillige Erhebungen (z.B. des Verbandes der Chemischen Industrie bei seinen Mitgliedern) stellen nach Kenntnis des Verfassers die derzeit verbreitetste Form der expliziten Umweltkostenrechnung dar. Erfahrungen aus der Praxis zeigen jedoch, daß der Genauigkeitsgrad der erstellten Berichte stark vom persönlichen Vermögen und Einsatz des Berichterstellers und seinem Einfluß auf die Gestaltung der Kostenrechnung abhängig ist, da

- die Möglichkeiten der Behörde, die Angaben zu überprüfen und Korrekturen einzufordern, sehr begrenzt sind und
- eine Reihe von Angaben bei einer Konten- und Kostenstellenstruktur, die für die Umweltkostenrechnung ungeeignet ist, auf Schätzwerten beruhen muß (z.B. Angaben des Kostenstellenleiters, welcher Prozensatz seiner Gesamtkosten umweltschutzbedingt ist).

Eine **Umweltschutzkostenrechnung** findet sich, meist ohne daß sie explizit so genannt wird,[1] in den meisten Betrieben. Es werden Kostenstellen und Konten eingerichtet, v.a. um die Kosten für Abfallentsorgung, Abwasserbehandlung und medienübergreifende Aufgaben des Umweltschutzes zu erfassen und zuzuordnen. Typische Defizite im Sinne des Kostenmanagements sind jedoch:

- Mit wenigen Ausnahmen beschränkt sich die Rechnung auf die Erfassung und Zuordnung von Kosten der Entsorgung von Reststoffen (Kostengruppe 4). Die Verursachungsgerechtigkeit der Zuordnung läßt in den meisten Fällen zu wünschen übrig, was die von der Rechnung ausgehenden Impulse zur Kostensenkung begrenzt.
- Während die Kosten der Entsorgung von Reststoffen zu einem guten Teil erfaßt werden, bleiben die Kosten der Produktion von Reststoffen unberücksichtigt. Dies führt dazu, daß zumindest in der Umweltschutzkostenrechnung der Nutzen des integrierten Umweltschutzes (Vermeidung von Reststoffen) systematisch unterschätzt wird.

Die **Reststoffkostenrechnung** hat sich als Instrument in Projekten zur Senkung von Umweltkosten und zur rentablen Umweltentlastung mehrfach bewährt. Positive Wirkung hat deren Einsatz auch auf die Akzeptanz des Umweltmanagements in den Betrieben, das Qualitätsmanagement und die Prozeßsicherheit gehabt.

Diese Effekte werden v.a. durch den Ausweis der in Reststoffen enthaltenen Materialkosten und Wertschöpfung erreicht. Industrietypisch ist, daß der Gesamtoutput von Betrieben etwa 30-40% (nach Gewicht) aus Reststoffen, das heißt aus Abfall, Abwasser und Abluft besteht. Diese nicht-wertschöpfenden Reststoffe verursachen in der Regel ca. 5-15% der Gesamtkosten. Dies sind hochgerechnet auf die Bundesrepublik Werte von ca. 100-300 Mrd. DM pro Jahr, die zum Schaden der Umwelt und des Unternehmensertrages „weggeworfen“ werden [Fischer 1997b, S. 6-8].

Nicht alle diese Kosten lassen sich vermeiden. Erste Erfahrungen zeigen jedoch, daß in den Reststoffkosten Kostensenkungsreserven von ca. 1-2% der Gesamtkosten eines Betriebes liegen. Das Instrumentarium zur Erfassung und Senkung der Reststoffkosten ist von Fischer und anderen in mehreren Modellprojekten entwickelt und erprobt sowie im Rahmen von ECO-Integral weiterentwickelt worden. Ein mit Unterstützung der **Deutschen Bundesstiftung Umwelt** bei der **KUNERT AG** durchgeführtes Modellprojekt hat wesentlich zur Entwicklung der Reststoffkostenrechnung beigetragen.

Bei Einsatz als laufendes Rechnungssystem bietet die Reststoffkostenrechnung das Potential, ein wirksamer Motor für einen systematischen, von der Geschäftsleitung getragenen integrierten Umweltschutz zu werden.

1 Fichter/Loew et al. 1997, S. 111, zitieren z.B. eine Untersuchung aus 1994, in der knapp 20% der untersuchten Unternehmen angaben, eine Umweltkostenrechnung zu haben.

6.3 Modellierung

Zum besseren Verständnis der Umweltkostenrechnung in ECO-Integral werden zunächst deren Eckpunkte und wichtigsten Merkmale genannt. Erst danach wird die Modellierung im einzelnen beschrieben.

Die Leistung der Umweltkostenrechnung in ECO-Integral läßt sich in zwei Bereiche unterteilen:

- Unterstützung der verursachungsgerechten Zuordnung von Kosten im Rahmen der bestehenden Kostenstellen- und Kostenträgerrechnung
- Expliziter Ausweis der Umweltkosten und deren Zuordnung zu Einsatzmaterialien und Reststoffen.

Verursachungsgerechtere Zuordnung im Rahmen der bestehenden Kostenrechnung

Die mit ECO-Integral verbesserte Transparenz und zentrale Verfügbarkeit der Stoff- und Energiebewegungen ermöglicht eine verursachungsgerechtere Zuordnung der Kosten des Energieverbrauchs, des Verbrauchs an anderen Hilfs- und Betriebsstoffen sowie der Entsorgung von Reststoffen. Dazu erfolgt:

- Stärkerer und stärker automatisierter Rückgriff auf die ermittelten Bewegungen als verursachungsgerechte Bezugsgrößen (z.B. für die interne Leistungsverrechnung von Ver- und Entsorgungsleistungen)
- Konten- und Kostenstellengliederung werden so angepaßt, daß BAB-Elemente eine homogene Kostenverursachung durch definierte Stoff- oder Energieströme aufweisen.

Ausweis der Umweltkosten

Ein Ausweis der Umweltkosten wird über die Kontierung von Einzelbelegen der Kostenrechnung (Urbelege oder anhand der Urbelege erzeugte, andere Belege) auf entsprechende „Umweltkostensammler" ermöglicht.

In der Kostenrechnung werden „Kostensammler" wie Konto, Kostenstelle und Kostenträger eingesetzt, um Einzelbuchungen sowohl für die Zwecke des Kostenmanagements als auch für die externe Berichterstattung zuzuordnen und zu strukturieren. Üblicherweise werden dazu Einzelbuchungen auf Kostenart (oder Konto), Kostenstelle und Kostenträger kontiert. In ECO-Integral wird diesen Kostensammlern ein weiterer hinzugefügt: der „Umweltkostensammler". Ebenso wie unter dem Entity Kostenstelle viele einzelne Kostenstellen angelegt werden, werden zum Entity Umweltkostensammler eine geeignete Anzahl einzelner Umweltkostensammler angelegt.

In EDV-Systemen können diese Umweltkostensammler entweder

- unter einem bestehenden Entity (z.B. interner Auftrag, Prozeß oder Projekt) angelegt werden, soweit dieses mit ausreichender Funktionalität belegt ist und seiner Nutzung für die Umweltkostenrechnung nicht andere, prioritäre Nutzungen entgegenstehen oder
- ein neues, eigenständiges Entity „Umweltkostensammler" eingeführt werden.

Rentz schlägt vor, für den Ausweis von Umweltschutzkosten das bei SAP R/3 innerhalb des Projektsystems (PS) verfügbare Entity „statistisches Projekt" zu nutzen [Spengler/Rentz et al. 1997, S. 76]. Die Controlling-Abteilungen der Herlitz PBS AG und der Novartis Pharma GmbH sprachen sich dafür aus, im Rahmen der Reststoffkostenrechnung dazu das Entity „statistischer Auftrag" einzusetzen.

Die einzelnen Umweltkostensammler werden soweit untergliedert wie es für die Zwecke der externen Berichterstattung bzw. für die Zwecke des Umweltkostenmanagements erforderlich ist. §15 UStatG erfordert z.B. zumindestens je einen Umweltkostensammler für Abfall, Gewässerschutz, Luftreinhaltung, Bodenschutz sowie Natur- und Landschaftsschutz. Eine gezielte Steuerung der Abfallkosten kann aber die weitere Untergliederung des Umweltkostensammlers Abfalls in Umweltkostensammler für Wertstoffe, hausmüllähnlichen Gewerbeabfall sowie für Sonderabfall erfordern.

Wenn mehrere Berichtspflichten mit unterschiedlichen Anforderungen an die Gliederung der Umweltkostensammler bestehen, werden die Umweltkostensammler so weit untergliedert, daß ein einheitlicher, für alle zu befriedigenden Berichtspflichten geeigneter Satz an Umweltkostensammler entsteht. Für die Zwecke der Aggregation von Umweltkosten in Berichten werden analog der Kostenstellenhierarchien eine oder mehrere Hierarchien der Umweltkostensammler angelegt.

Kontierung auf Umweltkostensammler

Die Kontierung des bewerteten Güterverzehrs auf den entsprechenden Umweltkostensammler erfolgt entweder in

- in der Kostenrechnung vorgelagerten Systemen (Materialrechnung, Lohn- und Gehaltsrechnung, Anlagenbuchhaltung und Hauptbuchhaltung),
- bei der Übernahme von Buchungen aus diesen Vorsystemen in die Kostenrechnung,
- bei der Kostenstellenrechnung oder
- nach der Kostenstellenrechnung und vor der Kostenträgerrechnung erfolgen.

Danach ist jedes BAB-Element, das teilweise oder ganz den Umweltkosten zuzurechnen ist, mit dem entsprechenden Umweltkostensammler kontiert. Je BAB-Element wird festgelegt, in welchem dieser Rechnungsschritte das jeweilige BAB-Element kontiert wird.

Die Umweltkostenrechnung ist so ausgelegt, daß eine manuelle Kontierung von Einzelbelegen auf Umweltkostensammler nicht erforderlich ist. Die Kontierung erfolgt statt dessen anhand von programmierbaren Kontierungsregeln und geeigneten, in den Stammdaten verschiedener Entities hinterlegter Merkmale. Zum einen ermöglicht dies, den Zusatzaufwand für die Umweltkostenrechnung auf ein absolutes Mindestmaß zu reduzieren. Zum anderen vermeidet es Probleme in der Datenqualität, die bei manueller Kontierung auftreten könnten (z.B. Fehlkontierung aufgrund von Unachtsamkeit oder mangelnder Kenntnisse).

Auswertung der Umweltkosten

Die Auswertung der Umweltkosten erfolgt

- durch Integration einzelner Positionen in bestehende, zentrale Berichte des Unternehmens (z.B. Kostenstellenbericht, Kostenträgerbericht, Gewinn- und Verlustrechnung) sowie
- durch Erstellung eigenständiger Umweltkostenberichte.

Die Integration in bestehende Berichte hat den Vorteil, daß diese bereits eingeführt sind und von Kostenverantwortlichen genutzt werden. Der Nachteil der Integration in bestehende Berichte ist, daß diese auf die Darstellung der Kostensammler „Konto", „Kostenstelle" und „Kostenträger" ausgerichtet sind und der Ausweis von Umweltkosten deshalb nur begrenzt mit der Systematik dieser Berichte kompatibel ist. Für ein umfassendes Umweltkostenmanagement ist deshalb auch der Aufbau eines eigenständigen Berichtswesens erforderlich.

Voraussetzungen

Voraussetzungen für die Anwendung der in ECO-Integral modellierten Kostenrechnung sind

- eine Kostenarten-, Kostenstellen- und Kostenträgerrechnung,
- Schnittstellen zwischen Kostenrechnung, Finanzbuchhaltung sowie den Systemen, in denen die Mengenbewegungen geführt werden (z.B. Materialwirtschaft), die eine automatisierte Übernahme von Mengendaten erlauben und
- eine DV-gestützte Kontierung, Mitführung und Auswertung eines neben Konto, Kostenstelle und Kostenträger zusätzlichen Kostensammlers in der Kostenrechnung.

Für die Umweltschutzkostenrechnung und für die Reststoffkostenrechnung ist die Erzielung einer verbesserten Transparenz und zentralen Verfügbarkeit der Versorgungs- und Reststoffströme mittels in Kapitel 16 beschriebener Funktionen ausgesprochen hilfreich.

Eine spezielle Form der Kostenrechnung ist für die Nutzung der in ECO-Integral modellierten Umweltkostenrechnung nicht erforderlich.

6.3.1 Funktionen

Die Umweltkostenrechnung ist aus sechs miteinander verzahnten Funktionen aufgebaut, die sich wiederum in Unterfunktionen gliedern und in Abbildung 99 dargestellt sind.

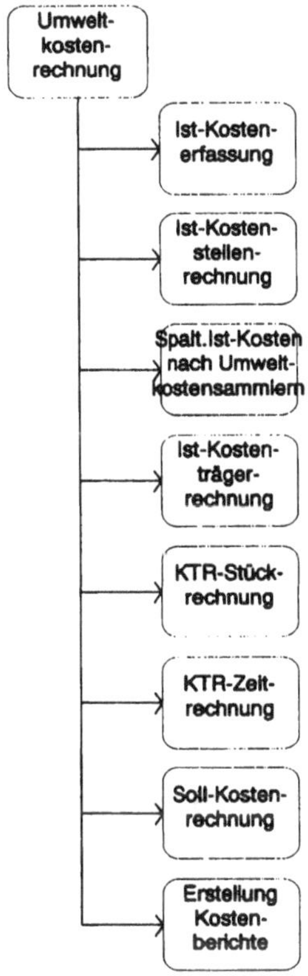

Abbildung 99: Funktionen der Umweltkostenrechnung

In der **Ist-Kostenerfassung** werden Bewegungsdaten entweder bereits in den Vorsystemen oder bei der Übernahme in die Kostenrechnung auf den jeweils geeigneten Umweltkostensammler kontiert.

In der **Ist-Kostenstellenrechnung** werden die sekundären Kostenarten gebucht und auf entsprechende Umweltkostensammler kontiert. Als Schlüsselmengen für die Verrechnung der Ver- und Entsorgungsleistungen werden dazu tatsächlich eingesetzte oder entsorgte Mengen aus den Vorsystemen herangezogen, die mit ECO-Integral vermehrt und in besserer Qualität verfügbar werden.

Nach Durchführung der Ist-Kostenstellenrechnung erfolgt die **Spaltung** von BAB-Elementen, die Umweltkosten enthalten, aber nicht bereits auf Umweltkostensammler kontiert sind. Der Gesamtbetrag je BAB-Element wird dazu in einen Teilbetrag, der nicht den Umweltkosten zuzuordnen ist, sowie in weitere Teilbeträge unterteilt. Diese weiteren Teilbeträge werden jeweils auf einen geeigneten Umweltkostensammler kontiert.

Im Zuge der **Ist-Kostenträgerrechnung** wird zum einen die verursachungsgerechte Zuordnung von Kosten zu Kostenträgern aufgrund der mit ECO-Integral vertieften Stoffstromtransparenz verbessert. Zum anderen werden die auf Konto und Kostenstellen kontierten Umweltkosten für die Zwecke des Umweltkostenmanagements den verursachenden Kostenträgern zugeordnet, soweit diese Kontierung nicht bereits bei der Kostenerfassung vorlag und im Zuge der Kostenrechnung auch erhalten blieb.

Der Ist-Umweltkostenrechnung wird die **Soll-Umweltkostenrechnung** gegenübergestellt als Instrumente für die Setzung und Überwachung von Zielen für die Entwicklung der Ist-Umweltkosten.

Aus diesen Rechnungen lassen sich dann für die Zwecke der Überwachung und Steuerung des Umweltkostenmanagements verschiedenste **Kostenberichte** erstellen, in denen Höhe, Struktur, Ursachen und Entwicklung von Umweltkosten ausgewertet werden.

6.3.2 Daten

6.3.2.1 Übersicht der zentralen Entities

In Abbildung 100 sind die zentralen Entities der Umweltkostenrechnung für eine stücklistenorientierte Fertigung dargestellt. Für die rezepturorientierte Fertigung sind die Stückliste und der Arbeitsplan zum Entity Rezeptur zusammenzufassen.

Grundlage ist eine vereinfachte Fassung des Datenmodells der Kostenrechnung [Scheer 1995, S. 638, S. 661 und S. 668][1]. Die Darstellung nach Scheer wurde soweit modifiziert, wie es der Erläuterung der Datenstruktur der Umweltkostenrechnung dienlich war.

---

1 Vereinfachung und Zusammenfassung der Belegdatenstruktur des Rechnungswesens, der Datenstruktur der Kostenstellenrechnung und der Datenstruktur der Erzeugniskalkulation

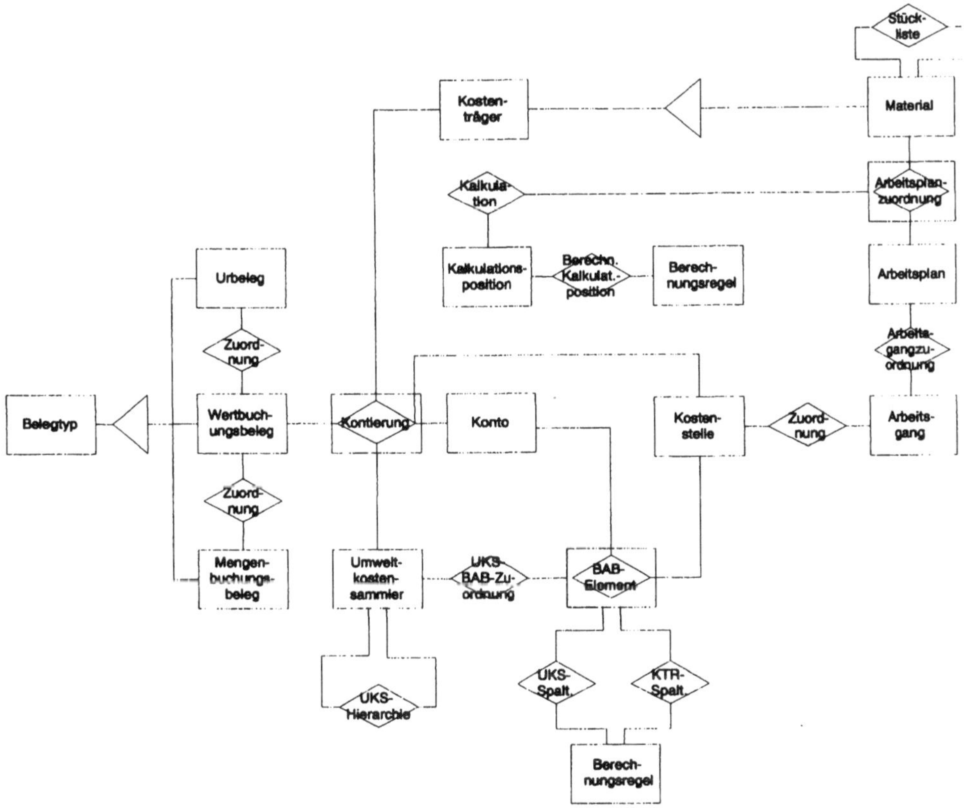

Abbildung 100: ERM Zentrale Entities der Umweltkostenrechnung

Die wesentlichen Abweichungen von in der betrieblichen Praxis verbreiteten Datenmodellen sind die Einführung des Entity Umweltkostensammler sowie die Erweiterung der Attribute bestehender Entities, damit die Umweltkostensammler kontiert und ausgewertet werden können.

Im folgenden wird der Zusammenhang der dargestellten, zentralen Entities skizziert.

- Wertbuchungsbelege werden entweder aus Urbelegen (z.B. Rechnung) oder aus Mengenbuchungsbelegen (z.B. Verbuchung der Materialentnahme) abgeleitet.
- Diese werden mit Konto und Kostenstelle, ggf. auch mit Kostenträger und Umweltkostensammler kontiert.
- Dem durch Konto und Kostenstelle definierten BAB-Element kann ein Umweltkostensammler zugeordnet sein, sowie verschiedene Berechnungsregeln.
- Material ist eine Form des Kostenträgers (andere sind z.B. Auftrag oder Projekt). Das Material steht zur Beschreibung der Stückliste mit sich in Beziehung.

- Dem Material sind ein oder mehrere Arbeitspläne zugeordnet, die seine Herstellung beschreiben. Ein Arbeitsplan kann einen oder mehrere Arbeitsgänge enthalten.
- Für jede Kombination von Material und Arbeitsplan kann eine Kalkulation, bestehend aus mehreren Kalkulationspositionen eingerichtet werden. Für jede Kalkulationsposition ist eine Berechnungsregel festgelegt, nach der ihr jeweils aktueller Wert errechnet wird.

Zur Vereinfachung des Datenmodells sind nicht ausgewiesen

- das Entity „Zeitpunkt", das unter anderem Beziehungen zu den verschiedenen Belegen hat, und
- das Entity „Kostenart", das in einer ISA-Beziehung zum Konto steht. In der betrieblichen Praxis besteht üblicherweise eine 1:1-Beziehung (Kostenart wird als gleichbedeutend mit Konto behandelt) oder eine 1:n-Beziehung zwischen Konto und Kostenart (Kostenart wird als Zusammenfassung mehrerer Konten behandelt).

6.3.2.2 Umweltkostensammler

Die zentrale Veränderung gegenüber dem Datenmodell der in der betrieblichen Praxis verbreiteten Kostenrechnung ist die Einführung des Entity „Umweltkostensammler".

Über die Zuordnung zu übergeordneten Umweltkostensammlern werden „Umweltkostensammler-Hierarchien" angelegt, anhand derer verdichtete Auswertungen erstellt werden können. Je nach verfolgtem Hauptansatz werden bestimmte Umweltkostensammler zu berücksichtigen oder nicht zu betrachten sein (z.B. umfaßt die Umweltkostensystematik der Berichterstattung nach § 15 UStatG anders als die Reststoffkostenrechnung nur einen Teil der Kosten für die Entsorgung von Reststoffen, dafür aber zusätzlich Kosten des Natur- und Landschaftsschutzes). Dies erlaubt bei einem einheitlichen Satz elementarer Umweltkostensammler je nach angewandter Systematik der Umweltkosten bestimmte Kostenelemente ein- oder auszublenden.

Die Ausprägungen der Umweltkostensammler sind in Abhängigkeit von den Rechnungszwecken zu gestalten. Zu beachten ist dabei, daß die in der Umweltkostensammler-Hierarchie nicht weiter untergliederten Umweltkostensammler überschneidungsfrei sind. Nur so ist eine eindeutige Kontierung und damit auch eine sinnvolle Auswertung der Umweltkosten zu gewährleisten.

Bei ausschließlicher Ausrichtung auf die Berichterstattung nach **§ 15 UStatG** sind die folgenden Umweltkostensammler erforderlich:

- Abfallwirtschaft
- Gewässerschutz
- Lärmbekämpfung
- Luftreinhaltung
- Naturschutz und Landschaftspflege
- Bodensanierung

Bei ergänzender Ausrichtung auf die Erfassung und Zuordnung der **vollen Umweltschutzkosten** ist die folgende Umweltkostensammlerstruktur denkbar [für eine denkbare Strukturierung siehe auch Spengler/Rentz et al. 1997, S. 77]:

- Zusatzkosten des integrierten Umweltschutzes
  - produktionsbezogener integrierter Umweltschutz
  - produktbezogener integrierter Umweltschutz
- Kosten des end-of-pipe Umweltschutzes
  - Abfallwirtschaft
  - Gewässerschutz
  - Lärmbekämpfung
  - Luftreinhaltung
  - Naturschutz und Landschaftspflege
  - Bodensanierung
- Kosten der Durchführung der Produktrücknahme[1]

Bei Ausrichtung auf die Steuerung der **Reststoffkosten** ist die folgende Struktur denkbar:

- feste Reststoffe/Abfall
  - Produktverpackung
  - Retouren
  - Ausschuß
  - Lieferantenverpackung (nur Entsorgung)
  - andere Produktionsabfälle
- Abwasser
  - Wasserversorgung
  - Abwasserentsorgung
- Abluft/Abwärme
  - Abluft/Abwärme aus Energieeinsatz
  - Sonstige Abluft

6.3.2.3 Wertbuchungsbeleg

Für die Zwecke von ECO-Integral wurde ein einheitlicher Beleg für die Finanzbuchhaltung und die Kostenrechnung definiert. Dieser „Wertbuchungsbeleg“ kann das Ergebnis der Aufwandserfassung in der Finanzbuchhaltung, der Übernahme von Aufwand in die Kostenrechnung, der Kostenstellenrechnung und der Kostenträgerrechnung sein. Der Wertbuchungsbeleg hat die in Abbildung 101 dargestellten Attribute.

1 Ohne Aufwand für die Abfallentsorgung, um eine eindeutige Kontierung zu gewährleisten.

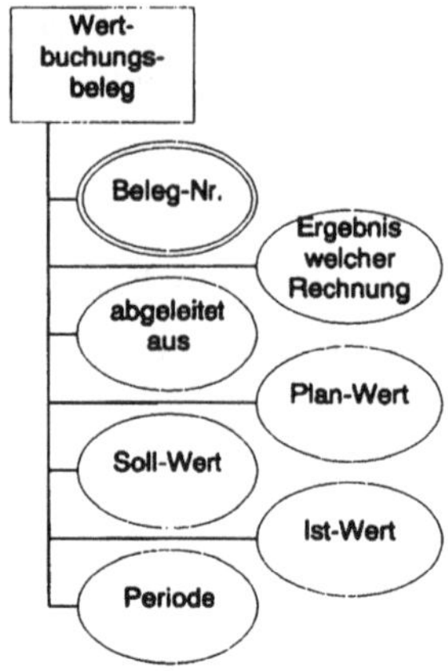

Abbildung 101: Attribute des Entity „Wertbuchungsbeleg"

Das „Ergebnis welcher Rechnung" gibt an, in welcher Rechnung der Beleg erzeugt wurde. Dieses Attribut kann die Ausprägungen der verschiedenen Nebenbuchhaltungen der Finanzbuchhaltung haben (z.B. Materialrechnung, Anlagenrechnung, Lohn- und Gehaltsrechnung), Hauptbuchhaltung der Finanzbuchhaltung, Erfassung der Ist-Kosten (d.h. v.a. Überspielung von Einzelbelegen aus der Finanzbuchhaltung in die Kostenrechnung), Kostenstellenrechnung oder Spaltung nach Umweltkostensammlern.

6.3.2.4 Kontierungsregel

Bei der Erstellung von Wertbuchungsbelegen muß ein Teil der Daten aus anderen Belegen automatisch übernommen oder manuell eingegeben werden. Aus diesen Daten können weitere Daten des Wertbuchungsbelegs durch Rückgriff auf Stammdaten generiert werden. Ein verbreitetes Beispiel hierfür ist die automatische Kontierung des Kontos „Fertigungsmaterial" bei der Erstellung eines Fibu-Belegs nach Ausbuchung von Fertigungsmaterial in die Produktion. Bei der Ausbuchung werden Materialnummer und Menge dem Entnahmebeleg entnommen, während der Preis und das zu bebuchende Konto dem Materialstamm entnommen werden.

Diese Kontierungsregeln können in der Praxis recht komplex sein und von einer Vielzahl von Tabellen gesteuert werden. Eine Darstellung dieser Komplexität ist zur Beschreibung der Prinzipien der Umweltkostenrechnung jedoch nicht erforderlich. Das hier eingeführte Entity „Kontierungsregel" dient deshalb als vereinfachender Platzhalter für komplexere Kontierungsregeln.

Für die Umweltkostenrechnung wird die Kontierungsregel auch dazu eingesetzt, die Kontierung auf Umweltkostensammlern bei der Erstellung von Wertbuchungsbelegen zu steuern. Die Kontierungsregel kann Beziehungen zu vielen, je nach Anwendung aber unterschiedlichen Entities aufweisen kann. Die Kontierungsregel wird in Abbildung 100 nicht gezeigt, da dies die Darstellung unübersichtlich gemacht hätten.

Analog zur Kontierung eines Materialverbrauchs auf das im Materialstamm hinterlegte Konto, wird sich eine Kontierung auf Umweltkostensammler anhand von Stammdaten des Entity Material und anderer Entities oft anbieten. Dazu bieten sich insbesondere die Entities Material, Bewegungsart, Auftragsart, Anlage, Arbeitsplatz, Mitarbeiter, Lohnart, Arbeitsgang, Kunde und Lieferant an:

Soweit bei der Kontierung auf Umweltkostensammler auf die Stammdaten dieser Entities zurückgegriffen werden soll,

- ist das Datenmodell durch eine 1:1-Beziehung zwischen dem jeweiligen Entity und dem Entity Umweltkostensammler zu ergänzen und
- sind diese Entities in einer Weise zu strukturieren, daß z.B. die Abschreibungs- und Instandhaltungskosten einer Anlage oder die Lohnkosten, die in einer Lohnart entstehen, „umweltkostensammler-rein" sind, d.h. nur möglichst nur einem Umweltkostensammler, diesem aber ganz oder gar nicht zuzuordnen sind.

6.3.2.5 Konto, Kostenstelle und BAB-Element

Die Beziehung BAB-Element wird durch Konto und Kostenstelle definiert. Zum BAB-Element erstellte Einzelbelege können dann auf Umweltkostensammler kontiert werden.

Bei der Gliederung von Konto und Kostenstelle und damit auch der BAB-Elemente ist deshalb darauf zu achten, daß diese möglichst „umweltkostensammler-rein" sind, d.h. daß sie **einem** Umweltkostensammler eindeutig und ganz zuzuordnen sind. Dadurch werden Aufwand und Ungenauigkeiten bei der Kontierung von Kosten auf Umweltkostensammler minimiert [ohne Verfasser 1996, S. 50]

Bei der Berichterstattung nach § 15 UStatG sind die Konten und Kostenstellen außerdem möglichst so zu gliedern, daß die auf ein BAB-Element kontierten Umweltkosten eindeutig einer der Zeilen des Berichtes nach §15 UStatG zuzuordnen sind. Dies bedeutet u.a., die Abwasserabgabe als eigenes Konto anzulegen (soweit der Betrieb eine Abwasserabgabe zu entrichten hat).

Die Attribute des BAB-Elementes sind in Abbildung 102 dargestellt.

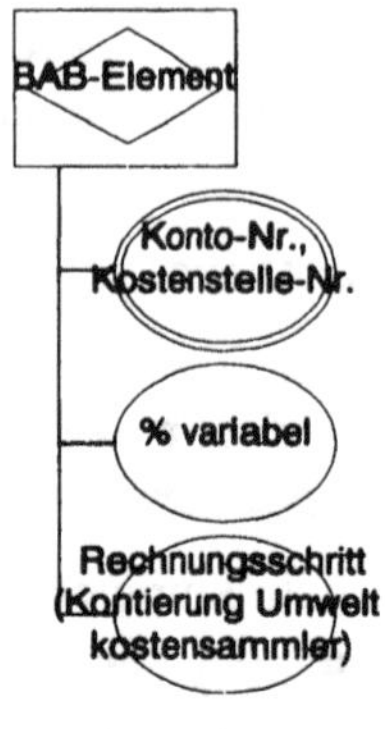

Abbildung 102: Attribute der Beziehung „BAB-Element"

Für jedes BAB-Element, d.h. für jede denkbare Kombination aus Konto und Kostenstelle, wird hinterlegt, bei welchem Rechnungsschritt die Kontierung auf Umweltkostensammler erfolgt (Nebenrechnung der Finanzbuchhaltung, Hauptbuchhaltung, Kostenerfassung, Kostenstellenrechnung, Spaltung nach Umweltkostensammlern).

Soweit die Kontierung bei der Spaltung nach Umweltkostensammlern erfolgt, handelt es sich immer um eine Verteilungsrechnung. Die dazu erforderliche Berechnungsregel wird durch eine der Beziehungen zum Entity Berechnungsregel bestimmt. Wenn die Kostenspaltung anhand fester Prozentsätze erfolgt (z.B. bei der Verteilung des Personalaufwands für den Umweltbeauftragten auf die nach § 15 UStatG vorgesehenen Kategorien Abfall, Abwasser, etc.), werden entsprechende Tabellen angelegt, auf welche die Berechnungsregel dann zugreift.

Soweit die Kontierung der Kosten des BAB-Elements auf Kostenträger erst im Rahmen der Kostenträger-Zeitrechnung erfolgt, ist die Berechnungsregel durch die andere Beziehung zum Entity Berechnungsregel bestimmt.

6.3.2.6 Weitere Entities zur Kostenstellenrechnung

Der Kostenstellenrechnung dienen die in Abbildung 103 dargestellten Beziehungen „Leistungsmessung“ und Bezugsgrößenwert sowie die Entities „Leistungsart“, „Kostensatz je Leistungsart“ und Bezugsgröße.

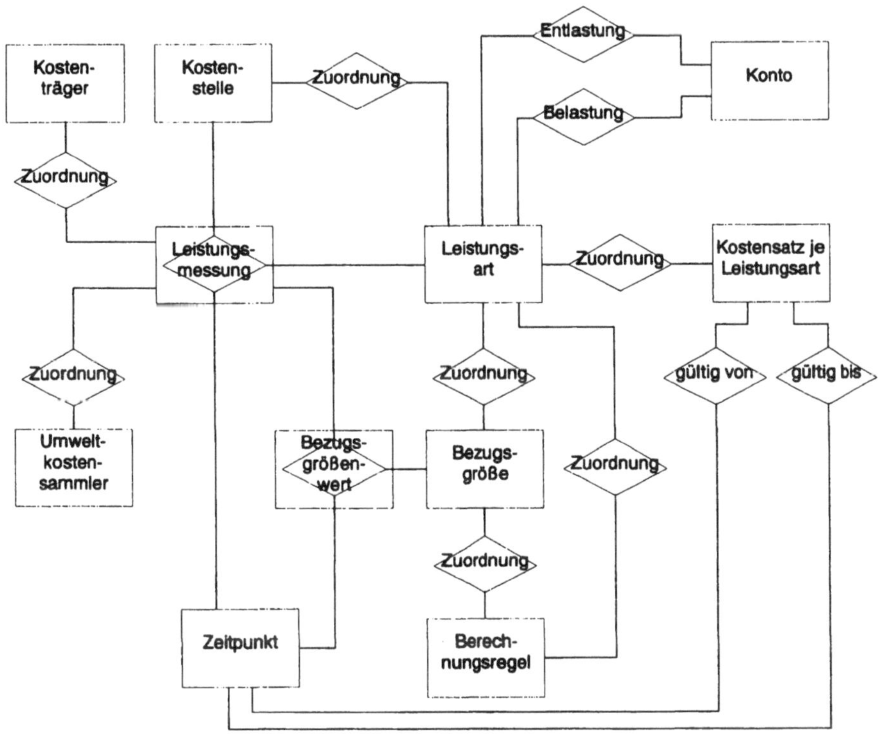

Abbildung 103: ERM Weitere Entities Kostenstellenrechnung

Die Beziehung **„Leistungsmessung“** stellt dar, welche Menge (Bezugsgrößenwert) welcher Leistungsart wann von welcher Kostenstelle abgenommen wurde. Die Leistungsmessung wird bei der Leistungsverrechnung zwischen Kostenstellen im Rahmen der Kostenstellenrechnung herangezogen.

Die Leistungsmessung kann auf Kostenträger und Umweltkostensammler kontiert sein.

Das Entity **„Leistungsart“** enthält die Stammdaten der Leistungsarten. Über Beziehungen wird definiert, welche die jeweils leistende (und damit bei der internen Leistungsverrechnung zu entlastende) Kostenstelle ist, welche Konten bei der Be- und Entlastungsbuchung im Rahmen der Kostenrechnung jeweils zu bebuchen sind, welche Bezugsgröße für die Leistungsart zugrundegelegt wird und nach welcher Berechnungsregel der Kostensatz zu errechnen ist. Mittels der in Abbildung 104 dargestellten Attribute wird hinterlegt, in welcher Frequenz der Kostensatz neu errechnet wird.

Abbildung 104: Attribute des Entity „Leistungsart"

Das Entity **„Kostensatz je Leistungsart"** enthält die aktuellen und vergangenen Kostensätze der jeweiligen Leistungsart. Über das in Abbildung 105 dargestellte Attribut „Art Kostensatz" werden Plan- und Ist-Kostensätze unterschieden. Der Zeitraum, für den ein Kostensatz gültig ist, wird durch Beziehungen zum Zeitpunkt definiert.

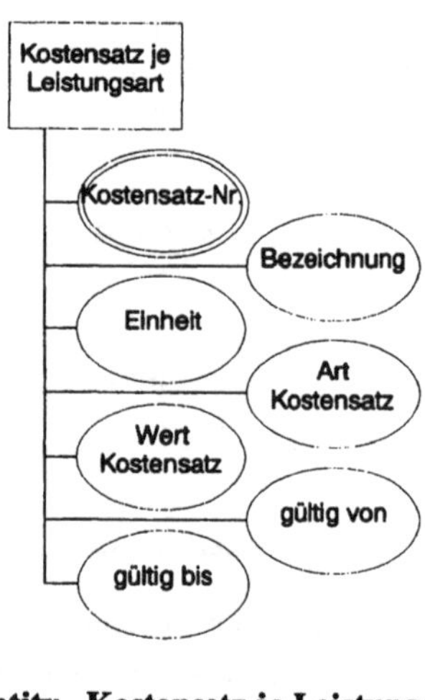

Abbildung 105: Attribute des Entity „Kostensatz je Leistungsart"

Das Entity **„Bezugsgröße"** stellt Bezugsgrößen für die unterschiedlichsten Rechnungszwecke dar. Es kann mit Ist-, Plan- und Soll-Werten geführt werden. Durch die Beziehungen zur Berechnungsregel wird definiert, wie diese Werte errechnet werden. Die in Abbildung 106 dargestellten Attribute zur Berechnungsfrequenz geben an, wie oft die Bezugsgröße errechnet wird.

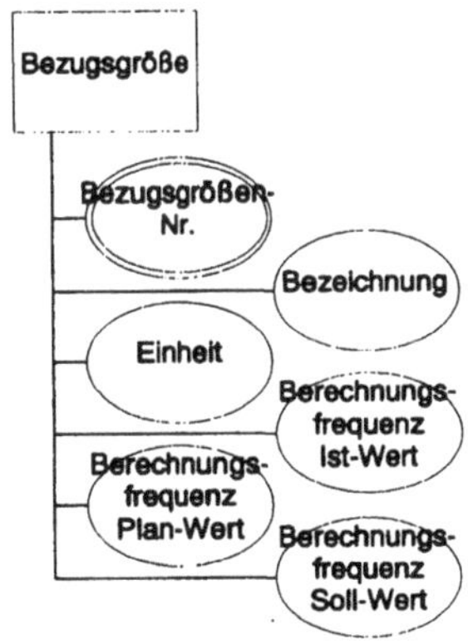

Abbildung 106: Attribute des Entity „Bezugsgröße“

Im Entity **„Bezugsgrößenwert“** werden die errechneten Ist-, Plan- und Soll-Werte der Bezugsgrößen geführt. Das in Abbildung 107 dargestellte Attribut „Art des Wertes“ gibt an, ob es sich um einen Ist-, Plan- oder Soll-Wert handelt.

Abbildung 107: Attribute des Entity „Bezugsgrößenwert“

6.3.2.7 Weitere Entities zur Soll-Kostenrechnung

Die in Abbildung 108 dargestellten Beziehungen und Entities zur Soll-Kostenrechnung beziehen sich auf ein Verfahren der Soll-Kostenrechnung, nach dem die Soll-Kosten je BAB-Element und Umweltkostensammler („Soll-Kosten-Element“) anhand des Wertes einer Plan- und einer Soll-Bezugsgröße ermittelt werden (Bildung eines Prozentsatzes, mit dem die variablen Plankosten des BAB-Elementes multipliziert werden).

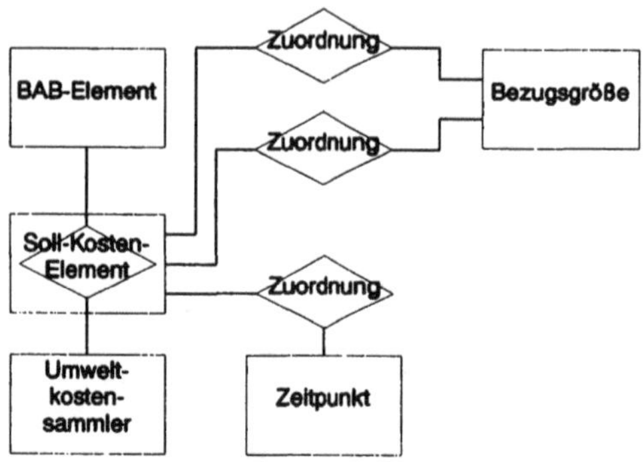

Abbildung 108: ERM Weitere Entities der Soll-Kostenrechnung

6.3.2.8 Weitere Entities zur Berichterstellung

Der Berichterstellung dienen insbesondere die Entities „Berichtsdefinition“ und „Berichtsarchiv“.

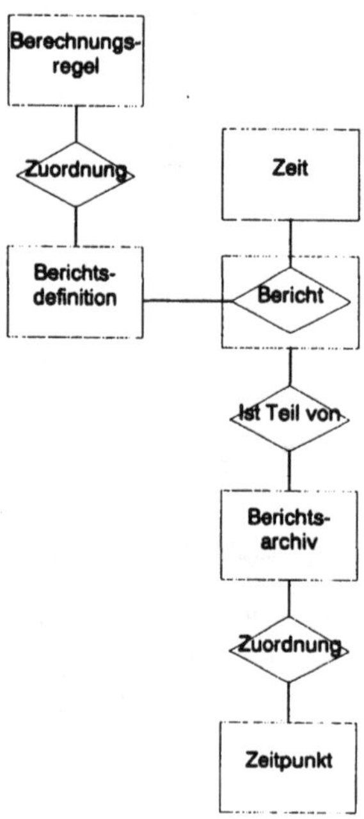

Abbildung 109: ERM Weitere Entities zur Berichterstellung

Das in Abbildung 110 dargestellte Entity „**Berichtsdefinition**“ beschreibt, welche Felder ein Bericht hat und wie diese zu füllen sind. Es wird angenommen, daß sich alle der in der Umweltkostenrechnung zu erzeugenden Berichte als zweidimensionale Tabellen beschreiben lassen oder (z.B. bei graphischen Auswertungen) aus solchen erzeugen lassen. Für jedes durch Spalte und Zeile definierte Feld dieser Tabelle ist dann entweder eine Berechnungsregel hinterlegt oder aber, wenn der einzutragende Wert sich grundsätzlich nicht ändert, dieser feste Wert (z.B. die Bezeichnung eines Spaltenkopfes).

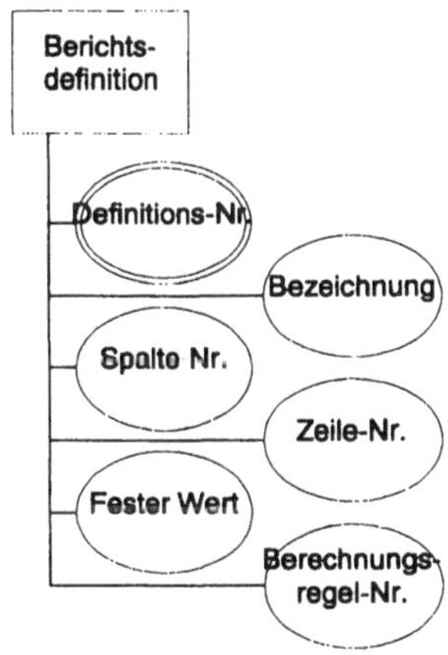

Abbildung 110: Attribute des Entity „Berichtsdefinition“

Im Entity „**Berichtsarchiv**“ sind die aufgrund der Berichtsdefinition erstellten Berichte hinterlegt.

6.3.3 Prozesse

Die Modellierung in ECO-Integral geht davon aus, daß

- die Finanzbuchhaltung (incl. Nebenbuchhaltungen) auf eigenständigen Belegen beruht, die entweder durch Interpretation von Belegen aus Vorsystemen (z.B. Materialwirtschaft, Auftragsabwicklung, Erfassung von Lohn- und Gehaltsdaten) oder aber manuell generiert werden.
- alle Aufwendungen die zugleich Kosten sind, bereits in der Finanzbuchhaltung entweder auf Kostenstellen oder Kostenträger kontiert werden.

6.3.3.1 Ist-Kostenerfassung

Der Prozeß „Ist-Kostenerfassung“ beschreibt die Generierung der Kostenbelege, auf welche die Kostenstellen- und Kostenträgerrechnung aufbauen. Dieser Prozeß kann je nach Bedarf bei jeder Bebuchung von Konten und/oder monatlich durchgeführt werden.

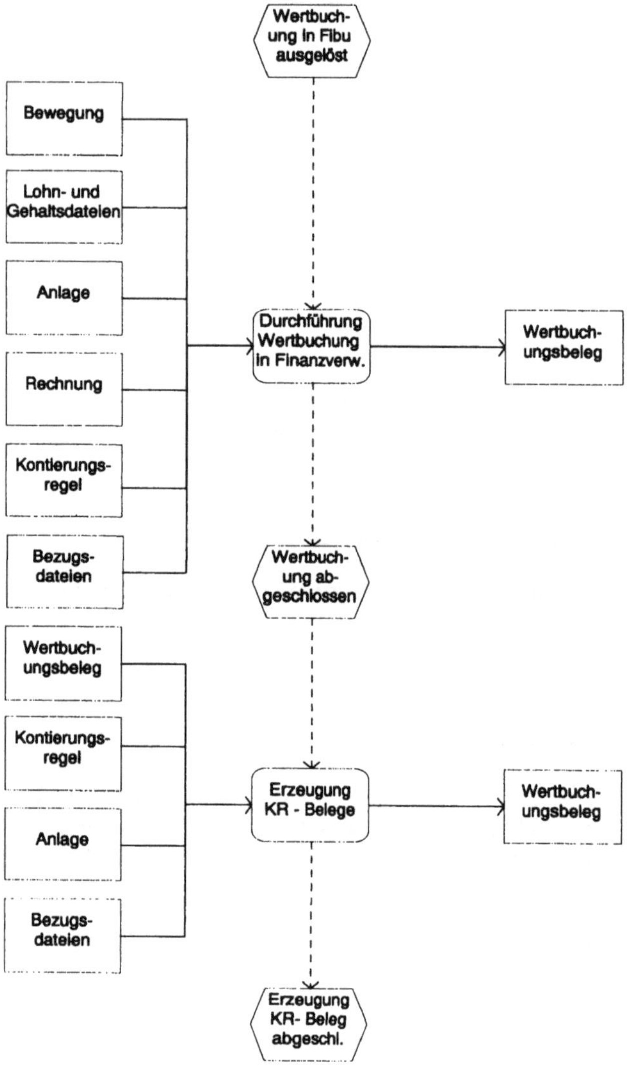

Abbildung 111: EPK Ist-Kosten-Erfassung

Finanzbuchhaltung

In der Finanzbuchhaltung werden Wertbelege im Rahmen der Materialrechnung, Anlagenbuchhaltung, Lohn- und Gehaltsrechnung sowie aus der Buchung von eigenen Rechnungen an Dritte sowie aus der Buchung von Rechnungen Dritter an den Betrieb erzeugt. Mit Hilfe von Kontierungsregeln und durch Rückgriffe auf Bezugsdateien, z.B. der Stammdaten der in diesen Belegen genannten Materialien, Bewegungsarten, Aufträge, Lohnarten, Arbeitsgänge, Arbeitsplätze, Anlagen, Kostenstellen, Kunden oder Lieferanten kann der generierte Wertbuchungsbeleg auf Umweltkostensammler kontiert werden.

Soweit Nebenbuchhaltungen geführt werden, deren Belege für die Hauptbuchhaltung verdichtet werden, werden nur Belege zu einem neuen Beleg verdichtet, die auf denselben Umweltkostensammler kontiert sind.

Erlöse (z.B. aus verwertbaren Abfällen) können ebenso wie der entstandene Aufwand auf Umweltkostensammler kontiert werden.

Erzeugung von Kostenrechnungsbelegen

Bei der Erzeugung von Kostenrechnungsbelegen aus den Belegen der Finanzbuchhaltung werden

- der neutrale Aufwand ausgeblendet,
- für die Anderskosten (z.B. kalkulatorische Abschreibungen) (z.B. anhand der Anlagenstammdaten oder anderer Bezugsdateien) neue Belege erzeugt,
- für die Zusatzkosten innerhalb der Kostenrechnung anhand geeigneter Bezugsdateien ebenfalls eigene Belege erzeugt und
- die Erlöse soweit übernommen, wie Berichte der Kostenrechnung auf Erlöse zurückgreifen sollen und die Erlösbelege dazu innerhalb der Kostenrechnung geführt werden müssen.

Bei dieser Erzeugung von Kostenrechnungsbelegen können

- Kontierungen auf Umweltkostensammler, soweit vorhanden, aus der Finanzbuchhaltung übernommen werden,
- Belege in diesem Rechnungsschritt anhand der Kontierungsregeln auf entsprechende Umweltkostensammler kontiert werden (z.B. die kalkulatorischen Abschreibungen von Umweltschutzanlagen oder Kosten des Kontos Abwasserabgabe) oder
- Belege ohne Kontierung auf Umweltkostensammler erzeugt werden.

Belastung von Kostenstellen mit dem Verbrauch an Fertigungsmaterial

Bei der Kontierung des Verbrauchs an direktem Material besteht in der **Reststoffkostenrechnung** eine wesentliche Abweichung von der heutigen, betrieblichen Praxis [Fischer 1997a, S. 235-240].

Wenn direktes Material zu Reststoff wird (Verschnitt, Ausschuß o.ä.) entstehen zum Teil erhebliche Kosten. Im Firmenprojekt Novartis lagen sie im Durchschnitt über den Lohnkosten der Fertigungskostenstellen, werden in der heutigen Praxis aber nicht kostenstellenbezogen ausgewiesen. Da diese Kosten in der Regel sowohl weder dem Kostenstellenleiter noch seinen Vorgesetzten in ihrem vollen Ausmaß bekannt sind, bleiben entscheidende Impulse zur Senkung dieser Kosten aus.

Die Reststoffkostenrechnung sieht vor, diese Kosten nicht nur auf Kostenträger sondern auch auf Kostenstelle zu kontieren und in den entsprechenden Kostenstellenberichten auszuweisen (soweit es sich um relevante, beeinflußbare Kostenbeträge handelt). Dies erfolgt auch in Analogie zur gleichzeitigen Belastung von direktem Lohn auf Kostenträger und Kostenstelle.

Die Reststoffkostenrechnung sieht jedoch **nicht** vor, die Kosten des zu Reststoff gewordenen direkten Materials im Kostensatz der jeweiligen Kostenstelle zu berücksichtigen. Die Kostenträgerzuordnung dieses Materialverbrauchs (der Kostensatz dient ebenfalls der Kostenträgerzuordnung von Kostenstellenkosten) ist durch die Stückliste bereits gewährleistet (siehe dazu Teil III, Abschnitt 6.3.3.4).

6.3.3.2 Ist-Kostenstellenrechnung

Der Prozeß Ist-Kostenstellenrechnung beschreibt die Verrechnung von Leistungen zwischen Kostenstellen. Aus Sicht der Umweltkostenrechnung steht hier die verursachungsgerechte Belastung mit den Kosten der Ver- und Entsorgungsleistungen im Vordergrund. Dies soll zu einem reduzierten und damit umweltentlastenden Verbrauch von Energien und reduziertem Anfall an Reststoffen beitragen, soweit eine Reduzierung auch kostensenkend wirkt.

Die Ist-Kostenstellenrechnung wird in aller Regel monatlich durchgeführt.

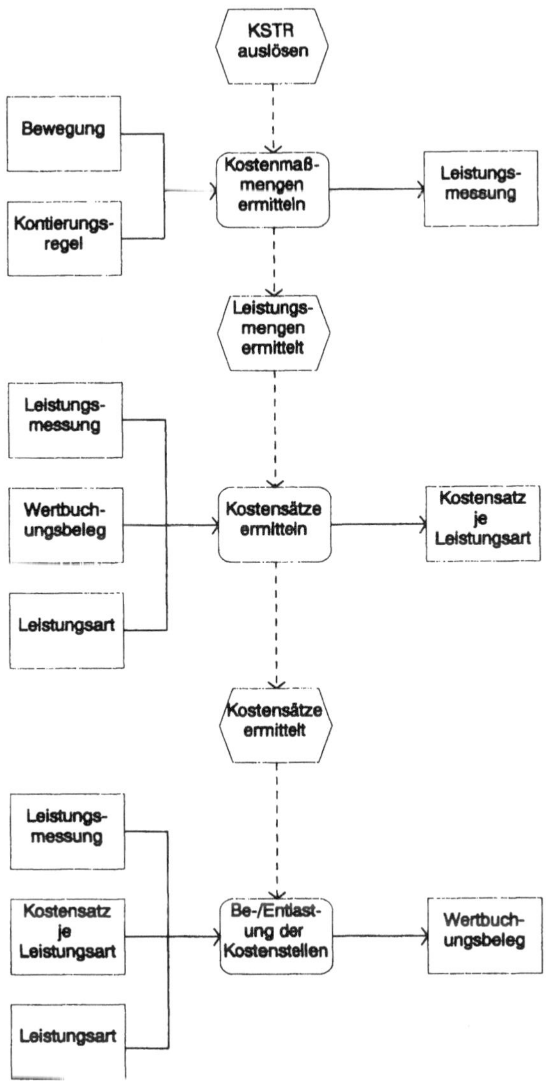

Abbildung 112: EPK Ist-Kostenstellenrechnung

Ermittlung der Leistungsmengen

Die Ver- und Entsorgungsleistungen sollten den verursachenden Kostenstellen grundsätzlich anhand verursachungsgerechter Schlüssel, d.h. in der Regel anhand der tatsächlichen Verbrauchsmengen belastet werden [ohne Verfasser 1996, S. 56-59]. ECO-Integral bietet hierzu aufgrund der höheren und zentral verfügbaren Stoffstromtransparenz deutlich verbesserte Voraussetzungen.

Soweit echte Verbrauchsmengen zugrundegelegt werden sollen und im Entity „Bewegungen“ auch abgelegt sind, werden entsprechend speziell für diesen Rechnungsschritt ausgelegter Kontierungsregeln die aktuellen Leistungsmengen erzeugt. Die Kontierungsregel bestimmt anhand von Merkmalen der Bewegungen (z.B. Material, Bewegungsart, von Mengenstelle, nach Mengenstelle)

- ob die Bewegung überhaupt zur Erzeugung von Leistungsmengen heranzuziehen ist und
- welche Leistungsart und zu belastende Kostenstelle in dem Entity „Leistungsmessung“ bei Buchung der Bewegungsmenge als Leistungsmenge zu kontieren sind.

In der Leistungsmessung kann zugleich der geeignete Umweltkostensammler kontiert werden.

Ermittlung der Kostensätze

Soweit die Kostensätze je Leistungsart monatlich ermittelt werden oder die Kostenstellenrechnung für den ersten Monat des neuen Jahres durchgeführt wird, sind die aktuellen Kostensätze zu ermitteln.

Dabei werden die über die jeweilige Leistungsart zu verrechnenden Kosten des Bezugszeitraums durch die Leistungsmengen der Leistungsart im Bezugszeitraum geteilt.

Dies kann entweder automatisiert erfolgen (wie in der obigen Abbildung dargestellt) oder aber manuell. Die Ergebnisse werden im Entity „Kostensatz je Leistungsart“ hinterlegt.

Be- und Entlastung der Kostenstellen

Nach Ermittlung der Leistungsmengen und der Kostensätze kann die Belastung der empfangenden Kostenstelle und die Entlastung der leistenden Kostenstelle durchgeführt werden. Dazu wird die Leistungsmenge je Leistungart und empfangender Kostenstelle mit dem Kostensatz multipliziert. Die zu entlastende Kostenstelle wird aus dem Entity „Leistungsart“ abgelesen.

Soweit die Leistungsmenge auf Umweltkostensammler kontiert ist, wird die Belastungsbuchung auf denselben Umweltkostensammler kontiert. Die Entlastungsbuchung wird nicht auf Umweltkostensammler kontiert, um Doppelzählungen zu vermeiden [Die Problematik der Doppelzählung wird von Fleischmann 1997, S. 14 und von Spengler/Rentz et al., S. 78, beschrieben].

Für die Zwecke der Umweltkostenrechnung wird die Kostenstellenrechnung auf ermittelten Bewegungen anstatt auf Wertschlüsseln oder auf statistische Größen aufgebaut. Dementsprechend werden die im Entity Leistungsmessung hinterlegten Schlüsselmengen je Periode, Kostenstelle und sekundärer Kostenart verstärkt aus Verdichtungen der im Entity „Bewegung“ hinterlegten Einzelbewegungen ermittelt.

6.3.3.3 Ist-Kostenspaltung nach Umweltkostensammlern

Die Kontierung von Kosten auf Umweltkostensammlern kann bereits in der Finanzbuchhaltung, bei der Ist-Kosten-Erfassung oder bei der Kostenstellenrechnung erfolgen. Für die dann noch nicht auf Umweltkostensammler kontierten BAB-Elemente beschreibt der Prozeß „Spaltung der Ist-Kosten nach Umweltkostensammlern“ deren Kontierung auf Umweltkostensammler.

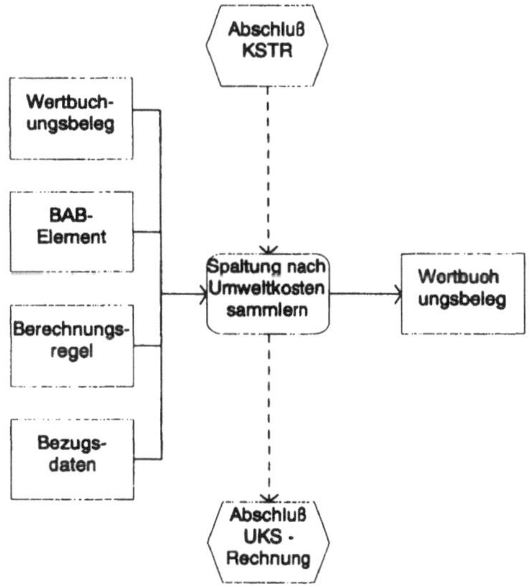

Abbildung 113: EPK Spaltung der Ist-Kosten nach Umweltkostensammlern

Dieser Prozeß wird für diejenigen BAB-Elemente durchgeführt, in deren Attributen hinterlegt ist, daß sie erst in diesem Rechnungsschritt auf Umweltkostensammler kontiert werden.

Anhand der im BAB-Element dazu hinterlegten Berechnungsregel und den erforderlichen Bezugsdateien wird eine Verteilungsrechnung durchgeführt, in der die Kosten des BAB-Elements in Teilbeträge aufgespalten und auf einen oder mehrere Umweltkostensammler kontiert werden. Teilbeträge, die nicht den Umweltkosten zuzuordnen sind, werden mit Leereintrag im Attribut „Umweltkostensammler“ kontiert.

Die ursprünglichen, „ungespaltenen“ Belege werden gelöscht oder durch eine Gegenbuchung in gleicher Höhe de facto annulliert. Für jeden der erzeugten Teilbeträge wird dann eine eigener, neuer Beleg erzeugt.

Damit sind die Umweltkosten vollständig auf die entsprechenden Umweltkostensammler kontiert.

6.3.3.4 Ist-Kostenträger-Stückrechnung

Der Prozeß Ist-Kostenträger-Stückrechnung beschreibt die Erstellung der Kalkulation als die Erstellung eines Berichtes.

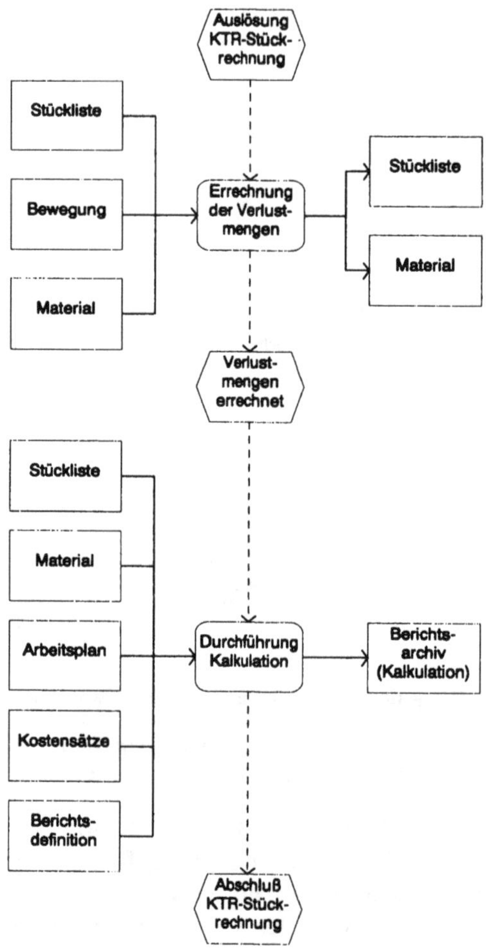

Abbildung 114: EPK Kostenträger-Stückrechnung (Kalkulation)

Kalkulation

In der hier dargestellten Form beruht die Kalkulation auf

- der Ablesung des Einsatzes an direktem Material je Einheit des Kostenträgers aus der Stückliste und der Multplikation dieser Werte mit den entsprechenden Durchschnittspreisen aus dem Materialstamm
- der Ablesung der erforderlichen Lohn- und Maschinenzeiten aus den Arbeitsplänen, multipliziert mit den zugehörigen Kostensätzen aus dem Kostenstellenstamm.
- Der Multiplikation dieser Basisdaten mit Gemeinkostensätzen, die in der Definition des Berichtes „Kalkulation" hinterlegt sind.

In der Definition des Berichtes Kalkulation ist hinterlegt, ob und welchem Umweltkostensammler eine Kalkulationsposition zuzuordnen ist. Anhand dieser Zuordnung lassen sich dann in den Berichten die Umweltkosten je Kostenträger und Umweltkostensammler auswerten.

Die Kalkulation ist für das Umweltkostenmanagement von hoher Bedeutung. Wenn in der Stückliste z.B. eingesetzte Energiemengen oder anfallende Reststoffmengen je Einheit des Kostenträgers hinterlegt sind (wie unter der Funktion „Ermittlung der Datenbasis" beschrieben), werden deren Kosten auch verursachungsgerecht auf den Kostenträger zugeordnet. Dies bedeutet, daß Kostenträger, deren Herstellung einen hohen Energieverbrauch oder aber viel bzw. teueren Abfall verursacht, auch in der Kalkulation höher (und verursachungsgerechter belastet werden). Umgekehrt werden Kostenträger mit geringem Energieverbrauch oder Abfallanfall weniger belastet.

Dies ist sowohl aus Sicht des Kostenmanagements als auch aus Sicht des Umweltmanagements positiv zu bewerten, soweit die Veränderungen in der Kalkulation entscheidungsrelevant sind.

Tendenziell führt diese Verschiebung zu höheren Deckungsbeiträgen für umweltfreundlichere Produkte und niedrigeren Deckungsbeiträgen für weniger umweltfreundliche Produkte. Damit steigt der Anreiz, umweltfreundliche Produkte im Verkauf zu forcieren bzw. die umweltbelastenden Eigenschaften von umweltbelastenden Produkten durch Veränderungen im Produktdesign oder der Produktionsverfahren zu reduzieren.

Errechnung der Verlustmengen

Verbreitet in der Industrie sind Kalkulationen, die dem Stücklistenkopf einen Ausschußprozentsatz und der Stücklistenposition einen Prozentsatz für Materialverluste entnehmen (die in der Regel zwischen der Entnahme aus dem Lager und dem Eingang in das Halbfertig- oder Fertigerzeugnis liegen).

Hier ist die Erfahrung, daß diese Prozentsätze oft entweder anhand von Schätzwerten festgelegt werden oder aber anhand von überholten Meßwerten. Dies führt zu verfälschten Kostensignalen für Produktentwicklung, Einkauf, Produktion und Vertrieb.

Besonders für die Reststoffkostenrechnung kommt die Errechnung belastbarer und aktueller Prozentsätze für Ausschuß und Materialverluste besondere Bedeutung zu, da der Wert der Verluste an direktem Material sowie an Halbfertig- und Fertigprodukten oft in der Größenordnung von 4-8 % der betrieblichen Gesamtkosten liegt.

Hier werden anhand der stark verbesserten, im Entity „Bewegungen" abgelegten Stoffstromtransparenz vor der Durchführung der Kalkulation die tatsächlichen Verlustprozentsätze ermittelt. Die Verluste eines Materials, die in der Bewegung keinem in der Stückliste „höher" angesiedelten Material zugeordnet sind, werden in das Verhältnis zum Gesamteinsatz gesetzt und als Prozentsatz im Materialstamm des Materials hinterlegt. Soweit das Material ein Halbfertig- oder Fertigerzeugnis ist, wird dieser Prozentsatz auch im entsprechenden Stücklistenkopf hinterlegt.

Wenn Verluste in der Bewegung einem in der Stückliste direkt übergeordneten Material zugeordnet sind, wird ein entsprechender Prozentsatz aus den UE/FE-spezifischen Verlusten des Materials und dem Gesamteinsatz des Materials für das jeweilige Halbfertig- oder Fertigerzeugnis gebildet und in der entsprechenden Stücklistenposition hinterlegt. Soweit es sich dabei um Rohmaterialien handelt (d.h. um Materialien ohne Stückliste), wird der Verlustprozentsatz dazu addiert.

6.3.3.5 Ist-Kostenträger-Zeitrechnung

Der Prozeß Kostenträger-Zeitrechnung nimmt in der hier dargestellten Form die Kontierung der nicht mit der Kalkulation erfaßten und nicht bereits auf Kostenträger kontierten Kosten vor.

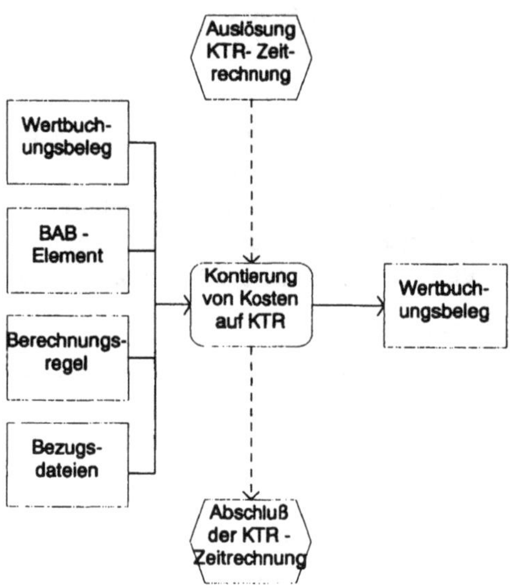

Abbildung 115: EPK Kostenträger-Zeitrechnung

Ebenso wie bei der Spaltung nach Umweltkostensammlern ist die entsprechende Verteilungsregel im BAB-Element hinterlegt. Der Kostenbetrag wird anhand dieser Regel und der darin genannten Bezugsdateien in Teilbeträge aufgespalten und kontiert diese jeweils mit dem entsprechenden Kostenträger oder der entsprechenden Kostenträgergruppe.

Die mit ECO-Integral verbesserte und in dem Entity „Bewegung" zentral verfügbare Stoffstromtransparenz bietet auch hier wieder Möglichkeiten einer verursachungerechteren Zuordnung von Kosten.

Bei der Spaltung der Wertbuchungsbelege nach Kostenträgern werden vorhandene Kontierungen auf Umweltkostensammler mitgeführt. Die Verursachungsgerechtigkeit der Zuordnung von Umweltkosten auf Kostenträger ist hierbei so gut oder so schlecht wie die Verursachungsgerechtigket der Kostenträgerzuordnung insgesamt.

6.3.3.6 Soll-Kostenrechnung

Der dargestellte Prozeß „Soll-Kostenrechnung" setzt ein Verfahren der Soll-Kostenrechnung voraus, bei dem die

- variablen, monatsbezogenen Plan-Kosten anhand von monatsbezogenen Plan-Bezugsgrößen und Plan-Kostensätzen im Rahmen der Kostenplanung ermittelt werden,
- die Soll-Bezugsgrößen monatlich anhand von Ist-Daten ermittelt werden,
- die variablen Plan-Kosten mit dem Verhältnis aus Soll-Menge zu Plan-Menge multipliziert werden und
- die fixen Plan-Kosten zu diesem Betrag addiert werden, um die Soll-Kosten zu erhalten.

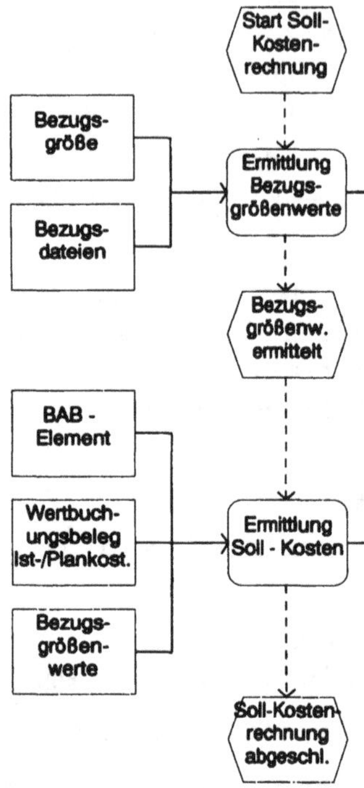

Abbildung 116: EPK-Soll-Kostenrechnung

Wesentlich für die Kostenrechnung insgesamt ist, daß mit der verbesserten Stoffstromtransparenz wiederum mehr BAB-Elemente zu einem höheren Anteil als variabel abgebildet werden können.

Kostenziele

Von hoher Bedeutung für das Umweltkostenmanagement ist, daß die Berechnungsregeln für die Ermittlung der Soll-Mengen auf Tabellen zurückgreifen können, in denen Mengenziele für umweltbelastende Stoff- und Energieströme (z.B. Abfall- oder Ausschußziele im Verhältnis zur Produktionsleistung) oder Kostenziele für Umweltkosten (Anteil der Energiekosten an den Gesamtkosten) hinterlegt sein können.

Erst hiermit lassen sich Umweltkostenziele wirksam setzen und überwachen. Ebenso läßt sich erst anhand dieser Zielwerte feststellen, ob der Betrieb nach Abzug der Beschäftigungseffekte seine Umweltkosten tatsächlich gesenkt hat.

Dies setzt voraus, daß Kosten nicht nur auf der Ebene „Kostenart“ und „Kostenstelle“, sondern (in den relevanten Bereichen) auch auf der Ebene „Umweltkostensammler“ geplant werden.

6.3.3.7 Erstellung Kostenberichte

Der Prozeß Erstellung Kostenberichte ist die Frucht aller vorhergehenden Berichte und der Output, auf den die Umweltkostenrechnung ausgerichtet ist.

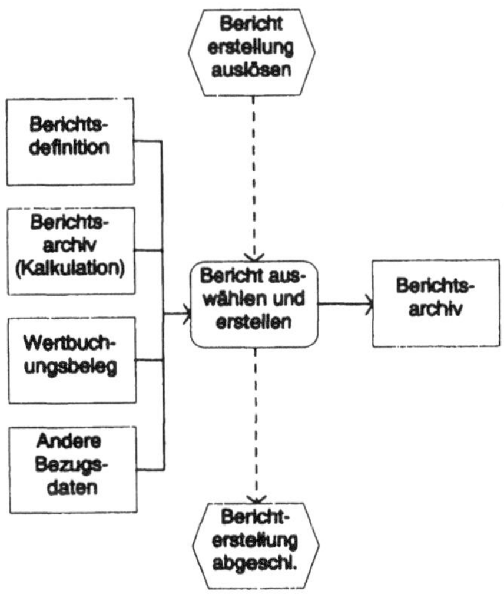

Abbildung 117: EPK Erstellung Kostenberichte

Standardberichte sind der „Kostenstellenbericht" und die „Deckungsbeitragsrechnung". Kostenstellenberichte werden direkt aus den Daten des Wertbuchungsbelegs erstellt. Die Deckungsbeitragsrechnung wird durch Zusammenführung der Kalkulationswerte (multipliziert mit den verkauften Stückzahlen je Kostenträger) und den auf Kostenträger kontierten Wertbuchungsbelegen erstellt.

Die Umweltschutzkostenrechnung und die Reststoffkostenrechnung werden durch die Erstellung von Berichten unterstützt, in denen Umweltkosten nach den zentralen Entscheidungsfaktoren des Betriebes (Einsatzmaterialien, Fertigungsprozesse bzw. Kostenstellen, Kostenträger und Reststoffe) ausgewertet werden.

Dies kann entweder in Form von vordefinierten Umweltkostenberichte erfolgen. Die Berichtsdefinition können aber auch ad hoc gewählt werden, so daß Umweltkosten (weitgehend) beliebig nach verursachenden Einsatzmaterialien, Kostenstellen, Kostenträgern, Reststoffströmen bzw. Umweltmedien sowie nach Perioden ausgewertet werden können.

Weiterhin ist die Definition, Auswertung und Überwachung der betrieblichen Mengen und Kosten nach Kennzahlen möglich. Die Prozesse hierzu sind unter dem Instrument „Kennzahlen" beschrieben.

Ausführliche Beispiele für mögliche Auswertungen der Reststoffkosten für die Zwecke des Kostenmanagements finden sich in der Beschreibung des Firmenprojektes bei der Novartis Pharma GmbH.

6.4 Verwendete und weiterführende Literatur

Fichter, K.; Loew, T.; Seidel, E. (1997): Betriebliche Umweltkostenrechnung.

Fischer, H. (1993): Environmental Cost Management vereinigt Umwelttechnik, Produktion und Controlling. In: Blick durch die Wirtschaft vom 26.02.1993, S. 7.

Fischer, H. (1996): Abgrenzung verschiedener Umweltkostenbegriffe. In: Fichter, K.; Loew, T.; Seidel, E. (1997): Betriebliche Umweltkostenrechnung, S. 126.

Fischer, H. (1997a): Reststoffkostenrechnung (unveröffentlicht).

Fischer, H. (1997b): Environmental Cost Management. In: Umweltkostenmanagement. Hrsg.: Fischer, H.; Wucherer, C.; Wagner, B.; Burschel, C., S. 1-27.

Fischer, H; Blasius, R. (1995): Umweltkostenrechnung. In: Handbuch Umweltkostenrechnung. Hrsg.: Bundesumweltministerium und Umweltbundesamt, S. 439-457.

Fleischmann, E.; Paudtke, H. (1977): Kosten des Umweltschutzes. In: Handbuch des Umweltschutzes. Hrsg.: Vogl, J.; Heigl, A. et al., Teil III, M 7, S. 1-23.

Haasis, H.-D. (1992): Umweltschutzkosten in der betrieblichen Vollkostenrechnung. In: Wirtschaftswissenschaftliches Studium, S. 118-122.

Kloock, J. (1993): Neuere Entwicklungen betrieblicher Umweltkostenrechnung. In: Betriebswirtschaft und Umweltschutz. Hrsg.: Wagner, G.. S. 179-206.

o. V. (1995): Gesetz über Umweltstatistiken (Umweltstatistikgesetz - UStatG). In: Umwelt-Recht. Hrsg.: Storm, P.-C.. 9. Auflage, S. 45-50.

o. V. (1996): Handbuch Umweltkostenrechnung. Hrsg.: Bundesumweltministerium und Umweltbundesamt.

Roth, U. (1992): Umweltkostenrechnung. Wiesbaden.

Spengler, T.; Rentz, O.; Odoj, B. (1997): Umweltkostencontrolling mit SAP R/3 - eine Fallstudie. In: Kostenrechnungspraxis. 41. Jahrgang, Heft 2, S. 75-80.

Statistisches Bundesamt (1996): Erhebung der laufenden Aufwendungen für den Umweltschutz im produzierenden Gewerbe ab Berichtsjahr 1996.

Strebel, H. (1980): Umwelt und Betriebswirtschaft.

Strobel, M. (1994): Konzeption eines betrieblichen Umweltinformationssystems (unveröffentlicht).

Wagner, G.; Janzen, H. (1991): Ökologisches Controlling. In: Controlling. Heft 3, S. 120-129.

7 Umweltrechtliche Instrumente

7.1 Zielsetzung

Industrieunternehmen erstellen aufgrund umweltrechtlicher Vorgaben und Genehmigungsbescheide eine große Anzahl von Berichten zu ihren Stoff- und Energieflüssen. Außerdem sind sie verpflichtet, Grenz- bzw. Schwellenwerte zu überwachen und einzuhalten. Die Datenerhebung hierzu erfolgt derzeit größtenteils noch auf stand-alone DV-Systemen mit manueller Eingabe oder sogar vollständig manuell. Dies bedeutet hohen Zusatzaufwand bei teilweise begrenzter Datenqualität. Nach einer Studie des Bundeswirtschaftsministeriums betragen die "Bürokratiekosten" der Industrie im Bereich Umweltschutz ca. 6 Milliarden Mark pro Jahr[1]. Ein wesentlicher Anteil davon ist auf die Dokumentation der betrieblichen Stoff- und Energieflüsse zurückzuführen.

Das Referenzmodell ECO-Integral wird deshalb so ausgelegt, daß unterschiedliche

- stoff- und energieflußbezogene Umweltberichte an Behörden aus den Bereichen Abfall, Abwasser, Abluft und Gefahrstoffe DV-gestützt erstellt und archiviert werden können,
- die Überwachung und Dokumentation der Einhaltung umweltrechtlicher und in Genehmigungsbescheiden vorgegebener Grenzwerte unterstützt wird.

Ziel dabei ist es zum einen, den Aufwand für die Erstellung von umweltrechtlich erforderlichen Berichten erheblich zu senken und die Qualität der Daten für die rechtskonforme Steuerung des betrieblichen Umweltmanagements, die Abwehr von Haftungsansprüchen und die Planungs- und Überwachungsaufgaben der Behörden zu steigern. Durch den Zugriff auf die gemeinsame Datenbasis von ECO-Integral steigt die Qualität der erhobenen Daten. Allein im Bereich der Datenerhebung und Berichtserstellung zum betrieblichen Umweltschutz kann mit einem bundesweiten Einsparungspotential eines nicht unerheblichen Teils der oben genannten 6 Mrd. DM gerechnet werden.

Zum anderen sollte es dem Unternehmen ermöglicht werden, die Funktion eines „ökologischen Filters" zu realisieren und in die Unternehmensabläufe zu integrieren. Der ökologische Filter hat zur Aufgabe, Beschränkungen, denen das Unternehmen bei Einsatz, Verarbeitung, Transport und Lagerung von Materialien und Stoffen unterliegt, möglichst weitgehend einzuhalten. Solche Beschränkungen resultieren aus rechtlichen Rahmenbedingungen, aber auch aus unternehmens- oder verbandspolitischen Gründen.

[1] Süddeutsche Zeitung vom 27.06.1995, S. 19.

7.2 Grundlagen

Im Zusammenhang mit umweltrechtlichen Normen[1] sind aus der Sicht eines Unternehmens grundsätzlich zwei Fragen von Bedeutung:

1. Welche Normen sind für das Unternehmen relevant?
2. Welche Pflichten entstehen aus diesen relevanten Normen?

In der betrieblichen Praxis stellt es für viele Unternehmen ein Problem dar, aus der Vielzahl von Umweltnormen, die für das Unternehmen relevanten Vorschriften herauszufiltern. Auch mit Kenntnis der relevanten Normen sind die konkreten Pflichten, die das Unternehmen im Zusammenhang mit diesen geltenden Normen zu erfüllen hat, nicht immer selbstverständlich und für den juristischen Laien nicht eindeutig erkennbar. Die folgenden beiden Abschnitte sollen verdeutlichen, welche Punkte bei den Fragen "Relevanz" und "Pflichten" von Umweltnormen zu beachten sind.

Relevanz von Gesetzen: Es lassen sich prinzipiell drei Fälle unterscheiden, die dazu führen, daß eine umweltrechtliche Norm für ein Unternehmen relevant, das heißt gültig bzw. anzuwenden, ist.

1. **Unmittelbare Relevanz**: Die Norm gilt unmittelbar für alle Unternehmen und alle darin genannten Pflichten sind direkt einzuhalten (z.B. verpflichtet §4 der Verpackungsverordnung alle Hersteller und Vertreiber von Produkten, Transportverpackungen nach Gebrauch zurückzunehmen).
2. **Mittelbare Relevanz über Auflage:** Die Genehmigung einer Anlage, eines Gebäudes oder einer Tätigkeit ist an bestimmte, von der Genehmigungsbehörde festgelegte, Auflagen geknüpft. Aufgrund des Rechtsstaatsprinzipes müssen diese Auflagen jedoch auf einer rechtlichen Grundlage basieren (z.B. wird eine Anlage mit der Auflage genehmigt, daß bestimmte Emissionen fortlaufend gemessen werden; §29 BImSchG). Die Auflage spezifiziert also eine geltende Norm für ein Unternehmen in einem bestimmten Fall.
3. **Bedingte Relevanz:** Erst bei Vorliegen bestimmter Bedingungen (Überschreitung eines Schwellenwertes, Umgang mit bestimmter Materialien, Zugehörigkeit zu bestimmten Branchen) sind die Pflichten der Norm von einem Unternehmen zu erfüllen (überschreitet die tägliche Abwassereinleitung eines direkt in einen Vorfluter einleitenden Unternehmens 750 m^3 Wasser, muß ein Betriebsbeauftragter für Gewässerschutz bestellt werden; §21a WHG).

Pflichten aus umweltrechtlichen Normen: Nachdem die Anwendbarkeit eines Gesetzes überprüft ist, stellt sich die Frage, welche Pflichten sich für das Unternehmen daraus ergeben. Die Pflichten aus umweltrechtlichen Normen lassen sich unterscheiden in **Verbote, Gebote, umweltdienliche Nebenpflichten** und **sonstige Verfügungen** [Kahl/Voßkuhle 1995, S. 79ff]. Verbote sind auf reines Unterlassen gerichtet, Umweltgebote erlegen dem Einzelnen die Pflicht zu einem bestimmten umweltpflichtigen Tun oder Dulden auf. Um-

1 Der Begriff Normen wird als Oberbegriff für Gesetze, Verordnungen, Satzungen u.ä. verwandt

weltdienliche Nebenpflichten beinhalten eine Reihe von Auskunfts-, Anzeige-, Melde- und Sicherungspflichten. Im Rahmen von „sonstigen Verfügungen“ können die Umweltbehörden zahlreiche Einzelverfügungen treffen; sie können Genehmigungen widerrufen, zurücknehmen, einschränken oder Verbote aussprechen.

Aus diesen Pflichten lassen sich für Unternehmen konkrete Handlungsvorgaben ableiten, die sich wie folgt abstrakt gliedern lassen:

- Bestimmte Handlungen dürfen nicht unternommen werden
- Grenzwerte dürfen nicht überschritten werden.
- Organisatorische Maßnahmen müssen ergriffen werden.
- Berichte müssen erstellt werden
- Nachweise für bestimmte Abläufe müssen geführt werden.

Erst wenn Umweltnormen als relevant erkannt sind und die sich daraus ergebenden konkreter Handlungsvorgabe vom Unternehmen verstanden sind, kann die Einhaltung von umweltrechtlichen Normen durch ein Unternehmen sichergestellt werden. Abbildung 118 veranschaulicht diesen Zusammenhang.

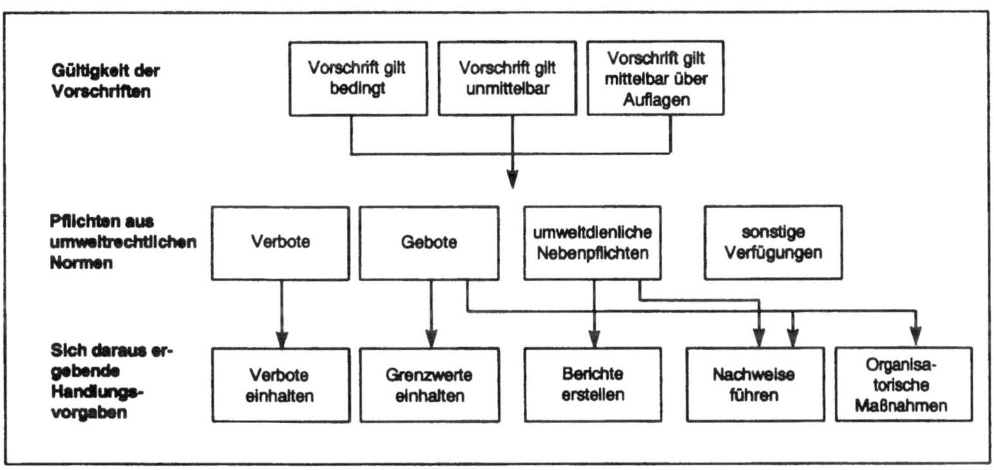

Abbildung 118: Relevanz von Umweltnormen und die sich daraus ergebenden Handlungsvorschriften für die Unternehmen.

7.3 Modellierung

Es stellt sich nun die Frage, inwieweit ECO-Integral die Einhaltung umweltrechtlicher Pflichten unterstützen kann. In den vorangegangenen Abschnitten wurde ausgeführt, daß zwei Schritte notwendig sind, um die Einhaltung von umweltrechtlichen Normen zu gewährleisten:

1. Umweltgesetze müssen auf Relevanz für ein Unternehmen überprüft werden.
2. Die aus den relevanten Normen abgeleiteten Handlungsvorgaben müssen eingehalten werden.

Idealerweise würde ECO-Integral beide Schritte vollständig unterstützen. Auf „Tastendruck" erhielte ein Unternehmen eine Liste mit allen einzuhaltenden Umweltnormen und den sich daraus ergebenden Handlungsvorschriften, deren Einhaltung automatisch überprüft würde. Diese umfassende Funktionalität kann ECO-Integral nicht leisten, da dazu ein ständig zu pflegendes wissensbasiertes System notwendig wäre, das **alle** Umweltnormen auswertet und auf betriebliche Anforderungen überprüft. Außerdem ist der Umfang des Referenzmodells „ECO-Integral" auf den unmittelbaren Bezug zu Stoff- und Energieflüssen begrenzt. Die Überprüfung der Relevanz von Umweltnormen ist daher nicht Bestandteil von ECO-Integral.

Eine DV-mäßige Unterstützung, der im vorangegangen Abschnitt beschriebenen Handlungsvorgaben

- „Nachweise führen" und
- „Organisatorische Maßnahmen durchführen"

ist prinzipiell denkbar. So könnten Betriebstagebücher, Betriebszeiten, Einsatzmengen an bestimmten Anlagen mit DV verwaltet werden. Außerdem könnten organisatorische Maßnahmen durch DV-hinterlegte Verfahrensabläufe bzw. Arbeitsbeschreibungen unterstützt werden. Im Rahmen von ECO-Integral werden diese Bereiche jedoch ebenfalls ausgegrenzt, da sie in keinem direkten Zusammenhang mit Stoff- und Energieflußdaten stehen.

Folgenden drei Klassen von Handlungsvorgaben werden aber durch ECO-Integral unterstützt und sind deshalb im Referenzmodell berücksichtigt:

- Bestimmte Handlungen dürfen nicht unternommen werden
- Grenzwerte dürfen nicht überschritten werden
- Berichte müssen erstellt werden

Die ersten beiden Punkte wurden im Rahmen von ECO-Integral zu einem Unterstützungsprinzip zusammengefaßt.

ECO-Integral bietet folglich zwei Instrumente, die die Einhaltung dieser Pflichten sicherstellen (vgl. Abbildung 119).

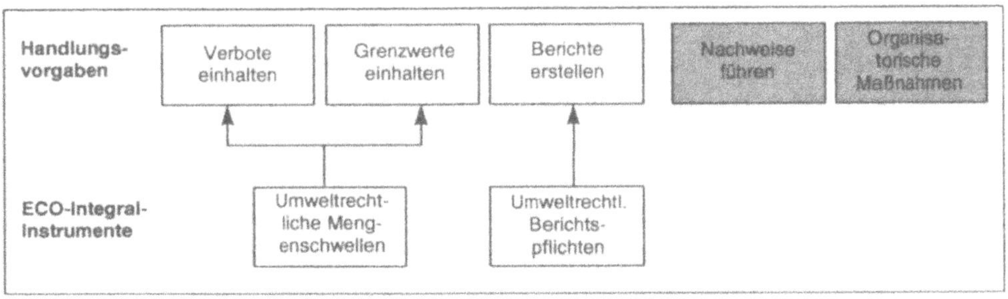

Abbildung 119: Umweltrechtliche Handlungsvorschriften und ECO-Integral-Instrumente

Die zwei ECO-Integral Instrumente

- „Mengenschwellen überwachen" und
- „Umweltrechtliche Berichte erstellen"

werden in den folgenden Abschnitten beschrieben. Beide Instrumente lassen sich auch außerhalb von verpflichtenden Umweltnormen anwenden, wenn sich das Unternehmen eigene Vorgaben setzt, wie beispielsweise bei der Einrichtung von ökologischen Filtern.

Berücksichtigte Rechtsbereiche: Gegenstand von ECO-Integral sind die im Umweltrecht zu den Bereichen „Gewässerschutz", „Vermeidung, Verwertung und Entsorgung von Abfällen", „Immissionsschutz", „Gefahrstoffe" (außer Gentechnikgesetz) und „Gefahrgut" enthaltenen Gesetze. Weiterhin sind die Anhänge dieser Gesetze sowie Verordnungen, Verwaltungsvorschriften und andere Regelungen Gegenstand, welche auf diese Gesetze Bezug nehmen bzw. auf welche diese Gesetze Bezug nehmen. Diese Auswahl beruht auf folgenden Überlegungen:

- Es ist ein Großteil von Unternehmen durch die genannten Rechtsbereiche betroffen.
- In jedem dieser Bereiche gibt es eine nennenswerte Anzahl von Rechtsvorschriften mit Stoff- und Energieflußbezug.

Ausgeklammert wurden Festlegungen unterhalb der Landesebene, da diese Anforderungen jeweils regionsspezifisch von den Behörden bestimmt werden. Weiterhin sind die Gesetzesbereiche „Energieeinsparung" und „Strahlenschutz und Reaktorsicherheit" nicht Gegenstand der vorliegenden Arbeit, da hier kein unmittelbarer Bezug zu Stoff- und Energieflüssen besteht.

Informationsgrundlage und Vorgehensweise: Als Informationsgrundlage dienen in erster Linie die relevanten Gesetzestexte zu den berücksichtigten Rechtsbereichen. Die daraus für die Unternehmen hervorgehenden Berichtspflichten wurden in strukturierter Form aufbereitet. Dazu wurden von der Unternemensberatung Dr. W. Wohlfarth die wichtigsten Berichtspflichten ausgewertet. Die jeweilige Berichtspflicht wird dahingehend gekennzeichnet, ob sie aufgrund von Grenzwerten besteht oder ob es sich um eine Berichtspflicht zu Stoffflüssen handelt. Teilweise wurden Formulare aus der betrieblichen und behördlichen Praxis, die zu Dokumentations- oder Nachweiszwecken geführt werden, ausgewertet.

Weitere Informationsgrundlage für die umweltrechtliche Modellierung sind die Erkenntnisse aus den Firmenprojekten. So wurde gemeinsam mit den Zuständigen in den beteiligten Firmen festgestellt, welche Berichte seitens dieser Firmen zu erstellen sind.

7.3.1 Funktionen

Der Funktionsbaum (vgl. Abbildung 120) zeigt die Funktionalitäten, die durch ECO-Integral-Instrumente abgedeckt werden. Es wird die Erstellung umweltrechtlich (oder aus unternehmensinternen Vorgaben) geforderter Berichte und die Überwachung von Mengenschwellen unterstützt.

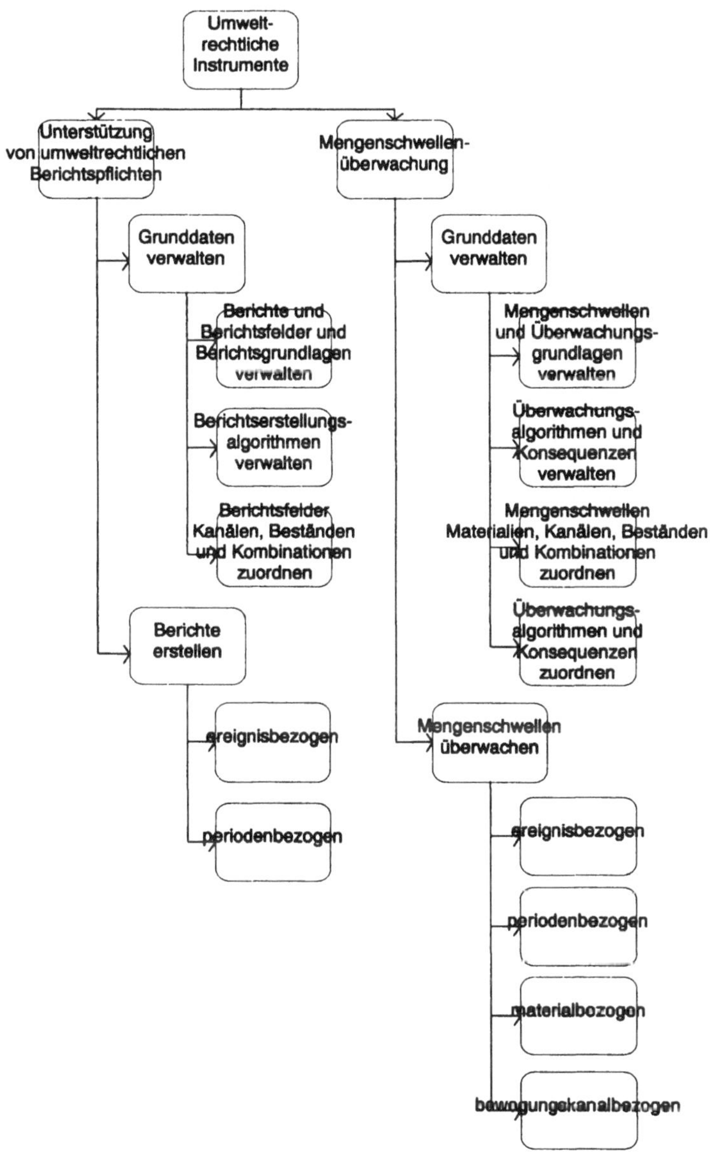

Abbildung 120: Funktionsbaum Umweltrechtliche Instrumente

Für Berichte und Mengenschwellen müssen Grunddaten angelegt und verknüpft werden (Grunddaten verwalten) sowie die eigentliche Überwachung von Mengenschwellen und die Erstellung der Berichte durchgeführt werden. Beide Aufgaben können auf unterschiedliche Weise erfolgen (vgl. Unterfunktionen zu „Mengenschwellen überwachen“ und „Berichte erstellen“).

7.3.2 Daten

7.3.2.1 Mengenschwellen überwachen

Es existieren sehr viele umweltrechtliche Grenz- und Schwellenwerte, die von Unternehmen eingehalten werden müssen. ECO-Integral bietet hierzu mit der Mengenschwellenüberwachung ein flexibles Überwachungsinstrument an. Die Einhaltung eines vorgegebenen Grenzwertes, der sich auf Stoff- und Energieflüsse bezieht, soll weitestgehend automatisch überwacht werden. Eine vollkommene, verläßliche Überwachung zu allen Handlungsvorgaben (im Sinne der Rechtssicherheit) wird allerdings durch ein DV-System in der Praxis nur schwer zu erreichen sein. Dazu müßte gewährleistet sein, daß zu jedem Zeitpunkt alle rechtlich relevanten Bewegungen und Bestände in der Datenbasis enthalten sind und systemseitig eine Überwachung eingerichtet ist. Diese Aufgabe kann, ebenso wie die Relevanzprüfung, in ECO-Integral nicht abgebildet werden und erfordert den menschlichen Sachverstand. Das System kann immer nur so „gut“ sein wie der Mensch, der es entwickelt und anwendet. Nicht erfaßte Bewegungen können auch nicht systemseitig überwacht werden.

Was ECO-Integral jedoch leisten kann, ist die Überwachung von gegebenen Grenzwerten. Dazu wird die gemeinsame Datenbasis ständig ausgewertet. Da sich die Grenzwerte für jedes Unternehmen unterscheiden, ist das Instrument so gestaltet, daß die Grenzwerte individuell eingegeben werden können.

Mengenschwellen können sich prinzipiell auf unterschiedliche Stoff- und Energieflüsse beziehen. Es kann sich dabei um

- ein Bestand zu einem Zeitpunkt (z.B. Lagerbestand eines Gefahrstoffes)
- ein Mengenfluß in einem Zeitraum (z.B. Sonderabfallmenge pro Jahr),
- eine Konzentration zu einem Zeitpunkt (z.B. Zinkgehalt des Abwassers)

handeln. Daher sind in diesem Instrument unterschiedliche Auswertungen vorgesehen. Die Mengenschwellen können sich entweder auf ein einzelnes Material, oder auch auf eine Kombination verschiedener Materialien beziehen. Ebenso ist es möglich, daß die Mengenschwellen auf der Ebene von Stoffen ihre Gültigkeit besitzen. Da in ECO-Integral Stoffe als „elementare Materialien“ behandelt werden, spielt es daher in diesem Zusammenhang keine Rolle, ob sich eine Mengenschwelle auf ein Material oder einen Stoff bezieht (vgl. Teil IV, Kapitel 1).

Bei der „Einrichtung" einer Mengenschwelle müssen zu folgenden Punkten Festlegungen getroffen werden:

1. Mengenschwelle
2. Material /Stoff, Materialkombination
3. Bewegungskanal, Mengenstelle, Bestand
4. Überwachungsallgorithmus
5. Konsequenz bei Nichteinhaltung.

ad 1) Die Festlegung der **Mengenschwelle** beinhaltet einen numerischen Wert, eine Relation und optional eine Bezugsperiode (z.B.: max. 100 kg; max. 200 kg pro Jahr). Es ist auch eine Mengenschwelle von „0" möglich. Diese Festlegungen werden in der Mengenschwellen-Zuordnung hinterlegt (vgl. Abbildung 121).

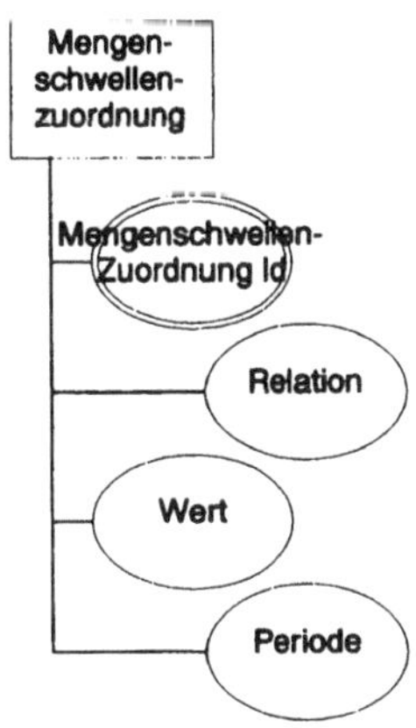

Abbildung 121: Attribute „Mengenschwellenzuordnung"

ad 2) Es muß bestimmt werden, auf welches **Material** (bzw. auf welchen Stoff) sich die Mengenschwelle bezieht. Dabei kann es sich auch um Kombinationen von Materialien (bzw. Stoffen) handeln („Material X und Y dürfen zusammen nur max..."").

ad 3) Die Festlegung eines **Bewegungskanales** ist dann notwendig, wenn sich die Mengenschwelle nicht auf das Unternehmen als Ganzes, sondern auf einen bestimmten Bewegungskanal bezieht (z.B. dürfen die Emissionen aus einer bestimmten Anlage einen Grenzwert nicht überschreiten). Analog dazu können sich Mengenschwellen auch nur auf eine Mengenstelle der eine Auswahl von Mengenstellen beziehen (z.B. Lagermengenbeschränkung für Gefahrstoffe) oder auf einen Bestand.

ad 4) Bei der Auswahl des **Überwachungsalgorithmus** legt man fest, auf welche Art und Weise die Materialflüsse bzw. Bestände überwacht werden. Die Überwachung eines Bestandes ist eine Abfrage einer Mengenstelle nach dem Bestand eines Materials bzw. einer Materialkombination. Die Überprüfung von Materialflüssen bedeutet, daß gleichartige Bewegungsdaten entweder aggregiert oder als einzelne Bewegung mit dem Grenzwert verglichen werden.

ad 5) Schließlich muß festgelegt werden, welche **Konsequenz** bei der Überschreitung einer Mengenschwelle zu ziehen ist. Es kann sich dabei um ein „Verbot“, einen „Alarm“, eine „Warnung“ oder um die „Anzeige“ von Hinweisen (beispielsweise eine Arbeitsanweisung) handeln.

Nachfolgende Abbildung 122 zeigt die benötigte Datenstruktur zur Überwachung von Mengenschwellen:

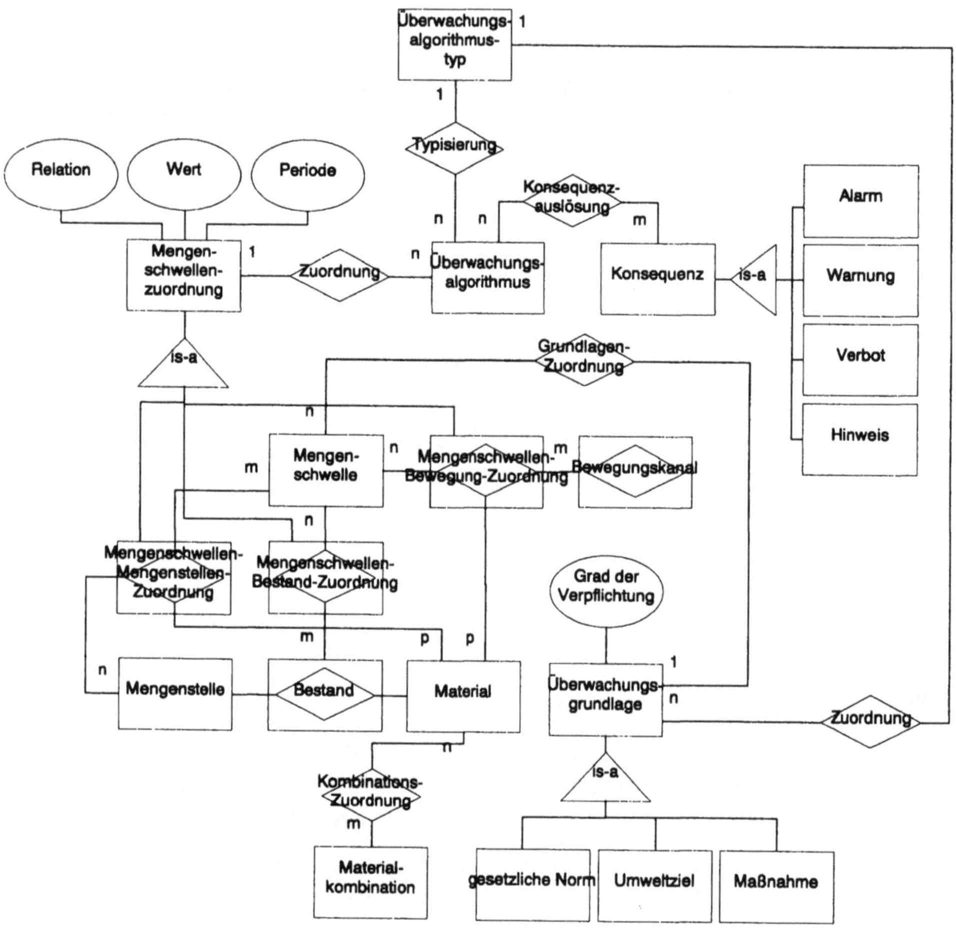

Abbildung 122: ERM Mengenschwellen überwachen

Die weitestgehende automatische Überwachung von Mengenschwellen erfordert deren Definition und Verknüpfung mit zu überwachenden Objekten.

Definiert werden Mengenschwellen im Entitytyp „Mengenschwelle“. Der Mengenschwelle wird eine Überwachungsgrundlage zugeordnet. Der Entitytyp „Überwachungsgrundlage“ ist eine Generalisierung der Typen „Umweltziel“ und „Maßnahme“, die im Umweltprogramm verwaltet werden, und der „gesetzlichen Norm“, die neu eingeführt wird. Bei der

Überwachungsgrundlage wird hinterlegt, inwieweit deren Überwachung für das Unternehmen verpflichtend ist (z.B.: gesetzlich verpflichtend, aus Umweltprogramm, freiwillige Selbstverpflichtung,...). Mit dieser Konstruktion sind auch freiwillige ökologische Filter handhabbar, wie sie z.B. bei der KUNERT AG realisiert wurden [KUNERT 1994, S. 58].

Verknüpft werden Mengenschwellen mit Mengenstellen, Materialbeständen oder Bewegungskanälen, je nach dem, auf welcher Ebene die Mengenschwelle überwacht werden soll. Die Verknüpfung erfolgt über den Entitytyp „Mengenschwellen-Zuordnung“ bzw. seine überwachungsobjektbezogenen Spezialisierungen. Eine Mengenschwellen-Zuordnung setzt sich aus einer Mengenschwelle, einem Überwachungsobjekt und einem Material (bzw. eine Materialkombination [im ERM der Übersichtlichkeit halber nicht verbunden]) zusammen (zusammengesetzter Schlüssel). Die Mengenschwellen-Zuordnung wird durch die Attribute „Wert“, „Relation“ und „Periode“ definiert.

Der Mengenschwellen-Zuordnung ist ein Überwachungsalgorithmus zugeordnet, in dem der Ablauf der Überwachung festgelegt ist. Der Überwachungsalgorithmus löst Konsequenzen aus, die im Entitytyp „Konsequenz“ mit diversen Spezialisierungen abgelegt ist. Für Überwachungsalgorithmen können im Entitytyp „Überwachungsalgorithmus-Typ“ Typen verwaltet werden, die auf Überwachungsgrundlagen ausgerichtet sind. So sind u.U. an die Überwachung einer gesetzlichen Norm strengere Überwachungsregeln anzuwenden als bei einem ökologischen Filter.

7.3.2.2 Umweltrechtliche Berichte erstellen

Die Erstellung eines umweltrechtlich geforderten Berichtes auf Tastendruck im entsprechenden Formular ist eine Idealvorstellung, die aufgrund der riesigen Anzahl von Berichten und sich ständig ändernden Formularen nicht ökonomisch realisierbar ist.

Es bietet sich daher an, einen flexiblen Berichtsgenerator bereitzustellen, der individuell auf die bestehende Situation angepaßt werden kann. Der Berichtsgenerator stellt die für einen Bericht erforderlichen Daten über Stoff- und Energieflüsse und Bestände automatisch zusammen. Die einzelnen von ECO-Integral unterstützten Felder verlangen Information über

- Fluß-, Konzentrations- und Bestandsmengen eines oder mehrerer Materialien/Stoffe sowie
- Herkunft und Ziel bestimmter Stoff- und Energieflüsse.

Gegenstand sind auch hier entweder Aggregationen von Bewegungen oder Beständen oder aber einzelne Bewegungen und Bestände.

Für einen umweltrechtlich geforderten Bericht werden für alle Felder die Materialien, Bewegungskanäle und Mengenstellen festgelegt, die zur Ermittlung der Daten notwendig sind. Dabei wird wie beim Anlegen einer Mengenschwelle vorgegangen (vgl. vorherigen Abschnitt). Das Datenmodell ist grundsätzlich gleich aufgebaut wie das für die Überwachung von Mengenschwellen, enthält aber die im folgenden erläuterten Änderungen (vgl. Abbildung 123).

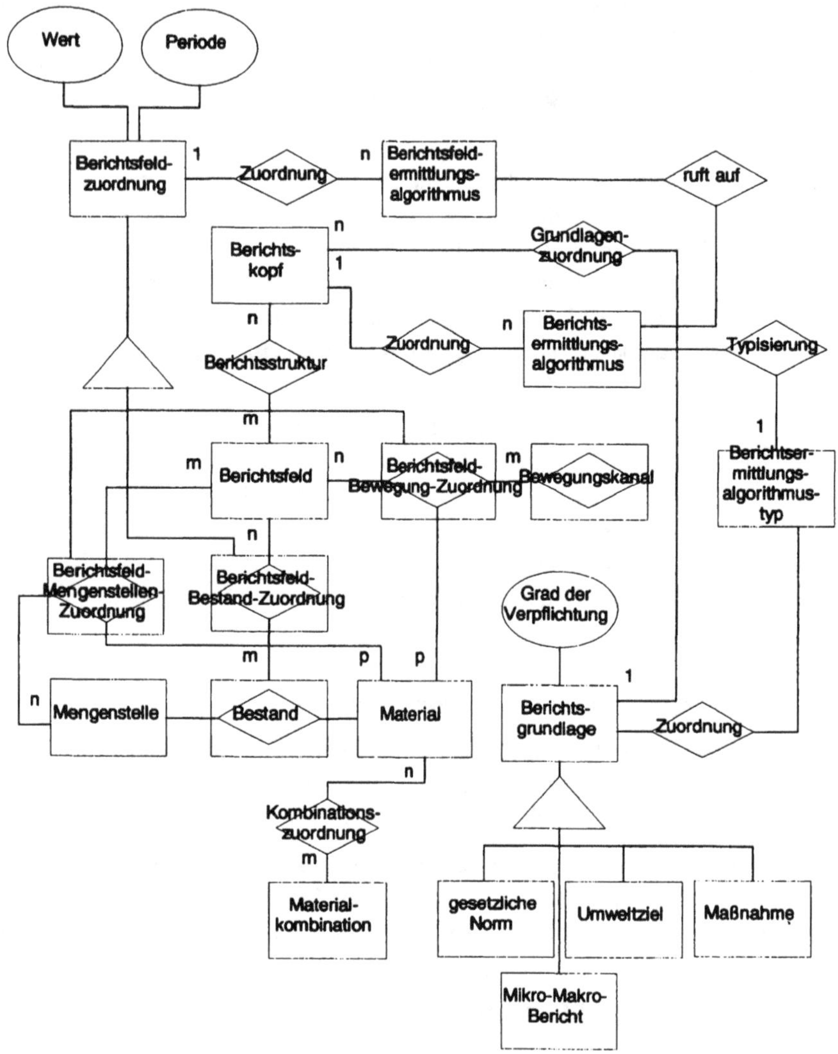

Abbildung 123: ERM umweltrechtliche Berichte erstellen

Umweltrechtlich geforderte Berichte bestehen aus einzelnen Berichtsfeldern, die dem Berichtskopf über die Berichtsstruktur zugeordnet sind. Ein Berichtsfeld kann mehreren Berichten zugehörig sein; ein Bericht besteht in der Regel aus mehreren Berichtsfeldern.

Ein Berichtsfeld ist analog zur Mengenschwelle über eine Berichtsfeld-Zuordnung alternativ den Objekten „Bewegungskanal", „Bestand" oder „Mengenstelle" sowie dem Material bzw. einer Materialkombination zugeordnet.

Der Berichtsfeld-Zuordnung ist analog zur Mengenschwellen-Zuordnung ein Berichtsfeldermittlungsalgorithmus zugeordnet (vgl. Abbildung 124).

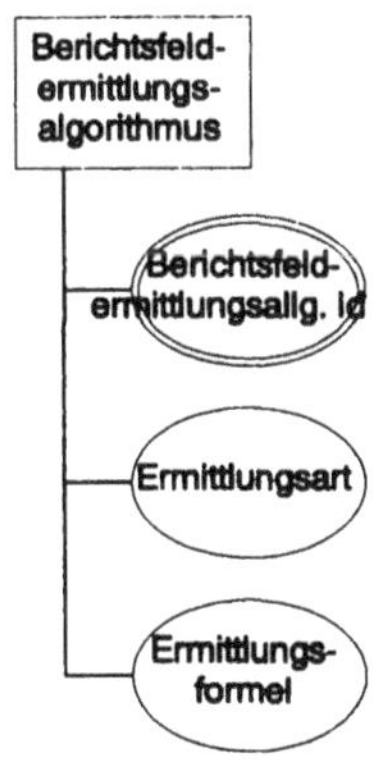

Abbildung 124: Attribute „Berichtsfeldermittlungsalgorithmus

Dem Berichtskopf ist ein Berichtserstellungsalgorithmus zugeordnet, der die Berichtsfeldermittlungsalgorithmen aufruft.

Berichtsgrundlage können auch hier, neben gesetzlichen Normen, auch unternehmenseigene Vorgaben in Form von Umweltzielen und Maßnahmen sein. Auch die im Rahmen des Mikro-Makro-Links (vgl. Teil III, Kapitel 8) erforderlichen Berichte können Grundlage der Berichtserstellung sein.

Um die wichtigsten umweltrechtlichen Berichtspflichten zu strukturieren, wurden im Rahmen des ECO-Integral-Projektes die wichtigsten Berichtspflichten von der Unternehmensberatung Dr. Werner Wohlfarth ausgewertet. Diese Auswertungen dienten einerseits der Überprüfung, ob das ECO-Integral Stoff- und Energieflußmodell den Anforderungen aus den Berichtspflichten gerecht wird und andererseits als zusammenfassende Darstellung der Berichtspflichten in strukturierter Form. Die Übersetzung der Begriffe aus den Gesetzen in die Begriffe des Stoff- und Energieflußmodells wurde in Tabellen und in ERMs dokumentiert. (vgl. Abbildung 125 und Anhang zum Umweltrecht). Es hat sich gezeigt, daß die Struktur der Datenbasis geeignet ist, die Berichtspflichten zu erfüllen, da alle Anforderungen in das Modell umgesetzt werden konnten.

Entities aus Kern-Modell	Spezifizierung nach U.recht	Attribute	Berichtspflichten				
			Luft/Abluft		Wasser/ Abwasser	Abfall	Gefahrstoffe
			BImschG §4	...			
Mengenstelle	Anlage ...	Anlagenbezeichnung Auslastung Betriebsstunden ...	x				
Bewegung ...		Menge Konzentration Volumen	x x				

Abbildung 125: Aufbereitung umweltrechtlicher Berichtspflichten für ECO-Integral (Beispiel)

7.3.3 Prozesse

Zum Abschluß werden Abläufe im Rahmen der beiden umweltrechtlichen Instrumente „Mengenschwellen überwachen" und „umweltrechtliche Berichte erstellen" gezeigt.

Der Gesamtablauf der Mengenschwellenüberwachung ist als EPK formal in Abbildung 126 beschrieben.

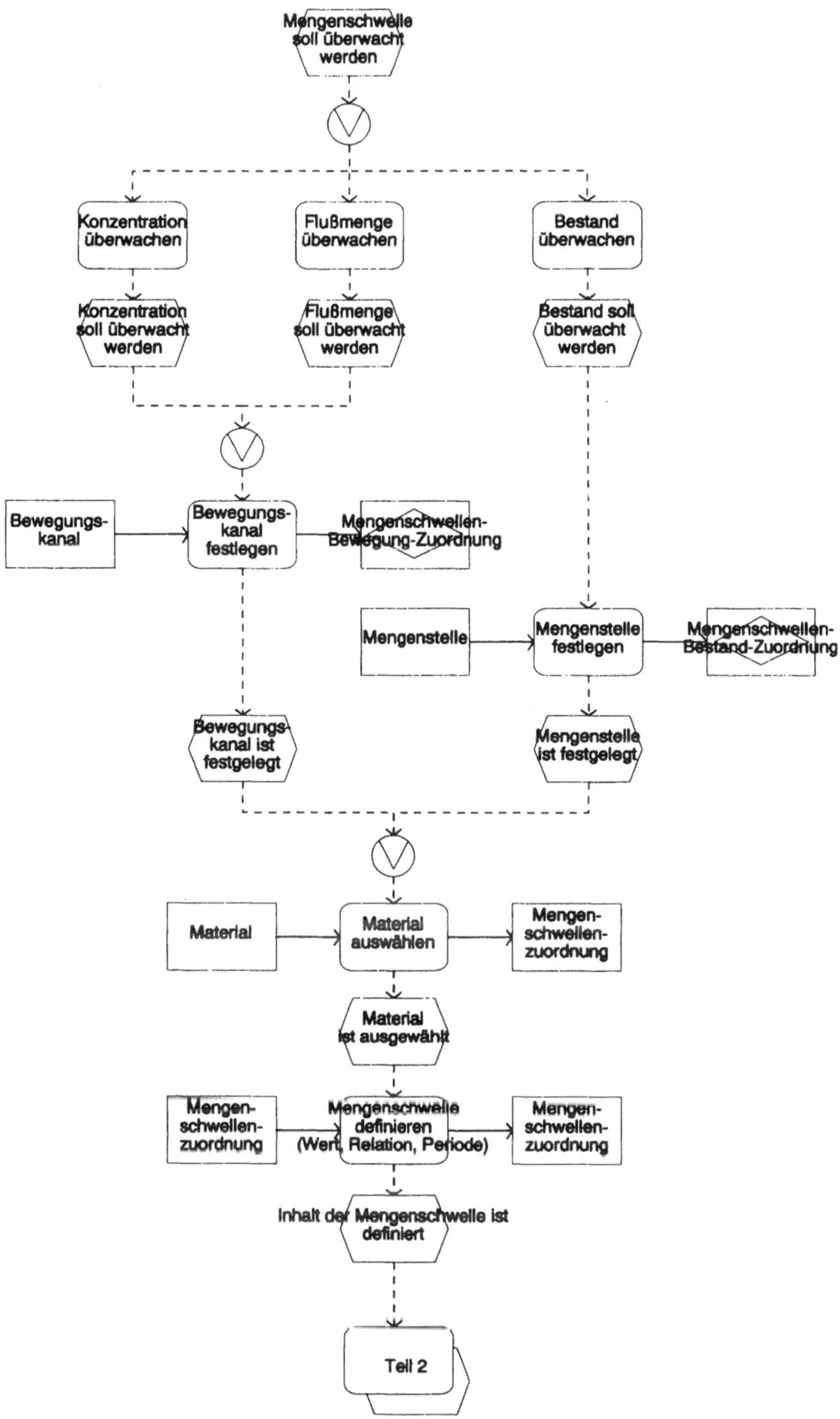

Abbildung 126: EPK Mengenschwellen überwachen – Teil 1

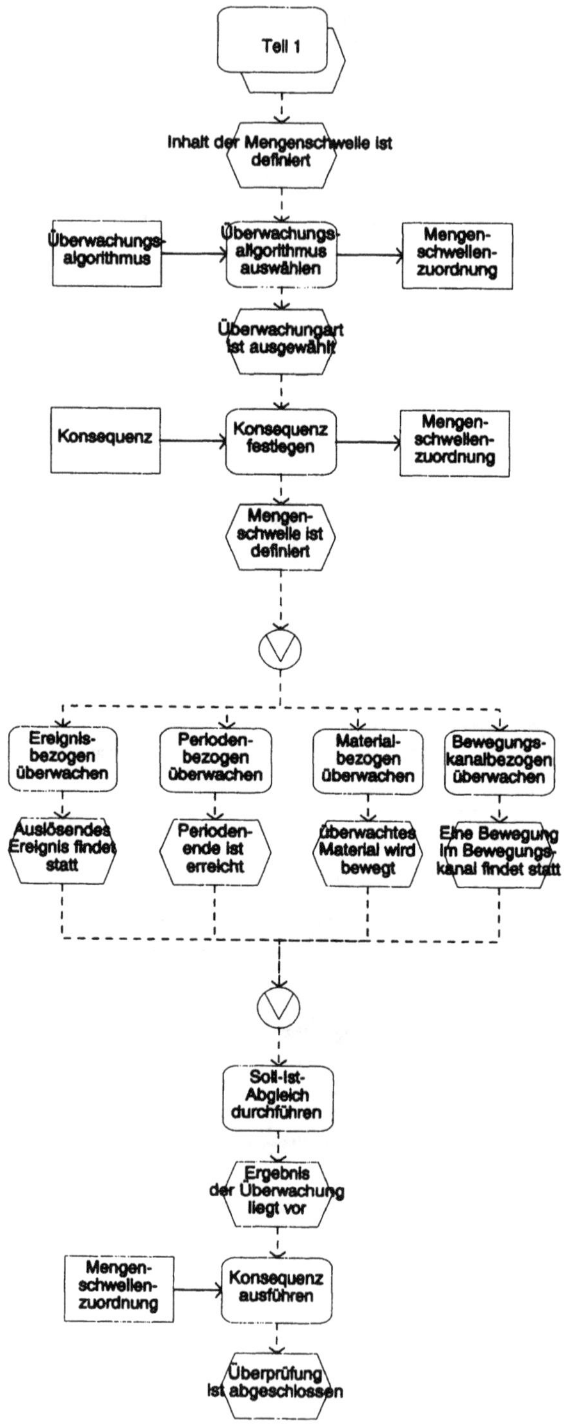

Abbildung 127: EPK Mengenschwellen überwachen – Teil 2

Zuerst wird festgelegt, ob eine Konzentration, eine Flußmenge oder ein Bestand überwacht werden soll. Dementsprechend werden die zu überwachenden Bewegungskanäle, Mengenstellen und Materialien ausgewählt. Nach festlegen des Überwachungsallgoritmus und der Konsequenzen ist die Mengenschwellenüberwachung eingerichtet.

Die Überwachung dieser Mengenschwellen wird durch eines der folgenden Tatbestände ausgelöst:

- Bestimmte Ereignisse (z.B. Einbuchen eines Lieferscheines, Bestellung eines Artikels etc.)
- Periodenende (z.B. Überwachung der jährlichen Abfallmenge am Ende des Kalenderjahres)
- Bewegungen eines bestimmten Materials (z.B. Gefahrgut)
- Bewegungen auf einem bestimmten Bewegungskanal (z.B. Emissionen an einem Schornstein)

Bei Entdeckung von Mengenschwellenüberschreitungen entdeckt, werden die vorgegebenen Konsequenzen ausgeführt.

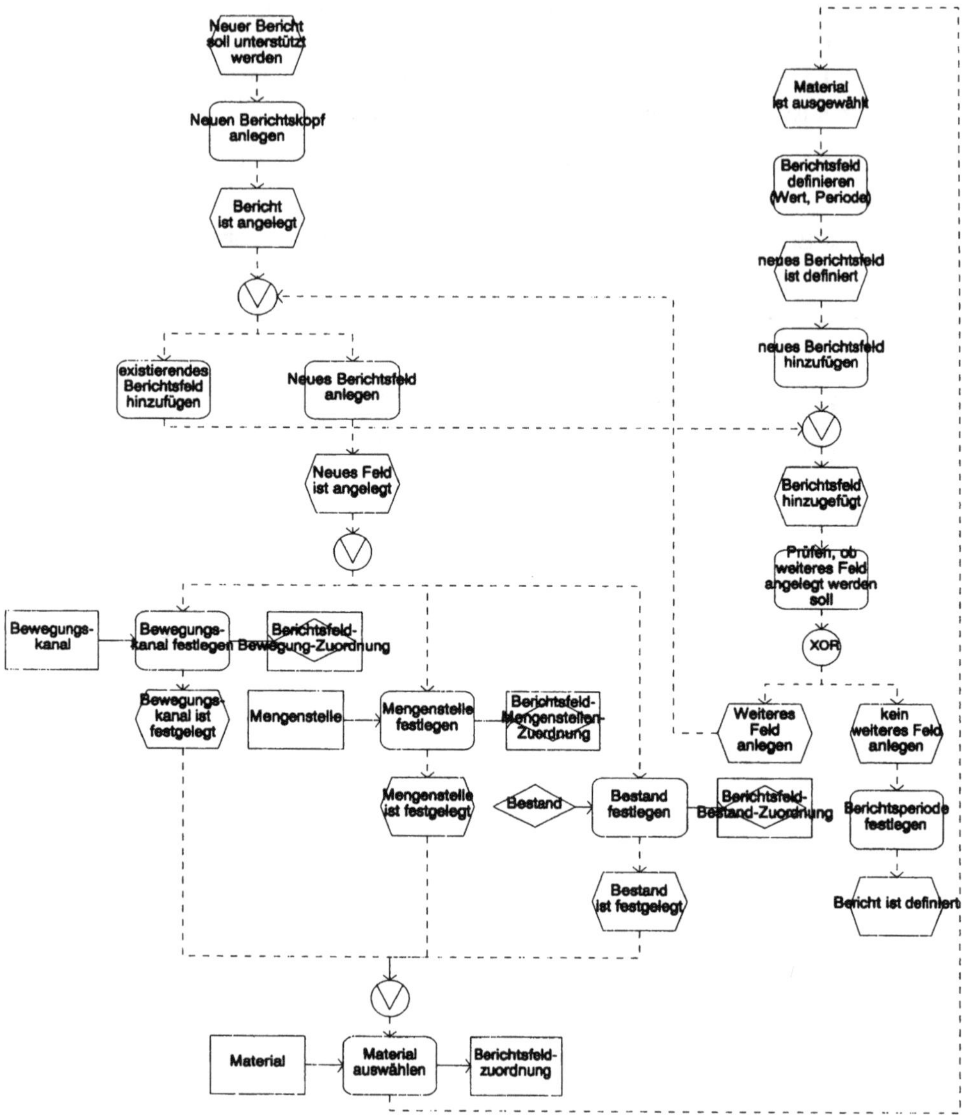

Abbildung 128: EPK umweltrechtliche Berichte definieren

Die Definition eines umweltrechtlichen Berichtes ist in Abbildung 128 als EPK dargestellt. Für jeden umweltrechtlichen Bericht wird ein Berichtskopf angelegt, der aus einzelnen Berichtsfeldern besteht. Dabei handelt es sich um Stoff- und Energieflußbezogene Einzelangaben, wie sie in den umweltrechtlichen Berichten gemacht werden müssen. Für jedes Feld wird das betreffende Material und/oder Mengenstelle bzw. Bewegungskanal angegeben.

7.4 Verwendete und weiterführende Literatur

Hoppe, W.; Beckmann, M. (1997): Umweltrecht. München.

Kahl, W.; Voßkuhle, A. (1995): Grundkurs Umweltrecht. Heidelberg.

Klöpfer, M. (1989): Umweltrecht. München.

KUNERT (1994): Ökobericht der KUNERT AG. Immenstadt.

Lohse, S. (1996): Umweltrecht und Umweltmanagement - Die Einhaltung einschlägiger Umweltvorschriften im Rahmen der Öko- Audit-Verordnung. Berlin.

Mach, H.-M. (1994): Umweltrecht - Grundzüge für die Praxis. Leibzig.

Schulte, H. (1997): Einführung in das Umweltrecht. Tübingen.

Storm, P.-Ch. (1995): Umweltrecht – Einführung. Berlin.

8 Mikro-Makro-Link (MML)

Informationen über Stoff- und Energieflüsse sind in Unternehmen für die Planung, Kontrolle und Steuerung der betrieblichen Transformationsprozesse oder zur externen Kommunikation notwendig. Die Unternehmen setzen dafür - aus eigenem Interesse - unterschiedliche Instrumente des betrieblichen Umweltmanagements ein, die im Rahmen von ECO-Integral modelliert werden. Darüber hinaus sind sie auf Grund von umweltrechtlichen Normen verpflichtet, Stoff- und Energieflüsse zu überwachen und bestimmte Berichte zu erstellen. Dafür sind in ECO-Integral ebenfalls geeignete Instrumente vorgesehen.

Der „**Mikro-Makro-Link**" beabsichtigt den Informationsbedarf von nationalen und supranationalen Institutionen bezüglich betriebliche Stoff- und Energieflüsse mit den Möglichkeiten der Datenlieferung der Unternehmen abzustimmen.

Auf unterschiedlichsten Ebenen befinden sich Prozesse in der Entwicklung, aus denen sich Datenanforderungen an Unternehmen bezüglich Stoff- und Energieflüssen ableiten lassen. Es handelt sich dabei um Aktivitäten folgender Institutionen:

- Auf nationaler Ebene innerhalb des Statistischen Bundesamtes (Umweltstatistikgesetz - **UStatG**, Umweltökonomische Gesamtrechnungen - **UGR**)
- auf Ebene der Europäischen Union innerhalb des Europäischen Statistikamt (**EUROSTAT**) und EMAS (das EMAS wird von ECO-Integral unterstützt und deshalb hier nicht gesondert behandelt),
- und auf internationaler Ebene innerhalb Arbeitsgremien der Vereinten Nationen (Commission for Sustainable Development - **CSD**), der Organisation für Wirtschaftliche Zusammenarbeit (**OECD**) und der International Organisation for Standardization (**ISO**).

Mit dem Mikro-Makro-Link soll ein „Brücke" zwischen Datenanforderungen auf Makroebene (nationale und supranationale Institutionen) und Datenlieferant auf Mikro-Ebene (Unternehmen) geschaffen werden.

Es ist dabei zu beachten, daß die berücksichtigten Aktivitäten unterschiedlich weit fortgeschritten sind und zum Teil noch nicht als abgeschlossen bezeichnet werden können. Es handelt sich vielmehr um komplexe institutionelle Abstimmungsprozesse, aus dem sich zukünftige Datenanforderungen ergeben. Für ECO-Integral bedeutet dies, daß zum jetzigen Zeitpunkt eine endgültige Modellierung nicht möglich ist. Es geht vielmehr darum, einen erweiterbaren ersten Entwurf des Themenbereichs vorzustellen.

8.1 Zielsetzung

Mit der Integration des Mikro-Makro-Links in ECO-Integral werden drei Ziele verfolgt:

1. Durch die Verfolgung und Interpretation der Entwicklung in den einzelnen Institutionen werden die heutigen und zukünftigen Datenanforderungen von nationalen und supranationalen Organisationen an die Unternehmen ermittelt
2. Das Datenmodell von ECO-Integral wird auf Kompatibilität zu diesen Datenanforderungen überprüft und entsprechend ausgestaltet
3. Geeignete Instrumente zur Erfüllung der Datenanforderungen sind im Referenzmodell enthalten. Damit kann sichergestellt werden, daß die geforderten Daten weitgehend valide und mit relativ geringem Datenerhebungsaufwand erhoben werden können

Idealerweise zielt der Mikro-Makro-Link auf einen wechselseitigen Beeinflussungs-Prozeß zwischen Unternehmen und Makro-Institutionen. Die Unternehmen sollen einerseits die Makro-Datenanforderungen wahrnehmen und proaktiv in ihrem Informationssystem berücksichtigen; die beteiligten Organisationen auf der anderen Seite sollen auf die unternehmensspezifischen Dateninteressen und Probleme der Datengenerierung Rücksicht nehmen. Die Integration des Mikro-Makro-Links in ECO-Integral und die Teilnahme des Wuppertal Instituts in zahlreichen Arbeitsgremien von Institutionen trägt zu diesem Ziel bei.

8.2 Grundlagen

Der Mikro-Makro-Link beruht auf der Überlegung, daß für umweltpolitische Entscheidungen eine möglichst valide Datenbasis notwendig ist. Ein großer Teil der dafür erforderlichen Daten stammt aus den Unternehmen.

Der Mikro-Makro-Link verfolgt den Ansatz, eine Kompatibilität zwischen den einzelwirtschaftlichen Daten und ihrer Aggregation auf nationaler bzw. supranationaler Ebene herbeizuführen.

Diese Problemstellung einer sogenannten „statistische Adäquation“ ist ein allgemeines statistisches Problem, daß nicht nur für die Umweltstatistik relevant ist. In einem Reformvorschlag der UN zu den Systemen der Volkswirtschaftlichen Gesamtrechnungen z.B. wird im Abschnitt „Links with business accounting and economic theory“ unter dem Stichwort „micro-macro-links“ angemerkt, daß es vorteilhaft wäre:

> *„... if the macroeconomic accounts for sectors or the total economy could be obtained directly by aggregating corresponding data for individual units. There would be considerable analytical advantages in having micro-databases that are fully compatible with the corresponding macroeconomic accounts for sectors of the total economy, as a general objective, the concepts, definitions and classifications used in economic accounting should, so far as possible, be the same at both a micro and macro level to facilitate the interface between the two kinds of area“ [UNSTAT 1993, S. 12].*

In diesem Sinne beabsichtigt der MML im vorliegenden Zusammenhang, Struktur und Inhalte der betrieblichen Informations- und Berichtssysteme (Mikroebene) auf bestehende und künftige Informationsanforderungen der Makroebene auszurichten und mit diesen weitest mögliche Kompatibilität herbeizuführen, eine Erfordernis, die der UGR-Beirat in seiner 2. Stellungnahme für den weiteren Auf- und Ausbau der UGR ausdrücklich befürwortet hat.

Die Informationsanforderungen der Makro-Ebene erwachsen sowohl auf nationaler, als auch auf internationaler Ebene aus neuen, methodisch und inhaltlich unterschiedlichen Umweltberichterstattungssystemen. Die Systeme lassen sich nach Berichtsebene und Verbindlichkeitsgrad unterscheiden.

In den folgenden Kapiteln sind die Inhalte der einzelnen hier behandelten Systeme und deren Anforderungen ausführlich beschrieben.

8.2.1 Umweltstatistikgesetz

Das im Jahr 1994 novellierte Umweltstatistikgesetz (UStatG) ist die gesetzliche Grundlage, nach der die statistischen Ämter in Deutschland umweltrelevante Daten von Unternehmen erheben. Diese beziehen sich auf:

- den **Abfallbereich** (§§ 3, 4, 5 UStatG)
- den **Wasserbereich** (§§ 6,7, 8, 9, 12, 13, UStatG)
- den **Luftbereich** (§§ 10, 11 UStatG)
- und den Bereich Aufwendungen der Industrie für Umweltschutz (§§ 15, 16 UStatG)

Beim UStatG handelt es sich um ein Bundesgesetz. Das Statistische Bundesamt ist mit der Datensammlung beauftragt und arbeitet mit den statistischen Landesämtern zusammen.[1]

Im Unterschied zu den anderen Mikro-Makro-Komponenten besteht beim UStatG eine unmittelbare gesetzliche Berichtspflicht. Die Daten werden durch branchenspezifisch angepaßte Fragebogen in ausgewählten Unternehmen erhoben, die zur vollständigen und wahrheitsgemäßen Datenlieferung verpflichtet sind.

8.2.1.1 Inhalt des UStatG

Der Rat von Sachverständigen für Umweltfragen hat in seinem letzten Umweltgutachten vom 14.3.1996 „Zur Umsetzung einer dauerhaft-umweltgerechten Entwicklung" hervorgehoben, daß sich der Bedarf an aktuellen Daten über die Umwelt national und international erheblich vergrößert hat. Um derartigen Anforderungen gerecht zu werden hatte die Bundesregierung die Novellierung des Umweltstatistikgesetzes von 1980 durchgeführt. Ziel der

1 Das Wuppertal Institut war an den Fachgesprächen der Landesämter zur Umsetzung der Gesetze in eine mit den betroffenen Branchen abgestimmte Erhebungspraxis beteiligt. Die nachfolgenden Ausführungen basieren auf den entsprechenden Unterlagen dieser Fachgespräche. Für die Bereitstellung dieser Unterlagen ist den Teilnehmern der Fachgespräche und dem Bundesamt zu danken.

Novellierung vom 1994 war es, durch Verkürzung von Erhebungszeiträumen und der Hinzunahme neuer Erhebungsbereiche den gestiegenen Bedarf an Aktualität und Qualität der Umweltdaten zu befriedigen.

Das Gesetzgebungsverfahren war durch den Widerstand der Länder und einiger Industrieverbände geprägt, die mit der Novellierung des UStatG einen unangemessen hohen Erhebungsaufwand befürchteten. Eine Unterstützung der Anforderungen aus dem UStatG durch das ECO-Integral-Referenzmodell ist aus diesen Gründen zweifellos äußerst vorteilhaft.

Das Umwelt Statistik Gesetz (UStatG)	
Paragraph	**Inhalt**
§ 1	Zweck des Gesetzes
§ 2	Erhebungsmerkmale
§ 3	Erhebung der Abfallentsorgung
§ 4	Erhebung der **Abfälle und Sekundärrohstoffe**, über die Nachweise zu führen sind
§ 5	Erhebung der **Verwertung und Entsorgung bestimmter Rückstände**
§ 6	Erhebung der **öffentlichen Wasserversorgung** und der **öffentlichen Abwasserbeseitigung**
§ 7	Erhebung der **Wasserversorgung** und **Abwasserbeseitigung** im Bergbau, bei der Gewinnung von Steinen und Erden und im verarbeitenden Gewerbe
§ 8	Erhebung der **Wasserversorgung** und der **Abwasserbeseitigung** in der Landwirtschaft
§ 9	Erhebung der **Wasserversorgung** und **Abwasserbeseitigung** bei Wärmekraftwerken für die öffentliche Versorgung
§ 10	Erhebung der **Luftverunreinigungen**
§ 11	Erhebung bestimmter **ozonschichtschädigender und klimawirksamer Stoffen**
§ 12	Erhebung der **Unfälle beim Umgang mit wassergefährdenden Stoffen**
§ 13	Erhebung der **Anlagen zum Umgang mit wassergefährdenden Stoffen**
§ 14	Erhebung der **Unfälle bei der Beförderung wassergefährdenden Stoffen**
§ 15	Erhebung der **Aufwendungen für den Umweltschutz** im Produzierenden Gewerbe
§ 16	Erhebung der **Waren und Dienstleistungen für den Umweltschutz**
§ 17	Hilfsmerkmale
§ 18	Auskunftspflicht
§ 19	Anschriftenübermittlung
§ 20	Übermittlung
§ 21	Verordnungsermächtigung
§ 22	Inkraftreten, Außerkrafttreten

Tabelle 12: Überblick über die Inhalte des Umweltstatistikgesetz (UStatG) vom 21.09.1994

In den folgenden Abschnitten wird auf die einzelnen Bereiche des UStatG näher eingegangen.

8.2.1.1.1 Bereich Abfall

Zu der letzten für im Jahr 1993 durchgeführten Statistik wurden rund 80.000 Betriebe (Einheiten mit 20 Beschäftigten und mehr) aus den Bereichen

- Abfallbeseitigung
- Produzierendes Gewerbe
- Krankenhäuser

befragt. Künftig werden im Produzierenden Gewerbe und in anderen Wirtschaftsbereichen außerhalb der Entsorgungswirtschaft hingegen nur noch diejenigen Einheiten befragt, die eine betriebliche Eigenentsorgung von Abfällen betreiben. Hierdurch wird sich die Zahl der Erhebungseinheiten um rund 90 % auf ca. 7.000 bis 8.000 Einheiten reduzieren [Fachausschuß Umweltstatistik 1996].

Im Bereich der Abfalleinsammlung und Abfallverwertung hingegen wird die Anzahl der berichtspflichtigen Unternehmen stark ansteigen, im Bereich der Abfallbeseitigung bleibt der Erhebungsumfang für die Entsorgungswirtschaft gleich. Künftig werden auch außerhalb der öffentlich-rechtlichen Entsorgung Befragungen der Entsorgungswirtschaft zur Abfalleinsammlung und zur Einsammlung von Verpackungen (Verkaufsverpackungen, Transport- und Umverpackungen) durchgeführt. Hiervon dürften rund 2.000 überwiegend mittelständische Betriebe der Entsorgungswirtschaft betroffen sein [Fachausschuß Umweltstatistik 1996].

Das Produzierende Gewerbe wird gezielt nach der betrieblichen Verwertung bestimmter Abfälle (Altkunststoffe, Altpapier, Altglas, Altöl, Baurestmassen) befragt.

Die Anzahl von Berichtseinheiten wird voraussichtlich in folgender Höhe liegen:

- Baurestmassen : ca. 1.500 Befragte
- Altkunststoffe: ca. 2.000 Befragte
- Altpapier, Altglas, Altöle: zusammen etwa 300 Befragte

Um das Erhebungsverfahren zu optimieren, erhalten die befragten Unternehmen einen angepaßten Erhebungsbogen, in dem nur der für sie notwendige Teil der Fragen aus dem gesamten Frageprogramm einer Erhebung ausgefüllen ist. Die Entwicklung verkürzter Fragebogen ist für folgende Erhebungsbereiche vorgesehen:

- Betriebliche Abfallentsorgung
- öffentliche und gewerblich betriebene Abfallentsorgung

Darüber hinaus werden differenzierte Fragebogen für folgende Bereiche vorgesehen:

- Einsammlung von Abfällen (Müllabfuhr, andere Einsammlung)
- Aufbereitung und Verwertung von Bauschutt, Bodenaushub, Straßenaufbruch
- Aufbereitung und Verwertung von Kunststoffen, werkstoffliche bzw. rohstoffliche Verwertung
- Einsammlung von Verpackung (Verkaufsverpackungen bzw. Um- und Transportverpackungen)

Neben der Entwicklung der abfallstatistischen Primärerhebungen, werden ebenfalls sekundärstatistische Daten aus dem Verwaltungsvollzug über nachweispflichtige Abfälle[1] erhoben. Durch die Auswertung der Abfallbegleitscheine sollen aufwendige statistische Befragungen über Tatbestände vermieden werden, über die an anderer Stelle in der Verwaltung bereits Informationen vorliegen.

Die 11 wichtigsten in den neuen Abfallstatistiken erfaßten Abfallströme beziehen sich auf folgende Aktivitäten:

- Einsammlung von Abfällen
- Sortierung ausgewählter Abfälle in öffentlichen oder gewerblich betriebenen Entsorgungsanlagen
- Aufbereitung und Verwertung von Abfällen in öffentlichen oder gewerblich betriebenen Entsorgungsanlagen
- Beseitigung von Abfällen in öffentlichen oder gewerblich betriebenen Entsorgungsanlagen
- Aufbereitung und Verwertung ausgewählter Abfälle
- innerbetriebliche Entsorgung von Abfällen (Eigenentsorgung der Industrie und anderer Bereiche)
- Entsorgung nachweispflichtiger Abfälle, Aufkommen und Entsorgung besonders überwachungsbedürftiger Abfälle, grenzüberschreitende Abfallverbringung

Dabei ist zu berücksichtigen, daß die Abfalldaten nicht in Gänze vorliegen, sondern teilweise geschätzt werden müssen. Über den Verbleib von Abfällen hingegen liegen detailliertere statistische Informationen vor; ebenso über die Verwertung ausgewählter Abfälle (u.a. Papier, Glas, Kunststoffe, Baurestmassen).

1 Aufkommen und Entsorgung besonders überwachungsbedürftiger Abfälle im Inland sowie auf die grenzüberschreitende Verbringung von Abfällen nach, durch oder aus Deutschland.

Folgende Anlagenbetreiber werden befragt:

- Öffentliche und gewerbliche Abfallentsorgung wie z.B. Deponien, Abfallbehandlungsanlagen, Zwischenlager und Umladestationen
- Entsorgungsträger mit Verwertungs- und Entsorgungspflichten und beauftragte Dritte
- Erhebung bei gewerblichen Entsorgungsunternehmen und öffentlichen Entsorgungsunternehmen
- Erzeuger und Entsorger besonders überwachungsbedürftiger Abfälle
- Betreiber von Anlagen zur Aufbereitung und Verwertung von Bauschutt, Baustellenabfälle, Bodenaushub und Straßenaufbruch
- Betreiber von Anlagen zur Aufarbeitung und energetischen Verwertung von Altölen
- Betreiber von Anlagen zur Aufbereitung und stofflichen Verwertung von Kunststoffen;
- Betriebe der Hohl- und Flachglasindustrie;
- Betriebe des Papiergewerbes;
- Sammelunternehmen von Verpackungen;
- Verwerter von Verpackungen;
- Betreiber der nach Bundesimmissionsschutzgesetz, Anlagegliederung 4 genehmigungsbedürftiger Anlagen;
- Betreiber von Kompostierungsanlagen;
- Betreiber von Anlagen zur stofflichen und energetischen Verwertung;

8.2.1.1.2 Bereich Wasser

1997 werden erstmals die Statistiken der Unfälle beim Umgang und bei der Beförderung wassergefährdender Stoffe bei den zuständigen Dienststellen (i. d. R. untere Wasserbehörden, Polizeidienststellen) erhoben.

Die Statistik der Unfälle bei der Beförderung wassergefährdender Stoffe entspricht denen des Umweltstatistikgesetz 1980. Daneben werden die Art der Umschließung, die Art der Beschädigung und der Stoffausbreitung im novellierten UStatG sowie die Art des beförderten Stoffes die zugehörige Gefahrgutklasse, -ziffer und -gruppe für gefährliche Güter erhoben.

Zusätzliche Erhebungsmerkmale sind bei Unfallerhebungen die Maßnahmen der Schadensbeseitigung, die Sofort- und Folgemaßnahmen umfassen, sowie deren Kosten. Ziel ist es, dadurch einen verbesserten Informationsstand über die sich aus den Unfällen ergebenden Umweltbelastungen zu erhalten.

Folgende Anlagenbetreiber und Behörden werden zum Bereich Wasser befragt:

- Anstalten, Körperschaften, Unternehmen und andere Einrichtungen, die Anlagen der öffentlichen Wasserversorgung betreiben
- Behörden, die für die Überwachung der Trinkwasserbeschaffenheit zuständig sind
- Anstalten, Körperschaften, Unternehmen und andere Einrichtungen, die Anlagen der öffentlichen Abwasserbeseitigung betreiben
- Gemeinden, die für die öffentliche Wasserversorgung und die öffentliche Abwasserbeseitigung zuständig sind
- Betriebe (höchstens 25.000) des Bergbaus, der Gewinnung von Steinen und Erden sowie des verarbeitenden Gewerbes, die Wasser gewinnen oder in Gewässer einleiten oder ein Wasseraufkommen von mindestens 10.000 m^3 pro Jahr haben
- Betriebe (höchstens 50.000) der Landwirtschaft und alle Unternehmen und Einrichtungen, die Wasser zur Bewässerung von Anbauflächen im Acker-, Garten- und Dauerkulturbau gewinnen oder Abwasser in Gewässer einleiten
- Wärmekraftwerke für die öffentliche Versorgung
- Behörden, die nach Landesrecht für Anzeigen über die Unfälle beim Umgang mit wassergefährdenden Soffen zuständig sind
- Behörden, die nach Landesrecht für die Anlagen zum Umgang mit wassergefährdenden Stoffen, die im Hinblick auf gesetzlich vorgesehene Überwachungsmaßnahmen besonders erfaßt sind, zuständig sind
- Behörden, die nach Landesrecht für Anzeigen der Unfälle bei der Beförderung wassergefährdender Stoffe zuständig sind

In den jeweiligen Landeswassergesetzen und deren Verordnungen wird die Zuständigkeit der Behörden, die in den §§ 6, 12, 13, 14 angesprochen ist, geregelt. Das Statistische Bundesamt definiert die wassergefährdenden Stoffe als „überwiegend feste und flüssige Stoffe (einschl. Zubereitungen), die geeignet sind, nachhaltig die physikalische, chemische oder biologische Beschaffenheit des Wassers nachteilig zu verändern" [Fachausschuß Umweltstatistik 1996]. Diese werden in der „Allgemeinen Verwaltungsvorschrift Wassergefährdende Stoffe" (in der jeweils gültigen Fassung, zuletzt vom 9.3.1990, Gmbl Nr.8 S.114) bestimmt und entsprechend ihrer Gefährlichkeit in Wassergefährdungsklassen eingestuft. Als wassergefährdend gelten zusätzlich alle von den Herstellern selbst als wassergefährdend eingestuften Stoffe sowie vorsorglich alle Stoffe und Zubereitungen, deren Wassergefährdungsklasse bisher nicht sicher bestimmt ist, wobei Lebens- und Futtermittel grundsätzlich als nicht wassergefährdend eingestuft werden.

8.2.1.1.3 Erhebung ozonschichtschädigender und klimarelevanter Stoffe

Die jährliche Erhebung nach § 11 UStatG, bezogen auf das jeweilige Vorjahr, wird erstmals 1997 durchgeführt. Durch sie sollen die vorhandenen Daten über Luftverschmutzungen um Befunde über bestimmte ozonschicht-schädigende[1] und klimarelevante[2] Stoffe erweitert werden.

Die Emissionsvorgänge sind dabei von bestimmten Stoffgruppen und den damit verbundenen Herstellungs- und Verbrauchsprozessen und nicht von definierten Anlagen abhängig. Ziel der Erhebung ist die Darstellung der Verfügbarkeit dieser Stoffe und deren hauptsächliche Verwendung im Inland. Die Daten sollen erhoben werden bei Herstellern, Ein- und Ausführern und Unternehmen, die ozonschichtschädigende bzw. klimarelevante Stoffe in einer Größenordnung von mehr als 50 kg pro Stoff und Jahr zur Herstellung, Unterhaltung oder Reinigung von Erzeugnissen verwenden. Die angesprochenen Stoffe finden hauptsächlich als Kälte- und Treibmittel Verwendung.

Im Jahr 1995 wurde zur Bestimmung des Erhebungskreises eine Umfrage durchgeführt. Im Rahmen dieser Umfrage des Statistischen Bundesamtes wurden ungefähr 30.000 Unternehmen in der gesamten Bundesrepublik angeschrieben, wobei die Rücklaufquote bei fast 90 % lag. Gut 4.000 Unternehmen gaben dabei an, die betreffenden Stoffe zu verwenden oder mit ihnen zu handeln. Unter Beachtung der 50 kg-Regelung bei den Verwendern fallen somit ca. 2.000 Unternehmen bundesweit unter den Berichtskreis des § 11 UStatG. Es handelt sich dabei vor allem um das Klima- und Kältehandwerk, die Chemische Industrie, das Ernährungsgewerbe, der Maschinenbau sowie der Kfz-Handel.

Die einzelnen Entwürfe der Erhebungsbogen sind auf die verschiedenen Zielgruppen dieser Erhebung angepaßt und dienen zur Erleichterung der Auskunft. So ist beispielsweise der Fragebogen 11 (Langfassung), für alle Unternehmen bestimmt, die nicht dem Kälte- und Klimafach- oder dem Kfz-Handel, -Instandhaltung und -Reparatur zuzurechnen sind. Die Erhebungsbogen 11-45 und 11-50 enthalten jeweils ein auf die zugehörige Verwendergruppe zugeschnittenes, reduziertes Frageprogramm mit einer verkürzten Stoffliste. Die Fragekataloge wurden mit dem Arbeitskreis „Luftverunreinigungen" fachlich abgestimmt und nach einer abschließenden juristischen Prüfung den auskunftspflichtigen Unternehmen durch die Statistischen Landesämter Anfang 1997 übermittelt.

---

1 Als ozonschichtschädigend gelten nur die in Anhang I der EG - Verordnung Nr. 3093/94 angeführten Stoffe, die zum Abbau der Ozonschicht führen.

2 Als klimarelevante Stoffe im Sinne dieser Erhebung gelten voll- oder teilhalogenierte, aliphatische Fluorkohlenwasserstoffe (FKW, H-FKW) mit bis zu 7 Kohlenstoffatomen.

8.2.1.1.4 Ausgaben für den Umweltschutz

Zentrale Bestandteile des umweltökonomischen Berichtssystems sind die Erhebung der **Umweltschutzinvestitionen** und die Erhebung der laufenden **Umweltschutzaufwendungen** im Produzierenden Gewerbe mit Ausnahme des Baugewerbes. Aufgrund § 15 UstatG sind sie verbindlich vorgeschrieben und sollen erstmals 1997 für das Jahr 1996 durchgeführt werden. Die in §16 UStatG angeführten Datenerhebungen der Waren und Dienstleistungen des Umweltschutzes sollen im Jahr 1998 beginnend über die Verhältnisse des jeweils vergangenen Berichtsjahres Aufschluß geben.

Die Statistik der **Investitionen für den Umweltschutz** erhebt im jährlichen Turnus bei den Unternehmen des Produzierenden Gewerbes - mit Ausnahme des Baugewerbes - Daten, die Investitionen für den Umweltschutz getätigt haben. Es werden die Bruttozugänge der nachgeschalteten Anlagen für die Unterstützung des Umweltschutzes erfaßt. Eine Erfassung der statistischen Daten über integrierte Umweltschutzmaßnahmen wäre darüber hinaus von Interesse. Allerdings konnte bislang noch keine alle Aspekte umfassende und logische Methode entwickelt werden, die zu eindeutigen Ergebnissen führen würde.

Trotzdem wird seitens des Statistischen Bundesamtes versucht werden, Teile der integrierten Umweltschutzmaßnahmen in die Erhebung mit einzubeziehen. Beispielsweise sollen einige ausgewählte Investitionen in den Umweltschutz[1], die in den Produktionsprozeß im weitesten Sinne integriert sind, bereits heute in die Erhebung einbezogen werden, da sie in hinreichendem Umfang quantifiziert werden könnten[2]. Nach wie vor werden, sofern sie bestimmte Voraussetzungen erfüllen, auch sog. produktbezogene Investitionen[3] in die Erhebung aufgenommen.

Entsprechend den vormaligen Erhebungen umfassen die Angaben die **Umweltbereiche** „Abfallwirtschaft", „Gewässerschutz", „Lärmbekämpfung" und „Luftreinhaltung" ferner zusätzlich „Naturschutz und Landschaftspflege" sowie „Bodensanierung". Wobei die neu aufgenommenen Umweltbereiche nicht für alle Unternehmen von Bedeutung sein werden.

Die Statistik der **laufenden Aufwendungen** für den Umweltschutz ist eine aufgrund der Rechtsgrundlage des Umweltstatistikgesetz 1994 **neu** eingerichtete Erhebung, die im jährlichen Turnus, erstmalig im Jahr 1997 für das Berichtsjahr 1996, durchgeführt werden muß.

Ebenso wie die Statistik der Investitionen für den Umweltschutz werden hier die Daten bei den Unternehmen des Produzierenden Gewerbes ermittelt. In diese Erhebung werden höchstens 15.000 Unternehmen, also rund 30 v.H. der Einheiten der erhebungsfähigen Gesamtheit einbezogen.

---

1 Bspw. Investitionen in Kreislaufanlagen in einigen Wirtschaftszweigen.

2 Ein Beispiel für die oben aufgeführte Tatsache der laufenden, d.h. unabgeschlossenen Prozesse. Das Statistische Bundesamt hat zur Fortführung der Beratungen über integrierte Maßnahmen den umweltökonomischen Fachausschuß für Januar 1998 eingeladen.

3 Investitionen für die Herstellung von Produkten, die zu weniger Umweltbelastungen bei Veroder Gebrauch führen.

Anhand des Fragebogens 15A werden Umweltschutz-aufwendungen, untergliedert nach der Aufwendungsart erfaßt. Eine Unterscheidung wird hierbei zwischen anlagebezogenen Aufwendungen[1] und allgemeinen Umweltschutzmaßnahmen getroffen[2]. Zusätzlich enthält der Erhebungsbogen auch Fragen über den Umfang der zu entrichtenden Abwasser- und Abfallgebühren. **Unbeachtet** bleiben - aufgrund von nicht unerheblichen Quantifizierungs- und Abgrenzungsproblemen - produktbezogene Umweltschutzmaßnahmen sowie zusätzliche Aufwendungen für **integrierte** umweltschützende Maßnahmen.

Eine nicht zu unterschätzende Schwierigkeit bei der praxisorientierten Ausgestaltung der Erhebungspapiere war in der Tatsache begründet, daß zu Beginn der ersten Erhebung nicht mit einem identischen Informations- und Kenntnisstand der einzelnen Unternehmen zu den verschiedenen Erhebungsmerkmalen gerechnet werden konnte.

So werden bei Anlagen des Umweltschutzes, denen im Rechnungswesen des Unternehmens eine eigene Kostenstelle eingeräumt ist, die Aufwendungen in entsprechend genauen Umfang erhoben, bei Anlagen ohne eine solche eigene Kostenstelle lediglich in vereinfachter Form. Zusammengefaßte Angaben sind ebenfalls für die nicht anlagebezogenen, allgemeinen Maßnahmen zu machen.

Unternehmen, die eigene Anlagen für den Umweltschutz unterhalten, werden mit dem kompletten Frageprogramm befragt, für die übrigen gilt ein verkürzter Fragebogen.

Durch die Erhebung wird es zum **ersten Mal möglich** sein, die **Gesamtaufwendungen** der einzelnen Wirtschaftsbereiche für den Umweltschutz in zusammengefaßter Form darzustellen. Desweiteren werden umfassende Resultate über die Umweltschutzinvestitionen und die laufenden Umweltschutzaufwendungen der einzelnen Umwelt- und Wirtschaftsbereiche herauszulesen sein.

8.2.1.2 Datenanforderung an Mikro-Ebene

Die statistischen Ämter fordern von den Unternehmen Daten unter Verwendung von verschiedenen Fragebogen. Es werden repräsentativ Unternehmen ausgewählt, die die entsprechenden Fragebogen ausfüllen müssen. Es ist dabei möglich, daß ein Unternehmen mehrere Fragebogen erhält, da mehrere Kriterien auf das Unternehmen zutreffen. Die im Anhang 1 aufgeführten Tabellen 36-41 geben die Datenanforderungen gegliedert nach den Bereichen Abfall, Recyclingmaterial, Wasser, Luft, ozonschädigende Gase und Umweltkosten im einzelnen wieder.

8.2.1.3 Datenanforderungen ohne direkten ECO-Integral-Bezug

Im Internet unter der Adresse http://www.green-it.de befindet sich eine Tabelle 1 zu den Berichtspflichten aus dem UstatG, die keinen direkten Bezug zu ECO-Integral besitzen.

---

1 Darunter fallen Aufwendungen für den Betrieb von Umweltschutzanlagen.

2 Hierzu zählen Maßnahmen wie Abfallsammlung, Planung, Überwachung und Messung.

8.2.2 Umweltökonomische Gesamtrechnungen (UGR)

Die statistische Erfassung von Veränderungen im „Naturvermögen", ausgelöst durch wirtschaftliche Tätigkeiten, ist Ziel der UGR. Analog zu den Volkswirtschaftlichen Gesamtrechnungen, wo für produzierte Vermögensgegenstände Abschreibungen kalkuliert werden, um Wertminderungen zu erfassen, sollen in den UGR die Basisdaten für die Berechnung der Abschreibung auf das Naturvermögen ermittelt werden. Die Nachhaltige Entwicklung (Sustainable Development) dient dabei als generelles Leitbild. Die UGR sollen statistisch zeigen, welche natürlichen Ressourcen durch die wirtschaftlichen Aktivitäten (Produktion/Konsum) einer Periode beansprucht, verbraucht, entwertet oder zerstört werden; Ausgangspunkt ist der in der Wirtschaftsstatistik abgebildete Prozeß der ökonomischen Wertschöpfung.

Die weiter unten angeführten verschiedenen Themenbereiche der UGR werden im Statistischen Bundesamt entwickelt. Insbesondere das Projekt „Material- und Energie-Fluß-Informations-System (MEFIS) trägt zur Weiterentwicklung des vorrangig bearbeiteten Themenbereiches maßgeblich bei.

Bei den UGR handelt es sich um einen relativ jungen und im Entstehungsprozeß befindlichen Statistikbereich, der ohne gesonderte gesetzliche Bestimmungen zum regulären Programm der Bundesstatistik zählt und in der neuen Fachserie 19 fortlaufend dokumentiert wird. Im Unterschied zur traditionellen Umweltstatistik (siehe Kapitel 8.2.1) erheben die UGR selbst noch keine eigenständig neuen Statistiken. Auch insofern ist es äußerst begrüßenswert, durch ECO-Integral die im modularen Aufbau begriffenen Themenbereiche zu unterstützen.

8.2.2.1 Inhalt der Umweltökonomischen Gesamtrechnungen

Die UGR sind modular in 5 Themenbereiche gegliedert:

1. Material- und Energieflußrechnungen, Rohstoffverbrauch, Emittentenstruktur
2. Nutzung von Fläche und Raum
3. Indikatoren des Umweltzustandes
4. Maßnahmen des Umweltschutzes, Investitionen, Ausgaben
5. Unterstellte Vermeidungskosten

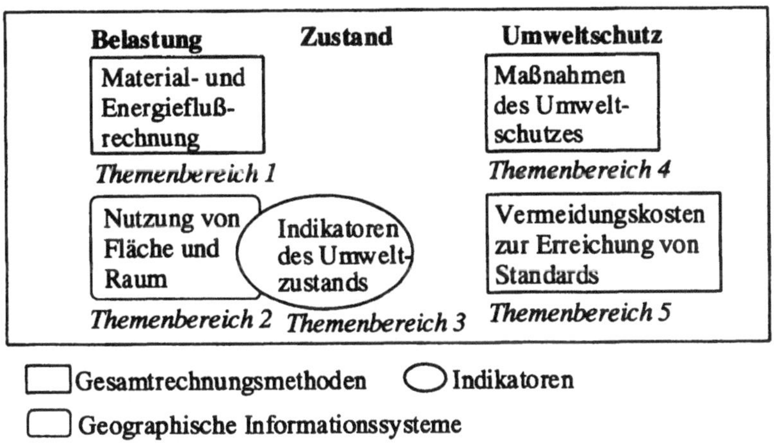

Abbildung 129: Konzeptioneller Aufbau der UGR (Quelle: StBA 1997)

In den Themenbereichen 1 und 2 werden die Einsätze von Rohstoffen, Energie und Fläche in den Sektoren der Wirtschaft gezeigt. Themenbereich 3 hat zur Aufgabe, den Zustand der Umwelt zu erfassen. Themenbereich 4 dokumentiert die Kostenseite und die aktuelle Belastung der Wirtschaft durch tatsächlich durchgeführte Umweltschutzmaßnahmen. Vermeidungskosten für zusätzliche präventive Maßnahmen sind Gegenstand des Themenbereiches 5.

8.2.2.1.1 Der Themenbereich Material- und Energieflußrechnung

Für ECO-Integral ist insbesondere der Themenbereich Stoff- und Energieflußrechnung von vorrangigem Interesse. Wie einleitend betont, rekurrieren die UGR auf andere primär- und sekundärstatistischen Daten, so z.B. im Themenbereich 4 auf die Erhebungen nach UStatG. Insofern wird dieser ECO-Integral relevante Bereich hier nicht behandelt, sondern es wird auf Teil III, Kapitel 8.2.1.1.1 und 8.2.1.1.4 verwiesen. Der hier exemplarisch behandelte Themenbereich Stoff- und Energieflußrechnung illustriert die künftig auszudehnende Unterstützungs-Funktion von ECO-Integral.

Ziel dieses Themenbereiches ist die Darstellung des Stoffwechsels zwischen Natur und Wirtschaft und die Verknüpfung der verursachenden Wirtschaftsaktivitäten (driving forces) mit den resultierenden - die Umwelt beeinträchtigenden - Stoffströmen (pressure). Im Hinblick auf verschiedene Kriterien verfolgt der Themenbereich Stoff- und Energieflußrechnung einen integrativen Ansatz:

a) Bewertungen/Zielvorstellungen etc. sollten soweit wie möglich von den Daten unabhängig sein. Konkret heißt dies, daß die Erfassung der Stoffströme so gestaltet ist, daß sie sowohl nach quantitativen als auch qualitativen Kriterien bewertet werden können

b) Stoffliche Inputs und Outputs der Volkswirtschaft sind gemeinsam zu betrachten und zu verbinden

c) Der Schwerpunkt liegt bei der Erfassung der Flußgrößen. Wenn erforderlich, sind jedoch auch Bestandsgrößen in die Rechnung aufzunehmen

d) Daten über das Mengengerüst und technische Koeffizienten sind zu verbinden

8.2.2.1.2 Empirischer Stand und MEFIS

Neben den Einsatzstoffen Wasser und Energie, die traditionell schon immer Gegenstand der amtlichen Statistik waren [Bayer 1987, 1991, 1994], lag der inputseitige Schwerpunkt der UGR zunächst auf dem Ressourceneinsatz der Wirtschaftsaktivitäten [Radermacher/Höh 1993]. Outputseitig wurden mittels der sogenannten Emittentenstruktur die verschiedenen Outputs (Emissionen, Abfälle) den einzelnen Wirtschaftsaktivitäten zugeordnet [Thomas 1993 und 1996]. Mit der Erstellung einer physischen Input-Output-Tabelle (PIOT) für das Jahr 1990 wurde erstmals der „Link" zwischen Inputs und Outputs geschlossen und somit auch die stofflichen Wechselbeziehungen innerhalb der Wirtschaft systematisch und vollständig erfaßt [Stahmer/Kuhn/Braun 1996].

Zur Zeit konzentrieren sich die Anstrengungen auf den Aufbau eines umfassenden Material- und Energie-Fluß-Informations-System (MEFIS), welches in Zukunft die konzeptionelle und empirisch-technische Basis für diesen Themenbereich darstellen wird.

Ziel des laufenden **MEFIS** Projektes ist es, die vielfältigen Daten in eine vergleichbare Form zu bringen, die es ermöglicht, jeden Stofffluß durch drei Merkmale zu beschreiben:

- Art des Stoffes
- Herkunft (inländischer Lieferant, Ausland, Natur)
- Bestimmung (Vorleistungsempfänger, Endnutzer, Natur)

8.2.2.1.3 Datengrundlagen und -anforderungen

Ebenso wie die traditionellen Volkswirtschaftlichen Gesamtrechnungen greifen die UGR wie betont auf die verschiedensten primärstatistischen Quellen zurück. Es gibt keine primärstatistischen Erhebungen bzw. Quellen (wie Produktions-, Wasser-, Abfallstatistik usw.), die speziell für die UGR durchgeführt werden. Vielmehr „zapfen" die UGR die verschiedensten Primärdatenquellen an und bereiten diese so auf, daß sie den oben beschriebenen Anforderungen genügen. In der Praxis müssen daher Primärdaten aggregiert, disaggregiert und teilweise geschätzt werden.

8.2.2.2 Datenanforderung an Mikro-Ebene

Für die im MEFIS-Projekt geforderten Daten reichen die vorhandenen amtlichen Daten allerdings nicht aus. Daher - so die Konzeption - soll jeder Stofffluß mit einem „Datenstammbaum" versehen werden, der darüber Auskunft gibt, wo und wie die jeweilige Information entstanden ist. Hier zeigt sich der Anknüpfungspunkt zu ECO-Integral. Idealerweise werden bereits auf der betrieblichen Mikro-Ebene die stofflichen Daten entsprechend der MEFIS-Struktur bereitgestellt. Dazu müssen die drei Dimensionen Material, Herkunft, Bestimmung mit den Bewegungen verbunden sein. Die in ECO-Integral vorgesehene Bewegungsinformation (Material, Bewegungskanal, Bewegungsart) gehen prinzipiell konform mit diesen Anforderungen. Es ist jedoch notwendig, eine vergleichbare Strukturierung vorzunehmen. Es stellt sich nun die Frage nach den zu verwendenden Kategorien, sowohl für die im System Betrieb zu differenzierenden Subprozesse, als auch für die Stoffe.

Grob können die **Stoffe** in die drei Kategorien Rohstoffe, Güter und Reststoffe unterschieden werden. Rohstoffe sind direkte Entnahmen aus der Natur, Güter sind alle handelbaren Stoffe, Reststoffe sind direkte Abgaben an die Natur. Aus der Sicht eines Betriebes sind Reststoffe also nur diejenigen, die vom Betrieb direkt in die Natur entlassen werden. Dies dürften in der Regel nur flüssige und gasförmige sein, da die festen Abfälle i.d.R. von anderen Wirtschaftseinheiten entsorgt werden. Diese würden nach der hier getroffene Unterscheidung unter die Stoffkategorie Güter fallen.

Für die **Rohstoffe** existiert bislang keine einheitliche Systematik - weder national noch international. Im SEEA [UN 1996, S. 233] wird eine grobe Systematik für Rohstoffe vorgeschlagen. In der Abteilung Stoffströme und Strukturwandel des Wuppertal Institutes werden die Kategorien abiotische Rohstoffe, biotische Rohstoffe, Erosion, Wasser und Luft unterschieden. Diese fünf Kategorien sind weiter zu untergliedern.

Für die **Güter** wird in der Bundesrepublik Deutschland das „Systematische Güterverzeichnis für Produktionsstatistiken, Teil 2: Systematisches Güterverzeichnis für Statistik im Produzierenden Gewerbe " verwendet. Dieses umfaßt in seiner tiefsten Gliederung ca. 5.700 sechsstellige Güterarten, ca. 1.000 vierstellige Güterklassen und 36 Gütergruppen.

Stoffart	mögliche Systematiken
Rohstoffe	Rohstoffarten Vorschlag SEEA: (a) Wild biota: • Plants and products of plants (exept forest products) • Animal and animal products (exept aquatic animals) • Products of forests • Fish and other aquatic animals (b) Subsoil Resources: • Coal and lignite, peat • Crude petroleum and natural gas • Uranium and thorium ores • Metal ores • Stone, sand and clay • Other minerals (c) Water (d) Air, wind, natural heat: • Air • Wind • Natural heat (e) Soil (erosion)
Güter	• Systematisches Güterverzeichnis für Produktionsstatistiken, Teil 2: Systematisches Güterverzeichnis für Statistik im Produzierenden Gewerbe (GP) • International (Central Product Classification, CPC) • alternativ: Systematik der Produktionsbereiche in Input-Output-Rechnungen (SIO)
Reststoffe	• z.B. LAGA Abfallkatalog • z.B. sonstige Systematiken aus UStG

Tabelle 13: Subprozesse; Herkunft und Bestimmung

Zur Klassifikation der **Reststoffe** ist zunächst der Abfallkatalog der Länderarbeitsgemeinschaft Abfall (LAGA) zu nennen. Allerdings ist dieser nicht vollständig, insbesondere was flüssige und gasförmige Emissionen betrifft, d.h. der LAGA Katalog wäre im Hinblick auf Vollständigkeit zu prüfen und gegebenenfalls zu erweitern. Auch wäre zu prüfen, ob es sich bei einigen der LAGA-Katalognummern tatsächlich um Reststoffe im oben definierten Sinne handelt oder um Güter. Hier wäre desweiteren zu prüfen, ob die verschiedenen Systematiken, wie sie im Umweltstatistikgesetz vorgeschlagen werden, verwendbar sind.

Zunächst liegt es nahe, **innerhalb des Betriebes** verschiedene Subprozesse zu definieren. Allgemein liegt die Definition „innerbetriebliche Subeinheiten" im Ermessen des jeweiligen Betriebes. Sie wird im wesentlichen von der Organisationsstruktur und (prozeß-) technischen Gesichtspunkten abhängen. Denkbar wären Unterscheidungen wie Produktion, Verwaltung und Lager. Die Produktion kann bis auf die Ebene der einzelnen technischen Prozesse heruntergebrochen werden.

Hier bietet sich die PRODCOM-Systematik (Production Community Classification) an. Diese europäische Nomenklatur ist eine 8-stellige Verfeinerung der europäischen NACE[1]-Systematik (4-stellig) der Wirtschaftsaktivitäten und weist somit eine größere Nähe zur technischen Realität auf. Zudem wird die PRODCOM-Systematik für den Aufbau des „Environmental Pressure Information System" (EPIS) von EUROSTAT benutzt (vgl. Teil III, Kapitel 8.2.3).

Grundsätzlich sollten bei den innerbetrieblichen Subeinheiten „Aktivitäten" von „Vermögen" unterschieden werden. „Aktivitäten" sind dadurch gekennzeichnet, daß in einer definierten Periode der Input dem Output entspricht, während bei „Vermögen" innerhalb einer Periode Abweichungen zwischen Input und Output auftreten können (Vermögensänderung = Endbestand - Anfangsbestand).

Da es sich bei dem Betrieb nicht um ein stofflich geschlossenes System handelt, muß grundsätzlich eine Kategorie „Außerhalb" berücksichtigt werden. Diese Kategorie „Außerhalb" ist wiederum zu gliedern in „andere Wirtschaftseinheiten" und „Natur".

Die Kategorien **„andere Wirtschaftseinheiten"** sind idealerweise nach Wirtschaftszweigen oder NACE zu gliedern. Desweiteren sind die „anderen Wirtschaftseinheiten" nach inländisch und ausländisch zu unterscheiden.

Die Kategorie „Natur" ist notwendig, um die Herkunft der Rohstoffe und Bestimmung der Reststoffe zuordnen zu können. Denkbar wäre hier eine Unterscheidung nach Lithosphäre, Gewässer und Atmosphäre.

---

1 NACE ist die gemeinsame Grundlage für statistische Systematiken der Wirtschaftszweige in den Europäischen Gemeinschaften

Kategorien	Subprozesse	mögliche Systematiken
innerhalb des Betriebes	• Aktivitäten • Bestände	• PRODCOM (NACE) • offen
andere Wirtschaftseinheiten	jeweils getrennt nach: • inländisch • ausländisch	• Systematik der Wirtschaftszweige (WZ) • Allgemeine Systematik der Wirtschaftszweige in der Europäischen Union (NACE) • International Standard Industrial Classification (ISIC) • *alternativ*: SIO
„Natur"	evtl. getrennt nach: • Lithosphäre • Gewässer • Atmosphäre	• offen

Tabelle 14: Mögliche Systematisierung der Einheiten / Kategorien und Subprozesse

Zusammenfassend kann gesagt werden, daß die MEFIS-Systematik ein konsistentes Mengengerüst bezüglich der Stoff- und Energieströmen einer Volkswirtschaft vorsieht. Die Anforderungen an die Unternehmen können in Form einer vollständigen und MEFIS-konform gegliederten Stoff- und Energiefluß-Bilanzierung erfüllt werden. Zum jetzigen Zeitpunkt kann jedoch noch keine solche Bilanzgliederung vorgegeben werden, da die Abstimmungen in den MEFIS-Arbeitskreisen noch nicht weit genug fortgeschritten sind. Die Systematik der Erfassung von Stoff- und Energiedaten, wie sie für das ECO-Integral Referenzmodell vorgesehen ist, läßt jedoch eine nachträgliche Anpassung der Bilanzgliederungen zu. Die wichtigsten Grundinformationen (Stoffart, Herkunft, Bestimmung) werden auf jeden Fall innerhalb der ECO-Integral Datenbasis verwaltet.

8.2.2.3 Datenanforderungen ohne direkten Eco-Integralbezug

Anforderungen an die Aggregation und Hochrechnung der Daten aus den Unternehmen sind keine originäre betrieblichen Aufgaben. Die Mikro-Daten sollten allerdings im Sinne der einleitend ausgeführten „statistischen Adäquation" bereits so strukturiert sein, daß sie aggregierungsfähig sind. Die in MEFIS geforderten Daten stellen die gewünschten, aus den Zielen der UGR abgeleiteten, Informationen dar. Letztendlich handelt es sich um ein Mengengerüst der Volkswirtschaft, gegliedert nach verschiedenen Wirtschaftsaktivitäten und Stoffkategorien. Dieses Mengengerüst ist jedoch nicht vollständig aus den vorhandenen amtlich-statistischen Daten erstellbar. Daher ist eine Datengenerierung erforderlich.

In einem **ersten Schritt** sollten die **vorhandenen amtlich-statistischen Daten** entsprechend den Anforderungen aufbereitet werden. Als Datenquellen dienen alle denkbaren Primärdatenquellen, die Mengenangaben enthalten. Diese müssen entsprechend den Kategorien der Wirtschaftsaktivitäten und Stoffe aufbereitet werden. Während Informationen über die Herkunft der Stoffströme in den amtlichen Statistiken relativ gut dokumentiert sind (Umweltstatistik, Produktionsstatistik, Außenhandelsstatistik) fehlen weitgehend Informationen über den Verbleib. Konkret: die Produktionsstatistik gibt darüber Auskunft, welche Sektoren welche Produkte herstellen - sie gibt aber keine Auskunft darüber, wer diese Produkte in Form von Vorleistungs-, Konsum- oder Investitionsgütern verwendet. Dieses Problem besteht auch für die monetären Daten. Im Rahmen der Erstellung von monetären Input-Output-Tabellen wurden spezielle Verfahren entwickelt, um diese Informationen aus dem vorhandenen primärstatistischen Datenmaterial zu generieren [Bleses/Stahmer 1994].

In einem **zweiten Schritt** müssen diejenigen gewünschten Stoffflußinformationen generiert werden, über die **keine primärstatistischen Daten zur Verfügung** stehen. Dies betrifft insbesondere gasförmige Stoffflüsse. Hier müssen mittels technischer Koeffizienten die entsprechenden Stoffflüsse berechnet werden. Bekannt sind aus der amtlichen Statistik die eingesetzten Energieträger und die Mengen an erzeugter Energie. Nun können die übrigen - unbekannten - Stoffflüsse berechnet werden. Hierzu sind in separaten Informationssystemen Prozeßtechnologien und ihre korrespondierenden technischen Koeffizienten bereitzustellen.

Stellen die Unternehmen die für die MEFIS bzw. UGR notwendigen Daten in geeigneter Struktur bereit (vgl. Teil III, Abschnitt 8.2.1.2), werden die statistischen Aufgaben der Datengenerierung erleichtert.

8.2.3 EUROSTAT

Im Umweltprogramm der Europäischen Union - dem „Fifth Environmental Action Programme (5th EAP)" - sind die Schwerpunkte der europäischen Umweltpolitik festgelegt. Um ausgeglichene Strategien für eine Nachhaltige Entwicklung erarbeiten zu können, wird der Bereitstellung von umweltrelevanten Statistiken ein hoher Stellenwert beigemessen. Es wurde deshalb der Aufbau eines integrierten ökonomisch-ökologischen Informationssystems vorgeschlagen [EC 1996]. Dieses Ziel soll vor allem erreicht werden, indem zwei komplementäre Ansätze verfolgt werden:

1. Die Berechnung von Indikatoren und Indizes, die mit den von menschlichen und wirtschaftlichen Aktivitäten ausgehenden Beeinflussungen der Umwelt verknüpft werden
2. Die Erstellung von „Satelliten-Systemen" zum System der nationalen Volkswirtschaftlichen Gesamtrechnungen in physischen wie monetären Einheiten

Das Europäische Amt für Statistik (EUROSTAT) hat mehrere Arbeitsgremien beauftragt diese Themenbereiche zu bearbeiten. Es werden Fragebogen entwickelt, die den nationalen statistischen Ämtern als Vorlage für die eigenen Erhebungen dienen.

Diese Arbeiten befinden sich noch in einem unabgeschlossenen Entwicklungsstadium. Eine gesetzliche Pflicht zur Datenlieferung für Unternehmen ist einstweilen nicht gegeben. Es ist jedoch künftig mit entsprechenden Erhebungs- und Berichtspflichten in der EU und ihren Mitgliedsländern zu rechnen.

8.2.3.1 Inhalt des Arbeitsprogramms von EUROSTAT

Das Arbeitsprogramm von EUROSTAT ist in mehrere, eng miteinander verknüpfte Arbeitsschwerpunkte gegliedert:

1. Erstellung eines Handbuches für „Green Accounting"
2. Entwicklung eines „European System of Environmental Pressure Indices" **(ESEPI)**
3. Entwicklung von integrierten umweltökonomischen Indizes („European System of Integrated Environmental and Economic Indices" ESI)
4. Entwicklung einer Umwelt-Satelliten-Rechnung **(SERIEE)**
5. Forschung auf dem Gebiet der Schadensevaluation und Monetarisierungstechniken
6. Sicherstellung der horizontalen Koordination.

Die Punkte 1 und 6 haben vorwiegend organisatorischen Charakter. Punkt 3 ist in einem frühen Entwicklungsstadium und sehr eng mit Punkt 2 verbunden. Zu Punkt 5 will EUROSTAT erst die Ergebnisse von diversen Forschungsprojekten auswerten, bevor weitere Festlegungen getroffen werden. Aus Sicht von ECO-Integral sind daher in diesem Rahmen die Schwerpunkte ESEPI und SERIEE von vorrangigem Interesse.

8.2.3.1.1 ESEPI (European System of Environmental Pressure Indices)

Hauptziel dieses Arbeitsschwerpunktes - der auch „Environmental Pressure Indices Project" genannt wird - ist die Berechnung von **pressure indices** für die EU-Mitgliedsstaaten. Als methodischen Rahmen hat man sich für das sogenannte Pressure-State-Response Modell entschieden.

Ein pressure indicator beschreibt die Umweltbeeinträchtigung durch bestimmte menschliche Aktivitäten. Er dient u.a. der Rückverfolgung von Umweltproblemen zu ihren jeweiligen Ursachen. Letztendlich ist es das Ziel des „Environmental Pressure Indices Project", einheitliche und solide Berechnungsvorschriften für die Kalkulation von pressure indices zu entwickeln.

Um die Grundlagen für die konsistente Berechnung der pressure indices zu entwickeln und um eine detaillierte, sektorale Disaggregation vorzunehmen, hat EUROSTAT das „Environmental Pressure Indices Project" in 30 Unterprojekte, die in drei Module zusammengefaßt sind, untergliedert:

Modul 1: 10 „Pressure Indices Pilot Projects" **(PIP)**

Modul 2: 12 „Sectoral Infrastructure Projects" **(SIP)**

Modul 3: 8 Projekte zur Erstellung eines „Environmental Pressure Information System" **(EPIS**, früher ESIS genannt)

Modul 1 (PIP) dient der Identifizierung der „Nachfrage" nach pressure indices, insbesondere aus der Perspektive der Anwender. Die pressure indices sollen die von menschlichen Aktivitäten ausgehenden Umweltbeeinträchtigungen in hoch aggregierter Form abbilden und dabei die 10 „Politikfelder" abdecken, die im fünften „Environmental Action Programme" definiert sind:

1. Climate Change (Klimaveränderung)
2. Ozone Layer Depletion (Abbau der Ozonschicht)
3. Loss of Biodiversity (Verringerung der Artenvielfalt)
4. Resource Depletion (Ausbeutung der Ressourcen)
5. Waste (Abfall)
6. Air Pollution (Luftverschmutzung)
7. Dispersion of Toxics (Ausbreitung toxischer Stoffe)
8. Water Pollution and Water Resources (Wasserver-schmutzung und Wasserwirtschaft)
9. Marine Environment and Coastal Zones (Meeresumwelt und Küstengebiete)
10. Urban Problems, Noise and Odours (Probleme des städtischen Raums, Lärm- und Geruchsbelästigung)

Die Auswahl der Indikatoren, erfolgt über Expertenbefragungen (vgl. Teil III, Abschnitt 8.2.3.2).

Modul 2 (SIP) legt den Schwerpunkt auf den Anteil der verschiedenen Wirtschaftssektoren an den Gesamtbeeinträchtigungen der Umwelt. Die insgesamt 6 Sektoren sind nach den sogenannten „target sectors" des fünften „Environmental Action Programme" gegliedert:

1. Industry (Industrie)
2. Agriculture (Landwirtschaft)
3. Energy (Energie)
4. Transport (Transport)
5. Tourism (Tourismus)
6. Waste Management (Abfallwirtschaft)

In diesen SIPs sollen die Datenverfügbarkeit und -lücken zur Berechnung von pressure indices geprüft, potentielle Datenquellen identifiziert und erste pressure indices berechnet werden. Desweiteren dienen die SIPs der Verknüpfung mit vorhandenen Datenbanken, dem Sammeln von nicht-statistischen Daten (technische Koeffizienten) sowie der Harmonisierung in den Mitgliedsstaaten.

Von besonderer Bedeutung für ECO-Integral ist das SIP Industry. Hier sollen die Möglichkeiten zur Berechnung sektoraler pressure indices geprüft werden. Grundsätzlich werden ausgeglichene Materialbilanzen für die verschiedenen Wirtschaftsektoren benötigt, um auf diesen basierend, die pressure indices berechnen zu können.

„One of the conclusions that should be pointed out from the SIP Industry report, is the need for renewed efforts to develop industrial physical statistics, based on better qualified physical accounting at the firm level. This means that, first, a system of physical accounting for the firms might be needed and, second, an homogeneous national system of physical input/output statistics should guide the first one" [Jiliberto et al. 1997].

Dabei werden drei Datenquellen zur Erstellung ausgeglichener Materialbilanzen unterschieden:

1. Amtliche statistische Daten
2. weitere Input- und Outputströme aufgrund chemischer Relationen (stöchiometrisch)
3. und Prozeßdaten

Die amtlich verfügbaren Statistiken reichen nicht aus, um eine vollständige Materialbilanz zu erstellen. Vielmehr müssen zur Kalkulation der „unbekannten" Stoffflüsse zusätzliche Informationen generiert werden. Sind die sektoralen Materialbilanzen einmal ausgeglichen, können darauf basierend in einem weiteren Schritt die pressure indices für die verschiedenen Industriesektoren berechnet werden (Koeffizienten-Methode: Strommenge multipliziert mit Emissions-Koeffizient). Dabei wird bei der Berechnung von Luftemissionen auf die sogenannte CORINAIR-Datenbank zurückgegriffen (Emissions-Koeffizienten).

Ziel des **Modul 3 (EPIS)** ist die Entwicklung der kalkulatorischen Basis zur Berechnung von pressure indicators, da in vielen Mitgliedsländern der EU die Datenbasis noch schwach ist. Daher hat EUROSTAT damit begonnen, eine zusätzliche Datenbank zu erstellen, die es erlauben soll, Emissionen und Rohstoffverbrauch in der EU zu berechnen. Der Schwerpunkt dieses Informationssystems liegt also genau auf der Bestimmung der unbekannten Stoffflüsse, die bereits oben angesprochen wurden und stellt gleichzeitig Koeffizienten zur Berechnung der stoffstrombasierten pressure indices zur Verfügung.

EPIS ist eine Datenbank, die technisch-industrielle Prozesse mit einer hohen Umweltrelevanz erfaßt und mittels sogenannter technischer Input- und Output-Koeffizienten den Rohstoffinput bzw. Emissionsoutput ins Verhältnis zum gewünschten Güteroutput setzt. Die Arbeiten zu EPIS umfassen vier Schritte [vgl. Thomas 1997]:

1. Auswahl der umweltrelevanten Prozesse
2. Sammlung von Input- und Output-Koeffizienten für die relevanten Prozesse
3. Berechnung der Umweltbeeinträchtigung auf der Basis der aktuellen Produktions- und Konsumzahlen
4. Berechnung der Pressure Indikatoren

Der EPIS-Datensatz besteht aus 4 Elementen: dem Input, dem Output, dem Prozeß und der Differenz. Im Prinzip sollten in EPIS alle Prozesse erfaßt werden, die auf der nationalen Ebene eine Rolle spielen. Anhaltspunkte könnte der Anteil des jeweiligen Prozesses an der nationalen Gesamtproduktion liefern (z.B. mindestens 5% der Gesamtproduktion). Restriktionen ergeben sich sicherlich hinsichtlich der Verfügbarkeit von Informationen zur Bestimmung der Stoffflußkoeffizienten.

8.2.3.1.2 SERIEE

SERIEE[1] soll für alle Mitgliedstaaten der EU einen Gestaltungsrahmen für die Erfassung ökonomischer Umweltschutzdaten bereitstellen. Das Ziel von SERIEE ist eine Darstellung der Produktion und der Finanzierung solcher Umweltschutzaktivitäten. Folgende strukturelle Einteilung ist vorgesehen:

- Die Umweltschutzausgaben-Rechnung (Environmental Protection Expenditure Account - **EPEA**)
- Das **„Zwischensystem"** zur Sammlung und Verwertung von Primärdaten
- Die **Rechnung für die Verwendung und das Management des Naturvermögens.**

Das **EPEA** ist als ein Umwelt-Satellitensystem zur Volkswirtschaftlichen Gesamtrechnung (VGR) konzipiert und muß darum soweit wie möglich kompatibel zur VGR ausgestaltet werden. Es umfaßt die Darstellung der von einer Nation getätigten Umweltschutzausgaben, deren Finanzierung und eine Aufstellung der durch den Umweltschutz induzierten ökonomischen Aktivitäten in Outputgrößen. Dabei spielen die Wechselbeziehungen zwischen Wirtschaft und Umweltschutz und die Einbeziehung physischer Daten die zentrale Rolle.

Das **„Zwischensystem"** dient der Sammlung von Basisdaten für die Erstellung des EPEA. Der Aufbau orientiert sich an gebräuchlichen Klassifikationen zur Sammlung statistischer Daten. Bereits entwickelt sind „Zwischensysteme" für den öffentlichen Sektor und für Unternehmen. Die Erhebung von Daten in Haushalten und in der sogenannten Umweltschutzindustrie befindet sich noch in der Planung. Für den Unternehmenssektor existieren bereits Musterfragebogen für die Befragung des Produzierenden Gewerbes. Eine Ausweitung auf die Landwirtschaft und den Dienstleistungssektor steht noch aus.

Die **„Rechnung für die Verwendung und das Management des Naturvermögens"** zielt auf die Darstellung von Ressourcen-Management-Aktivitäten wie die wirtschaftliche Verwendung von Wasser, Boden, Energie und Recycling- und Wiederherstellungs-Aktivitäten, welche nicht im EPEA enthalten sind, ab. Dazu werden auch zahlreiche physische Daten benötigt, obwohl es sich hauptsächlich um eine ökonomische Ermittlung von Flußgrößen handelt. Dieses System ist noch wenig entwickelt. Die Arbeiten von EUROSTAT konzentrieren sich zunächst auf das EPEA.

8.2.3.2 Datenanforderung an Mikro-Ebene

In den Tabellen 42-44 des Anhang 2 sind die für ECO-Integral relevanten Datenanforderungen aufgeführt.

- Pressure-Indices
- EPIS Datensätze
- Umweltkosten nach SERIEE

---

1 Système Européen de Rassemblement de l'Information Economique sur l'Environnement (European System for the Collection of Economic Information on the Environment)

8.2.3.3 Datenanforderungen ohne direkten ECO-Integral-Bezug

Die im Internet unter der Adresse http://www.green-it.de aufgeführte Tabelle 2 enthält die pressure-indices, die keinen direkten Bezug zu ECO-Integral besitzen. Den verschiedenen Politikfeldern wie z.B. Verringerung der Artenvielfalt werden verschiedene Indikatoren zugeordnet.

8.2.4 CSD – Indiaktoren Set

Die Vereinten Nationen (UN) haben beschlossen, die Erstellung von Indikatoren zur nachhaltigen Entwicklung von ihren Mitgliedsländern zu fordern (Kapitel 40 der Agenda 21). Insbesondere wurden Regierungs- und Nicht-Regierungsorganisationen auf internationaler Ebene aufgefordert, ein Indikatoren-Konzept zur nachhaltigen Entwicklung zu erarbeiten.

Die UN hat nach eingehenden Debatten in den beiden ersten Sitzungen der **„Commission for Sustainable Development" (CSD)** die „Division for Sustainable Development-Department for Policy Coordination and Sustainable Development" (DPCSD) damit beauftragt, die verschiedenen vorliegenden Indikatoren-Vorschläge von UN und anderen Organisationen sowie ihre Akteure zusammenzubringen. Aufbauend auf deren Vorschläge soll die DPCSD ein gemeinsames Programm für Indikatoren zur Nachhaltigen Entwicklung erarbeiten, welches unmittelbar den Erfordernissen der Kommission wie auch der Mitgliedsländer entsprechen könnte[1].

Eine unmittelbare Verbindlichkeit für Unternehmen zur Bereitstellung von Daten besteht nicht. Mittelbar jedoch insofern, als sich die beteiligten Länder künftig verpflichten wollen, nach einem einheitlichen Schema zu berichten und die nationalen Berichte wiederum auf entsprechende Basisdaten zurückgreifen müssen. Es ist denkbar, daß zukünftig Verpflichtungen aus dem CSD-Prozeß in nationale Erhebungspraxis umgesetzt werden und so zu quasi verbindlichen Vorgaben für Unternehmen werden. Derzeit haben sich 21 Länder freiwillig verpflichtet (darunter auch die Bundesrepublik) an der Test-Phase der Indikatoren für die Jahre 1997-1999 teilzunehmen und die Praktikabilität zu erproben[2].

1 Verschiedene dieser Akteure zur Mitarbeit an dem DPCSD-Arbeitsprogramm fungieren als „lead agencies". Beteiligt sind u.a. UNSTAT, UNDP/UNSO, UNICEF, UNEP, UNCTAD,ILO, FAO, UNESCO, WHO, UNIDO, WELTBANK, OECD u.a., sowie weitere „intergovernmental organizations" und auch „non-governmental organizations" bzw. auch einige wenige Repräsentanten interessierter Kreise einschließlich der Wissenschaft z. B. das WUPPERTAL INSTITUT.

2 Ende 1997 sollten erste jährliche Erfahrungsberichte vorliegen.

8.2.4.1 Inhalt CSD - Indikatoren Set

Der gesamte Ansatz beruht auf einem modifizierten PSR-Schema (presure-state-response), wobei der wesentlichste Unterschied zum OECD coreset in der Erweiterung des Schemas über Umweltfragen hinaus begründet liegt: die Indikatoren werden in einem sog. „driving-force-state-response" (DSR)-Ansatz präsentiert, wobei die „pressures" durch die „driving forces" ersetzt wurden, um damit angemessener die Aufnahme sozialer, ökonomischer und institutioneller Indikatoren zum Ausdruck zu bringen.

Diese sozialpolitische Erweiterung der Indikatoren zur Nachhaltigkeit über die reinen Umweltdaten hinaus war in geringem Maße ebenfalls im OECD-Ansatz enthalten, hat hier aber nun systematische und strukturelle Bedeutung und steht noch zur Debatte [vgl. SCOPE Prag 1996 und 1997].

Zunächst sollen sich 21 ausgesuchte Länder aus allen Kontinenten, Größenordnungen im Sinne von Pilotstudien an der Umsetzung und Erprobung der CSD-Indikatorenliste beteiligen[1].

Auch hier wird es darum gehen, auf einem Neuland erste Erfahrungen für Länderberichte auf diesem Gebiet zu sammeln und dabei zugleich die Datenverfügbarkeit zu testen[2]. Einstweilen beziehen sich die nachfolgenden ECO-Integral-spezifischen Bearbeitungen ausschließlich auf die Umweltindikatoren und auch hier wiederum nur auf die „driving force" bzw. „pressure"-Seite, da nur diese Indikatoren relevant für Stoff-und Energieflüsse sind.

1 In der Bundesrepublik hat das federführende BMU Experten-Gremien eingerichtet, in denen Vertreter gesellschaftlicher Gruppen, darunter auch das Wuppertal Institut, vertreten sind. Nachfolgend können allerdings die sich aus diesen Beratungen ergebenden CSD-Indikatoren-Modifikationen noch nicht mit einbezogen werden, sondern die Betrachtung bleibt einstweilen beschränkt auf den ursprünglichen DPCSD-Vorschlag.

2 EUROSTAT 1997 hat einen ersten Überblick darüber vorgelegt, welche Datem bereits gegenwärtig in den Mitgliedsstaaten verfügbar sind.

8.2.4.2 Datenanforderung an Mikro-Ebene

Analog zur Datenerhebung bei den OECD-Kennzahlen, sind Industriebetriebe auch hier nicht in der Lage, für alle CSD-Indikatoren entsprechende Daten zu liefern. Die anschließende Übersicht beschränkt sich deshalb auf die für Industriebetriebe relevanten Daten.

Themenbereich	Thema	Kennzahlen
Wasser	• Frischwasser-Ressourcen.	• Jährliche Entnahmen von Grund- und Oberflächenwasser in % des verfügbaren Wassers.[1]
	• Schutz der Ozeane, aller Arten von Meeren und Küstengebieten.	• Ölverklappung in Meeres- oder Küstengewässer in t; • Stickstoff- und Phosphatabgabe an Meeres- und Küstengewässer in t.
Boden	• Planung und Verwaltung der Bodenressourcen.	• Veränderung der Landnutzung[2]
Luft[3]	• Schutz der Erdatmosphäre.	• Treibhausgasemissionen in t; • SO_x-Emissionen in t; • NO_x-Emissionen in t; • Produktion und Konsum ozonschichtschädigender Substanzen in t.
Abfall	• Feste Abfälle und Abwässer.	• Arten von industriellem und städtischem Abfall in t.
	• Giftige Chemikalien.	
	• Sondermüll.	• Arten des Sondermüll in t; • Im- und exportierter Sondermüll in t.
	• Radioaktive Abfälle.	• –

Tabelle 15: CSD-Indikatoren

1 Ein Unternehmen kann durch Angabe des Wasserverbrauches die Datengrundlage zur Berechnung dieses Prozentwertes liefern, den Wert an sich jedoch nicht.

2 Die Veränderung der Bodennutzung im Sinne von Angaben über Versiegelung von Flächen könnte auch von einem Unternehmen erhoben werden. Wie diese Daten im Detail auszusehen hätten, muß noch ermittelt werden.

3 Diese Emissionswerte könnten alle in einem Unternehmen erhoben werden. Es müßte jedoch genauer spezifiziert werden, welche Substanzen gemeint sind (z.B. SO_2 und / oder SO_3). Das DPCSD befindet sich hierzu wie o.a. im Wechselspiel mit den Testländern in einem andauernden Klärungsprozeß.

8.2.4.3 Datenanforderungen ohne direkten ECO-Integral-Bezug

Daten zu den von der CSD vorgesehenen Themenbereich der sonstigen natürlichen Ressourcen und zu den übrigen nicht primär umweltrelevanten, sozialen, ökonomischen und institutionellen Indikatoren erfolgt durch ECO-Integral (einstweilen) keine Unterstützung. Insofern bleiben diese von der CSD vorgeschlagenen umfangreichen Indikatoren hier gänzlich außer Betracht.

8.2.5 OECD - Indikatoren

In diesem Abschnitt wird beschrieben, wie die Organisation für wirtschaftliche Zusammenarbeit und Entwicklung (OECD) für ihre Mitgliedsländer Berichte zum Umweltzustand und zur Umweltleistung einzelner Länder ermittelt. Die Berichte beinhalten Indikatoren und Kennzahlen, die eine vergleichbare Einschätzung der Umweltsituation in den einzelnen Ländern ermöglichen und als Grundlage für politische Entscheidungen dienen soll.

Die OECD ist ein Zusammenschluß von rund 30 Ländern, mit Sitz in Paris. Ziel ist es, die Regierungen von demokratischen Industrieländern bei der politischen Arbeit bezüglich wirtschaftlicher und sozialer Fragen zu unterstützen.

Da die OECD keine gesetzgeberischen Kompetenzen besitzt, kann sie keine verbindlichen Datenanforderungen aufstellen und realisieren. Durch ihren Einfluß auf die nationalen Regierungen der Migliedsländer ist jedoch eine indirekte Verbindlichkeit von OECD-Empfehlungen möglich. Auf jeden Fall aber stellt das OECD-Indikatoren-Konzept die Grundlage der jeweiligen Länderberichte (zuletzt 1997 für Frankreich) sowie zusammenfassende progress reports vor.

8.2.5.1 Inhalt der OECD-Umweltpolitik

Infolge der Entscheidungen des "Environment Policy Committee" während des Ministertreffens im Jahre 1991 hat die OECD im Jahre 1992 ein neues Programm zu "Environmental Performance Reviews" in Angriff genommen.

Seither werden die "**Umweltleistungen**" (Environmental Performance) von einzelnen Ländern ermittelt, und die Umweltinformationen und Indikatoren zum **Umweltzustand** für alle OECD-Mitglieds-Länder gesammelt[1].

„Environmental Performance" wird interpretiert als Versuch, nationale und internationale Umweltziele und Abkommen zu erfassen, die die Hierarchie der Absichten, Aktionen und Ergebnisse widerspiegeln.

In ihren "peer reviews" evaluiert die "Group on Environmental Performance" den Umweltzustand eines Landes als ein Ergebnis der Einflüsse von menschbedingten Aktivitäten und von Antworten der Politik, der Unternehmen und der Haushalte.

---

1 Seit Mai 1993 sind mit den ersten beiden Berichten von Island und Deutschland bis 1997 weitere Einzelberichte der folgenden Länder erschienen: Österreich, Canada, Italien, Japan, Niederlande, Neuseeland, Norwegen, Polen, Portugal, Spanien, Schweden, UK und USA.

Drei generelle Bereiche werden für jedes einzelne Land betrachtet[1]:

- die Effektivität der Umweltpolitiken auf den Gebieten der Verschmutzung und des Naturschutzes
- die Integration von Umweltgesichtspunkten in andere Politikbereiche
- die Effektivität der Kooperation mit der internationalen Gemeinschaft

Die grundlegende Absicht der „performance reviews" besteht darin, die Mitgliedsländer bei der Verbesserung ihrer eigenen und gemeinsamen Umweltleistung im Umweltschutz zu unterstützen. Die vorrangigen Ziele des Programmes sind:

- einzelnen Regierungen zu helfen, Fortschritte bei der Einrichtung von Rahmenbedingungen, Politik-Vereinbarungen, institutionellen Arrangements und routinemäßigen Möglichkeiten für ihre nationalen Evaluationen zu erzielen
- Umweltverbesserungen zu fördern und einen kontinuierlichen Dialog zwischen den Mitgliedsländern durch peer-review-Prozesse und durch einen Informationstransfer über die Politik, die verschiedenen Ansätze und Erfahrungen der dargestellten Länder zu bewirken
- Eine größere Verantwortlichkeit der Regierungen von Mitgliedsländern gegenüber der öffentlichen Meinung in den entwickelten Staaten sowie auch darüber hinaus anzuregen.

8.2.5.1.1 Berichtsinhalte und Kennzahlen zur Ermittlung nationaler Umweltleistungen.

Die nachfolgenden Anforderungen[2] resultieren aus dem von der „OECD Group on the State of the Environment 1993" entwickelten **„core set of environmental indicators"**, für den die Ziele und Methoden detailliert niedergelegt worden sind.

Nach Auffassung der OECD geht der potentielle Nutzen dieses **„core set"** weit über die Anwendung in den spezifischen Länderberichten hinaus. Strukturiert nach Umweltthemen, könnten diese Indikatoren zugleich auch einen Grundstock für den Umweltaspekt der Indikatoren zur Nachhaltigen Entwicklung (Sustainable Development) bilden und damit zu der größeren Aufgabe beitragen, über nachhaltige Entwicklung zu berichten.

---

1 Auf Basis bereits vorliegender länderspezifischer Berichte hat die OECD 1996 einen zusammenfassenden „Progress-Report" zu „Environmental Performance in OECD countries" publiziert, der neben einer Einführung in das Programm zu „Environmental Performance Reviews" die o.a. 3 Hauptbereiche behandelt.

2 Gewonnen aus einem 1991 zunächst vorläufig aufgestellten Indikatoren-Set und den Erfahrungen aus den einzelnen Länderberichten.

Gemäß dieser Aufgabe sind folgende generelle Auswahlkriterien für die Indikatoren angelegt worden:

- Politikrelevanz und Nutzen für den Anwender
- analytischer Gehalt
- Meßbarkeit

Zugrunde liegt das weiter oben erwähnte „pressure-state-response"-Schema (PSR), das grundsätzlich Kausalität zwischen den Bereichen impliziert. Die OECD betont jedoch ausdrücklich: Das PSR-System habe zwar den Vorteil, diese Zusammenhänge hervorzuheben, neige aber dazu, lineare Beziehungen der Wechselwirkung zwischen menschlichen Handlungen und der Umwelt zu implizieren. Dies sollte aber nicht die Sicht auf die komplexeren Beziehungen im Ökosystem und die Wirtschaft-Umwelt-Wechselwirkungen versperren. [OECD 1993, S. 9].

8.2.5.1.2 Indikatoren

Unter **Indikatoren** versteht die OECD einen Parameter oder den hergeleiteten Wert eines Parameters, der Information liefert über den Zustand eines Phänomens, der Umwelt bzw. eines Gebietes oder ihn beschreibt, mit einer über den direkten Wert des Parameters hinausgehenden Bedeutung. Ein **Index** wird verstanden als ein Satz aggregierter oder gewichteter Parameter oder Indikatoren. [OECD 1993, S.9].

Neben dem PSR-Schema strukturiert die OECD ihren Indikatoren-Set desweiteren nach „environmental issues" (Liste mit relevanten Umweltbereichen).; Die Themenliste ist nicht endgültig, da sie von sich ändernden Erkenntnissen abhängt. Neue Themen können aufgenommen oder alte können im Hinblick auf ihre Umweltbedeutung verworfen werden. [OECD 1993, S. 12].

Ferner wird mit Blick auf die künftige Arbeit an diesem Vorschlag zu einer Indikatoren Liste betont, sie hätten verschiedene Bedeutungen für die unterschiedlichen Länder und Zusammenhänge [OECD 1993, S.13]

Insgesamt ergibt sich aus den OECD-Annahmen und Vorschlägen das Strukturschema des „core set of indicators". Da nicht alle Indikatoren (z.B. Bevölkerungswachstum, oder Umweltschutzausgaben) direkt mit spezifischen Umweltaspekten verbunden sind, ist eine Kategorie „allgemeine Indikatoren" in das Schema aufgenommen worden (siehe Tabelle 15).

8.2.5.2 Datenanforderung an Mikro-Ebene

Im Hinblick auf die Vielzahl der von der OECD ermittelten Indikatoren können Industriebetriebe sinnvollerweise nur zu einigen Ausgangsdaten erheben und für Aggregierungszwecke zur Verfügung stellen.. An dieser Stelle bleibt die Betrachtung der Kennzahlen unter ECO-Integral Gesichtspunkten deshalb auf die nachstehende Gruppe der pressure Indikatoren beschränkt:

Thema	Daten
Klimaveränderung	• Gesamtmenge der CO_2-Emissionen in t *davon extra ausgewiesen:* • CO_2-Emissionen durch Energie in t; • CO_2-Emissionen durch Industrieprozesse in t; • Gesamtmenge der der CH_4-(Methan) Emissionen in t; • Gesamtmenge der N_2O-Emissionen in t.
Schädigung der Ozonschicht	• Gesamtmenge des FCKW-Verbrauches in t.
Versauerung	• Menge der SO_x-Emissionen in t; • Menge der NO_x-Emissionen in t.
Abfälle	• Menge Gewerbemüll in t; • Menge des zu entsorgenden Sondermülls in t; *davon extra ausgewiesen:* • Menge des anfallenden Sondermüll in t; • Menge des exportierten Sondermülls in t; • Menge des importierten Sondermülls in t; • Menge radioaktiver Abfälle in t; • Recyclingquote Papier/Pappe in %; • Recyclingquote Glas in %.
Natürliche Ressourcen	• Wasserverbrauch in m^3 • Wasserverbrauch pro Kopf in m^3

Tabelle 16: ECO-Integral relevante OECD-Indikatoren

Kennzahlen zu den übrigen Themenbereichen - Eutrophierung, toxische Belastung, städtische Umweltqualität sowie Biodiversität und Landschaft - sind von Industriebetrieben nicht zu erheben.

8.2.5.3 Datenanforderungen ohne direkten ECO-Integral-Bezug

Die im Internet unter der Adresse http://www.green-it.de aufgeführten Tabellen 3-5 geben einen Überblick über die aggregierten Indikatoren, für die ECO-Integral keine direkte Unterstützung der Generierung von Datengen vorsieht.

8.2.6 ISO 14031

Bei der ISO 14031 handelt es sich um eine zukünftig weltweit gültige Norm. Die ISO 14031 gibt allen Arten von Organisationen eine Empfehlung, wie sie periodisch eine systematische Evaluierung ihrer „Umweltleistung" durchführen und diese mittels Kennzahlen quantitativ bewerten können - unabhängig davon, ob sie bereits über ein eingeführtes Managementsystem verfügen oder nicht [vgl. Seifert 1997].

Die International Organization for Standardization (ISO) ist die weltweite Vereinigung nationaler Normungsinstitute. Deutsches Mitglied ist das Deutsche Institut für Normung e.V. (DIN), das als Institution der Selbstverwaltung durch einen Vertrag mit der Bundesrepublik Deutschland als zuständige Normungsorganisation für das Bundesgebiet anerkannt ist. Zuständig für die Entwicklung der ISO 14031 ist auf internationaler Ebene ein Arbeitsausschuß, der als „Subcomitee 4" (SC4) bezeichnet wird. Im DIN/NAGUS[1] wurde - mit Verzögerung - ein Spiegelausschuß zur „Umweltleistungsbewertung" eingerichtet, der den Namen DIN/NAGUS AA5 trägt. Er hat zunächst die Aufgabe, die ISO-SC3-Beratungen durch eine deutsche Delegation zu begleiten. Weitere Aktionen können in Abstimmung mit dem DIN-NAGUS-Beirat in Angriff genommen werden.

Nach endgültiger Verabschiedung der ISO 14031, womit im Jahr 1999 zu rechnen ist, wird diese den Status einer „guidline", d.h. eines Leitfadens, erhalten. Somit handelt es sich nicht um eine zertifizierungsfähige Norm, sondern um eine international anerkannte Empfehlung für den Aufbau eines Umweltleistungsindikatoren-Systems insbesondere hinsichtlich der Ausgestaltung eines Umweltleistungs-Kennzahlensystems. Eine gesetzliche Verpflichtung für die Einhaltung der ISO 14031 ist nicht gegeben.

8.2.6.1 Inhalt der ISO 14031

Die ISO 14031 zielt insbesondere darauf ab, eine ECO-Integral relevante Liste von Indikatoren (Kennzahlen) vorzuschlagen, mit denen die Umweltleistung einer Organisation evaluiert werden kann.

Auf einen wesentlichen Unterschied zwischen dem SC4-Verständnis von Umweltleistung und der vom SC1 (zuständig für ISO 14001) verwendeten Definition soll an dieser Stelle hingewiesen werden. Im 14031-Dokument wird Umweltleistung definiert als „results of an organization's management of its environmental aspects"[2]. In der ISO 14001 hingegen wird

---

1 Der NAGUS (Normenausschuß Grundlagen des Umweltschutzes) ist auf Grund eines Vertrages zwischen dem DIN und dem Bundes Umweltministerium eingerichtet und mit Vertretern gesellschaftlicher Gruppen („interessierte Kreise") besetzt worden [DIN 1996].

2 Zur Vermeidung von Mißverständnissen ist hinzugefügt, diese Ergebnisse „may be measured against the organization's environmental policy, objectives, and targets".

environmental performance definiert als „measurable results of the environmental management system, related to an organization's control of its environmental aspects ..." (ISO DIS 14001). In diesen unterschiedlichen Definitionen kommen die beiden Grundphilosophien zwischen dem angelsächsischen Verständnis von Umwelt-Management Systemen einerseits und dem kontinental-europäischen Verständnis von tatsächlichen Umweltleistungen andererseits zum Ausdruck [vgl. UNEP 1994].

Die Indikatoren der ISO 14031 werden als **„Environmental Performance Indicators" (EPI)** bezeichnet, für die drei Evaluierungsbereiche vorgesehen sind:

- „Management Performance Indicators" **(MPI)**
- „Operational Performance Indicators" **(OPI)**
- „Environmental Condition Indicators" **(ECI)**

Die ISO 14031-Definitionen lauten sinngemäß, jedoch existieren noch keine offizielle Übersetzungen.

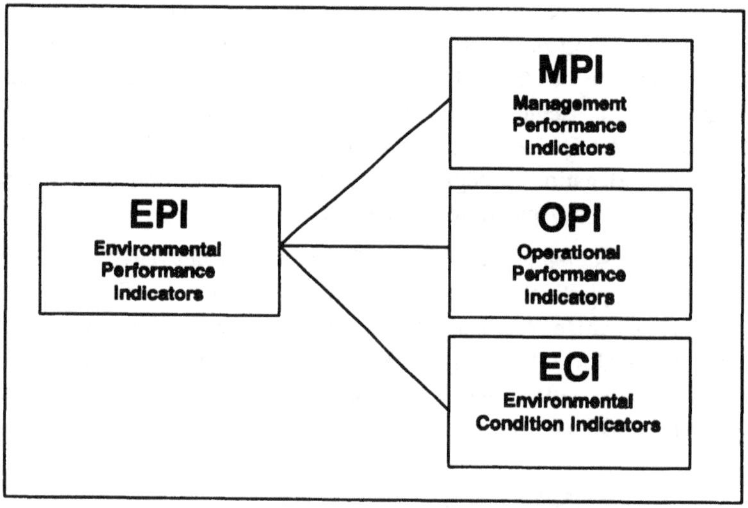

Abbildung 130: Environmental Performance Indicators der ISO 14031

EPI ist ein spezifischer Begriff für Informationen über die Umweltleistung einer Organisation, dessen Bereiche nun erläutert werden:

- **MPI** ist ein EPI, der Informationen über die Aktivitäten des Managements zur Verbesserung der Umweltleistung einer Organisation zur Verfügung stellt. Die MPI werden einstweilen von ECO-Integral nicht unterstützt, mit Ausnahme der Kennzahlen zur finanziellen Leistung
- **OPI** ist ein EPI, der Informationen über die Umweltleistung betrieblicher Prozesse einer Organisation zur Verfügung stellt. Die OPI zielen damit direkt auf die Darstellung der von der Organisation verursachten Stoff- und Energieflüssen ab. Über die angemessene Darstellung des sogenannten „operational system" waren viele Verständigungsbemühungen erforderlich, bis es zur Aufnahme des Schaubildes über betrieblichen Operationen einer Organisation in dem comitee draft 14031.2cd kam.
- **ECI** ist die Bezeichnung für Informationen über lokale, regionale, nationale oder globale Umweltbedingungen. Die ECI werden den Organisationen zur Berücksichtigung ihres „environmental context" von der ISO 14031 zwar empfohlen, aber diese (Makro-) Indikatoren werden in der Regel nicht von den Unternehmen selbst, sondern eher von den entsprechenden Makro-Institutionen (z.B. kommunalen Umweltbehörden, statistische Ämtern) entwickelt. Es ist im Sinne des MML ausdrücklich anzustreben, die betrieblichen Daten kompatibel zu diesen Anforderungen bereitzustellen (vgl. Indikatorenliste im Teil III, Abschnitt 8.2.6.3). In einer späteren, ausgeweiteten ECO-Integral-Version könnten diese expliziten ISO-Empfehlungen bzw. ergänzende Indikatoren-Sets aufgenommen werden. Einstweilen werden für diese ECO-Integral Version exemplarische Elemente entsprechende ECI aus den OECD und CSD-Indikatoren unterstützt.

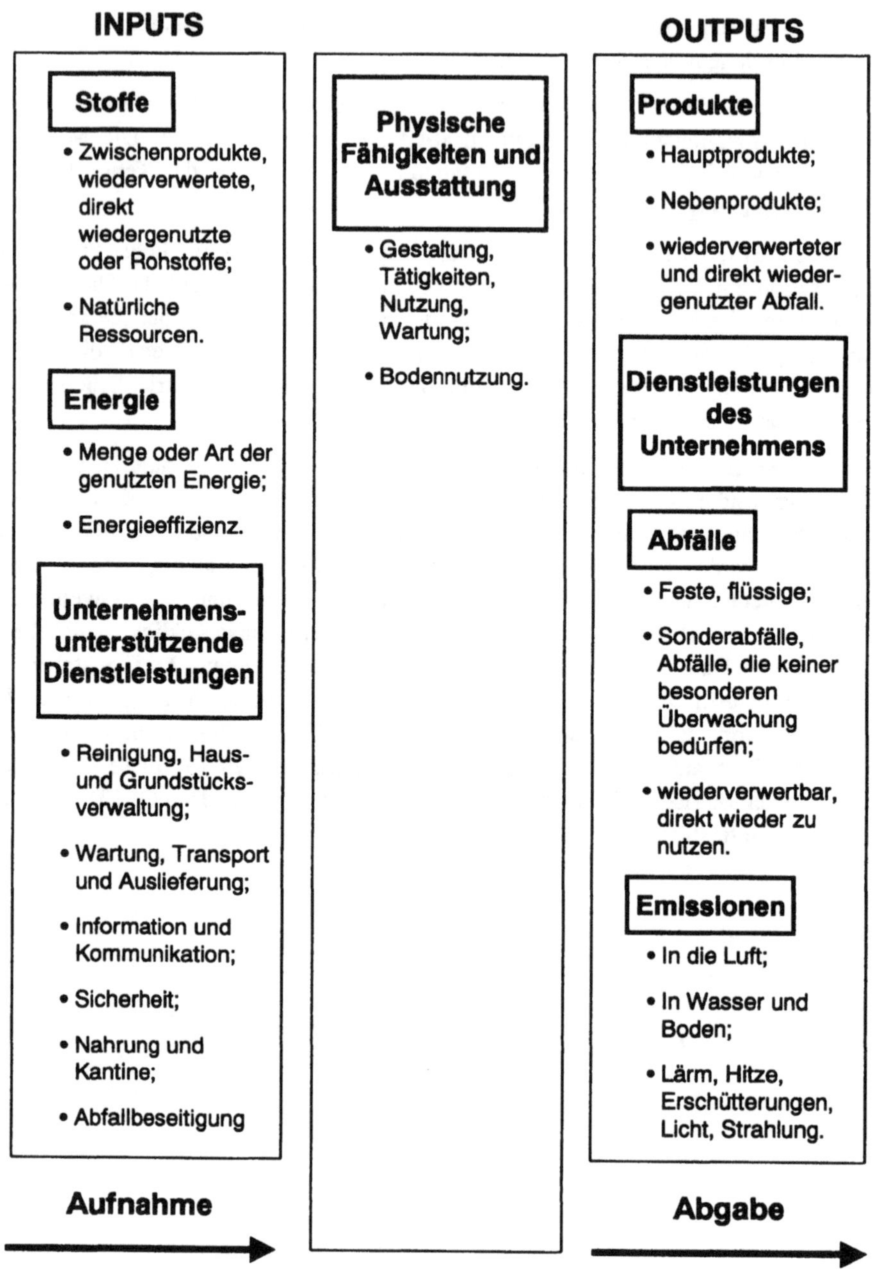

Abbildung 131: INPUT-OUTPUT Tabelle der ISO 14031.2cd

Dieses Schaubild visualisiert das Verständnis des SC4 für die Darstellung der Umweltauswirkung von betrieblichen Prozessen und basiert auf der Grundlage von Input-Output Betrachtungen. Indikatoren zu jedem dieser Bereiche sollen die Umweltleistung des operational-systems darstellen. Diese unmittelbar ECO-Integral-relevanten Indikatoren sind daher im Kapitel Datenanforderungen aufgeführt (siehe Teil III, Kapitel 8.2.6.1).

Im Hinblick auf die ISO-Kennzahlen gilt generell: dieser Standard hat den Status einer „guidline", d.h. er wird keine zertifizierungsfähige Norm werden. Auch soll er explizit keine „performance levels" etablieren. Das wachsende internationale Interesse an diesem Standard, v.a. der sog. „Schwellenländer", läßt aber eine weltweite Anwendung der ISO-14031 erwarten.

Ein Draft International Standard (DIS), d.h. ein erster, offizieller und abstimmungsfertiger Entwurf, wird im Herbst 1997 erwartet, so daß im 1.Quartal 1998 ein Final Draft International Standard (FDIS) angestrebt wird. Mit einer Verabschiedung der ISO 14031 bis zum Jahre 1999 gerechnet, wenn sich die Diskussionen nicht wieder hinauszögern.

Aufgrund der im **DIN/NAGUS** verzögert gespiegelten ISO-SC4 Arbeiten konnte der damit befaßte AA5 mit darüber hinausreichende, eigenständige Ansätze erst im Frühjahr 1997 beginnen. Diese Ansätze können deshalb für ECO-Integral keine Berücksichtigung finden.

8.2.6.2 Datenanforderung an Mikro-Ebene

Es folgt eine Auflistung der EPIs, die einen Bezug zum ECO-Integral Referenzmodell haben. Wie im vorangegangen Kapitel erläutert, handelt es sich dabei zunächst um die Operational Performance Indicators (OPI) und um den Teil der Management Performance Indicators (MPI), die einen Bezug zu Umweltkosten haben.

Die Übersicht der Kennzahlen ist auf Basis einer für ECO-Integral-interne Zwecke erstellten vorläufigen, inoffiziellen Übersetzungshilfe zu den EPI erstellt worden[1]. Für ECO-Integral kann dieser ISO-Entwurf der Liste als die vorläufige internationale Konvention angesehen werden, nach der Organisationen ihre Umweltleistung strukturell und materiell beurteilen werden. Zukünftige Änderungen in der ISO 14031 bis zur endgültigen Verabschiedung sind jedoch nicht auszuschließen.

In diesem Sinne stellen die zur Anwendung vorgeschlagenen materiellen Leistungsbewertungs-Kennzahlen einen Referenzrahmen dar, dessen Datenanforderungen in einem offenen Standard integriert und für weitere unternehmens- bzw. auch branchenspezifischen Ergänzungen offen gehalten werden können.

In den Tabellen 45 und 46 des Anhang 3 befinden sich stofflußrelevante Indikatoren aus OPI-Bereich und Managementindikatoren zum Umweltkostenbereich.

1 Eine offizielle deutschsprachige Version des ISO 14031-Dokumentes wir im Abstimmung mit der Schweiz und Österreich - voraussichtlich im ersten Halbjahr 1998 vom DIN und seinem zuständigen DIN-NAGUS AA5 erstellt werden

8.2.6.3 Datenanforderungen ohne direkten ECO-Integral-Bezug

Es folgt eine Auflistung der EPIs die einstweilen keine direkte Berücksichtigung zum ECO-Integral Referenzmodell haben. Wie im Teil III, Kapitel 8.2.6.1 erläutert, handelt es sich dabei um den Großteil der Management Performace Indicators (MPI) und um die Environmental Condition Indicators (ECI). Die Teile der MPI, die sich auf Kosten beziehen, haben jedoch im Rahmen der Umweltkostenrechnung Bedeutung für ECO-Integral und sind deshalb im vorangegangen Kapitel aufgeführt.

Auch wenn diese Indikatoren keine direkte Relevanz für diese ECO-Integral-Version besitzen, so fördert deren Kenntnis das Verständnis für den Themenbereich ISO 14031 und zeigen auf, um welche Aspekte eine spätere, ausgereiftere Version von ECO-Integral gegebenenfalls zu ergänzen wäre.

In den Tabellen 6 und 7 im Internet unter der Adresse http://www.green-it.de sind Indikatoren nach ISO 14031 (MPI) ohne finanzielle Leistungen und Umweltzustandsindikatoren (ECI) nach ISO 14031 aufgeführt.

8.3 Modellierung

Die Komponenten des Mikro-Makro-Links befinden sich wie angesprochen in einem Entwicklungsprozeß, der derzeit noch nicht abgeschlossen ist. Es ist deswegen bei der Modellierung zu beachten, daß eine flexible Anpassung an veränderte Anforderungen möglich sein sollen. Es sind zwei Möglichkeiten der Modellierung des Mikro-Makro-Links denkbar. Entweder es kann auf bestehende ECO-Integral-Instrumente zurückgegriffen werden oder es muß ein eigenständiges Instrument „Mikro-Makro-Link“ entwickelt werden.

Die detaillierte Analyse der heutigen und erkennbaren Datenanforderungen aus den einzelnen MML-Komponenten hat zwei Tatsachen gezeigt:

1. Die Datenanforderungen der MML-Komponenten sind sehr heterogen.
2. Es werden keine völlig „neuartigen“ Datenarten von Unternehmen gefordert. Es handelt sich vielmehr um Datenanforderungen, die aus anderen Bereichen bekannt sind, wie z.B.: Flußmengen eines Materials, Bestandsmenge, Herkunft oder Ziel eines Stoff- und Energieflusses.

Aus diesem Grund wurde der Mikro-Makro-Link nicht als zusätzliches Instrument modelliert, sondern es werden die vorhanden ECO-Integral-Instrumente anderer Bereiche verwendet. Das vereinfacht das Referenzmodell und erlaubt den flexiblen Einsatz der Instrumente. Folgende Instrumente eignen sich für diese Aufgabe:

- Kennzahlensysteme,
- Stoff- und Energiebilanzen,
- und umweltrechtliche Berichte.

Die weiteren Abschnitte zeigen, wie die Funktionen, Datenstrukturen und Prozesse dieser ECO-Integral-Instrumente für den Mikro-Makro-Link genutzt werden.

8.3.1 Funktionen

Der Funktionsbaum (vgl. Abbildung 132) zeigt die Funktionen des Mikro-Makro-Links, die von ECO-Integral unterstützt werden.

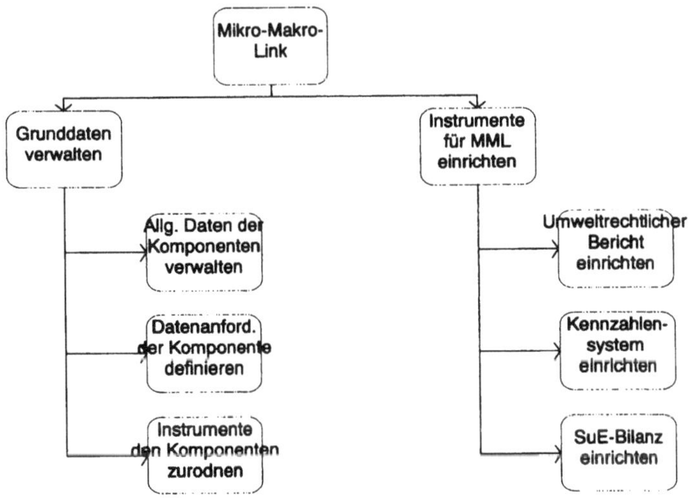

Abbildung 132: Funktionsbaum Mikro-Makro-Link

In der Grunddatenverwaltung werden die einzelnen Komponenten des Mikro-Makro-Links verwaltet. Neben allgemeinen Daten, wie „Verbindlichkeitsgrad", „empfangende Organisation" und „Gültigkeit", werden hier die konkreten Datenanforderungen der einzelnen Komponenten an das Unternehmen definiert. Anschließend wird jeder Komponente das ECO-Integral-Instrument zugeordnet, das den Datenanforderungen am besten gerecht werden kann. Die Instrumente müssen daraufhin entsprechend angepaßt werden. Der detaillierter Ablauf dieser Schritte ist in den Kapiteln 8.3.2 und 8.3.3 des Teil III beschrieben. Die Funktionen der einzelnen ECO-Integral-Instrumente sind in den jeweiligen Abschnitten dieses Berichtes schon ausführlich dargestellt. Auf eine nochmalige Beschreibung wird deshalb in diesem Abschnitt verzichtet.

8.3.2 Daten

In der Grunddatenverwaltung werden für jede Komponente allgemeine Grunddaten festgelegt, die bei notwendigen Änderungen angepaßt werden können (vgl. Abbildung 133):

- Eine Ident-Nummer,
- die Bezeichnung,
- Grad der Verbindlichkeit (Pflicht, Selbstverpflichtung, Freiwillig)
- die Institution, die die Daten anfordert
- Stand der Entwicklung

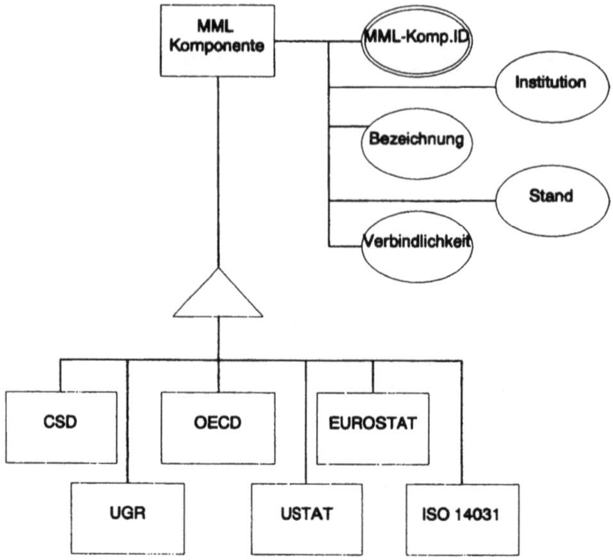

Abbildung 133: ERM Grunddaten der MML-Komponente

Aus den Komponenten ergeben sich die eigentlichen Datenanforderungen an die Unternehmen. In Abhängigkeit vom Fortschritt des Entwicklungsprozesses und der Verbindlichkeit der Komponente sind die Datenanforderungen an die Unternehmen mehr oder weniger konkret formuliert. Während sich beipielsweise aus dem schon gültigen UStatG die Datenanforderung an das Unternehmen eindeutig definieren lassen, sind diese aus den CSD-Indikatoren noch nicht eindeutig erkennbar.

Für jede Komponente müssen daher erst die Datenanforderungen eindeutig definiert werden. Jeder Komponente wird ein „Datenanforderungskopf" zugeordnet, der aus einzelnen Datenanforderungspositionen besteht (vgl. Abbildung 134). Jede Datenanforderungsposition entspricht einer Stoff- und Energie-Information, die in zwei Grundarten unterschieden werden können:

- Information über den Bestand eines Materials oder einer Materialkombination (z.B. welche Menge an Gefahrstoffen werden gelagert),
- oder Information über Einzelbewegungen und aggregierte Bewegungen von Materialien bzw. Energie (z.B. wieviel Abfall wurde im letzten Jahr der Entsorgung zugeführt)

Diese Informationen können mit zusätzlichen Daten zu Herkunft oder Zielort bzw. Bewegungsart verbunden sein oder sie werden mit einer Bezugsgröße ins Verhältnis gesetzt. Die Analyse der Datenanforderungen der MML-Komponenten hat gezeigt, daß sich alle Stoff- und Energiebezogenen Datenanforderungen diesen Grundtypen von Datenarten zuordnen lassen.

Für jede Datenanforderungsposition werden deshalb die folgenden Festlegungen dokumentiert:

- SuE Datenart (z.B. Bestand),
- Material bzw. Materialart (z.B. elektrischer Strom),
- Periode (z.B. Zeitraum ein Jahr),
- der Mengenstellenbezug (z.B. alle Mengenstellen des Unternehmen an einem Standort),
- gegebenenfalls die Bewegungsart (z.B. Lufteinsatz für Klimatisierung)
- und gegebenenfalls eine Bezugsgröße (z.B. je Mitarbeiter).

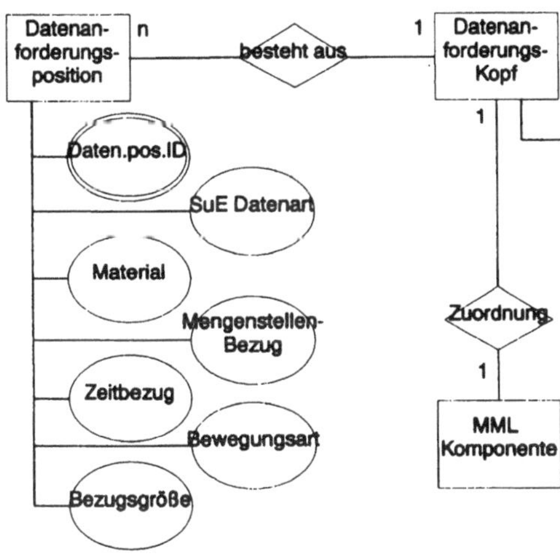

Abbildung 134: ERM Datenanforderungen der Komponenten

Nachdem die Grunddaten und die Datenanforderungen der Komponenten festgelegt wurden, wird nun bestimmt, mit welchem Instrument die Datenanforderungen erfüllt werden können. Die Instrumente, die dazu zur Auswahl stehen, sind:

- Kennzahlensystem,
- Umweltrechtliche Berichte,
- und SuE-Bilanzen.

Es sind zwei Möglichkeiten denkbar, wie den MML-Datenanforderungen die Instrumente zugeordnet werden. Entweder wird einer Komponente komplett ein Instrument zugeordnet (vgl. Abbildung 135) oder es wird für jede einzelne Datenanforderungsposition bestimmt, mit welchem Instrument die Daten ermittelt werden (vgl. Abbildung 136). Bei MML-Komponenten mit geringem Umfang und homogener Struktur bietet sich die erste Alternative an, ansonsten empfiehlt sich die zweite Alternative.

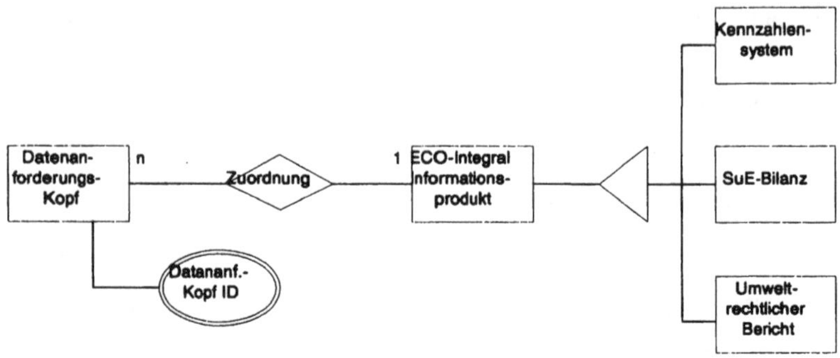

Abbildung 135: ERM Zuordnung Datenanforderungskopf - Instrument

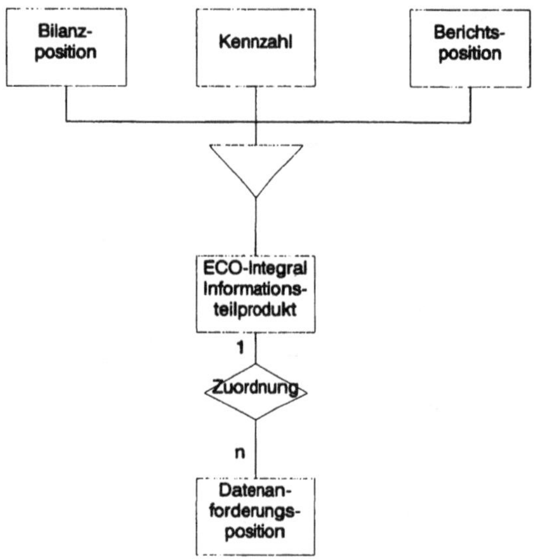

Abbildung 136: ERM Zuordnung Datenanforderungsposition - Instrument

Bei der Auswahl der geeigneten Instrumente sind die Besonderheiten der einzelnen Instrumente zu beachten.

Kennzahlensysteme sind sehr flexibel und erlauben die Definition der unterschiedlichsten Kennzahlen. Diese können sich auf absolute und relative Werte beziehen und für unterschiedliche Bezugsräume und -größen aufgestellt werden. Es liegt daher nahe, entsprechend den Datenanforderungen einer Komponente Kennzahlen zu definieren. Jeder Datenanforderungsposition entspricht eine Kennzahl, die entsprechend den Attributen der Datenanforderungsposition definiert wird. Die Kennzahlendefinition erfolgt entsprechend den Ausführungen im Kapitel Kennzahlensystem.

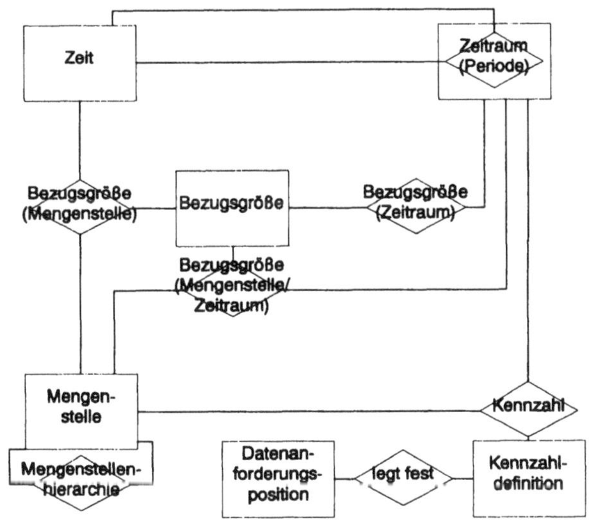

Abbildung 137: ERM Beziehung zwischen Datenanforderungsposition und Kennzahlendefinition

Wird für eine MML-Komponente ein eigenes Kennzahlensystem definiert, so erfolgt die Zuordnung zwischen Datenanforderungskopf und dem Kennzahlensystem (vgl. Abbildung 138).

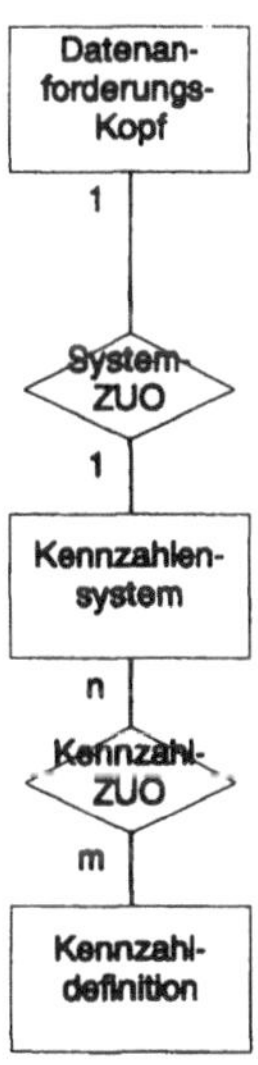

Abbildung 138: ERM Kennzahlensystem für eine MML-Komponente

Umweltrechtliche Berichte sind dann das geeignete Instrument, wenn die Datenanforderungen der MML-Komponente in Form von einem regelmäßigen Bericht abgefragt werden. Beispielsweise sind die Datenanforderungen für die deutsche Umweltstatistik in Form des Umweltstatistikgesetzes (UstatG) in einem gültigen Gesetz umgesetzt. Die Daten werden durch branchenspezifisch angepaßte Fragebögen per Stichprobe von Unternehmen erhoben. Die Datenstrukturen dieser Berichtsplicht unterscheiden sich nicht von denen anderer gesetzlicher Berichtspflichten. Die Ausführungen zu den umweltrechtlichen Berichten im Kapitel „Umweltrechtliche Instrumente" gelten daher auch für den Mikro-Makro-Link. Unabhängig davon, ob der Bericht gesetzlich gefordert wird oder freiwilliger Natur ist, kann der Mikro-Makro-Link die Grundlage für eine Berichtserstellung darstellen (vgl. Abbildung 139).

Es ist auch möglich, daß kein kompletter MML-Bericht definiert wird, sondern lediglich einzelne Berichtsfelder von anderen umweltrechtlichen Berichten einem Datenanforderungsobjekt zugeordnet werden.

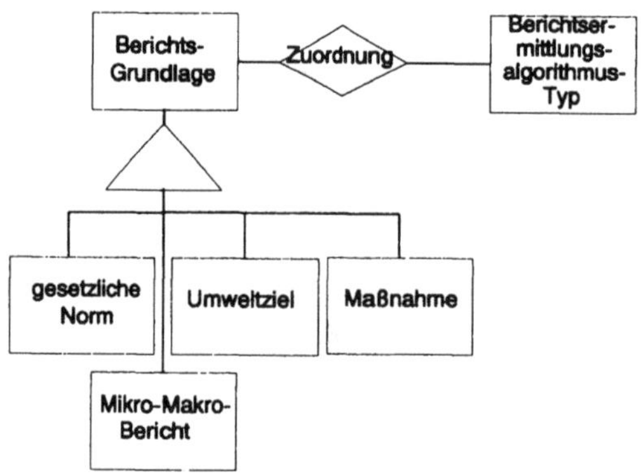

Abbildung 139: ERM Umweltrechtliche Berichte für MML-Komponente

SuE-Bilanzen bieten sich als drittes Instrument an. Sie können die Datenanforderungen der MML-Komponenten erfüllen, die sich auf Input und Output-Ströme beziehen. Den Datenanforderungspositionen werden die Bilanzpositionen zugeordnet, die die entsprechende Information enthalten (vgl. Abbildung 140).

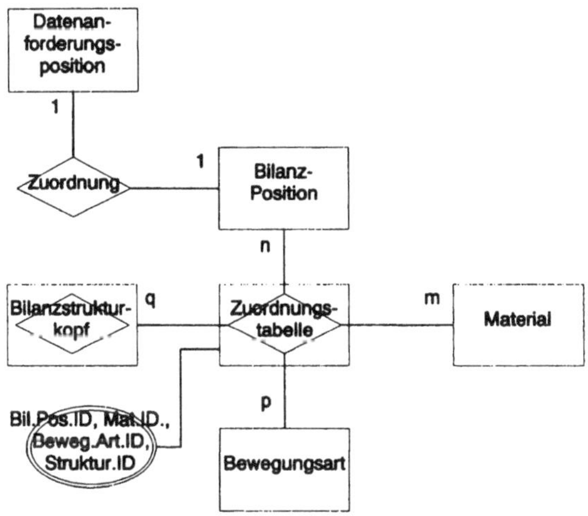

Abbildung 140: ERM Zuordnungstabelle für Mikro-Makro-Link

Es ist auch möglich, speziell für eine MML-Komponente eine Bilanzgliederung zu definieren. Dementsprechend wird dann einem Datenanforderungkopf der Bilanzgliederungskopf dieser speziell dafür definierten Bilanzgliederung zugeordnet (vgl. Abbildung 141).

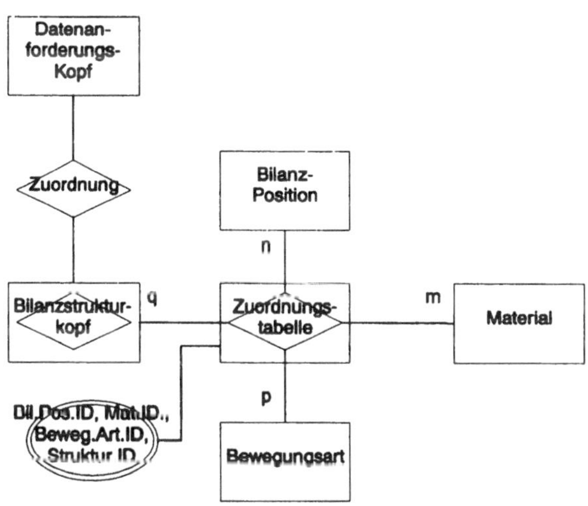

Abbildung 141: ERM Eigenständige MML-Bilanzstruktur

Zum Abschluß ist die Datenstruktur des Mikro-Makro-Links noch einmal zusammengefaßt dargestellt. Für jede MML-Komponente werden die Grunddaten und die Datenanforderungen definiert. Die Datenanforderungen werden den ECO-Integral-Instrumenten zugeordnet.

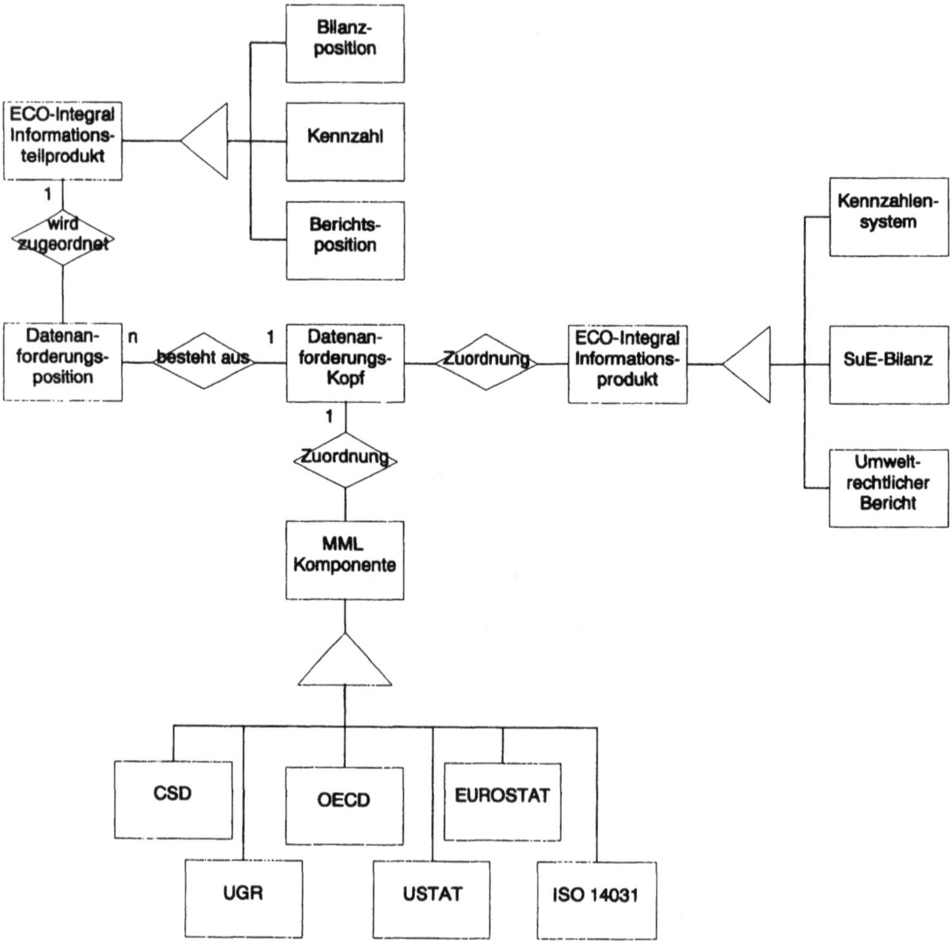

Abbildung 142: ERM Mikro-Makro-Link

8.3.3 Prozesse

In diesem Abschnitt werden die Abläufe im Zusammenhang mit dem Mikro-Makro-Link beschrieben. Zuerst wird darauf eingegangen, wie die Grunddaten der einzelnen Komponenten verwaltet und die Datenanforderungen ermittelt werden. Im zweiten Schritt wird die Zuordnung der Datenanforderungspositionen der MML-Komponente zu den Instrumenten erläutert. Der letzte Teil zeigt, wie die einzelnen Instrumente für die Zwecke des Mikro-Makro-Links eingerichtet werden.

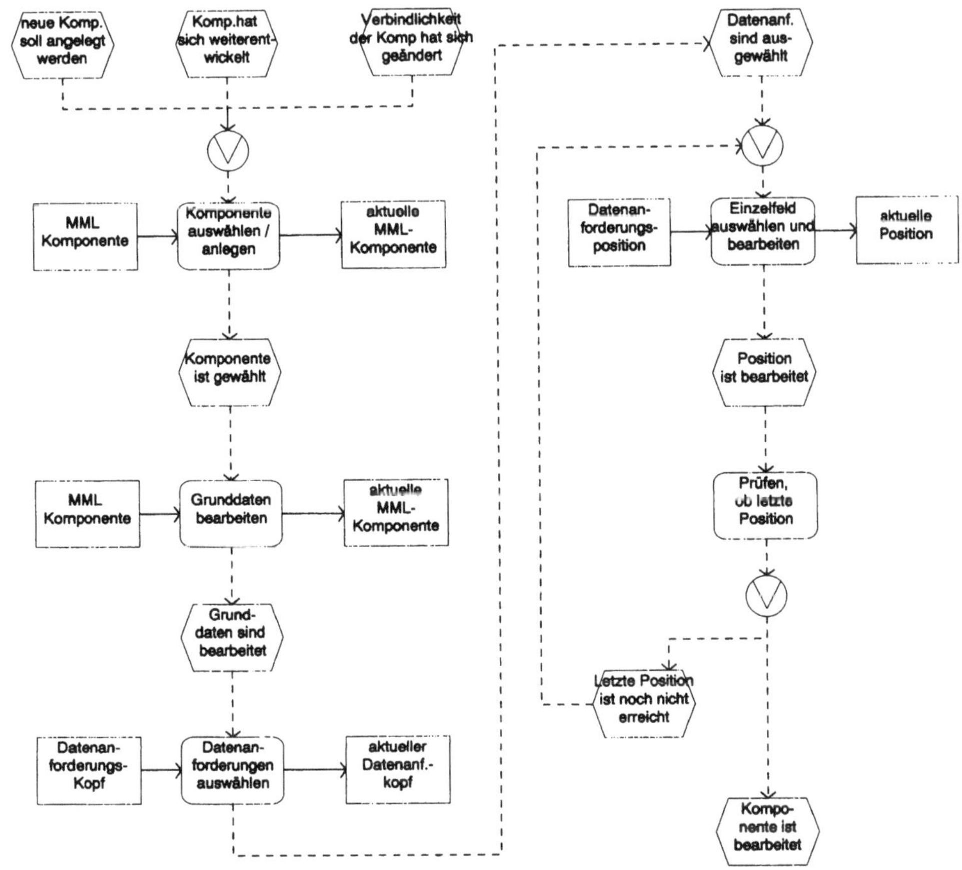

Abbildung 143: EPK Grunddaten der MML-Komponenten verwalten

Abbildung 143 zeigt den Ablauf bei der Grunddatenverwaltung der Komponenten. Auslöser für eine Anpassung der Grunddaten können, neben der erstmaligen Aufnahme einer MML-Komponente in das Datenmodell, auch Fortschritte im Entwicklungsprozeß in den Arbeitsgremien sein. Ein neu verabschiedeter ISO-Entwurf kann z.B. eine Anpassung in den Grunddaten bzw. den Datenanforderungen erforderlich machen, da veränderte Daten gefordert werden. Außerdem ist denkbar, daß sich durch politische oder unternehmensinterne Entscheidungen der Verbindlichkeitsgrad einer Komponente verändert.

Die Datenanforderungen werden unter einem „Datenanforderungskopf" zusammengefaßt. Zu den einzelnen Stoff- und Energiefluß-Daten werden Einzelfelder (Datenanforderungspositionen) definiert, die Festlegungen bezüglich Datenart, Material, Zeit, Mengenstellenbezug und Bezugsgröße beinhalten (vgl. Teil III, Abschnitt 8.3.2).

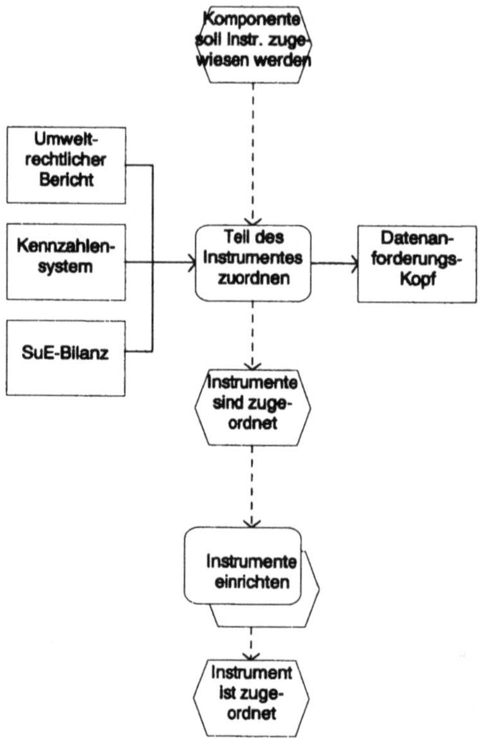

Abbildung 144: EPK Zuordnen Instrumente zu Komponente

In Abbildung 144 wird gezeigt, wie entsprechend den Datenanforderungen einer MML-Komponente ein passendes ECO-Integral-Instrument ausgewählt wird.

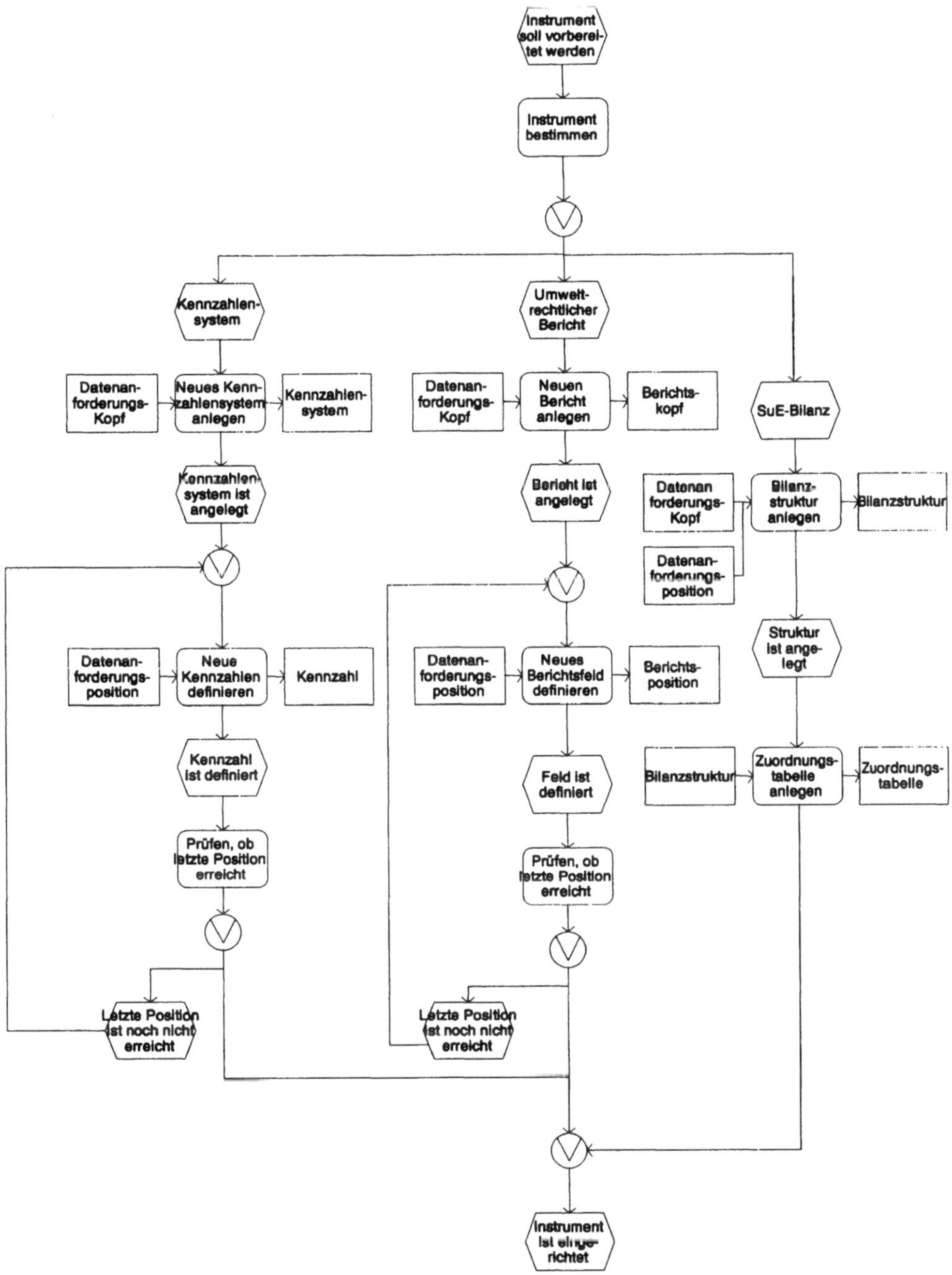

Abbildung 145: EPK Instrumente vorbereiten

Abbildung 145 zeigt, wie die ECO-Integral-Instrumente für die Erfüllung der Datenanforderungen aus den MML-Komponenten eingerichtet werden.

Die Definition einer **Kennzahl** erfolgt über die Zuordnung zu einer Datenanforderungsposition aus der MML-Komponente. Die Definitionen der Datenanforderungspositionen können für die Festlegung der Kennzahlen übernommen werden. Es ist denkbar, die MML-Kennzahlen zu einem Kennzahlensystem zusammenzufassen.

Bei der Einrichtung des Instrumentes **„umweltrechtliche Berichte“** für eine MML-Komponente wird ebenso wie bei sonstigen umweltrechtlichen Berichten vorgegangen (vgl. Teil III, Kapitel 7). Es wird ein Berichtskopf angelegt, der dem Datenanforderungskopf der MML-Komponente entspricht. Für jede MML-Datenanforderungsposition wird ein Berichtsfeld definiert. Die Daten bezüglich Material, Mengenstelle, Bewegungskanal und Ermittlungsart können aus der Definition der MML-Datenanforderungspositionen übernommen werden.

Um eine **SuE-Bilanz** für eine MML-Komponente einzusetzen, ist es notwendig, eine geeignete Bilanzgliederung aufzustellen. Aus den Datenanforderungspositionen der MML-Komponente wird ersichtlich, welcher Bilanzraum (Unternehmen, Standort, Teil des Unternehmens) und welche Bilanzperiode festzulegen ist. Jede Datenanforderungsposition der MML-Komponente muß als Haupt-, Sach- oder Unterkonto in der Bilanzgliederung enthalten sein, damit die entsprechenden Daten aus der SuE-Bilanz entnommen werden können. Die Aufstellung der Zuordnungstabelle erfolgt, wie bei jeder SuE-Bilanz, durch die Zuordnung von Bilanzposition zu Material, Bewegungskanal und gegebenenfalls Bewegungsart (vgl. Teil III, Kapitel 1).

Idealerweise würden Anforderungen an die SuE-Bilanzdaten aus den MML-Komponenten mit den Bemühungen um Vereinheitlichung von SuE-Bilanzgliederungen Hand in Hand gehen. Es wäre dann vorstellbar, daß „fertige“ ECO-Integral- kompatible Bilanzgliederungen von zentralen Organisationen zur Verfügung gestellt würden. Dafür sind jedoch die Entwicklungsprozesse auf politischer und auf softwaretechnischer Seite noch in einem zu frühen Stadium.

Zum Abschluß soll resumiert werden, inwieweit die im Teil III, Abschnitt 1.1 genannten Ziele der Integration des Mikro-Makro-Links in das ECO-Integral-Referenzmodell erfüllt sind.

Die Datenanforderungen und weitere Hintergrundinformationen zu den Komponenten sind im Band „Grundlagen Mikro-Makro-Link“ ausführlich beschrieben. Es hat sich gezeigt, daß diese mit bestehenden ECO-Integral-Instrumenten erfüllt werden können. Sowohl das Datenmodell als auch die Instrumente entsprechen daher den Anforderungen aus dem Mikro-Makro-Link.

8.4 Verwendete und weiterführende Literatur

Beirat Umweltökonomische Gesamtrechnung - UGR-Beirat - (1996): Umweltökonomische Gesamtrechnung. Zweite Stellungnahme des Beirates „Umweltökonomische Gesamtrechnung“ beim Bundesumweltministerium zu den Umsetzungskonzeptionen des Statistischen Bundesamtes. Bonn.

Gesetz über Umweltstatistiken - UStatG- (1994): In: Bundesgesetzblatt 2441 Z 5702 A Nr. 63 vom 29.09.

ISO/ANSI (1997): Environmental performance evaluation, ISO/TC 207/SC4 Committee Draft 14031.2, New York.

Lauber, U.; Riege-Wicislo, W.; Schäfer, D. (1994): Umweltschutzmaßnahmen in der Umweltökonomischen Gesamtrechnung, Darstellungsgegenstand, Perspektive und aktuelle Ergebnisse. In: Wirtschaft und Statistik, Heft 11/ 1994, S. 863-878.

Ministry of Environment and Energy / Danish Environmental Agency (1996): Statutory Order from the Ministry of Environment and Energy No. 975, on the duty of certain listed activities to draw up green accounts. Kopenhagen.

OECD (1996): Environmental Performance in OECD Countries -Progress in the 1990s. Paris.

Schäfer, D. (1992): The integration of monetary and physical data in SERIEE, The example of air pollution. In: EUROSTAT (Hrsg.): Contributions of member states and EFTA countries to the SERIEE system, Internal Document, Document Nr. A6.

SCOPE (Scientific Committee on problems of the Environment) (1996): Scientific Workshop on the Indicators of Sustainable Development. Wuppertal November 1995, Report Ed. by S. Billharz / B. Moldan, Prag.

Seifert, E. K. (1996): Linking Mikro-Makro Information Systems of integrated economic and environmental accounting. Forschungsbericht, Wuppertal.

Statistisches Amt der Europäischen Gemeinschaften (1994a): SERIEE - 1994 Version, Luxemburg.

Statistisches Amt der Europäischen Gemeinschaften (1994b): Environmetal Protection Expenditure - Data collection methods in the public sector and industry, Luxemburg.

Statistisches Bundesamt - Fachausschuß Umweltstatistik (1996): Besprechungsunterlagen anläßlich des Fachgesprächs der Abteilung IV D des Fachausschuß Umweltstatistik vom 7./8. 11..

Steurrer, A. (1995): Issues arising from the implementation of the SERIEE's EPEA, Internal working document, EUROSTAT, Luxemburg.

Technische Anleitung zur Reinhaltung der Luft (1986): vom 27.2.1986, Gmbl. Nr. 7 von 1986, S. 93.

UN-DPCSD (1996): Indicators of Sustainable Development. Framework and Methodologies, New York.

UNEP-SustainAbility (1996): Engaging Stakeholders. The second international progress report on company environmental reporting, London.

UNSTAT u. a. (1993): (Revised) System of National Accounts. Brussel.

Weizsäcker, E. U. von; Seifert, E. K. (1997): Volkswirtschaftliche Dimensionen des Umweltkostenmanagements. In: Fischer, H.; Wucherer, Ch.; Wagner, B.; Burschel, C. (1997): Umweltkostenmanagement - Kosten Senken durch praxiserprobtes Umweltcontolling. München.

Teil IV: Datenbasis

Teil IV beschreibt die Struktur und die Nutzung der Datenbasis von ECO-Integral. In ihr werden Material-, Stoff- und Energiebewegungen und -bestände eines Unternehmens in strukturierter Form abgebildet. Die Daten werden von den in ECO-Integral beschriebenen Instrumenten ausgewertet (z.B. Stoff- und Energiebilanzierung, normierte Umweltmanagementsysteme (EMAS, ISO 14001ff), Umweltrecht). In diesem Berichtsteil werden die Bezeichnungen „Materialfluß" und „Stofffluß" synonym verwendet. In der Literatur ist in der Regel auch dann von Stoffflüssen die Rede, wenn Materialflüsse gemeint sind.

Mit der Erstellung und Nutzung dieser Datenbasis soll ein umfassendes, effektives und effizientes Umweltmanagement und dessen weitgehende Integration in andere betriebliche Aufgaben unterstützt werden. Dies führt zu einer Reihe von Anforderungen an die Datenbasis:

- Abbildung aller relevanter Stoff- und Energieströme in einem einheitlichen, strukturierten Format, um vollständige **Stoffflußtransparenz** zu erzielen und um inkonsistente Datenbestände und Doppelerfassungen zu vermeiden.
- Ermöglichung des **dezentralen Zugriffs** durch die in ECO-Integral beschriebenen Instrumente des Umweltmanagements und durch **ad hoc Informationsbedarfe** der Anwender.
- weitestgehende **Integration** dieser Datenbasis mit der Datenbasis der betriebswirtschaftlichen Systeme, um eine Integration des Umweltmanagements mit anderen betrieblichen Aufgaben zu erleichtern.
- **Verdichtbarkeit** der abgebildeten Stoff- und Energieströme über zeitliche und örtliche Merkmale sowie Materialmerkmale. Damit werden flexible Auswertungsmöglichkeiten geschaffen, mit denen die treibenden Faktoren für betrieblich verursachte Umweltbelastungen auf den unterschiedlichsten organisatorischen Ebenen gezielt beeinflußt werden können.

Im folgenden wird zunächst ein für diese Zwecke geeignetes Datenmodell („Kern-ERM") beschrieben, das die Struktur der Datenbasis festlegt. Dann wird dargestellt, wie sich die Datenbasis anhand dieses Datenmodells erzeugen läßt. Abschließend wird beschrieben, nach welchen Regeln und Verfahren die auf dem Datenmodell basierende Datenbasis und entsprechende Stammdaten anzulegen sind.

Die Konzeption ist darauf ausgerichtet, ein in sich konsistentes und in Struktur, Verknüpfungen und Rechenlogiken klares Modell der Datenbasis zu vermitteln. Die konkrete Implementierung der Datenbasis kann je nach betriebsspezifischen Erfordernissen die Übersetzung in andere Strukturen erfordern.

1 Datenmodell

In ECO-Integral baut die Abbildung der Stoff- und Energieströme auf mehreren zentralen Festlegungen auf, die zunächst in allgemeinverständlichen Begriffen zusammengefaßt werden, um dann in den folgenden Abschnitten detaillierter und begrifflich präziser erläutert zu werden.

Orte und Materialien: Eine vollständige Stoff- und Energieflußtransparenz erfordert, daß im Informationssystem kein relevanter Stoff- oder Energiestrom aus dem Nichts heraus auftaucht oder in das Nichts hinein verschwindet. Dazu werden in ECO-Integral **alle Orte**, zu denen oder von denen relevante Stoff- oder Energiemengen fließen können, im Datenmodell unter dem Begriff „Mengenstelle" abgebildet.

Eine vollständige Stoff- und Energieflußtransparenz erfordert weiterhin, daß **alle** relevanten **Stoffe und Energien** abgebildet werden können. Die beliebige Verdichtbarkeit dieser Stoff- und Energieströme über Orts- und Materialmerkmale wird dadurch ermöglicht, daß alle in der Datenstruktur als Objekte angelegten Orte und Materialien jeweils in einer einheitlichen **übergreifenden Struktur** eingebettet werden.

Bewegungen und Transformationen: Eine Bewegung wird als die Verlagerung eines Materials von einer Mengenstelle zu einer anderen Mengenstelle definiert. Eine Transformation wird als die Umwandlung eines Materials in ein anderes Material definiert.

ECO-Integral baut auf der Festlegung auf, daß Bewegung und Transformation in der Modellierung streng getrennt werden. Während der Bewegung erfolgt keine Umwandlung eines Materials (Transformation). Während der Transformation erfolgt keine Ortsveränderung (Bewegung).

Dies entspricht weitestgehend auch der betrieblichen Realität. Ausnahmen, bei denen Bewegung und Transformation zugleich erfolgen, werden abgebildet, indem sie als zusammengesetzte Sequenz aus einer Bewegung und einer Transformation modelliert werden. Der Begriff „Umwandlung" wird sehr weit gefaßt und beinhaltet z.B. auch den Schwund eines Materials oder dessen räumliche Verlagerung durch einen Transportvorgang.

Abbildung 146 zeigt das „Kern-ERM“, das in den folgenden Abschnitten erläutert wird:

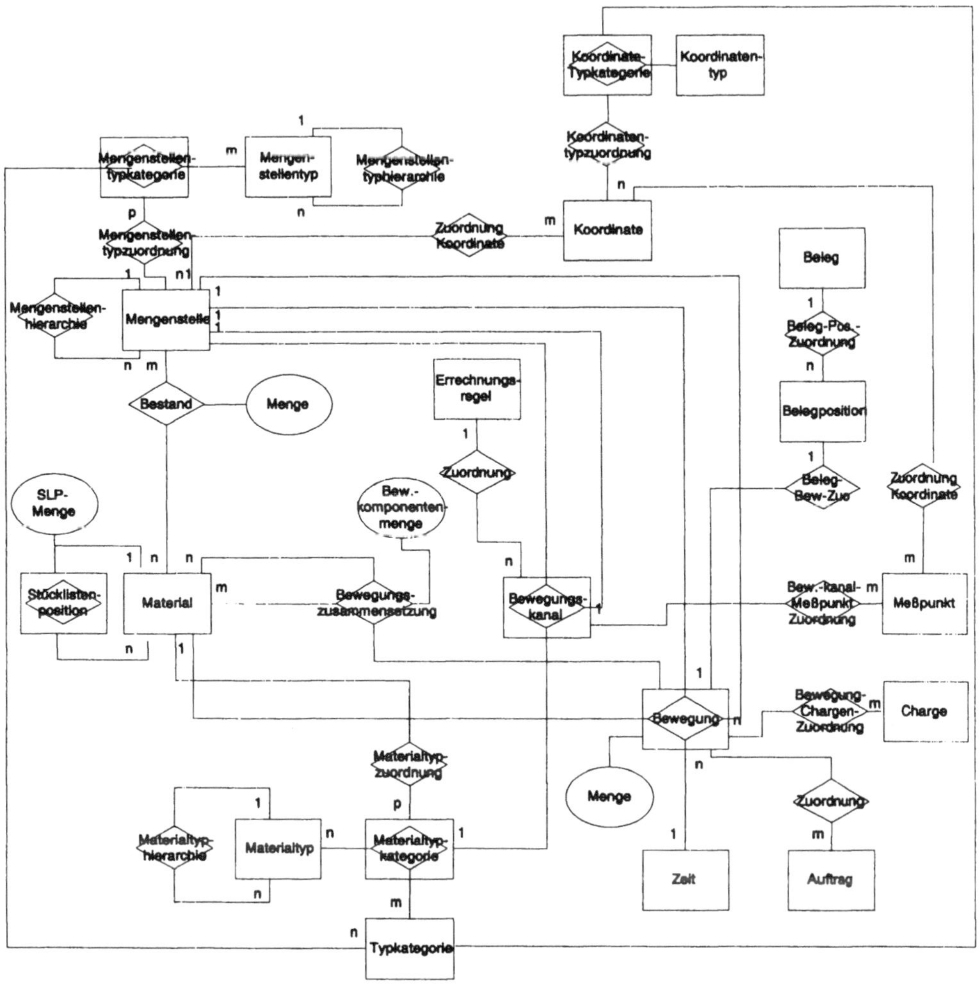

Abbildung 146: „Kern ERM“ in ECO-Integral

1.1 Räumlich-organisatorische Struktur

1.1.1 Mengenstellen

Das räumliche und organisatorische Gerüst für die Stoff- und Energieflüsse bilden die **Mengenstellen**. Die Mengenstelle ist der abstrakte Oberbegriff für die räumlichen, organisatorischen und funktionalen Einheiten, die Quellen oder Senken für Stoff- und Energieflüsse sein können. Dieser Begriff ist eindeutiger als „Ort“, der eine Beschränkung auf räumliche Einheiten nahelegt. Zudem besteht eine gewollte Analogie zur Kostenstelle als durchgängiges Gliederungsobjekt des Betriebes für die Zwecke der monetären Bewertung und Steuerung.

Grundsätzlich werden drei **Mengenstellenarten** unterschieden: „intern", „extern" und „unbekannt". Interne und externe Mengenstellen werden in unterschiedliche **Mengenstellenklassen** unterteilt. Die Abgrenzung zwischen „intern" und „extern" erfolgt nach der rechtlichen Definition des Begriffs „Betrieb". Betriebsinterne Mengenstellen gehören rechtlich zum Betrieb, betriebsexterne Mengenstellen nicht. Im Zeitalter der „virtuellen Unternehmung" wird diese Abgrenzung jedoch zunehmend unpassend und obsolet, wenn gesamte Wertschöpfungsprozesse betrachtet werden. Inhaltliches Abgrenzungskriterium ist die Einflußnahme des Managementsystems auf eine Mengenstelle.

Interne Mengenstellen: In Betrieben werden heute schon mehrere Klassen von internen Mengenstellen geführt. Übliche, aus Sicht von ECO-Integral als interne Mengenstellen einzustufende Einheiten sind Arbeitsplätze, Anlagen bzw. Betriebsmittel und Lagerorte. Kostenstellen werden teilweise auch als Quellen oder Senken von Stoff- und Energieflüssen behandelt und erfüllen damit auch die Funktion von Mengenstellen. Interne Mengenstellen schließen auch die Mengenstellen der für die Zwecke der Gewinn- und Verlustrechnung in den Konsolidierungskreis einzubeziehenden verbundenen Unternehmen ein. Bei der Anlage von Mengenstellen kann entweder auf bestehende Klassen zurückgegriffen werden, die auch als Mengenstellenklasse nutzbar sind, oder es werden neue Klassen von Mengenstellen speziell für die Zwecke von ECO-Integral eingerichtet. Inhaltlich betrachtet sind alle Mengestelle „interne" die durch das Managementsystem beeinflußt werden sollen.

Externe Mengenstellen: Diese sind Quellen oder Senken, die rechtlich nicht Bestandteil des Betriebes sind. Damit auf der Datenebene kein Stoff- und Energiestrom aus dem Nichts heraus auftaucht oder in das Nichts hinein verschwindet, ist es erforderlich, auch externe Mengenstellen abzubilden, zu denen vom Betrieb relevante Stoff- und Energiemengen fließen oder von denen relevante Stoff- und Energiemengen in den Betrieb fließen. Übliche, aus Sicht von ECO-Integral als externe Mengenstellen einzustufende Entitäten sind Lieferant, Lohnfertiger sowie Kunde.

In der betrieblichen Praxis nicht üblich, aber für die Zwecke von ECO-Integral erforderlich, ist die Klasse „Umwelt" bei den externen Mengenstellen. Mit den als Standardausprägungen vorgesehenen Ausprägungen „Luft", „Boden", „Grundwasser", „Kanalisation" und „Vorfluter" sind die möglichen Senken von Stoff- und Energieströmen in die Umwelt zunächst vollständig beschrieben.

Eine Verfolgung von relevanten Stoff- und Energiemengen über die erste Mengenstelle hinaus, an der sie noch nicht oder nicht mehr rechtliches Eigentum des Betriebes sind, ist nicht vorgesehen, da nicht angenommen wird, daß das Managementsystem Einfluß auf diese Mengenstellen nimmt. Weitere externe Mengenstellen sind deshalb nicht erforderlich.

Eine weitere Art von Mengenstellen wird unter dem Oberbegriff **„unbekannt"** zusammengefaßt. Diese Mengenstellen dienen als Quelle oder Senke der in der Praxis unvermeidbaren Stoff- und Energieflüsse, deren Quellen oder Senken sich gar nicht oder nicht wirtschaftlich identifizieren lassen. „Unbekannt"-Mengenstellen dienen vor allem der Abbildung von Fehlmengen, wie z. B. Inventurdifferenzen. In den durchgeführten Firmenprojekten fanden sich für diese Zwecke eingerichtete Kostenstellen, die im informellen betrieblichen Sprachgebrauch auch als „Schwarzes Loch", „Mülleimer" u. ä. bezeichnet wurden. Da die Senken oder Quellen dieser Fehlmengen jedoch nicht eindeutig intern oder extern sind, eine Kostenstelle jedoch grundsätzlich intern ist, wird unter dem Oberbegriff „unbekannt" eine gesonderte Klasse von Mengenstellen geschaffen.

Alternativ können diese Mengenstellen als eine Klasse externer Mengenstellen behandelt werden, da Stoffe und Energien beim Eingang in die „unbekannten" Mengenstellen das System Betrieb zumindest scheinbar verlassen.

Abbildung 147 zeigt einen Vorschlag zu Spezialisierungen des Entitytyps „Mengenstelle" im Überblick.

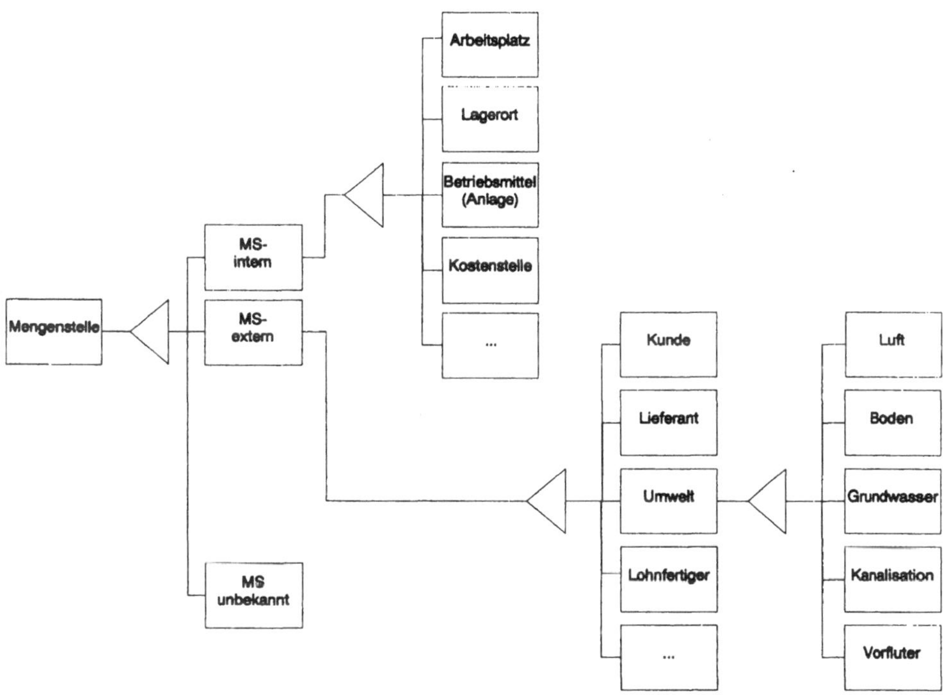

Abbildung 147: ERM Typisierung von Mengenstellen

Mengenstellen besitzen als **Attribute** grundsätzlich die Mengenstellenart (intern, extern, unbekannt), die Mengenstellenklasse, eine innerhalb der Klasse eindeutige Identifizierungsnummer sowie bei internen Mengenstellen eine Kostenstellenzuordnung (vgl. Abbildung 148).

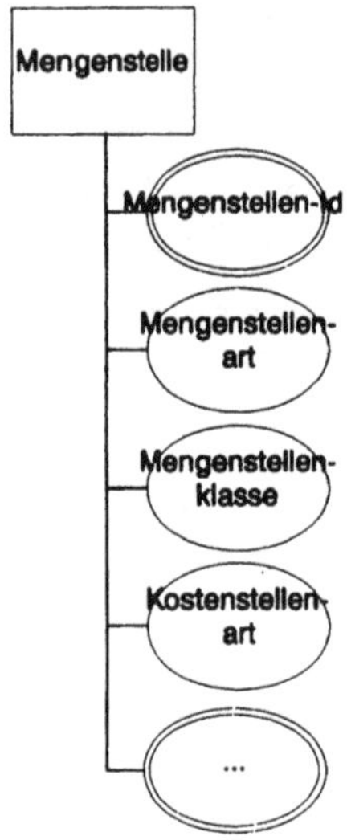

Abbildung 148: Attribute der Mengenstelle

Die Stammdatenstrukturen bestehender Klassen von Mengenstellen werden beibehalten. Es wird lediglich das Attribut Mengenstellenklasse hinzugefügt, das als Verlängerung der jeweiligen Identifizierungsnummer (Lagerortnummer, Anlagennummer, Kostenstellennummer, Kundennummer, etc.) dient. Die Kombination von Mengenstellenklasse und Identifizierungsnummer bildet das Schlüsselattribut für eine übergreifende Systematik aller Mengenstellen.

In der **Mengenstellenhierarchie** werden die Mengenstellen zu einer übergreifenden Struktur verknüpft. Über die Mengenstellenstruktur können mehrere Mengenstellen in Analogie zur Kostenstellenstruktur zu **Gesamtmengenstellen** zusammengefaßt werden.

Es ist aus Gründen der Systempflege, der fehlerarmen Buchung von Einzeldaten und Interpretation von Auswertungen dringend zu empfehlen, daß in der Mengenstellenstruktur lediglich eine Hierarchie angelegt wird. Innerhalb **einer Hierarchie** enthält die Mengenstellenstruktur Mengenstellen, die entweder überschneidungsfrei oder völlig deckungsgleich sind, damit die Zuordnung von Bewegungen und Beständen eindeutig sein kann.

Nicht jedes bestehende, als Mengenstelle grundsätzlich geeignetes Datenobjekt muß im Rahmen von ECO-Integral auch als eine Mengenstelle definiert werden:

- Wenn einer potentiellen Mengenstelle keine Bewegungen oder Bestände zugeordnet werden, ist eine Einbindung in die Mengenstellenstruktur auch nicht erforderlich.
- Mehrere potentielle Mengenstellen können zu einer Mengenstelle zusammengefaßt werden (z. B. mehrere Lagerorte innerhalb einer Lagerhalle oder mehrere Betriebsmittel zu einer Betriebsmittelgruppe), wenn der damit erzielbare Detaillierungsgrad bei der Stoff- und Energieflußtransparenz für die von ECO-Integral unterstützten Zwecke ausreicht. In diesen Beispielen ist also auch die jeweilige Gruppierung als eine Mengenstelle zu definieren und in die Mengenstellenstruktur einzubinden (vgl. Abbildung 149).

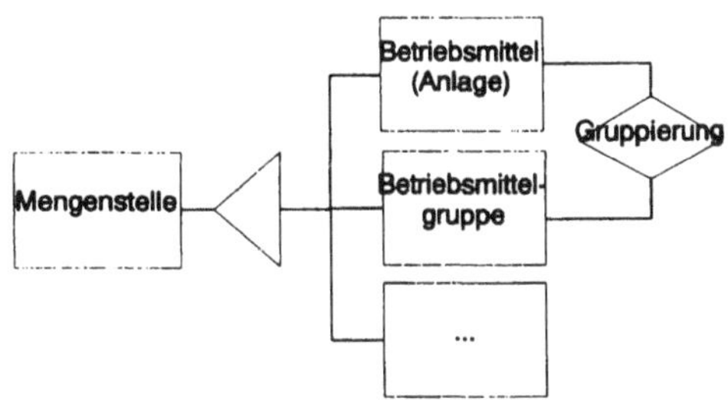

Abbildung 149: ERM Gruppierungen als Spezialisierung der Mengenstelle (Beispiel „Betriebsmittel")

1.1.2 Alternativer Lösungsansatz für die Mengenstellenstruktur

Die vorgestellte Struktur hat den Nachteil, daß möglicherweise in bestehenden Systemen unterschiedliche und teilweise aber nicht durchgehend einheitlich strukturierte Datenobjekte über die Verknüpfungen in der Mengenstellenstruktur in eine durchgehende Systematik eingebunden werden müssen.

Die Orientierung der räumlich-organisatorischen Struktur an den Mengenstellen bedingt einen konsequenteren, aber auch mit tiefergreifenden Eingriffen verbundenen Lösungsansatz. Alle Bewegungen und Bestände werden nur noch auf Mengenstellen gebucht. Soweit diese Mengenstellen besondere Funktionen erfüllen, wie z.B. die einer Anlage, eines Arbeitsplatzes oder einer Kostenstelle, erhalten sie eine entsprechende Kennung und den zugehörigen Stammdatensatz.

1.1.3 Kostenstellen

Es bietet sich an, bereits im System eingerichtete Kostenstellen auch als Mengenstellen zu nutzen. Kostenstellen bilden in der betrieblichen Praxis die räumlichen und organisatorischen Gegebenheiten oft bereits so detailliert ab, daß eine weitere Detaillierung für die Zwecke von ECO-Integral nicht gleich erforderlich ist. Zusätzlich existiert für sie schon eine mehrstufige Hierarchie, die eine einfache Zuordnung von Flüssen auf Quellen und Senken auch auf aggregierter Ebene zuläßt. Dies kann für ECO-Integral auch aus ökonomischen Gründen erforderlich sein.

Es liegt deshalb nahe, die Mengenstellenstruktur weitgehend nach der Kostenstellenstruktur auszurichten. Im Extremfall kann die Kostenstellenstruktur die Struktur der internen Mengenstellen ersetzen. In diesem Fall ist dann bei der Buchung von Mengen oder Bestandsveränderungen auf Anlagen, Lager oder andere interne Mengenstellen sicherzustellen, daß der Mengenbezug auf der Kostenstelle herstellbar ist. Die konsequente Umsetzung der in ECO-Integral vertretenen Philosophie der durchgängigen Stofffflußtransparenz dürfte in der betrieblichen Praxis allerdings auch eine Anpassung der vorhandenen Kostenstellenstrukturen erfordern.

Die weitgehende Integration der Kosten- und Mengenstellenstruktur dient auch der Integration des Umweltmanagements in andere betriebliche Funktionen. Kostenstellenstrukturen spiegeln Verantwortungsbereiche wider, auf die auch das Umweltmanagement Bezug nehmen muß. Räumlich-organisatorische Einheiten, die auf der Mengen- und der Wertebene strukturgleich sind, nutzen der Integration von Kosten- und Umweltmanagement.

1.2 Materialstruktur

In Bezug auf die Materialstruktur wird zunächst auf den Inhalt und die Bedeutung des Entitytyps **„Material“** eingegangen. Dabei wird auf die besondere Rolle von Stoffen und Zubereitungen sowie der Reststoffe eingegangen. Die Abbildung von Zusammenhängen zwischen Materialien mittels der Stücklisten ist ebenfalls Thema des Abschnittes.

1.2.1 Material

Material ist der Oberbegriff für alle Stoffe und Energien, die im Datenmodell abgebildet werden. In den etablierten Standardsoftwaresystemen (wie SAP R/3, BPCS / SSA u.a.m.) ist es bereits üblich, „Material“ als Oberbegriff für alle im System eingerichteten Roh-, Hilfs- und Betriebsstoffe, Halbfertigerzeugnisse sowie Fertigerzeugnisse zu verwenden. Abfälle, Abwasser, Abluft und Abwärme werden in aller Regel nicht auf der Mengenebene abgebildet, wenn keine logistischen Implikationen damit verbunden werden.[1] Aus diesem Grunde werden sie in der Regel in existierenden Systemen auch nicht in den Materialstamm aufgenommen.

1 Die Firmenprojekte haben jedoch gezeigt, daß einzelne Abfallstoffe dann als Material eingerichtet werden, wenn deren Bestand in Systemen der Materialwirtschaft geführt wird. Eine logistische Implikation haben sie im Rahmen der Entsorgungswirtschaft.

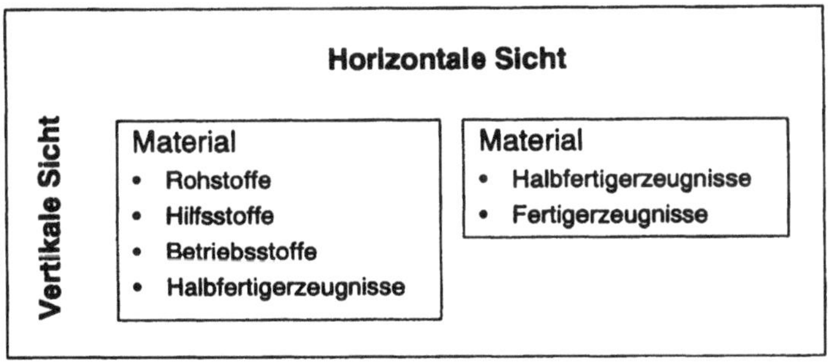

Abbildung 150: Übliches Verständnis von „Material" in Standardsoftwaresystemen

ECO-Integral sieht vor, diesen etablierten Materialbegriff, bzw. den Umgang damit, in integrierten DV-Systemen zu erweitern. Die Erweiterung hat eine vertikale und eine horizontale Dimension:

Vertikale Erweiterung: Mit der Ausnahme von Anlagen werden alle Stoffe und Energien, deren Bestände oder Bewegungen ein Betrieb als ökologisch, umweltrechtlich oder ökonomisch (kostenrelevant) als dazu ausreichend relevant ansieht[1], als Material eingerichtet. Durch die Einbeziehung der **Stoffe und Zubereitungen** wird der Materialbegriff auf Materialien unterhalb der Ebene der Einsatzmaterialien erweitert.

Horizontale Erweiterung: Der bestehende Materialbegriff der klassischen Materialwirtschaft wird horizontal um alle relevanten Energien und Reststoffe und der Verpackung des Einsatzmaterials erweitert. Diese wurden bisher nicht oder nur teilweise berücksichtigt, da keine dispositive Notwendigkeit bestand.

Die Einbindung von (Rest-)Stoffen, Zubereitungen und Energien in die übergreifende Materialstruktur wird im folgenden Abschnitt zusammen mit der Nutzung und Anpassung der Stückliste für die Zwecke von ECO-Integral beschrieben.

1 Eine Abbildung der Anlagenzu- und Abgänge würde das Modell „ECO-Integral" bzw. die Handhabung einer entsprechenden Software deutlich komplexer machen, da Anlagen sowohl den Charakter eines Materials bzw. einer Kostenart hätten als auch den Charakter einer Mengenstelle bzw. einer Kostenstelle.

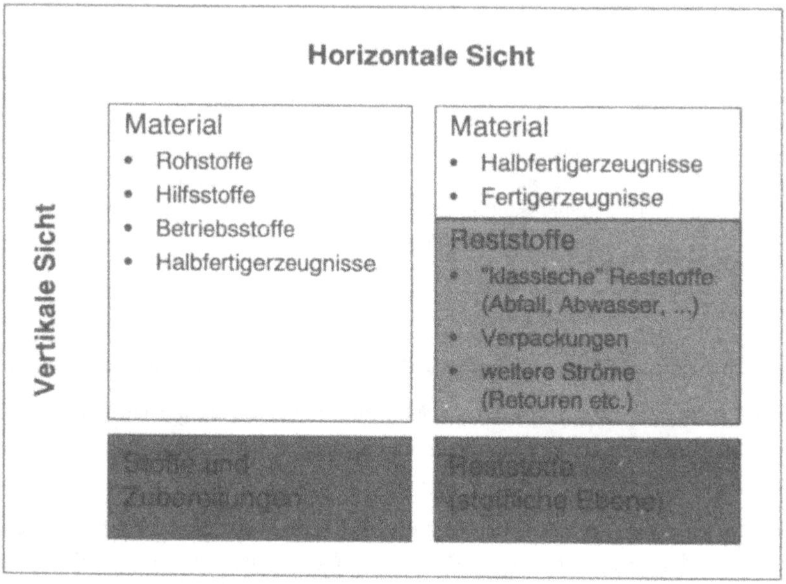

Abbildung 151: Erweitertes Verständnis von „Material“

„Reststoff“ ist ein für ECO-Integral zentraler Begriff und soll im weiteren näher erläutert werden. Reststoffe ist der Oberbegriff für alle Materialien, die beim Einsatz nicht in das Erzeugnis eingehen, für das der Kunde bezahlt. Reststoffe sind somit Ausdruck von Materialausbeuten unter 100 %.

Reststoffe verursachen dem Unternehmen per Definition **nicht-wertschöpfenden Aufwand**, da der Kunde für diese „Leistung“ nicht bezahlt. Reststoffe sind aber auch der zentrale Auslöser für Umweltbelastungen, die direkt von den betrieblichen Leistungsprozessen ausgehen. Angefallene Reststoffe können entweder verwertet oder beseitigt werden. Verwertung oder Beseitigung können innerbetrieblich oder extern erfolgen.

Aus Sicht des Umweltmanagements naheliegende Beispiele für Reststoffe sind Abfall, Abwasser, Abluft und die in Abwärme enthaltene Energie. Legt man jedoch die obige, weiter gefaßte Definition des Begriffs „Reststoff“ zugrunde, so sind auch **andere Ströme** als Reststoffströme einzuordnen:

- Die Aufbereitung von Artikeln durch Nacharbeit, Zurücknahme und Wiedereinsatz (ggf. nach Aufbereitung) von Retouren bzw. Kundenreklamationen sowie Umverpackungsaktionen von bereits verpackten Artikeln können als Spezialfälle des innerbetrieblichen Recyclings betrachtet werden. Die in der vorliegenden Form als nicht „gut“ oder absetzbar eingestuften Materialien werden abgesondert, überprüft und ggf. bearbeitet und dann wieder als „gutes“ Material eingesetzt bzw. verkauft. Diese Vorgänge sind sowohl ökologisch problematisch, da bei jedem Recycling zusätzliche Umweltbelastungen entstehen, als auch ökonomisch problematisch, da jedes Recycling mit Kosten verbunden ist.

- Rückführung von Retouren bzw. Reklamationen sowie von Verpackungen an Lieferanten und Lohnfertiger können auch als Spezialfälle der außerbetrieblichen Entsorgung zu Lasten des Betriebes betrachtet werden. Als nicht „gut" oder einsetzbar eingestufte Materialien werden abgesondert und Dritten zur weiteren Verwendung (Verwertung oder Beseitigung) übergeben.

Verpackungen mit ihren Elementen Produktverpackung, Umverpackung und Transportverpackung sind in der Regel ebenfalls als Reststoffe einzustufen. Produktverpackung ist ein zwar explizit angestrebtes Ergebnis des betrieblichen Leistungsprozesses. Sie ist aus Sicht des Kunden jedoch meist kein Träger des mit dem Kauf des Produktes angestrebten Nutzens. Der Kunde bezahlt somit meist nicht für die Verpackung, sondern für das Produkt selbst. Zudem wird die Verpackung direkt beim Kauf oder kurz danach zu Abfall, für dessen Entsorgungskosten der Betrieb ebenso aufzukommen hat (z.B. durch Gebühren für das Duale System), wie für Abfälle, die am Produktionsstandort anfallen.

Die Zuordnung der Verpackung zu den Reststoffen und damit zur Einstufung als „nichtwertschöpfend" und „umweltbelastend" ist für Betriebe ungewohnt, wird aber am Beispiel der Transport- und Umverpackung schnell nachvollziehbar.

Die Einstufung der Produktverpackung als Reststoff ist allerdings nicht zwangsläufig, da die Verpackung teilweise Funktionen erfüllt, die auch beim Kunden zum Nutzen des Produktes beitragen. Im Bereich der Pharmaindustrie dient z. B. die erste Verpackungsschicht um das Produkt herum auch der richtigen Dosierung und Applikation der Medikamente.

Kategorisierung von Materialien: Die Erweiterung des Materialbegriffs und die in ECO-Integral vorgesehenen Auswertungen der Datenbasis zu Bewegungen und Beständen machen es erforderlich, zunächst einige Begriffe näher zu erläutern:

- **Komponenten** sind die Materialien, aus denen sich ein Material laut Stückliste zusammensetzt. Dies können sowohl Materialien im herkömmlichen Sinn sein, als auch Baugruppen und Produkte.
- Die **Zusammensetzung** eines Materials beschreibt die in einem Material enthaltenen Komponenten und deren Mengenverhältnisse zueinander. Die Zusammensetzung kann in der Struktur einer Stückliste im Informationssystem abgebildet werden. Es sind aber auch andere Modellierungsformen denkbar. Für ECO-Integral sind alle strukturierten Formen nutzbar, sofern das Material und die Komponenten als Datenobjekte angesprochen werden können. In der Praxis liegen Zusammensetzungen oft in Form unstrukturierter Textdokumente vor.
- **Fixe Materialien** haben eine konstante Zusammensetzung. Die einzelnen Komponenten des Materials sind immer in den gleichen Anteilen enthalten.
- **Variable Materialien** können je nach Rahmenbedingungen und Zeitpunkt wechselnde Komponenten zu wechselnden Anteilen enthalten. Dies kann insbesondere bei Reststoffen auftreten. Die Zusammensetzung des variablen Materials ist folglich nicht im Materialstamm abgelegt, sondern wird immer dann als Bewegungszusammensetzung bestimmt, wenn das Material Gegenstand einer Bewegung ist (vgl. Teil IV, Kapitel 1.3.3). Im Materialstamm kann eine Planzusammensetzung abgelegt werden, auf die mangels einer Ist-Bewegungszusammensetzung zurückgegriffen werden kann.

- Die Zusammensetzung **elementarer Materialien** erfährt während des Flusses von externen Mengenstellen, durch den Betrieb und zu externen Mengenstellen in seiner Struktur keine relevante Veränderung. Elementare Materialien werden also per Definitionen niemals durch eine betriebliche Transformation verändert. Stoffe im gängigen Sinne können elementare Materialien sein. Beide Begriffe sind aber nicht identisch, da Stoffe auch durch betriebliche Transformationen verändert werden können.

Bedeutung elementarer Materialien: Die Materialstruktur wird so angelegt, daß sich alle relevanten Stoff- und Energieflüsse als Flüsse von elementaren Materialien beschreiben lassen. Auf der Beschreibungsebene der elementaren Materialien können die Outputs einer Transformation vollständig in die Inputs überführt werden. Damit wird die Voraussetzung dafür geschaffen, Outputs mit DV-Unterstützung auf die enthaltenen Inputstoffe zurück zu verfolgen. Dies dient sowohl dem Umweltmanagement insgesamt als auch der Umweltkostenrechnung.

Die Kategorisierung von Materialien erfolgt in ECO-Integral nach mehreren neuen Dimensionen (Güter vs. Reststoffe, Material i.e.S. vs. Energie, fixe vs. variable Materialien, elementare vs. zusammengesetzte Materialien), so daß zusätzlich zu den bereits gängigen Kategorisierungen (Roh-, Hilfs-, und Betriebsstoffe, Material vs. Stoff, etc.) neue eingeführt werden müssen. Die tatsächliche Bedeutung der Kategorisierungen sowie die Ausprägungen innerhalb einer Kategorie wird bei der Anwendung von Fall zu Fall unterschiedlich sein und sollte daher flexibel erweiterbar sein. Abbildung 152 zeigt das ERM zur mehrdimensionalen, flexiblen Kategorisierung von Materialien.

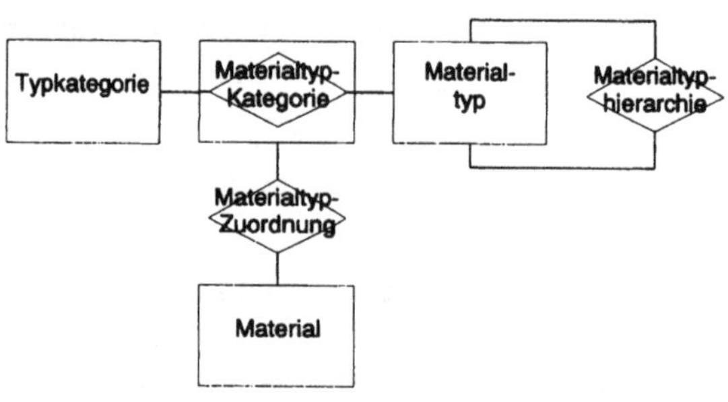

Abbildung 152: ERM flexible Materialkategorisierung

Im Entitytyp „Materialtyp-Kategorie“ werden einer Typkategorie (z.B. „Materialart“) die entsprechenden Materialtypen (z.B. „Material i.e.S“ und „Energie“) zugeordnet. Einem Material können n Materialtypkategorien zugeordnet werden (z.B. ist das Material „Strom, Deutschlandmix“ in der Typkategorie „Materialart“ der Kategorie „Energie“ zugeordnet). Materialtypen können zu sich selbst in einer Hierarchiebeziehung stehen. Die gleiche Datenstruktur kann auch im Rahmen der Mengenstellenstruktur zur Kategorisierung der Mengenstellen nach rechtlichen, kostenrechnerischen oder anderen Gesichtspunkten verwendet werden (vgl. Abbildung 152).

1.2.2 Stückliste

Zur Darstellung der Beziehungen zwischen Materialien werden in der Betriebswirtschaft Stücklisten verwendet. In Stücklisten werden für unterschiedliche Zwecke unterschiedliche Beziehungen abgebildet. Ein und dasselbe Produkt (=Material) wird beispielsweise aus der Sicht des Vertriebes (=Vertriebsstückliste) anders abgebildet als aus der Sicht der Produktion (Produktionsstückliste). Die zugrundeliegende Datenstruktur der Stückliste ist jedoch für beide Sichten die selbe.

In ECO-Integral hat die Produktionsstückliste eine wichtige Funktion, da sie in bestehenden Systemen die Datenstruktur ist, mit der Materialeinsatzverhältnisse abgebildet werden. Materialeinsatzverhältnisse stellen Transformationsregeln dar, die Produktionsprozesse beschreiben. In ECO-Integral werden genau diese benötigt, um bestimmte Funktionen zu ermöglichen. Das ECO-Integral-Konzept sieht einige wichtige Ergänzungen zum herkömmlichen Stücklistenprinzip vor. Deshalb werden zunächst ausgewählte, für die nachfolgende Ableitung der ECO-Integral-spezifischen Ergänzungen am Stücklistenprinzip wichtige Themen kurz beschrieben.

1.2.2.1 Übliche Stücklisten

Die in der betrieblichen Praxis übliche Stückliste dient der Materialdisposition sowie der Errechnung von Bewegungen im Rahmen der retrograden Errechnung des Materialverbrauchs. Stücklisten können auch der Kalkulation im Rahmen der Kostenrechnung dienen.

Inhalt der Stückliste ist die Beschreibung eines Outputmaterials durch seine Inputmaterialien (vgl. Abbildung 153 ff). Dabei wird beschrieben, wieviel von welchem Inputmaterial ("VonMaterial") eingesetzt werden muß, um wieviel von welchem Outputmaterial ("Für-Material") zu erhalten. Leitungsgebundene Inputmaterialien, die nicht einzeln disponiert werden müssen (Wasser, Energie u. a.), werden in der Regel nicht oder unvollständig aufgeführt.

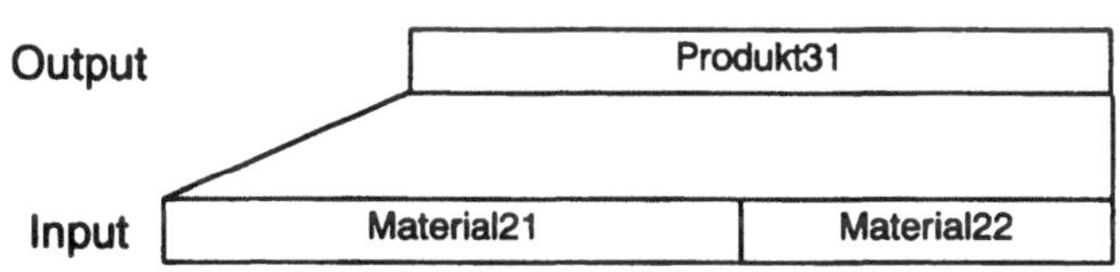

Abbildung 153: Übliche einstufige Stückliste

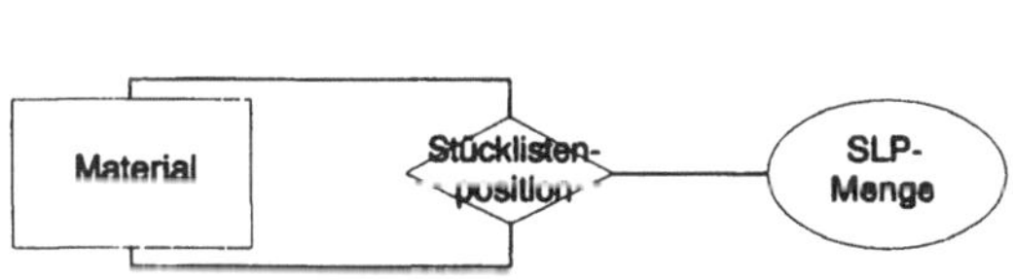

Abbildung 154: RM übliche Stückliste

FürMat	FürMenge	VonMat	VonMenge
P31	350,00	M21	200,00
P31	350,00	M22	200,00

Die VonMenge entspricht hierbei der Stücklistenpositions (SLP)-Menge aus dem ERM. Die FürMenge steht normalerweise im Stücklistenkopf und ist hier nur der Übersichtlichkeit halber mit angegeben.

Tabelle 17: Stücklistenpositionen der üblichen Stückliste

Die Baukasten-Stückliste: Den Materialien M21 und M22 können in der Baukasten-Stückliste wiederum Stücklisten hinterlegt sein. Die Baukastenstückliste ist die in der Praxis am weitesten verbreitete.

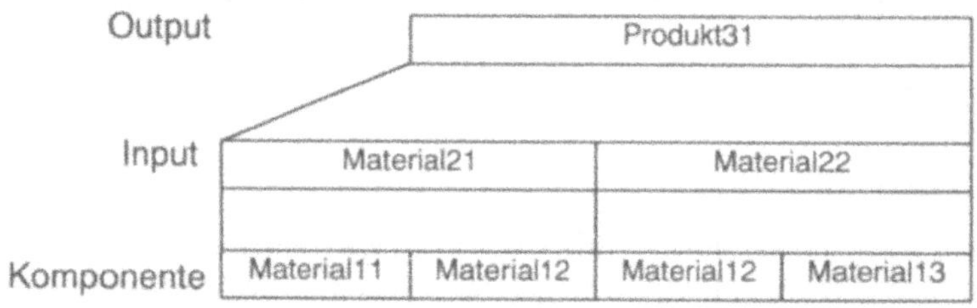

Abbildung 155: Baukastenstückliste

FürMat	FürMenge	VonMat	VonMenge
M21	200,00	M11	100,00
M21	200,00	M12	100,00
M22	200,00	M12	100,00
M22	200,00	M13	100,00

Tabelle 18: Stücklistenpositionen der Baukastenstückliste

Die Abbildung von Reststoffen in der üblichen Stückliste: Jeder Fertigungsprozeß erzeugt nicht nur Gut-Stücke des erwünschten Outputs, sondern auch Ausschuß, Abfälle, Abwasser und Abluft (= Reststoff). Diese werden in üblichen Stücklisten nicht oder nur begrenzt ausgewiesen. In der Praxis finden sich unter anderem die folgenden Varianten der begrenzten Berücksichtigung:

- **Ausschuß**: Teilweise werden Ausschuß-Prozentsätze im Stücklistenkopf (Anteil der Schlecht-Stücke an den gefertigten Stücken) und in der Stücklistenposition (Anteil der Einsatzmenge, die nicht in die gefertigten Stücke eingeht) hinterlegt. Die Firmenprojekte im Rahmen von ECO-Integral haben gezeigt, daß diese Prozentsätze nicht immer systematisch gepflegt werden. Der Umfang, in dem diese Prozentsätze gepflegt werden, hing vor allem davon ab, für wie wichtig aktuelle Prozentsätze für die Materialdisposition gehalten werden. Wenn Stücklisten zuverlässige Ausschußprozentsätze enthalten, weist die Stücklistenposition die tatsächlich im Erzeugnis enthaltene Menge aus.

- **Mengen für reststofferzeugende Arbeitsgänge:** Teilweise werden eigene Stücklistenpositionen für Arbeitsschritte eingerichtet, die in der „Erzeugung" von Reststoffen resultieren (z. B. Anfahrverluste).
- **Abfälle als Negativposition:** SAP R/3 bietet inzwischen an, Abfallmengen als Position mit negativem Vorzeichen in der Stückliste aufzunehmen. In den an den Firmenprojekten beteiligten Unternehmen wird diese Möglichkeit jedoch bislang nicht genutzt.

1.2.2.2 Ergänzungen für die ECO-Integral Stücklistenstruktur

Erweiterte Funktionalität der Stückliste: In ECO-Integral ist die Funktionalität der Stückliste gegenüber den oben genannten Funktionen der klassischen Stückliste erweitert. In ECO-Integral dient sie außerdem dazu,

- Reststoffoutputs für die Zwecke der durchgängigen Stofffflußtransparenz auf die im Produktions- oder Entsorgungsprozeß verwendeten Inputmaterialien zu beziehen, und einen ursächlichen Zusammenhang herzustellen,
- Reststoffmengen zu errechnen, um eine erhöhte Stoff- und Energieflußtransparenz mit wenig oder keinem zusätzlichen Erfassungsaufwand zu erzielen, sowie um
- Ver- und Entsorgungsprozesse in Form von Stücklisten zu beschreiben. Dazu können jeweils separate Stücklisten angelegt werden oder in den gegebenen Stücklisten entsprechende Felder gepflegt werden.

Nachteile der üblichen Formen der Stückliste: ECO-Integral betrachtet alle relevanten stofflichen und energetischen Inputs und Outputs der betrieblichen Transformationsprozesse und setzt Stücklisten zur Beschreibung dieser Prozesse ein. Die oben beschriebenen üblichen Formen der Stückliste haben dabei folgende Nachteile:

- Leitungsgebundene Einsatzmaterialien sowie eingesetzte Betriebsstoffe werden in der Regel nicht abgebildet, auch wenn deren Verbrauchsmengen mit der Menge erzeugter Outputs nachvollziehbar variieren.
- Der Ausweis von Ausschußprozenten in Stücklistenkopf und -positionen sowie von Anfahrverlusten als eigenständige Stücklistenposition legt für die in der Stückliste aufgeführten Einsatzmaterialien fest, welche Anteile zu Reststoff werden. Dies ist hilfreich, jedoch für ECO-Integral nicht ausreichend, weil daraus nicht ablesbar ist, in welches Outputmaterial die eingesetzten, zu Reststoff verwandelten Einsatzmaterialien eingehen. Die durchgängige Stofffflußtransparenz ist auf Basis der herkömmlichen Stückliste somit nicht herstellbar.

Brutto- und Netto-Stücklisten: Zur Beschreibung des Lösungsansatzes in ECO-Integral werden zunächst zwei Begriffe eingeführt:

- Wenn die Stückliste lediglich beschreibt, was eingesetzt werden muß, um ein Erzeugnis herzustellen, wird sie als **Brutto-Stückliste** bezeichnet, da die Stücklistenpositionen hier auch die Mengen enthalten, die nicht in das Erzeugnis eingehen. Die übliche Stückliste ohne Ausweis von Ausschußprozenten ist eine Brutto-Stückliste.
- Wenn die Stücklistenpositionen dagegen die Mengen ausweisen, die tatsächlich im Erzeugnis enthalten sind, wird von einer **Netto-Stückliste** gesprochen. Eine übliche Stückliste mit Ausweis von Ausschußprozenten im Stücklistenkopf und in den Stücklistenpositionen kann eine Netto-Stückliste sein, wenn der Ausschuß alle Materialverluste beschreibt und keine anderen Ursachen für Materialverluste auftreten.

Die Differenz zwischen den Brutto- und Netto-Stücklisten für dasselbe Erzeugnis entsteht aus eingesetzten Mehrmengen, die nicht zu Gut-Stück, sondern zu Reststoffen werden (vgl. Abbildung 156ff).

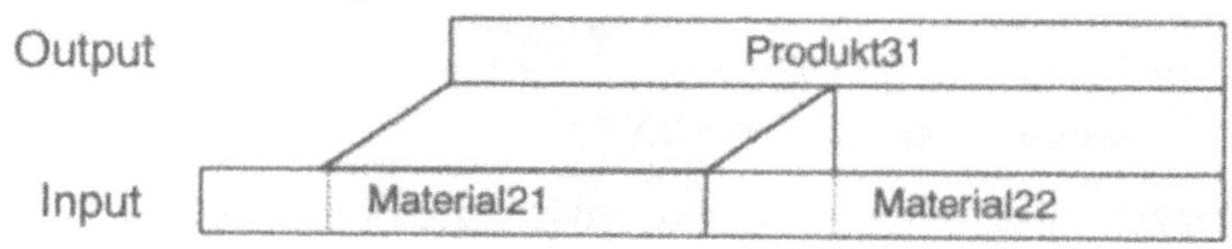

Abbildung 156: Nettostückliste

Abbildung 157: ERM-Darstellung zur Erweiterung für die Nettostückliste

FürMat	FürMenge	VonMat	VonMenge	Positionsart
P31	350,00	M21	175,00	netto
P31	350,00	M22	175,00	netto

Tabelle 19: Stücklistenpositionen der Nettostückliste

Im folgenden werden die wesentliche Eckpunkte der Stücklistenkonzeption für ECO-Integral gezeigt:

- Für alle herzustellenden Erzeugnisse werden erweiterte Brutto-Stücklisten angelegt. Diese Brutto-Stücklisten sind folgendermaßen charakterisiert:
    - Relevante, entstehende Reststoffe werden als eigenständige Stücklistenpositionen mit negativem Vorzeichen ausgewiesen.
    - eingesetzte, relevante und in nachvollziehbarer Weise in etwa linear mit der Erzeugnismenge variierende Betriebsstoffe werden als eigenständige Stücklistenpositionen ausgewiesen.
- Alle relevanten Outputs (herzustellende Erzeugnisse und Reststoffe) werden mit Netto-Stücklisten hinterlegt, die nur fixe Materialien enthalten.
- Der Aufbau von Brutto- und Netto-Stücklisten wird so gewählt, daß die Einsatzmaterialien und ihre Komponenten vollständig den entstehenden Outputs zuordenbar sind.

Die Brutto-Stücklisten übernehmen die Funktionen der bisher üblichen Stücklisten (im wesentlichen Materialdisposition). Zusammen mit den hinterlegten Netto-Stücklisten dienen sie der Herstellung der übergreifenden Stoffflußtransparenz in ECO-Integral. Abbildung 158 zeigt die Attribute der Stücklistenposition.

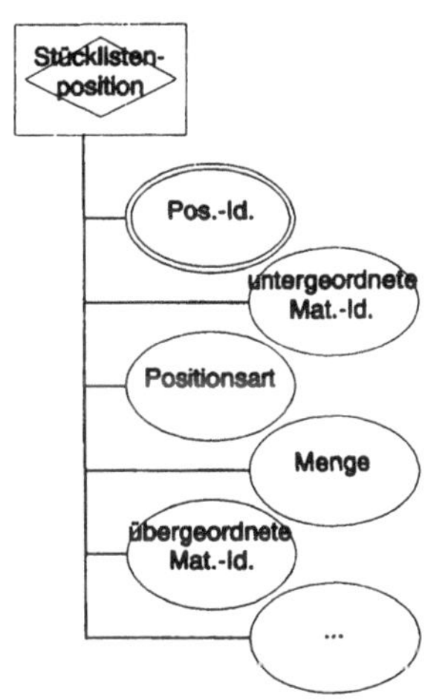

Abbildung 158: Attribute der Stücklistenposition

Beispiel zur Erläuterung: Das Beispiel für die folgenden, komplexeren Erläuterungen bildet der Produktionsprozeß des Produktes Produkt31 aus den beiden Materialien Material21 und Material22. Die Materialien Material21 bzw. Material22 setzen sich dabei aus den Materialien Material11 und Material12 bzw. Material12 und Material13 zusammen. Bei der Produktion fällt weiterhin der Reststoff Reststoff41 an. Dieser enthält Teile der Materialien Material21 und Material22. In Abbildung 159 ist die Stückliste für den Beispielfall dargestellt. Die dunkel schraffierten Teile der Abbildung stellen den Produktfluß dar, die helleren den Reststofffluß.

Anhand dieses Beispieles wird im folgenden die Verwendung der Stücklistenkonzeption erläutert.

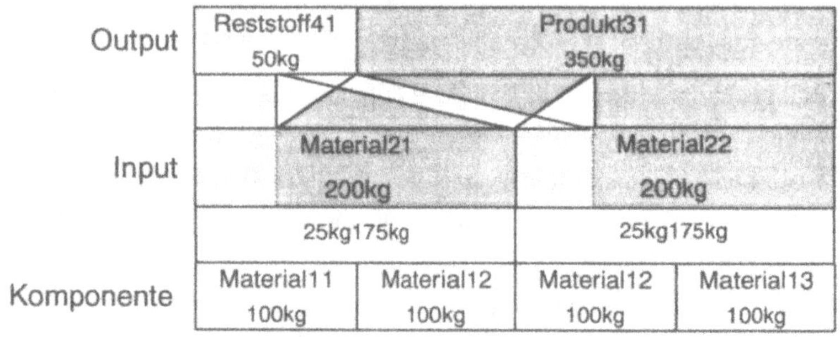

Abbildung 159: Gesamtübersicht des Beispielfalles

1.2.2.2.1 Erweiterte Brutto-Stücklisten

Bestehende Brutto-Stücklisten werden um eigenständige Positionen für die entstehenden Reststoffe erweitert. Die Reststoffe werden damit als negative Einsatzkomponente abgebildet, obwohl sie in Wirklichkeit Output sind. Anhand einer entsprechenden Interpretation des Minuszeichens durch das System muß sichergestellt werden, daß in Brutto-Stücklisten enthaltene Reststoffpositionen nicht in die Materialbedarfsplanung mit einfließen (vgl. Abbildung 160, linke Seite).

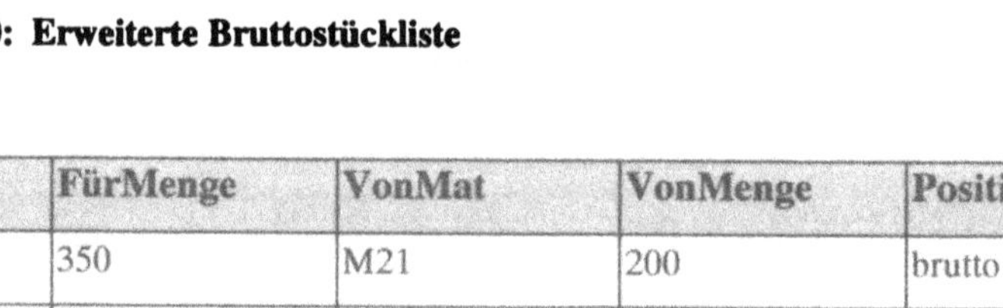

Abbildung 160: Erweiterte Bruttostückliste

FürMat	FürMenge	VonMat	VonMenge	Positionsart
P31	350	M21	200	brutto
P31	350	M22	200	brutto
P31	350	RS41	-50	brutto

Tabelle 20: Stücklistenpositionen der erweiterten Bruttostückliste

1.2.2.2.2 Netto-Stücklisten

In der Netto-Stückliste ist zunächst die konsequente Beschränkung auf tatsächlich im beschriebenen Material enthaltene Komponenten und deren Mengen erforderlich.

Diese Beschreibung kann auf derselben Materialstufe wie bei der Brutto-Stückliste erfolgen oder auf der darunterliegenden Stufe. Die Beschreibung auf der selben Materialstufe wie bei der Brutto-Stückliste des Produktes wird bei homogenen Transformationen gewählt. Bei nicht-homogenen Transformationen wählt man darunterliegende Materialstufen. Zur Erläuterung dienen Abbildung 161 und Tabelle 21 sowie die nachfolgenden Ausführungen.

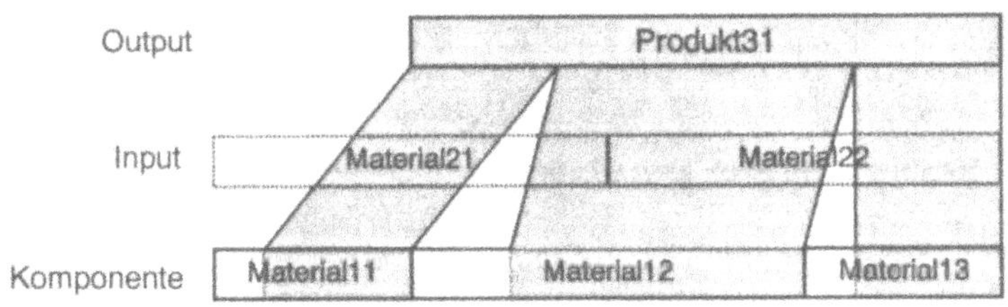

Abbildung 161: Nettostückliste mit tieferliegenden Materialstufen

FürMat	FürMenge	VonMat	VonMenge	Positionsart
P31	350,00	M11	87,50	netto
P31	350,00	M12	175,00	netto
P31	350,00	M13	87,50	netto

Tabelle 21: Stücklistenposition für Netto-Stücklisten mit tieferliegenden Materialstufen

Bei einer **nicht-homogenen** Transformation gehen die Komponenten, aus denen die Einsatzmaterialien bestehen, nicht im selben Verhältnis in die Outputs ein, wie sie in den Einsatzmaterialien vorliegen (vgl. Beispiel Tabelle 22). Werden z.B. Bleche mit 30 kg einer lösemittelhaltigen Farbe lackiert, deren Komponente Farbpigmente überwiegend in das lackierte Blech eingeht, deren Komponente Lösemittel aber überwiegend verdunstet, enthält das lackierte Blech einen höheren Anteil Farbpigmente und einen geringeren Anteil Lösemittel als die eingesetzte Farbe.

Enthalten in	Gesamtmenge	Farbpigmente		Lösemittel	
		Menge	Anteil	Menge	Anteil
Farbe XY	30 kg	20 kg	67 %	10 kg	33 %
Lackiertes Blech	20 kg	16 kg	80 %	4 kg	20 %

Tabelle 22: Beispiel inhomogene Transformation

In diesem Fall ist in der Netto-Stückliste für das lackierte Blech eine Position Farbe XY irreführend, weil die Zusammensetzung der Komponenten anders als bei der Farbe ist. Statt dessen müßte die Netto-Stückliste je eine Position Farbpigment und Lösemittel ausweisen.

Bei einer **homogenen Transformation** gehen die Komponenten, aus denen die Einsatzmaterialien bestehen, im selben Verhältnis in die Outputs ein wie sie in den Einsatzmaterialien enthalten sind (vgl. Tabelle 23). Werden zum Beispiel aus dem lackierten Blech Formteile ausgestanzt, enthalten diese Formteile Farbpigmente, Lösemittel und Blech im selben Verhältnis wie das lackierte Blech, aus dem sie ausgestanzt werden. Hier ist es ausreichend, in der Netto-Stückliste eine Position mit der Menge des in den Formteilen enthaltenen lackierten Bleches anzugeben.

Material	Gesamt-menge	Blech 1		Farbpigment 1		Lösemittel 1	
		Menge	Anteil	Menge	Anteil	Menge	Anteil
Lackiertes Blech	100 kg	80 kg	80 %	16 kg	16 %	4 kg	4 %
Ausgestanzte Teile	75 kg	60 kg	80 %	12 kg	16 %	3 kg	4 %

Tabelle 23: Beispiel homogene Transformation

Für die Beschreibung der Reststoffe lassen sich ebenfalls Netto-Stücklisten anlegen.

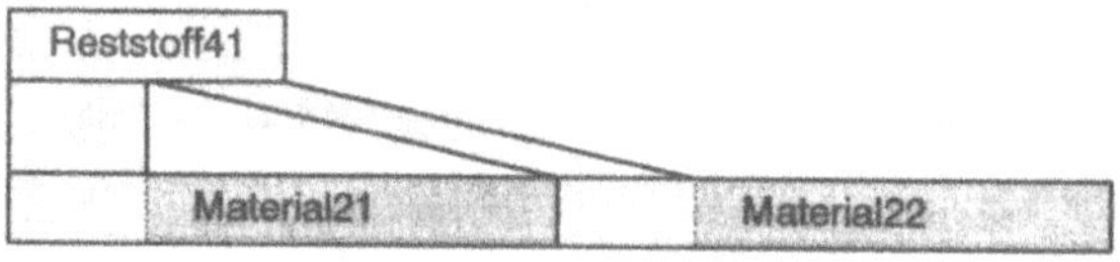

Abbildung 162: Nettostückliste eines Reststoffes

FürMat	FürMenge	VonMat	VonMenge	Positionsart
RS41	50,00	M21	25,00	netto
RS41	50,00	M22	25,00	netto

Tabelle 24: Stücklistenpositionen der Nettostückliste eines Reststoffes

1.2.2.2.3 Verknüpfung von Brutto- und Netto-Stücklisten

Brutto- und Netto-Stücklisten sollten in **einem Vorgang** erstellt werden, um die Konsistenz der Ergebnisse zu gewährleisten. Zulässig ist dabei nur die Kombination von Brutto- und Netto-Stücklistenpositionen, in der die Einsatzmaterialien und deren Komponenten den Outputmaterialien und deren Komponenten **vollständig** zugeordnet worden sind.

Die Zusammenführung der Brutto- und Netto-Stückliste ergibt folgendes Bild (vgl. Tabelle 25):

FürMat	FürMenge	VonMat	VonMenge	Positionsart
P31	350,00	M21	200,00	brutto
P31	350,00	M22	200,00	brutto
P31	350,00	RS41	-50,00	brutto
P31	350,00	M21	175,00	netto
P31	350,00	M22	175,00	netto
RS41	50,00	M21	25,00	netto
RS41	50,00	M22	25,00	netto
M21	200,00	M11	100,00	netto
M21	200,00	M12	100,00	netto
M22	200,00	M12	100,00	netto
M22	200,00	M13	100,00	netto

Tabelle 25: Stücklistenpositionen der Brutto- und Nettostücklisten

1.2.2.3 Vereinfachungen

Eine in ECO-Integral bereits berücksichtigte Vereinfachung ist, daß für Materialien, bei denen eine Unterscheidung von Brutto- und Netto-Stücklisten mit keinem relevanten Nutzen verbunden ist (Reststoffmenge, -wert oder ökologische Wirkungen des Reststoffs sind zu vernachlässigen) nicht zwei Positionen erstellt werden. Die gemeinsame Position erhält dann bei Positionsart die Ausprägung „brutto = netto“.

Wenn die mit Stücklisten zu beschreibenden, für ECO-Integral relevanten Transformationen durchgehend homogen sind, können Brutto- und Nettowerte in einer Position als zwei getrennte Attribute geführt werden, einer der beiden Werte kann als Prozentsatz des anderen geführt werden und die Spalte Positionsart entfällt.

Dies entspricht der bestehenden Praxis der Angabe von Ausschußprozenten mit einer Abweichung. Anstatt (oder bei entsprechender Abgrenzung der Funktionalitäten) zusätzlich zum im Stücklistenkopf verankerten Ausschußprozentsatz wird der anfallende Ausschuß als negative Stücklistenposition aufgenommen.

1.2.3 Abbildung von Energie

Die Energie hat sowohl stofflichen als auch energetischen Charakter (mit Ausnahme elektrischer Energie, die nur energetischen Charakter hat). Während es grundsätzlich denkbar ist, Energien als vom Material getrennte Entitäten zu führen, vereinfacht die Zusammenführung unter einer einheitlichen Struktur die Herstellung und Auswertung der Stoff- und

Energieflußtransparenz erheblich. Energieträger werden in ECO-Integral dazu grundsätzlich als Zusammensetzung von stofflicher Matrix (z. B. Gas, Öl oder Kohle in kg) und Energie (in kWh) abgebildet. Damit läßt sich zum Beispiel die gasgefeuerte Dampferzeugung als Übergang der Materialien „Energie“ und „Dampf“ aus dem Einsatzmaterial „Gas“.

1.2.4 Abbildung von Stoffen und Zubereitungen

Produktionswirtschaft und Kostenmanagement erfordern in der Regel die Auflösung eines Fertigerzeugnisses in die Einsatzmaterialien, aus denen es hergestellt wird. Dies erfolgt über die in Form der Stückliste dargestellte Zusammensetzung von Fertig- und Halbfertigerzeugnissen. Für das Umweltmanagement kann jedoch eine Auflösung unterhalb der Ebene der Einsatzmaterialien erforderlich sein. Relevant können zum einen Stoffe sein, d. h. chemische Elemente (z.B. Schwermetalle) oder deren chemische Verbindungen (z.B. Toluol). Relevant können zum anderen Zubereitungen sein, d. h. Gemenge, Gemische oder Lösungen dieser Elemente bzw. Stoffe (z.B. lösemittelhaltige Farben).

Zur Auflösung von Materialien auf eine auch für das Umweltmanagement geeignete Ebene wird die Stückliste entsprechend nach „unten“ verlängert. Unterste Ebene ist dann nicht mehr unbedingt das Einsatzmaterial sondern kann, soweit erforderlich, auch ein Stoff oder eine Zubereitung sein.

Im SAP R/3 und dessen Stoffmodul EH&S [SAP 1996] wird der Material-Stoff-Zusammenhang allerdings auf eine andere Art und Weise abgebildet: Stoffe sind nicht Teil einer verlängerten Stückliste, sondern werden in einer getrennten n:m-Beziehung mit Materialien verknüpft. Für diese Lösung sprechen folgende SAP-spezifischen und allgemeingültigen Gründe:

- Der Datenimport aus bestehenden Satellitensystemen (Stoffdatenbanken etc.) ist unproblematischer.
- Stoffe besitzen gänzlich andere Attribute als Material.
- Die Hauptaufgabe der (Produktions)Stückliste ist die **Material**disposition. Die Stücklistenkonzeption ist auf diese Aufgabenstellung ausgerichtet.
- Für den normalen, bislang nicht mit spezifischen Umweltaufgaben betrauten Anwender ist die Pflege der verlängerten Stückliste zu komplex und arbeitsaufwendig.

Die in diesem Band vorgeschlagene „verlängerte Stückliste“ erlaubt den Durchgriff von Materialien auf die Stoffebene nach **einer** spezifischen, für die Zwecke von ECO-Integral entwickelten Systematik, die oben beschrieben wurde. Eine Anpassung an die von SAP oder anderen Herstellern gewählte Modellierung ist aber prinzipiell möglich.

1.2.5 Abbildung von Entsorgungsprozessen

Für Entsorgungsprozesse lassen sich ebenfalls Stücklisten anlegen, um die Umwandlung von Input- in Outputmaterialien zu beschreiben. Hier tritt jedoch eine Umkehr in der Input-Output-Logik auf. In der Brutto-Stückliste ist das FürMaterial der eingehende, zu entsorgende Reststoff. Die Menge des FürMaterials wird als Negativposition eingetragen, um zu kennzeichnen, daß es sich hier nicht um die Erzeugung, sondern um eine end-of-pipe-

Behandlung des FürMaterials handelt. In der Bruttostückliste sind die positiven Positionen des Materials die ausgehenden Reststoffe. Die negativen Positionen des VonMaterials sind die im Entsorgungsprozeß eingesetzten Hilfs- und Betriebsstoffe (vgl. Tabelle 26). Damit lassen sich die Stoffströme des Betriebes für die Errechnung von Plan-Bewegungen in einer durchgängigen Baumstruktur für Erzeugnisse, Einsatzmaterialien und Reststoffe über die FürMaterialien und VonMaterialien der Stücklisten verknüpfen.

FürMat	FürMenge	VonMat	VonMenge	Positionsart
RS41	-50,00	Komponente A	40,00	brutto
P31	-50,00	Komponente B	20,00	brutto
P31	-50,00	Hilfsstoff C	-10,00	brutto

Tabelle 26: Stücklistenpositionen eines Entsorgungsprozesses

1.3 Die Flußstruktur

In diesem Abschnitt erfolgt die Modellierung der statischen und dynamischen Struktur des Stoff- und Energieflusses durch das Unternehmen. Dabei steht ein möglichst genaues Bild und eine möglichst einfache Ermittlung der Stoff- und Energieflüsse im Vordergrund der Modellierung. Zunächst werden die zentralen Begriffe „Bewegungskanal“ (für den statischen Teil) und „Bewegung“ (für den dynamischen Teil) eingeführt.

1.3.1 Bewegungskanal

Der Bewegungskanal beschreibt die statische Struktur der Flüsse, indem er festlegt, von welchen Mengenstellen nach welchen Mengenstellen welche Materialien oder Materialgruppen fließen **können**. Fallen z.B. an einer Anlage regelmäßig Metallspäne als Reststoffe an, und werden sie von dort in einem Reststoffzentrum bearbeitet, kann dies durch einen Bewegungskanal beschrieben werden, dessen Quellmengenstelle die Anlage und dessen Senke die Mengenstelle „Reststoffzentrum“ ist. Damit ist noch nichts darüber ausgesagt welche Materialien zu einem bestimmten Zeitpunkt tatsächlich fließen.

Der Bewegungskanal wird vor allem für die Berechnung der im System nicht erfaßten Stoff- und Energieflüsse (= Bewegung (zur Erläuterung des Begriffs vgl. folgender Abschnitt) benötigt. Ergibt sich beispielsweise aus einer erfaßten Produktbewegung über die Stückliste eine noch zu ermittelnde Inputbewegung, so liefert der Bewegungskanal die Quelle, aus der diese Bewegung hervorgegangen sein muß. Analoges gilt auf der Outputseite, z. B. bei der Ermittlung einer Reststoffbewegung.

Wenn die Flüsse eines Bewegungskanal meßtechnisch erfaßt werden, wird keine Errechnung der Flußmengen benötigt. In diesem Fall wird die Beziehung zur Errechnungsregel nicht benötigt. Sind die Flußmengen dagegen zu errechnen, enthält das Errechnungskriterium Angaben dazu, wann Bewegungen zu errechnen sind. Die Errechnungsregelart der Errechnungsregel bestimmt das Verfahren, nach dem die Bewegungen zu errechnen sind.

Hieraus ergibt sich, daß bei der Modellierung der räumlich-organisatorischen Struktur die Bewegungskanäle entweder nur erfaßte oder nur errechnete Bewegungen umfassen können.

Abbildung 163 zeigt das Datenmodell des Bewegungskanals:

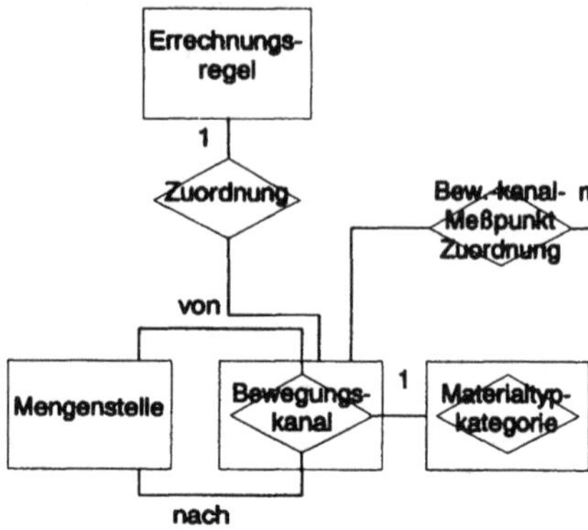

Abbildung 163: ERM Bewegungskanal

Der Bewegungskanal verbindet **immer** zwei Mengenstellen als Quelle und Senke für Stoff- und Energieflüsse miteinander. Ein Bewegungskanal wird weiterhin für eine Materialtypkategorie eingerichtet. Aus diesen drei Beziehungen wird der Schlüssel des Bewegungskanals gebildet. Zur Erfassung der Flußmengen ist jedem Bewegungskanal ein Meßpunkt zugeordnet. Die Errechnung erfolgt über die Zuordnung von Errechnungsregeln, die später (vgl. Abbildung 174) spezifiziert werden.

Die wichtigsten Attribute des Bewegungskanals zeigt Abbildung 164:

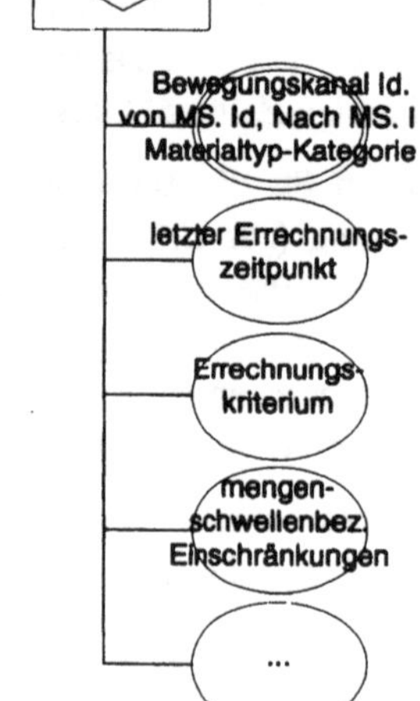

Abbildung 164: Attribute des Bewegungskanals

1.3.2 Bewegung

Die Bewegung ist der dynamische Teil der Flußmodellierung. Eine Bewegung beschreibt einen tatsächlichen Fluß von Material. Die Datenstruktur der Bewegung zeigt Abbildung 165:

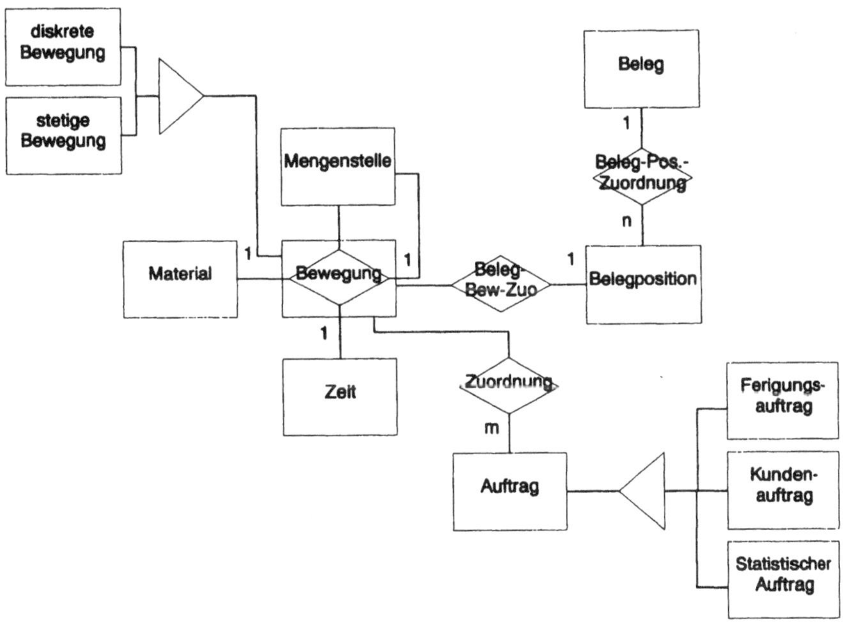

Abbildung 165: ERM Bewegung

Die Bewegung findet zu einem bestimmten Zeitpunkt zwischen zwei Mengenstellen statt und hat ein Material zum Gegenstand. Für kostenrelevante Bewegungen werden in der Regel Belege bzw. Belegpositionen erzeugt, die in einer Belegdatei abgelegt werden. Über die Zuordnung zur Belegposition können Mengendaten der Belegpositionen in die Bewegung übertragen werden.

Zu unterscheiden sind stetige und diskrete Bewegungen als Spezialisierungen des Enitityps „Bewegung“:

Eine **diskrete Bewegung** findet buchungstechnisch zu einem Zeitpunkt statt, auch wenn sie sich in der Realität über einen längeren Zeitraum erstreckt. Ein Beispiel wäre die Fertigmeldung eines Fertigungsauftrages. Der Sachverhalt kann in einer einzigen Bewegung verbucht werden, oder, wenn eine höhere Genauigkeit gewünscht wird, können die einzelnen Teilfertigmeldungen, z. B. bei der Einlagerung in ein Zwischen- oder Auslieferungslager, als separate Bewegungen gebucht werden.

Von einer **stetigen Bewegung** soll gesprochen werden, wenn sich ein Material über einen längeren Zeitraum nicht in einzelnen Blöcken, sondern in einem mehr oder weniger kontinuierlichen Fluß bewegt. Dies ist z. B. beim Stromverbrauch der Fall. Hier werden nicht einzelne, diskrete Verbräuche ermittelt, sondern es wird ein Wert für einen Zeitraum gemessen, der als konstanter Verbrauch in diesem Zeitraum betrachtet wird. Stetige Bewegungen werden in diskrete Bewegungen übersetzt, ehe sie als Bewegung abgelegt werden (z. B. wird aus der Zählerablesung der Stromverbrauch für die vergangene Periode ermittelt). Die resultierende Gesamtmenge wird im Format einer diskreten Bewegung am letzten Tag der Periode verbucht.

Die wichtigsten Attribute der Bewegung zeigt Abbildung 166.

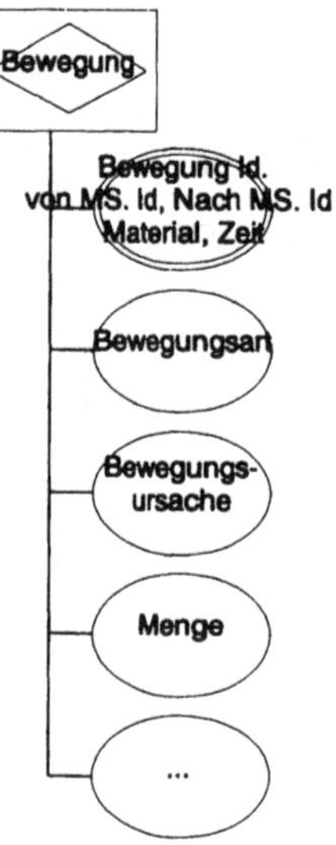

Abbildung 166: Attribute der Bewegung

Alle relevanten Stoff- und Energieflüsse werden im Format der Bewegung abgelegt. Die Attribute und Beziehungen müssen jedoch nicht alle belegt sein. Formal zwingende Attribute und Beziehungen sind Bewegung Id., Beleg(-position) (sofern einer existiert). Diese dienen vor allem der systemtechnischen Verwaltung von Bewegungen. Inhaltlich zwingend sind Material Id. des bewegten Materials sowie „VonMengenstelle", „NachMengenstelle", Zeitpunkt und Menge. Die übrigen Attribute und Zuordnungen dienen späteren Auswertungen:

- Eine **Bewegungsursache** gibt Aufschluß über das veranlassende Ereignis das zur Bewegung führte. Die Erfassung einer **Bewegungsart** kann für spezifische Auswertungen herangezogen werden. Die benutzerorientierte Definition von Bewegungsarten und -ursachen ist in den großen Standardsoftwaresystemen ohne weiteres möglich. Ein System von Bewegungsarten und -ursachen kann für individuelle Auswertungsbedarfe gestaltet werden.

- Bewegungen können einzelnen **Chargen** zugeordnet werden. Eine Charge kann z. B. ein Erzeugnis über den gesamten Herstellungsweg oder nur über einzelne Teilschritte begleiten. Im Extremfall beschreibt eine Charge nur einen Herstellungsschritt und dient der genaueren Zuordnung von Bewegungen zueinander als dies über die Zuordnung zu den Mengenstellen möglich ist.
- Über die **Auftragsnummer** kann eine Beziehung zur Auftragsart (z. B. ein Bestellauftrag, ein Fertigungsauftrag, ein Kundenauftrag oder ein Retourenauftrag) hergestellt werden.
- Der **statistische Auftrag** dient der Umweltkostenrechnung, um Bewegungen einzelnen Reststoffströmen zuzuordnen.

Im Sinne der Reduzierung von Speichererfordernissen können mehrere Einzelbelege zusammengefaßt werden. Dies impliziert eine Trennung von operativen und auswertenden Systemen, zumindestens für die Zwecke von ECO-Integral.

1.3.3 Bewegungszusammensetzung

Bei variablen Materialien muß deren konkrete Zusammensetzung für jede Bewegung erfaßt werden, da aus den Informationen „Material" und „Menge" nicht zuverlässig abgeleitet werden kann, welche Materialien in welcher Menge enthalten gewesen sind. Diese Informationen sind aber für die Errechnung von nicht erfaßten Bewegungen, die Flußrechnung und die Umweltkostenrechnung erforderlich. Abbildung 167 zeigt die Datenstruktur der Bewegungszusammensetzung.

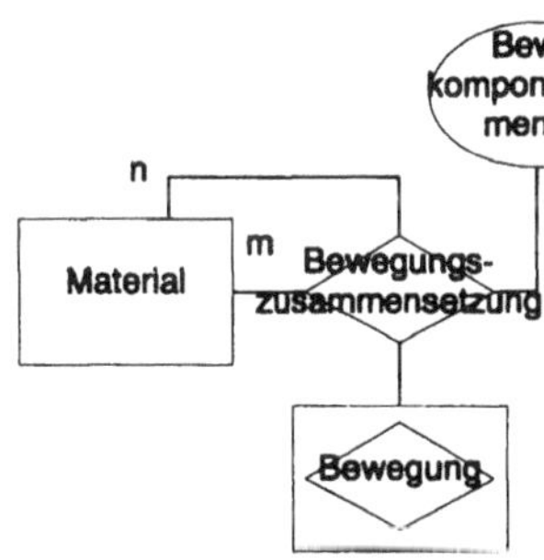

Abbildung 167: ERM Bewegungszusammensetzung

Die Information zu enthaltenen Materialien sind in der Bewegungszusammensetzung hinterlegt. Dabei wird die Zusammensetzung auf der Ebene fixer Materialien beschrieben.

Bei der Bewegung fixer Materialien ist das Anlegen einer Bewegungszusammensetzung nicht erforderlich, da die Zusammensetzung fixer Materialien nicht (in relevantem Umfang) schwankt und in der Materialstruktur hinterlegt ist.

1.3.4 Meßpunkt

Der Meßpunkt dient der Steuerung und Dokumentation der Meßtätigkeiten. Über Meßpunkte werden die regelmäßig zu erfassenden Bewegungen erfaßt. Ein Meßpunkt kann ein Datenerfassungspunkt für die betriebliche Materialwirtschaft sein oder aber ein Schornstein, an dem die Einhaltung der Grenzwerte der TA Luft regelmäßig zu überprüfen ist. Abbildung 168 zeigt die Datenstruktur des Meßpunktes:

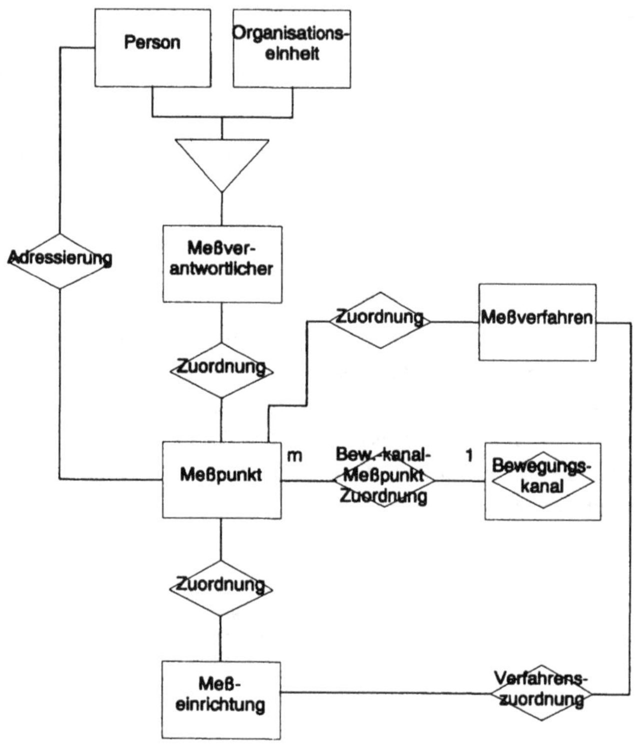

Abbildung 168: ERM Meßpunkt

Für des Meßpunkt wird ein Verantwortlicher für die Durchführung der Messungen benannt. Dies kann eine Person oder eine Organisationseinheit sein. Zur Durchführung werden Meßverfahren verwaltet und dem Meßpunkt zugeordnet. Die Meßergebnisse eines Meßpunktes sind nicht ausschließlich zur Übersetzung und Ablage als „Bewegung“ in der ECO-Integral Datenbasis vorgesehen, sondern können auch direkt an eine Person adressiert werden. Dies gehört jedoch nicht weiter zum Inhalt des hier entwickelten Modells. Der Meßpunkt hat folgende Attribute (vgl. Abbildung 169):

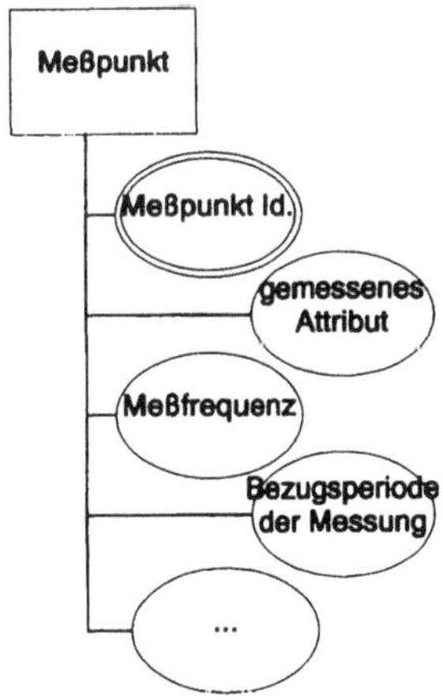

Abbildung 169: Attribute des Meßpunktes

1.3.5 Bestand

Die Modellierung des Bestands an Materialien unterscheidet sich nicht von der in herkömmlichen Informationssystemen. Der Bestand eines Materials wird immer mit einer Mengenstelle verknüpft. Der Bestand ist damit eine einfache n:m-Beziehung zwischen den Entitäten „Mengenstelle" und „Material" (vgl. Abbildung 170). Soll eine Bestandshistorie im System abgelegt werden, so nimmt der Entitytyp „Zeit" an der Beziehung „Bestand" teil.

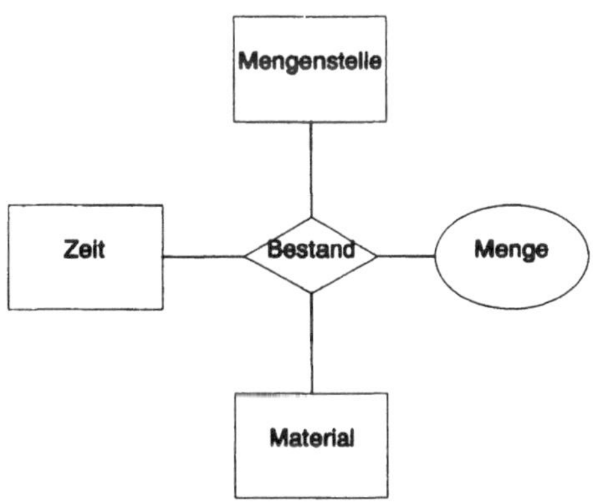

Abbildung 170: ERM Bestand

2 Daten ermitteln

Zur Erstellung der Datenbasis, mit der die von ECO-Integral unterstützten Instrumente des Umweltmanagements arbeiten sollen, müssen zunächst alle relevanten betrieblichen Stoff- und Energiebewegungen ermittelt und dem Anwender entweder über die Instrumente oder zur direkten ad hoc-Auswertung zugänglich gemacht werden. Bewegungen können entweder erfaßt oder errechnet werden:

- Unter **Erfassung** wird die Eingabe übertragener (z. B. Eingabe von Daten aus einem Lieferschein am Wareneingang) oder selbst ermittelter Informationen (z. B. Eingabe der gezählten, tatsächlich gelieferten Menge) verstanden. Dabei kann systemseitig auf Stammdaten und Zuordnungsalgorithmen zugegriffen werden, um z. B. Kontierungen und andere Zuordnungen automatisiert durchzuführen.
- Dem steht die automatisierte **Errechnung** von Bewegungen aus Bewegungsdaten gegenüber. Diese Ermittlungsform hat den Vorteil, daß sie durch Vermeidung einer Erfassung Personalaufwand und andere Kosten reduziert. Im Rahmen von ECO-Integral wird vor allem eine Anwendung bei der Ermittlung derjenigen Reststoffströme in Frage kommen, die heute nicht oder wenig differenziert erfaßt werden. Errechnet werden Bewegungen prinzipiell dann, wenn die Erfassung informationsökonomisch nicht rentabel ist oder die gleichen Ergebnisse liefert wie die Erfassung.

Abbildung 171 zeigt die Arten und Methoden der in den folgenden Abschnitten beschriebenen Bewegungsermittlung.

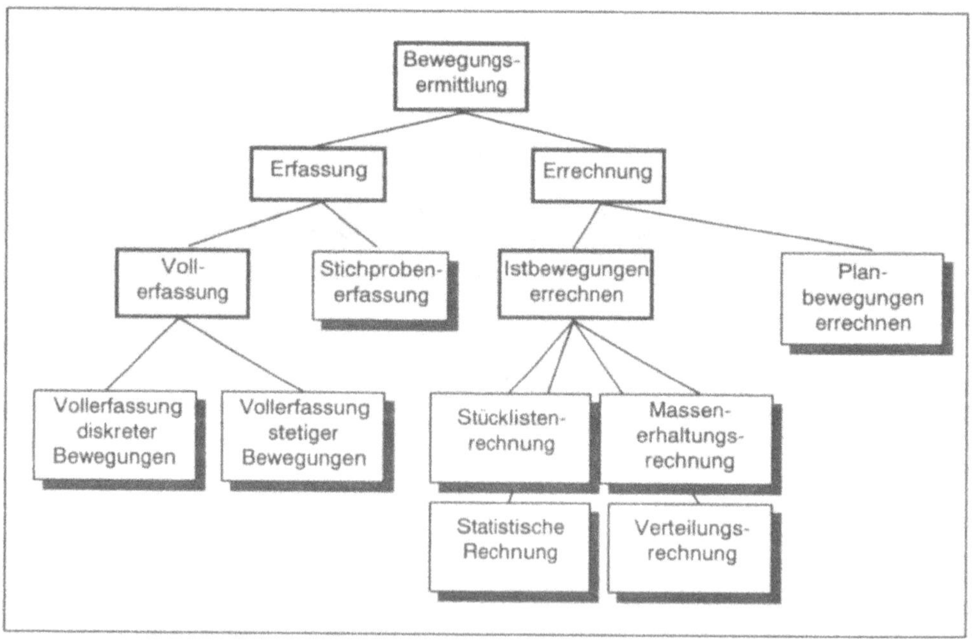

Abbildung 171: Arten und Methoden der Bewegungsermittlung

Zunächst werden Verfahren zur Erfassung und Errechnung von Ist-Bewegungen vorgestellt, für deren Anwendung auf typische betriebliche Stoff- und Energieströme dann Vorschläge gemacht werden. Ergänzend werden Verfahren zur Ermittlung von Plan-Bewegungen vorgestellt. Zur Darstellung der Abläufe bei der Bewegungsermittlung wird die Fachkonzeptebene kurzfristig zugunsten der DV-Konzeptebene verlassen.

2.1 Ist-Bewegungen erfassen

Die verschiedenen Formen der Erfassung von betrieblichen Ist-Bewegungen lassen sich zu drei Grundformen zusammenfassen, für die ECO-Integral jeweils eine eigene Funktion vorsieht.

- Bei der **Vollerfassung diskreter Bewegungen** werden alle diskreten Bewegungen eines bestimmten Bewegungskanals im Prinzip lückenlos erfaßt. Dies trifft in aller Regel auf den Wareneingang und den Warenausgang zu und oft auch auf Ein- und Auslagerungsbewegungen.
- Bei der **Vollerfassung stetiger Bewegungen** sind im jeweiligen Bewegungskanal Mengenzähler installiert, die permanent messen. Sie werden periodisch abgelesen und aus der Differenz zwischen den Ablesezeitpunkten ergibt sich die geflossene Menge.
- Bei der **stichprobenartigen Erfassung von Bewegungen** werden Mengen nicht durchgehend und vollständig erfaßt. Statt dessen werden Bewegungen nur zu bestimmten Zeitpunkten, über begrenzte Zeiträume oder in sonstiger Form nur eingeschränkt erfaßt. Es kann sich dabei um diskrete Bewegungen (z. B. Stichproben der Qualitätskontrolle) oder um stetige Bewegungen (z. B. Abwasserfrachten) handeln.

2.1.1 Vollerfassung diskreter Bewegungen

Ziel ist die Buchung der Bewegungen in eine Datei, welche die Attribute der Entität „Bewegung“ als Felder enthält und die den wesentlichen betriebswirtschaftlichen und ECO-Integral-Funktionen als Datenbasis dient. Dies wird bei größeren, modular aufgebauten Systemen in der Regel die Belegdatei oder eine primäre Verdichtung der Belegdatei sein.

Die Buchung erfolgt in vier Schritten:

- die Urerfassung von Daten,
- automatisierte Ergänzung dieser Daten um die bei der Urerfassung nicht erhobenen Attribute der Bewegung, mittels geeigneter Zuordnungsalgorithmen (z.B. Übersetzungstabellen)
- Prüfung der Daten auf Vollständigkeit und Konsistenz und
- Buchung der Bewegung.

Der Ablauf findet sich genau so in der betrieblichen Praxis wieder. Besonderheiten für ECO-Integral ergeben sich lediglich daraus, daß dieser Ablauf zum Beispiel auch auf Reststoffströme angewandt wird.

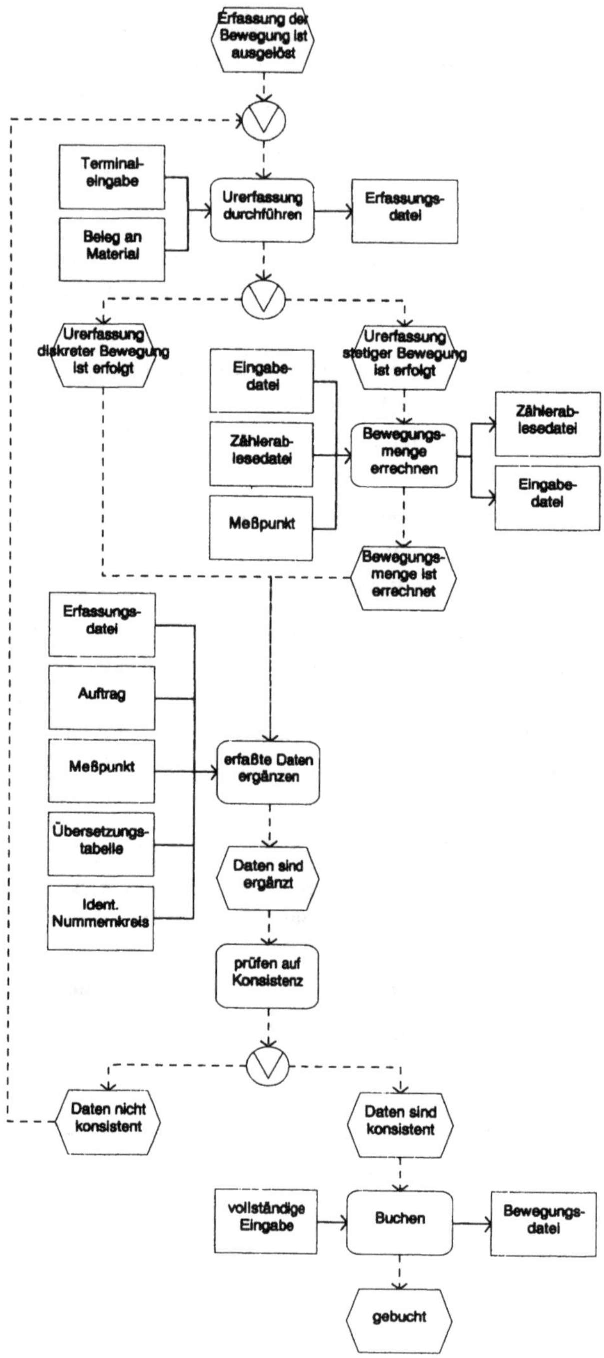

Abbildung 172: EPK Vollerfassung diskreter und stetiger Bewegungen

Ergebnis der **Urerfassung** ist die Erfassungdatei, welche die erfaßten Daten enthält. Eingegeben werden dabei Daten aus Datenträgern, die den Materialfluß begleiten (Lieferscheine, Barcodes, Fertigungsaufträge etc.), selbst erfaßte Daten sowie ggf. eine Kennung des Meßpunktes.

Die **automatisierte Ergänzung** der in der Erfassungsdatei enthaltenen Attribute der Bewegung um weitere, fehlende Attribute erfolgt anhand einer Verknüpfung der Daten der Erfassungsdatei mit Stammdaten. Wenn z. B. keine Materialmengen, sondern nur eine Auftragsnummer erfaßt worden ist, werden die Materialmengen anhand der Auftragsstammdaten ermittelt. Weiterhin kann auf Stammdaten des Meßpunktes oder auf die den Identnummern für Paletten hinterlegten Paletteninhalte zugegriffen werden.

Die **Übersetzungstabelle** enthält Datensätze, die zum Teil aus Prüfkriterien bestehen (in Tabelle 27 mit „I“ gekennzeichnet) und zum anderen Teil aus Ausprägungen von Attributen bestehen (in Tabelle 27 mit „O“ gekennzeichnet), die der Bewegung zugeordnet werden, wenn sie die Prüfkriterien erfüllt. Die Übersetzungstabelle ist hier lediglich als Platzhalter für **Zuordnungslogiken** zu verstehen, die in Anwendungssystemen wesentlich komplexer sein können und deren Inhalte in einer Vielzahl verknüpfter Entitäten abgelegt sein können. Ergebnis der Urerfassung und der ggf. erfolgten, automatisierten Ergänzung ist der vollständige Datensatz einer Bewegung.

Dieser Datensatz wird einer **Vollständigkeits- und Konsistenzprüfung** unterzogen, wie sie auch in bestehenden Informationssystemen gängige Praxis ist. Wenn der Datensatz diesen Prüfungen nicht standhält, werden Korrekturmaßnahmen ausgelöst.

Wenn der Datensatz den Prüfungen standhält, erfolgt die **Buchung** als Bewegung (VonMengenstelle, NachMengenstelle, Material, Zeit). Die Attribute der Entität „Vollständige Eingabe“ decken sich mit dem im Kernmodell beschriebenen Attributen Bewegung und sind hier deshalb nicht nochmals aufgeführt. Die Attribute der Entität „Meßpunkt“ sind ebenfalls der Beschreibung des Kernmodells zu entnehmen.

Beleg am Material	**Erfassungsdatei**	**Identnummernkreis**
Paletten-Nr.	Paletten-Nr.	Paletten.-Nr.
Auftragsart	Auftrags-Nr.	Mat.pos
Auftrags-Nr.	Auftragspos.	Mat.nr.
Auftragsposition	Mat./Art. Nr.	Menge
Material-Nr.	von Mst	Einheit
Bewegungsart	nach Mst	Attribut
Soll-Menge	Datum	**Übersetzungstabelle**
Mengeneinheit	Bewegungsart	I-Auftragsart
VonMengenstelle	Menge Soll	I-Mat.Art
NachMengenstelle	Menge Ist	I-Mat.Nr.
Terminaleingabe	**Zählerstand**	I-Für Mat.Nr.
Paletten-Nr.	Meßpunktart	I-von Mst
Auftragsart	Meßpunkt-Nr.	I-nach Mst
Auftrags-Nr.	Zählerstand	I-Auftraggeber-Typ
Auftragsposition	Zeitpunkt	I-Auftraggeber-Nr.
Material-Nr.	**Auftrag**	I-EP-Art
Bewegungsart	Auftragsart	I-EP-Nr.
Soll-Menge	Auftrags-Nr.	I-BA
Ist-Menge	Liefer.-/Kund.nr.	O-Mat.Nr.
Mengeneinheit	Auftraggeber-Typ	O-BA
VonMengenstelle	Auftraggeber-Nr.	O-von-Mst
NachMengenstelle	Für-Mat	O-nach Mst
Datum	Bewegungsart	O-Menge
Meßpunktart	Pos.-Nr.	O-Einheit
Meßpunkt-Nr.	Pos.-Bez.	O-Charge
	Pos.-Menge	O-Für-Art.
	Pos.-Einh.	O-Für-Nr.

Tabelle 27: Attribute zum EPK Vollerfassung diskreter und stetiger Bewegungen

Für die Bewertung, Kontierung, Kostenstellenzuordnung und Kostenträgerzuordnung von Bewegungen für die Zwecke der Kostenrechnung werden entweder die Zuordnungen durch Attribute auf der Mengenebene genutzt, oder es werden zusätzlich Attribute nach demselben Verfahren erfaßt oder automatisiert ergänzt. Soweit dies für ECO-Integral von Bedeutung ist, wird dies beim Instrument Umweltkostenrechnung beschrieben.

2.1.2 Vollerfassung stetiger Bewegungen

Bei der Vollerfassung stetiger Bewegungen wird davon ausgegangen, daß an stetigen Bewegungen kontinuierlich arbeitende Zähler angebracht werden, die periodisch abgelesen werden. Der Ablauf entspricht dann dem Ablauf bei der Vollerfassung diskreter Bewegungen mit einem wesentlichen Unterschied: Die Bewegungsmenge ist in aller Regel nicht gleich dem Zählerstand, sondern wird aus der Differenz des abgelesenen und des vorherigen Zählerstandes errechnet. Dies erfordert die Ablage früherer Zählerstände und den Rückgriff auf diese Zählerstände.

Dazu wird zwischen der Urerfassung und der automatisierten Ergänzung der erfaßten Daten ein weiterer Arbeitsschritt durchgeführt, der bei der Urerfassung vorbereitet wird.

Bei der **Urerfassung** wird das Mengenfeld der Eingabedatei mit dem Zählerstand gespeist. Die Tatsache, daß es sich um die Erfassung einer stetigen Bewegung handelt, ist in der Meßpunktart hinterlegt.

Zur **Errechnung** der Bewegungsmengen wird dann auf die Zählerstände zugegriffen und der letzte Zählerstand für denselben Meßpunkt gelesen. Aus der Differenz der Zählerstände, multipliziert mit den in den Stammdaten des Meßpunktes hinterlegtem Umrechnungsfaktor ergibt sich die Bewegungsmenge seit der letzten Zählerablesung. Der neue Zählerstand wird in die Datei Zählerstand eingetragen.

Wenn der gegenwärtige und der letzte Ablesezeitpunkt nicht in derselben Bezugsperiode liegen, wird die Bewegungsmengen entsprechend deren Anteil an dem Zeitraum zwischen den Ablesezeitpunkten linear auf die beteiligten Bezugsperioden aufgeteilt. Die Bewegungsmenge, die zurückliegenden Bezugsperioden zugeordnet wird, wird als diskrete Bewegung am letzten Tag der zurückliegenden Periode interpretiert. Die der gegenwärtigen Periode zugeordnete Bewegungsmenge wird als diskrete Bewegung am gegenwärtigen Ablesezeitpunkt interpretiert. Bei der Modellierung ist darauf zu achten, daß Zählerableserythmen entweder kleiner oder gleich den Bezugsperioden sind, um Ungenauigkeiten durch diese Aufteilung möglichst zu vermeiden.

Die errechnete Bewegungsmenge wird in die Eingabedatei eingetragen und der aus der Vollerfassung der diskreten Bewegung bekannte, weitere Ablauf ausgelöst. Wenn die Bewegungsmenge auf zwei Bezugsperioden aufgeteilt wird, muß der weitere Ablauf zweimal durchgeführt werden, da dann eine Bewegung je Bezugsperiode zu buchen ist.

Eine Urerfassung stetiger Bewegungen findet sich z. B. bei der Strom-, Gas- und Wasserversorgung. Der beschriebene Ablauf findet sich de facto in der Unternehmenspraxis wieder. Unterschiede zur bestehenden betrieblichen Praxis bestehen im Formalisierungsgrad. In der Praxis werden zudem die dazugehörigen Bewegungsdaten nicht gemeinsam mit den Bewegungsdaten der Materialwirtschaft abgelegt.

2.1.3 Stichprobenartige Erfassung von Bewegungen

Mit Stichproben können Flußmengen, Flußraten, Konzentration oder andere Merkmale von Bewegungen erfaßt werden. Aus der Verknüpfung von Stichprobendaten mit Annahmen zu den zwischen Stichproben liegenden Bewegungen können Bewegungen errechnet werden.

Aufgrund des unvollständigen Charakters von Stichproben und ihrer nicht zwingend im Format der Bewegung gehaltenen Datenstruktur werden sie nicht in der Bewegungsdatei sondern gesondert abgelegt.

Dazu werden die erfaßten Daten ggf. mit Stammdaten des Meßpunktes zum Eintrag in der Stichprobendatei verknüpft. Eine verallgemeinerte Datenstruktur für erfaßte Daten und die Stichprobendatei wird nicht als sinnvoll erachtet. Statt dessen sollten betriebsspezifisch ein einheitliches oder mehrere einheitliche Datenformate erarbeitet werden, die den betriebsspezifischen Anforderungen genügen. Soweit die Stichprobendaten für die Errechnung von Bewegungen oder für die von ECO-Integral unterstützten Instrumente erforderlich sind, sollten sie so abgelegt werden, daß der Zugriff aus den ECO-Integral-Funktionen heraus möglich ist.

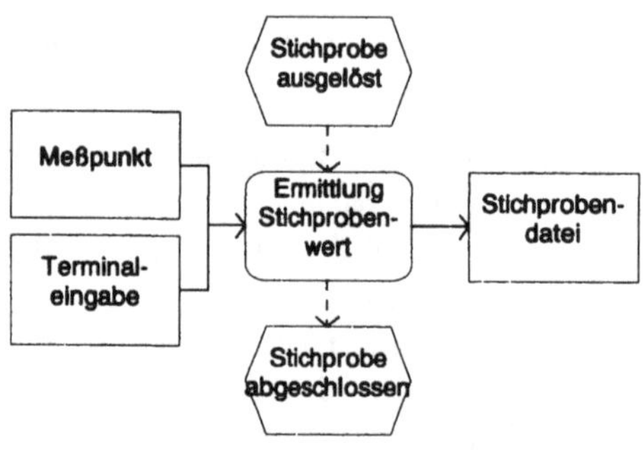

Abbildung 173: EPK Stichprobenartige Erfassung von Bewegungen

2.2 Ist-Bewegungen errechnen

Die Errechnung von Ist-Bewegungen erfolgt dann, wenn sie aus informationsökonomischer Sicht mit einem günstigeren Aufwand-Nutzen-Verhältnis verbunden ist, als die Erfassung.

Die Errechnung von Ist-Bewegungen erfolgt in der bestehenden betrieblichen Praxis vor allem in der Form der retrograden Ermittlung des Materialverbrauchs. Die im Rahmen der Firmenprojekte erhobenen Verfahren dazu sehen vor, daß die Fertigmeldung von Fertigungsaufträgen die retrograde Entnahme auslöst. Die in der Stückliste des fertiggestellten Materials ausgewiesene Komponenten werden dann von einem in den Stammdaten des Materials hinterlegten Lagerort in die Fertigung bzw. in den Verbrauch gebucht. Die retrograde Entnahme kann teilweise auf einzelne Stücklistenpositionen beschränkt werden.

Für ECO-Integral ist ein flexibleres Verfahren zur Errechnung von Bewegungen erforderlich. Die Errechnung von Bewegungen beschränkt sich weder auf Stücklistenmaterialien noch auf Lagerentnahmen und kann auch durch andere Ereignisse als die Fertigstellung von Fertigungsaufträgen ausgelöst werden. Bei der Anwendung von ECO-Integral in den Firmenprojekten wurden dazu vier Grundformen der Errechnung von Bewegungen identifiziert, die im folgenden beschrieben werden:

- Stücklistenrechnung,
- Massenerhaltungsrechnung,
- statistische Rechnung und
- Verteilungsrechnung.

Diese Grundformen lassen sich in einer einheitlichen Struktur beschreiben, die sich lediglich in der Ausprägung der Attribute unterscheidet. Im folgenden werden zunächst die Gemeinsamkeiten dieser vier Grundformen der Errechnung von Bewegungen beschrieben. Anschließend wird auf die Besonderheiten der Grundformen und der zugehörigen Ausprägungen der Attribute eingegangen. Abbildung 174 zeigt die vier Grundformen als Spezialisierung der Entität „Errechnungsregel".

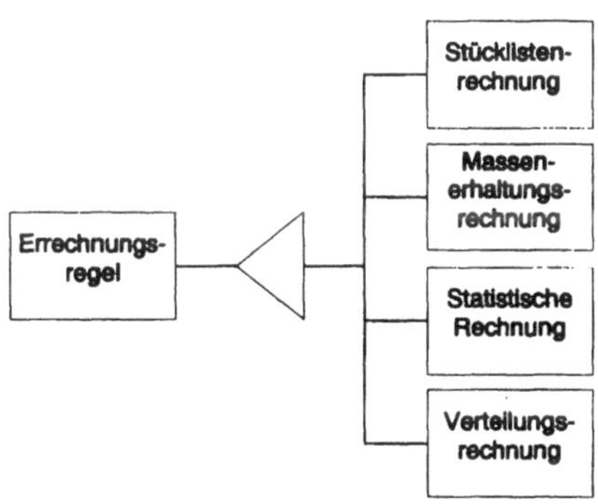

Abbildung 174: ERM Errechnungsregeln

Die Errechnung von Ist-Bewegungen erfolgt in den Arbeitsschritten

- Feststellung der Notwendigkeit einer Errechnung,
- Erstellung der Errechnungsparameter,
- Durchführung der Errechnung und Buchung der errechneten Bewegungen (vgl. Abbildung 175).

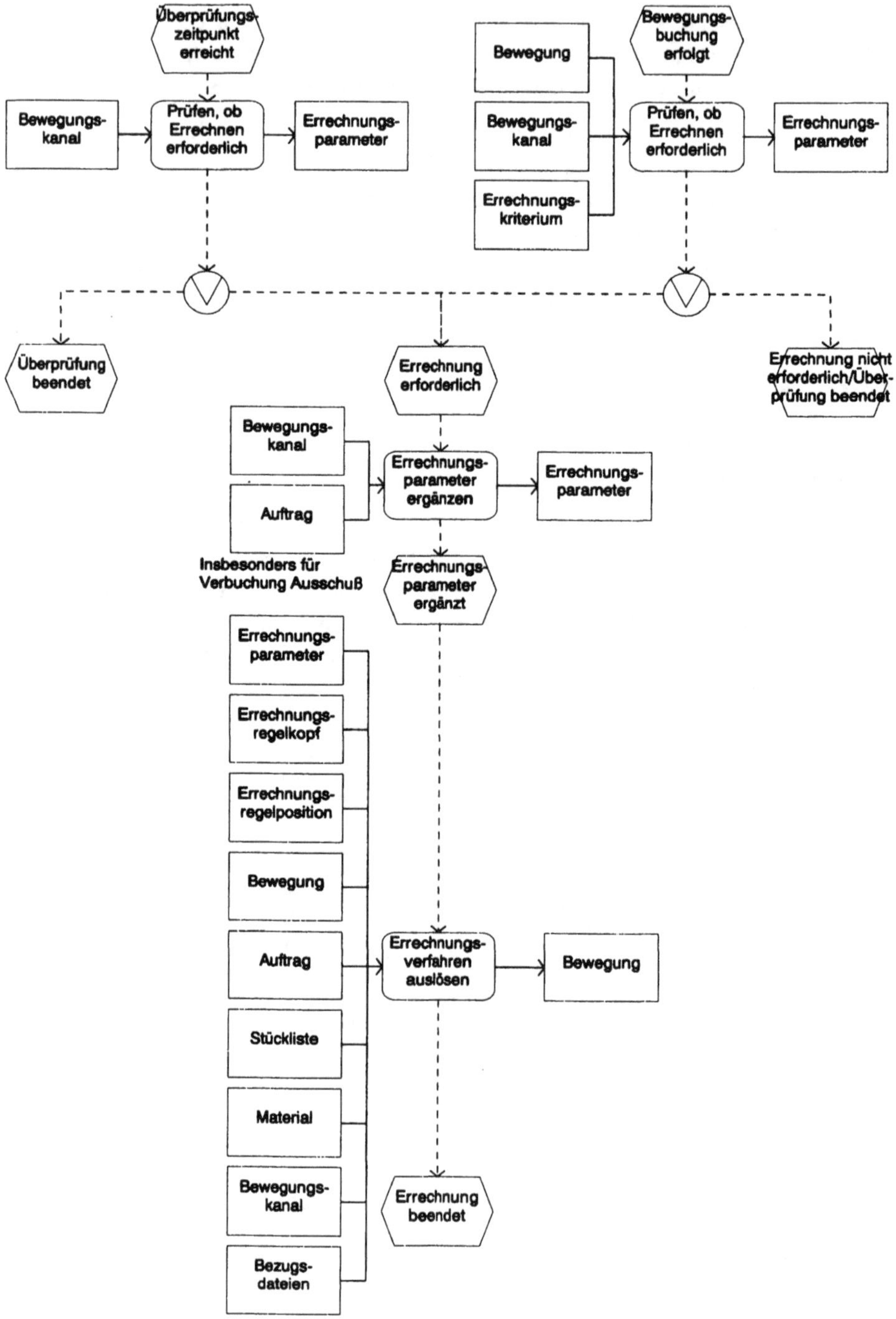

Abbildung 175: EPK Ist-Bewegungen errechnen

In der folgenden Tabelle sind die Attribute derjenigen Entitäten aufgeführt, die nicht bereits beim Kernmodell beschrieben wurden.

Errechnungskriterien
Errechnungskriterium-Nr.
Materialattribut
Ausprägung Materialattribut
Bewegungsart
VonMengenstelle
NachMengenstelle
Auftragsart

Errechnungsparameter
Bewegungskanal-Nr.
Errechnungsregelart
Errechnungsregel-Kopf-Nr
Errechnungsregel-Position-Nr.
Auslöser Errechnung
VonZeit
BisZeit
Auftragsart
Auftrags-Nr.
Auftragsposition-Nr.
Materialmenge
Materialeinheit

Errechnungsregel-Kopf
Errechnungsregelart
Errechnungsregel-Kopf-Nr
Formel = f(Pos1, Pos2, Pos3, ...)[1]
Loop-Vorgaben

Errechnungsregel-Position
Errechnungsregelart
Errechnungsregel-Kopf-Nr
Errechnungsregel-Position-Nr.
Bezugsdatei
Summierungsspalte
Umrechnungsregel
Aggregationseinheit
Einschränkungsfeld 1
Einschränkungswert 1
Einschränkungsoperator 1
Einschränkungsfeld 2
Einschränkungswert 2
Einschränkungsoperator 2
Einschränkungsfeld 3
Einschränkungswert 3
Einschränkungsoperator 3
Einschränkungsfeld 4
Einschränkungswert 4
Einschränkungsoperator 4

Tabelle 28: Attribute zum EPK Errechnung von Ist-Bewegungen

1 Bewegungsmenge = f(Position1, Position2, Position3, ...), wobei Position 1, 2 und 3 für die Werte stehen, die mittels der Errechnungsregel-Position-Nr. 1, 2 und 3 errechnet werden.

Feststellung der Notwendigkeit einer Errechnung: Auslösendes Ereignis für die Errechnung von Bewegungen kann entweder der Zeitablauf oder die Buchung einer Bewegung sein, aus der andere Bewegungen zu errechnen sind.

Bei der Auslösung durch **Zeitablauf** werden zu bestimmten, im System festgelegten Zeitpunkten die Bewegungskanal-Stammdaten überprüft. Wenn im Feld „Errechnungskriterium" ein Periodenzeitraum eingetragen ist und seit dem im Feld „Letzte Errechnung" genannten Zeitpunkt mehr als der Periodenzeitraum vergangen ist, ist eine Errechnung notwendig. Der Bewegungskanal wird in die Errechnungsparameter eingetragen.

Bei der Auslösung durch **Bewegungsbuchung** werden die seit der letzten Überprüfung erfolgten Bewegungen anhand der Errechnungskriterien überprüft. Wenn eine Bewegung die Errechnungskriterien erfüllt, ist eine Errechnung der Bewegungen der Bewegungskanäle erforderlich, in deren Feld „Errechnungskriterium" die entsprechende Kriteriennummer eingetragen ist. Diese Bewegungskanäle werden in die Errechnungsparameter eingetragen. Wenn die Bewegungsbuchung auftragsbezogen ist, wird neben der Materialmenge und -einheit auch die jeweilige Auftragsposition in die Errechnungsparameter eingetragen.

Alternativ kann die Überprüfung der Bewegungsbuchung und ggf. die Auslösung der Errechnung bei jeder Bewegungsbuchung erfolgen.

Erstellung der Errechnungsparameter: Die Errechnungsparameter enthalten die Angaben, welche Bewegungen welcher Bewegungskanäle nach welcher Errechnungsregel zu errechnen sind. Bei einer Auslösung durch Zeitablauf wird der Suchraum für die Errechnungsregel des jeweiligen Bewegungskanals durch eine VonZeit und eine BisZeit begrenzt. Bei einer Auslösung durch andere Bewegungen kann der Suchraum durch eine Materialnummer und/oder Auftragsnummer begrenzt werden. Die Art der Auslösung wird deshalb im Attribut „Auslöser Errechnung" hinterlegt.

Durchführung der Errechnung: Die Errechnung der Bewegung wird durch die Errechnungsparameter, die Angaben im Errechnungsregel-Kopf und in den Errechnungsregel-Positionen gesteuert. Zur Errechnung wird auf in der Errechnungsregel genannte Bezugsdateien zugegriffen. Diese beinhalten normalerweise die Bewegungsdatei, die Auftragsdatei, die Stückliste, den Materialstamm und den Bewegungskanal. Bezugsdatei kann jedoch grundsätzlich jede beliebige Datei mit Stammdaten, Bewegungsdaten und Berichten sein.

Die **Grundstruktur der Errechnung** sieht vor, daß je Errechnunsgregel-Position ein Wert ermittelt wird. Dieser Wert wird durch Summierung der Werte in einer Spalte einer Bezugsdatei ermittelt. Das Feld „Formel des Errechnungsregel-Kopfes" gibt an, wie diese Werte miteinander mathematisch zu verknüpfen sind (addieren, subtrahieren, multiplizieren, dividieren), um die Menge der gesuchten Bewegung zu errechnen.

Mit den Loop-Vorgaben im **Errechnungsregel-Kopf** wird festgelegt, ob für jede Materialnummer in den Bezugsbewegungen eine Bewegung nach dieser Errechnungsregel zu errechnen ist. Die Funktion dieses Feldes wird bei der Erläuterung der einzelnen Grundformen konkretisiert.

Die Berechnung der Werte je **Errechnungsregel-Position** wird durch deren Attribute gesteuert. Die Zeilen der Bezugsdatei, deren Werte aufzusummieren sind, können durch Einschränkungen begrenzt werden. Jede Einschränkung besteht aus den Elementen Einschränkungsfeld, Einschränkungswert und Einschränkungsoperator:

- Das Einschränkungsfeld legt fest, nach welcher Spalte die Einschränkung vorgenommen werden soll.
- Einschränkungswert und -operator legen fest, ob die Werte in dieser Spalte größer, kleiner, gleich oder ungleich einem bestimmten Wert sein sollen.

Die Einschränkung sind nicht alternativ sondern additiv. Das heißt, daß die erste Einschränkung die Anzahl zur Aufsummierung zugelassener Zeilen einschränkt. Die zweite Einschränkung schränkt diesen reduzierten Pool zugelassener Zeilen weiter ein. Bisher haben sich vier Einschränkungen als ausreichend erwiesen.

Mit der Umrechnungregel wird festgelegt, ob Materialmengen auf der durch eine Materialnummer definierte Ebene der Materialhierarchie oder auf darunterliegenden Ebenen der Stückliste aufsummiert werden. Dies wird in der Grundform Massenerhaltungsrechnung ausgeführt. Das Attribut Aggregationseinheit legt fest, ob die Aufsummierung von Materialmengen in deren Standardeinheit oder in kg bzw. kWh erfolgt.

2.2.1 Stücklistenrechnung

Bei der Stücklistenrechnung wird eine Input- oder Outputmenge mit Mengenverhältnissen aus der Stückliste multipliziert um eine andere Input- oder Outputmenge zu errechnen.

Ein Beispiel für die Stücklistenrechnung ist die retrograde Entnahme. Hier wird die Bewegungsmenge aus dem Lager in die Fertigung durch Multiplikation der Outputmenge (Menge des abgeschlossenen Auftrags) mit der Menge der jeweiligen Stücklistenposition multipliziert.

Bei der Stücklistenrechnung hat die Errechnungsformel die Form:

Errechnungsmenge = Bezugsmenge x Stücklistenmenge

Die Bezugsmenge ist die Gesamtmenge je Materialnummer aus der Bewegungsdatei, welche die Einschränkungen der Errechnungsregel-Position erfüllen. Die Bezugsdatei ist hier die Bewegung während die Summierungsspalte ist Bewegungsmenge ist. Die Einschränkungen legen den Bewegungskanal (VonMengenstelle, NachMengenstelle sowie Materialtypisierung) fest und können Zeit, Auftragsnummer, Material oder Bewegungsart festlegen.

Für Bewegungen, die den Einschränkungen entsprechen, werden die bewegten Mengen nach Materialnummern aggregiert.

Dann wird je Materialnummer auf die Mengenspalte der Stückliste zugegriffen. Die erste Einschränkung besagt, daß die Zeilen in einer Stückliste des jeweiligen Materials aus der Bewegungsdatei stehen müssen. Mit weiteren Einschränkungen wird dann die erwünschte Stücklistenposition identifiziert.

Die bewegte Menge je Materialnummer wird mit der Menge in der Stücklistenposition multipliziert und als Bewegung gebucht. VonMengenstelle, NachMengenstelle und Bewegungsart werden dazu anhand der Bewegungskanal-Nr. aus den Errechnungsparametern ermittelt.

Dieser Ablauf wird für alle Materialnummern wiederholt, deren Bewegungen in der Bewegungsdatei den Einschränkungen entsprechen. Dies wird in der Loop-Vorgabe festgelegt.

2.2.2 Massenerhaltungsrechnung

Bei der Massenerhaltungsrechnung werden Inputmengen, Bestandsveränderungen und Outputmengen miteinander addiert oder voneinander subtrahiert, um aus den bekannten Mengen **eine** unbekannte Menge zu errechnen.

Ein Beispiel für die Massenerhaltungsrechnung ist die Errechnung von Inventurdifferenzen. Aus bekannten Zugängen, Abgängen und Bestandsveränderungen wird die Bewegungsmenge „nicht erfaßter bzw. falsch errechneter Abgang bzw. Zugang“ errechnet.

Bei der Massenerhaltungsrechnung ergibt sich die Errechnungsformel aus der Grundform des Massenerhaltungssatzes

$$(I_1 + I_2 + ... + I_n) = (O_1 + O_2 + ... + O_n) + (BV_1 + BV_2 + ... + BV_n)$$

O steht für Outputmenge, I steht für Inputmenge und BV steht für Bestandsveränderungen. Dieses Verhältnis gilt, wenn mit 1,2 .. n alle mengenseitig relevanten Inputs, Bestandsveränderungen und Outputs derselben Mengenstelle/Auftrag/Charge über denselben Zeitraum erfaßt worden sind. Die Mengen der Inputs, Outputs und Bestandsveränderungen müssen in kg ausgedrückt werden oder in Einheiten, bei denen ein gleicher Wert auch dasselbe Gewicht bedeutet.

Inputs, Outputs oder Bestandsveränderungen, die nicht mit relevanten Mengen verbunden sind, müssen nicht berücksichtigt werden. Bei vielen Fertigungsprozessen werden die Input- und Outmengen bei Zeiträumen über einer Woche in der Regel ein Vielfaches der Bestandsveränderungen betragen, die dann meist vernachlässigt werden können.

Mit der Massenerhaltungsrechnung kann je Mengenstelle und elementarem Material ein unbekannter stofflicher Input oder Output errechnet werden. Mit dem strukturgleichen Energieerhaltungssatz kann nach demselben Verfahren ein unbekannter Energie-Input oder -Output errechnet werden. Hier ist allerdings zu beachten, daß für Energie keine Bestände und Bestandsveränderungen erfaßt werden können.

Für die rechte Seite der Errechnungsformel werden dann alle bekannten Inputs und Outputs auf der rechten Seite der Errechnungsformel aus der Bewegungsdatei ermittelt:

- Die Mengenstelle, auf die sich Inputs und Outputs beziehen sollen, ergibt aus dem in den Errechnungsparametern abgelegten Bewegungskanal und einer Einschränkung in der Errechnungsregelposition, mit der festgelegt wird, ob es sich um die VonMengenstelle oder die NachMengenstelle dieses Bewegungskanals handelt.
- Aufträge, Chargen oder Zeiträume, auf die sich Inputs und Outputs ggf. beziehen sollen, werden ebenfalls aus den Errechnungsparametern abgelesen.
- Bezugsdatei ist grundsätzlich die Bewegungsdatei. Die Summenspalte ist die Mengenspalte der Bewegungsdatei.
- Bestandsveränderungen werden aus der Differenz zwischen den Gesamtbeständen der festgelegten Mengenstelle zur BisZeit und zur VonZeit abgelesen. Wenn für Materialien keine Bewegung und damit auch kein aktualisierter Bestand zu diesen Zeitpunkten vorliegt, wird auf den letzten jeweils davor liegenden, aktualisierten Bestand zurückgegriffen.

Wenn die Zusammensetzung der errechneten Mengen eindeutig definiert sein soll, muß der Abgleich von Inputs und Outputs auf der Ebene einzelner Materialien erfolgen. Damit ablesbar ist, welche Inputs mit welchen Outputs bei der Errechnung zu verknüpfen sind, müssen ggf. Materialien aufgrund von Stücklisten und Bewegungszusammensetzungen in ihre Komponenten aufgelöst werden. Auf welche Ebene eine Bezugsmenge ggf. aufzulösen ist, wird im Feld „Umrechnungsregel der Errechnungsregel-Position" hinterlegt.

Dies soll an einem **Beispiel** erläutert werden. An einem Fertigungsprozeß werden Einsatzmaterial A und Einsatzmaterial B teilweise (aber zu unterschiedlichen, stark schwankenden Anteilen) zu Abfall, anstatt in das gefertigte Erzeugnis X einzugehen. Der Abfall an Einsatzmaterialien A und B ist der einzige Reststoffstrom des Fertigungsprozesses. Die Abfallmenge und -zusammensetzung soll mit der Massenerhaltungsrechnung errechnet werden. Dazu ist es erforderlich, von den eingesetzten Mengen an Einsatzmaterial A und B (Input) die im gefertigten Erzeugnis enthaltenen Mengen an Einsatzmaterial A und B (Output) abzuziehen. Aus der Differenz wird dann jeweils die Menge an Einsatzmaterial A und B im Abfall errechnet. Der Eintrag für die Umrechnungsregel für die Ist-Mengen des Outputs Erzeugnis X lautet dementsprechend „-1" (einstufige Auflösung nach der Baukastenstückliste).

2.2.3 Statistische Rechnung

Bei der statistischen Rechnung wird eine Input- oder Outputmenge aus einem oder mehreren statistischen Werten anstatt anhand von Ist-Bewegungen errechnet. Diese statistischen Werte können Stammdaten, konstante oder laufend ermittelte Verhältniswerte oder Zeiten sowie beliebige andere Werte sein. Ein in der betrieblichen Praxis vorzufindendes Beispiel hierfür ist die Errechnung des monatlichen Stromverbrauches von Fertigungsmaschinen durch die Multiplikation der Anschlußleistung der Fertigungmaschinen (in kW) mit der Laufzeit der jeweiligen Maschine im jeweiligen Monat. Diese Verbrauchsmengen werden dann dazu genutzt, um Stromkosten auf die entsprechenden Kostenstellen zu schlüsseln.

Die Rechnungsweise und die Errechnungsregel soll an diesem Beispiel erläutert werden. Die Fertigungsmaschine M soll zugleich eine Anlage A und eine Mengenstelle X bilden. Für diese Mengenstelle ist die Inputmenge an elektrischem Strom für die zurückliegende Periode zu errechnen. In den Stammdaten der Anlage ist der Anschlußwert in kW abgelegt. Die Laufzeiten je Anlage und Periode sind in der Datei Laufzeit abgelegt. Attribute des Anlagenstamms sind Anlagen-Nr. und Anschlußwert. Attribute der Datei Laufzeit sind Anlagen-Nr., Periode und Laufzeit in Stunden.

- Die Errechnungsregel hat folgende Form:

Stromverbrauch Mengenstelle X = (Anschlußwert Anlage A) x (Laufzeit Maschine M)

- Bezugsdatei für den Anschlußwert ist der Anlagenstamm. Summierungsspalte ist die Spalte Anschlußwert. Die Einschränkung begrenzt die Summierung auf die Zeile des Anlagenstamms, deren Anlagen-Nr. in der Mengenstellenstruktur der NachMengenstelle X des Bewegungskanals zugeordnet ist, der in den Errechnungsparametern enthalten ist.
- Die Bezugsdatei für die Laufzeit der Maschine M ist die Datei Laufzeit. Summierungsspalte ist hier die Spalte Laufzeit. Die Einschränkung begrenzt die Summierung auf die Zeile der Datei Laufzeit, in deren Anlagenspalte die Anlage A und in deren Periodenspalte die Periode eingetragen ist, die durch die VonZeit und NachZeit in den Errechnungsparametern definiert ist.
- VonMengenstelle und NachMengenstelle werden aus der Bewegungskanal-Nr. in den Errechnungsparametern ermittelt.

Im Fall mehrerer Anlagen an der Mengenstelle M wird dieser Ablauf wird für alle Anlagen der Mengenstelle M wiederholt. Dies wird in der Loop-Vorgabe festgelegt.

2.2.4 Verteilungsrechnung

Bei der Verteilungsrechnung liegt eine Gesamtbewegung vor, deren „VonMengenstelle“ oder „NachMengenstelle“ eine Gesamtmengenstelle ist, die mehrere Einzelmengenstellen enthält. Diese Einzelmengenstellen sind der Gesamtmengenstelle in der Mengenstellenstruktur zugeordnet. Die Gesamtbewegung soll nach einem definierten Schlüssel in Einzelbewegungen von oder zu den Einzelmengenstellen unterteilt werden.

Die Schlüsselmengen sind in einer Tabelle abgelegt, die in der praktischen Anwendung eine Vielzahl unterschiedlicher Ausprägungen haben kann. Für die Zwecke der Verteilungsrechnung sind in der Tabelle die folgenden Inhalte erforderlich:

Schlüsseltabelle
• Schlüssel-Nr.
• Schlüsselmenge
• VonMengenstelle
• NachMengenstelle
• Zeitpunkt

Tabelle 29: Beschreibung der Schlüsseltabelle

Die Gesamtbewegung darf nicht zugleich mit den Einzelbewegungen in der Bewegungsdatei abgelegt sein, da ansonsten Doppelzählungen zu erwarten sind. Vielmehr wird

- entweder die Gesamtbewegung nach Durchführung der Verteilungsrechnung aus der Bewegungsdatei gelöscht oder
- die Gesamtbewegung wird gar nicht erst in die Bewegungsdatei eingetragen, sondern analog der Zählerstandsdatei in einem gesonderten Pool gesammelt, um anschließend in Einzelbewegungen für die Bewegungsdatei umgesetzt zu werden.

Bei der Verteilungsrechnung hat die Errechnungsformel die Form:

Menge Einzelbewegung = Menge Gesamtbewegung x einzelne Schlüsselmenge / gesamte Schlüsselmenge

Die Errechnungsregel wird folgendermaßen gestaltet:

- Bezugsdatei für die Menge Gesamtbewegung ist die Datei, in der diese abgelegt ist. Mit den Einschränkungen wird zum einen festgelegt, daß sich die VonMengenstelle oder NachMengenstelle der Gesamtbewegung mit der VonMengenstelle oder NachMengenstelle des Bewegungskanals in den Errechnungsparametern decken soll. Weitere Einschränkungen können sich aus den Errechnungsparametern und der Errechnungsregel Position ergeben.

- Bezugsdatei für die einzelne Schlüsselmenge ist die Entität „Schlüssel". Die Summierungsspalte ist die Schlüsselmenge. Die Einschränkung sieht vor, daß die Von- und NachMengenstellen sich mit denen des zu errechnenden Bewegungskanals - d.h. auch mit der Einzelmengenstelle - decken und daß der Periodenbezug der VonZeit und BisZeit den Errechnungsparametern entspricht.[1]
- Bezugsdatei für die gesamte Schlüsselmenge ist ebenfalls die Entität „Schlüssel". Summierungsspalte ist ebenfalls die Schlüsselmenge. Der Periodenbezug ist ebenso eingeschränkt wie bei der einzelnen Schlüsselmenge. Der Unterschied liegt darin, daß die Auswahl nicht auf die Einzelmengenstelle begrenzt, sondern auf alle Einzelmengenstellen ausgedehnt wird, die der Gesamtmengenstelle zugeordnet sind.

Diese Berechnung wird für alle Einzelmengenstellen durchgeführt, für die im Entity Schlüssel für den jeweiligen Zeitraum Schlüsselmengen enthalten sind und die der Gesamtmengenstelle zuzuordnen sind. Dies wird in der Loop-Vorgabe festgelegt.

Analoge Rechnungsweisen finden sich in der gegenwärtigen Praxis in der Kostenrechnung, bei der Kosten von Kostenstellen auf andere Kostenstellen oder auf Kostenträger geschlüsselt werden. Eine typische Anwendung für ECO-Integral wäre, daß in der Produktion Abfälle entstehen die in einem Abfallzentrum erfaßt werden. Bei der Erfassung im Abfallzentrum wird als Quelle zwar die Produktion festgehalten, nicht jedoch die einzelne verursachende Kostenstelle. Die Gesamtmenge des Abfalls aus der Produktion soll nun auf die verursachenden Kostenstellen geschlüsselt werden. Als Schlüsselmengen können dabei zum Beispiel die mit der Massenerhaltungsrechnung errechneten Abfallmengen einzelner Produktionskostenstellen herangezogen werden.

2.3 Plan-Bewegungen errechnen

Bei der Errechnung von Plan-Bewegungen werden bestehende Funktionalitäten von PPS-Systemen genutzt, mit denen Maschinenauslastungen prognostiziert werden.

Errechnet werden ausschließlich Bewegungen von Stücklistenmaterialien. Für ECO-Integral werden die Stücklisten jedoch in mehrfacher Hinsicht erweitert:

- Betriebsstoffe und Reststoffe können als Stücklistenpositionen aufgenommen werden
- Es können Stücklisten für Ver- und Entsorgungsprozesse aufgestellt werden
- Es können Materialien unterhalb der Ebene der Einsatzmaterialien abgebildet werden.

Mit diesem Instrumentarium läßt sich bereits ein wesentlich größerer Teil der betrieblichen Stoff- und Energieströme als Funktion der produzierten Mengen errechnen, als es heute in der Praxis möglich ist.

---

1 Wenn sich die Zeiträume nicht decken, sind dieselben Schlüsselungen wie bei der Erfassung von stetigen Bewegungen vorzunehmen, bei denen Periodenbezug und Ablesezeitpunkte nicht übereinstimmen.

Es werden sich jedoch nicht alle Stoff- und Energieströme sinnvoll mit den produzierten Mengen verknüpfen lassen. So wird zum Beispiel der Energieverbrauch der Verwaltung wenig Korrelation mit den Produktionsmengen aufweisen. Ergänzend zu den produzierten Mengen lassen sich andere Schlüsselströme definieren, aus denen sich eine Kette weiterer Plan-Bewegungen errechnen lassen, soweit für die dazwischenliegenden Prozesse ebenfalls Stücklisten angelegt sind.

2.4 Praxisbezogene Ermittlung der Bewegungen

Mit den bisher abstrakt beschriebenen Formen der Ermittlung von Bewegungen (Vollerfassung, Stichprobenerfassung, Ist-Bewegung errechnen) können alle konkreten Bewegungen innerhalb von Unternehmen erfaßt werden. Dabei werden die Bewegungsdaten entweder gemessen oder unter Verwendung einer Errechnungsmethode oder einer Kombination Errechnungsmethoden errechnet. Im Rahmen der durchgeführten Firmenprojekte wurde eine Reihe typischer Bewegungen identifiziert, deren Erfassung und Kontrolle für die Mehrzahl der potentiellen Anwender von ECO-Integral von Interesse sind:

- Normaler Produktdurchlauf
- Verpackungsabfall beim Kunden
- Retouren und Reklamationen von Kunden
- Umverpackung
- Vernichtungen
- Umbuchungen
- Inventurdifferenzen
- Ausschuß und Nacharbeit
- Verpackungsabfall von Einsatzmaterialien
- Sonstiger Abfall
- Wassereinsatz und Abwasser
- In- und Outputs von Verbrennungsprozessen
- Sonstiger Energieeinsatz und Abwärme
- Abluft
- Retouren und Reklamationen gegenüber Kunden
- Entsorgung von Reststoffen Dritter
- Stoff- und Energieströme aus Verkehrsleistungen (Transporte)

Diese Liste wird mit großer Sicherheit ergänzt werden müssen. Eine systematische, allgemeingültige Aufstellung aller, für die Stoffstrom- und Kostentransparenz erforderlichen Bewegungen eines Unternehmens erfolgte im Rahmen des Projektes noch nicht, wäre aber für die praktische Anwendung des Referenzmodells bei der Erweiterung einer Standardsoftware nützlich. Im folgenden werden die Bewegungen

- Vernichtung,
- Wassereinsatz und Abwasser,
- Sonstiger Energieeinsatz und Abwärme sowie
- Stoff- und Energieströme aus Verkehrsleistungen (Transporte)

vertieft.

Diese Lösungen erheben nicht den Anspruch auf umfassende Übertragbarkeit. Es ist aber davon auszugehen, daß sie in einer Vielzahl von Praxissituation anwendbar sind. Auf alle Fälle kann dieser Abschnitt potentiellen Nutzern vermitteln, wie die entwickelten Verfahren zur Erfassung und Errechnung konkreter Stoff- und Energieströmen angewandt werden können.

2.4.1 Vernichtungen

Vernichtungen fallen in den meisten Unternehmen in größerer Menge und mit resultierenden höheren Kosten an, als gemeinhin angenommen wird. Oft genug werden sie nicht oder nicht vollständig im System erfaßt oder in einer Form, die eine systematische Auswertung und Verfolgung erschwert.

Um diesen relevanten Strom von Inventurdifferenzen und anderen Faktoren abgrenzen zu können, sollten Vernichtungen deshalb grundsätzlich erfaßt anstatt errechnet werden.

Für Vernichtungen kann dazu eine eigene Bewegungsart „Vernichtungen" eingerichtet werden, die der übergreifenden Bewegungsart „Reststoff" zuzuordnen ist. Die Vernichtungsbewegung ist grundsätzlich mit Material-Nr. Materialmenge, Einheit, VonMengenstelle, NachMengenstelle und veranlassender Kostenstelle anzugeben.

Die Benennung der Materialnummer ist für die Zwecke der Stofffflußtransparenz und der Bewertung der Vernichtungen erforderlich. Die Benennung der veranlassenden Kostenstelle, dient dazu, Verursacher und Verantwortliche zu identifizieren.

2.4.2 Wassereinsatz und Abwasser

Im folgenden werden unterschieden:

- Erfassung des Wassereinsatzes durch Zähler
- Erfassung des Wassereinsatzes durch Rechnungen
- Errechnung des Wasserverbrauchs
- Errechnung von Wasserverlusten
- Errechnung von Abwassermengen (ohne Abwasserfrachten)

2.4.2.1 Erfassung des Wassereinsatzes durch Zähler

Der Wassereinsatz wird üblicherweise mit Zählern erfaßt. Zur Einrichtung dieser Erfassung in ECO-Integral sind folgende Modellierungen erforderlich:

- Für jeden relevanten Wasserzähler wird ein Datensatz im Entitytyp „Meßpunkt“ eingerichtet.
- Wasser wird als Material mit eigener Materialnummer eingerichtet und im Datensatz des Meßpunktes als gemessenes Material verankert.
- Jeder Zähler wird einer VonMengenstelle und einer NachMengenstelle zugeordnet, zwischen denen der Zähler liegt und zwischen denen die zu messende Wassermenge fließt.
    - Beim Hauptzähler ist die VonMengenstelle der Wasserversorger (Mengenstellenklasse = Lieferant, Mengenstellennummer = Lieferantennummer) oder das Grundwasser (Mengenstellenklasse = Umwelt, Mengenstellenummer = z.B. Brunnen 1).
    - Als innerbetriebliche Von- und NachMengenstellen sollten die Mengenstellen gewählt werden, welche die über den Zähler versorgten Abnehmer möglichst genau umfassen. Wenn z.B. eine gesamte Fertigungshalle versorgt wird, sollte diese die NachMengenstelle sein. Wenn lediglich eine Maschine in der Fertigungshalle versorgt wird, sollte diese die NachMengenstelle sein.

  Gegebenenfalls ist die Mengenstellenstruktur entsprechend auszurichten. Von- und NachMengenstelle werden ebenfalls im Datensatz des Meßpunktes verankert.
- Die Bezugsperiode (d.h. Zeiträume, nach denen der Wasserverbrauch getrennt ausgewiesen werden soll) wird häufig der Kalendermonat sein. Sie wird auch im Datensatz des Meßpunktes verankert. Die Zählerablesung sollte möglichst jeweils zum Periodenende erfolgen, um Ungenauigkeiten bei der Datenauswertung zu vermeiden.

Bei Hinterlegung dieser Daten im Meßpunkt und bei Angabe der Meßpunkt-Nr. bei Eingabe der Zählerablesung in das System, lassen sich die Zählerdaten in eine Wasserbewegung mit Menge, VonMengenstelle, NachMengenstelle und Zeitpunkt übersetzen. Diese wird zusammen mit Wareneingangsbewegungen, Lagerbewegungen und Verkaufsbewegungen in der Bewegungsdatei abgelegt.

2.4.2.2 Erfassung des Wassereinsatzes durch Rechnungen

Wenn anstatt auf eine eigene Zählerablesung auf die Zählerablesung des Wasserversorgungsunternehmens zurückgegriffen wird, ist dies in der Modellierung nicht anders als eine eigene Zählerablesung zu behandeln. Zu regeln ist dann lediglich, wer die in der Rechnung enthaltene Zählerablesung eingibt.

2.4.2.3 Errechnung des Wassereinsatzes

Bei der Errechnung von Wassereinsatzmengen kann z.B. einer der hinter einem Hauptzähler abgehenden Stränge ohne eigenen Zähler ausgestattet sein, so daß die Flußmenge durch diesen Strang aus der Differenz der Hauptzählermenge und der übrigen Unterzählermengen errechnet werden soll. Diese Mengen lassen sich mit der Massenerhaltungsrechnung errechnen.

In den Errechnungsparametern sind Attribute des Bewegungskanals hinterlegt, für den die Bewegung zu errechnen ist. Beispiel: Der Bewegungskanal gehe von Mengenstelle A nach Mengenstelle B und sei auf Wasserbewegungen mit einer Bewegungsart begrenzt, die nicht Reststoff ist. In den Errechnungsparametern sei weiterhin hinterlegt, daß es um die Errechnung von Bewegungen im Monat Januar geht.

Errechnungsparameter	Ausprägungen	
BK-VonMst/NachMSt.	VonMst A, NachMst B	
BK-Materialeinschränkung	Mat.-Nr.=Wasser	
BK-Bewegungsart	Nicht Reststoff	
Auftragsbezug		
Zeitbezug	1.1.-31.01.1997	
Errechnungsregel-Kopf	**Ausprägungen**	
Errechnungsregelart	Materialerhaltung	
Formel = f(Pos1, Pos2, Pos3, ...)[1]	Pos1-Pos2	
Loop-Vorgaben		
Errechnungsregel-Position	**Ausprägungen**	
Positions-Nr.	1	2
Bezugsdatei	Bewegungsdatei	Bewegungsdatei
Summierungsspalte	Menge bewegtes Material	Menge bewegtes Material
Umrechnungsregel	=	=
Aggregationseinheit	Standard	Standard
Einschränkungsfeld 1	NachMst	VonMst
Einschränkungswert 1	VonMst des BK	VonMst des BK
Einschränkungsoperator 1	=	=

Tabelle 30: Attributsausprägungen zur Errechnung von Wassereinsatz

Im Errechnungsregelkopf ist hinterlegt, daß es sich um eine Massenerhaltungsrechnung handelt. Die Bewegungsmenge ergibt sich, indem der Ergebniswert von Position 1 der Errechnungsregel vom Ergebniswert der Position 2 der Errechnungsregel abgezogen wird.

In Position 1 der Errechnungsregel wird die Summe der in Mengenstelle A im Januar eingegangenen Wassermengen errechnet. Dazu wird auf die Bewegungsdatei zugegriffen. Es werden die Werte der Spalte „Menge bewegtes Material" addiert, bei denen die Bewegung

- zwischen dem 1.1. und 31.01.1997 erfolgte und
- deren NachMengenstelle die VonMengenstelle des zu errechnenden Bewegungskanals ist (Mengenstelle A).

1 Bewegungsmenge = f(Position1, Position2, Position3, ...), wobei Position 1, 2 und 3 für die Werte stehen, die mittels der Errechnungsregel-Position-Nr. 1, 2 und 3 errechnet werden.

In Position 2 der Errechnungsregel wird die Summe der bereits ermittelten, aus der Mengenstelle B hervorgegangen Wassermengen errechnet. Dazu wird wiederum auf die Bewegungsdatei zugegriffen. Die Werte der Spalte „Menge bewegtes Material“ werden addiert, bei denen die Bewegung

- zwischen dem 1.1. und 31.01.1997 erfolgte und
- deren VonMengenstelle zugleich die VonMengenstelle des zu errechnenden Bewegungskanals ist (Mengenstelle A).

Aus der Differenz von Position 1 und Position 2 wird die im Januar von Mengenstelle A nach Mengenstelle B geflossene Wassermenge errechnet und als eine Bewegung am 31.01.1997 gebucht.

2.4.2.4 Errechnung von Wasserverlusten

Die Errechnung von Wasserverlusten erfolgt nur geringfügig anders als die Errechnung des Wassereinsatzes. Zugrundegelegt wird ebenfalls die Massenerhaltungsrechnung.

Die Abweichungen sind:

- Die NachMengenstelle des Bewegungskanals ist eine Mengenstelle der Art „unbekannt“ bzw. eine Mengenstelle zu der die Wasserverluste bekanntermaßen fließen.
- Die Bewegungsart ist „Abwasser“, eine Untergruppe der Bewegungsart Reststoff.

2.4.2.5 Errechnung von Abwassermengen (ohne Abwasserfrachten)

Die Errechnung der Wassermenge in Abwasserströmen erfolgt gegenüber der Errechnung von Wasserverlusten nur mit einer Änderung: Die NachMengenstelle des Bewegungskanals ist entweder eine betriebliche Abwasserbehandlung, die öffentliche Kanalisation oder ein Vorfluter.

2.4.3 Sonstiger Energieeinsatz und Abwärme

Leitungsgebundener Energieeinsatz (Strom, Gas, Öl, Dampf, Warmwasser), Energieverluste zwischen Zählern sowie Abwärme nach erfolgtem Energieeinsatz können nach den für Wassereinsatz, Wasserverluste und Abwasser (ohne Abwasserfrachten) beschrieben Verfahren errechnet werden. Die einzigen Abweichungen sind dabei:

- VonMengenstelle am Hauptzähler ist der Energielieferant anstatt des Wasserversorgers.
- Die Materialbegrenzung des Bewegungskanals benennt anstatt Wasser den jeweiligen Energieträger, der zu errechnen ist.

Ein weiteres Verfahren zur Errechnung des Energieeinsatzes ist die Errechnung des Stromverbrauchs aus statistischen Werten (vgl. Teil IV, Kapitel 2.2.3)

2.4.4 Stoff- und Energieströme aus Verkehrsleistungen (Transporte)

Interne und externe Transporte können u.U. einen wesentlichen Teil der Umweltbelastungen eines Unternehmens verursachen (Verbrauch nicht regenerierbarer Energieträger, klimawirksame und toxische Emissionen in Luft, Boden und Wasser). Auch die Kostenwirkungen sind nicht zu vernachlässigen, insbesondere dann, wenn neben den reinen Frachtkosten (entweder eigener Fuhrpark oder externe Kosten der Spediteure) auch die Handlingkosten der Logistik betrachtet werden. Vor dem Hintergrund einer zunehmenden Globalisierung (weltweit verteilte Produktionsstätten, weltweiter Vertrieb) werden Belastungen durch Transport in Zukunft weiter zunehmen. Im Rahmen der mit ECO-Integral unterstützten durchgängigen Stofffflußtransparenz sind deshalb auch Transporte zu berücksichtigen.

Mit der oben beschriebenen Datenstruktur des „Kernmodells" ist es möglich, auch die Stoff- und Energieströme aus Verkehrsleistungen zu modellieren und in der Datenbasis für Auswertungen bereit zu halten. Abbildung 176 zeigt eine mögliche Modellierung auf der Basis des Kernmodells:

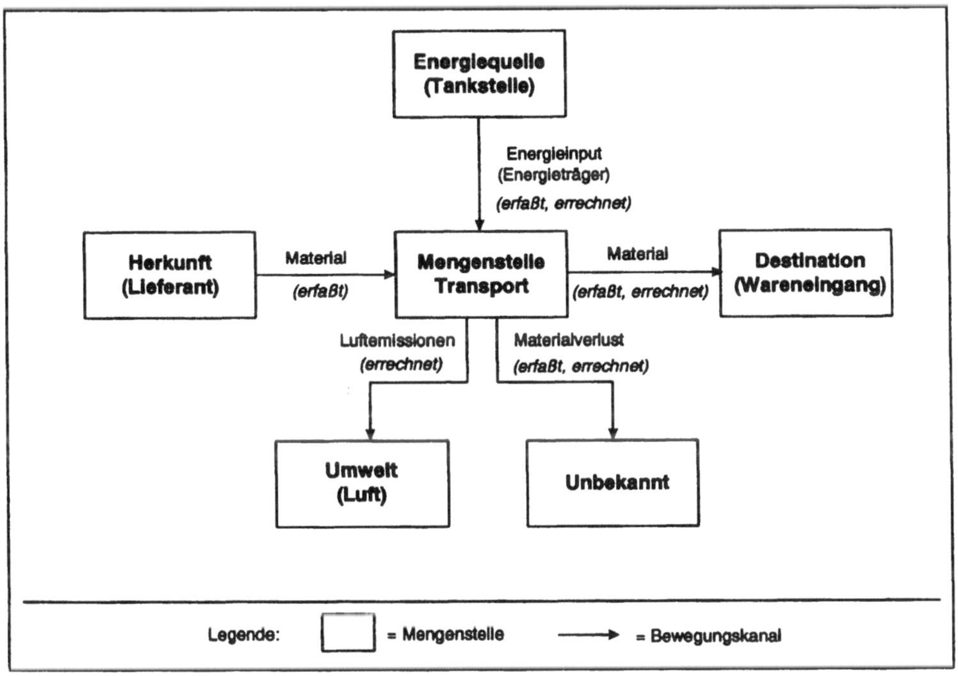

Abbildung 176: Modellierungsbeispiel für Transporte

Zur Erfassung der transportbezogenen Stoff- und Energiebewegungen wird die virtuelle Mengenstelle „Transport" eingerichtet. Dies ist notwendig, weil im Referenzmodell Bewegungen und Transformationen streng getrennt modelliert werden. Die Mengenstelle Transport wird als „virtuell" bezeichnet, da im Unternehmen keine physische Entsprechung vorhanden ist. Alle internen und externen Transporte können in dieser Mengenstelle abgebildet werden. Die Unterteilung zwischen internen und externen Transporten in zwei Mengenstellen ist denkbar.

Zur Beschreibung der Datenermittlung wird zunächst die Grunddatenstruktur der Versandlogistik von Scheer [1996, 459] in verkürzter Form, um umweltrelevante Details wiedergegeben (vgl. Abbildung 177).

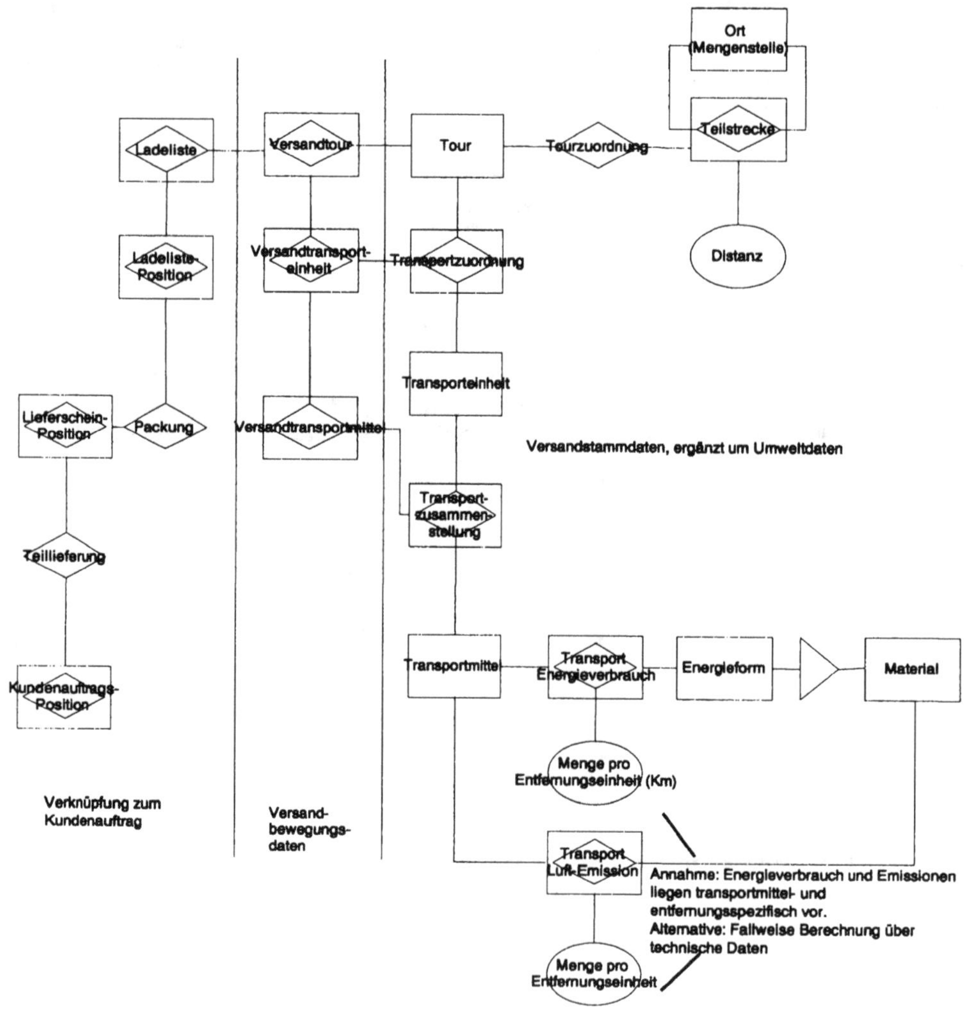

Abbildung 177: ERM Versandlogistik nach Scheer [1996, S. 405] (Ausschnitt), ergänzt um Umweltdaten

Das ERM ist in drei Teile unterteilt: Die rechte Seite zeigt die Versandstammdaten mit Tour, Transporteinheiten und Transportmitteln. Das Transportmittel wird um Energieverbrauchs- und Emissionsdaten ergänzt. Eine Tour besteht aus (Teil-) Strecken, die den Transportweg zwischen zwei Orten wiedergeben. Eine Teilstrecke kann auch problemlos als zwischen zwei Mengenstellen liegend definiert werden.

Die mittlere Spalte beinhaltet die Versandbewegungsdaten (Versandtour, Versandtransporteinheit, Versandtransportmittel), in der alle tatsächlich stattgefundenen Transporte mit einer Zuordnung zum verwendeten Transportmittel abgelegt sind. Die linke Spalte zeigt die Verknüpfung zum Kundenauftrag: Für jede Versandtour wird eine Ladeliste mit Ladelistenpositionen angelegt. Über die Beziehung „Packung" ist die Ladelistenposition mit der Lieferscheinposition verbunden, die wiederum über die Beziehung „Teillieferung" mit der Kundenauftragsposition verknüpft ist. Über diese Datenstruktur sind alle Artikelnummern einer Versandtour ermittelbar.

Aus diesen Daten kann die Datenbasis mit Bewegungen gefüllt werden. Ausgangspunkt dazu ist die Auswertung der Versandtouren:

Bewegungskanäle Material: Das transportierte Material kann entweder aus der Mengenstelle „Herkunft" auf die Mengenstelle Transport gebucht und von dort auf die Mengenstelle „Destination" ausgebucht werden (Bewegungsbuchung), oder aus der Versandtour ermittelt werden.

Bewegungskanal Energieinput: Der Energieinput kann aus der Mengenstelle „Energiequelle" (z.B. eine Tankstelle) als diskrete Bewegung auf den Transport gebucht werden. Über die Versandstammdaten kann der Energieverbrauch einer Versandtour auch berechnet werden: Bekannt sein müssen hierzu der spezifische Energieverbrauch des verwendeten Transportmittels (Menge/km oder Menge/to*km), die Transportstrecke und evtl. das Gesamtgewicht des transportierten Materials. Bei der Bewegungsbuchung sind für bestimmte Auswertungen immer die Artikelnummern zu erfassen.

Bewegungskanal Luftemissionen: Die Luftemissionen können analog zum Energieverbrauch tourbezogen errechnet werden.

Bewegungskanal Materialverlust: Der Materialverlust während des Transportes kann entweder über die Massenerhaltungsrechnung errechnet werden oder erfaßt werden. Eine weitere Möglichkeit ist die Hinterlegung von prozentualen Materialverlusten beim Transportmittel.

2.5 Bestände ermitteln

Die Erfassung des Bestandes ist die Inventur. Die Errechnung des Bestandes erfolgt, wie in der bestehenden Praxis auch,

- durch laufende Aktualisierung des Bestandes mit jeder Aus- und Einlagerungsbuchung oder
- durch Auswertung der Aus- und Einlagerungsbewegungen und der letzten Inventurdaten.

Die Ergebnisse beider Ermittlungsformen werden im Entitytyp „Bestand“ abgelegt.

3 Stammdaten verwalten

Folgende Entitäten werden in ECO-Integral als Stammdaten verwaltet oder es werden gegebene Stammdaten ECO-Integral-spezifisch ergänzt:

- Material
- Stückliste
- Mengenstelle
- Bewegungskanal
- Meßpunkt
- Errechnungsregel

Bei der Einführung einer Software nach „ECO-Integral" wird die Datenbasis unternehmensspezifisch gestaltet. Im ersten Schritt werden dazu die benötigten Stammdaten angelegt. Die Verknüpfung der einzelnen Datenobjekte (Mengenstellen, Bewegungskanäle, ...) erfolgt nach der Struktur des in Abbildung 146 gezeigten ERMs. Die Gestaltung der Datenbasis erfolgt rein unternehmensspezifisch, da damit einerseits die Tiefe und Exaktheit der möglichen Auswertungen festgelegt wird, andererseits aber auch der zusätzliche Pflege- und Datenermittlungsaufwand bestimmt wird.

Die eigentliche Verwaltung der Stammdaten erfolgt nach den Regeln des jeweiligen Softwareproduktes in das ECO-Integral integriert ist. ECO-Integral-spezifische Besonderheiten werden derzeit nicht gesehen.

Bei der unternehmensspezifischen Gestaltung der Datenstruktur sind Konsistenzbedingungen zu berücksichtigen. Insbesondere gilt dies bei der Anlage bzw. Verknüpfung von Errechnungsregeln und Bewegungskanälen:

Bei der Anlage der Errechnungsregeln und deren Verknüpfung mit Bewegungskanälen ist im Rahmen von Konsistenzprüfungen sicherzustellen, daß zu errechnende Bewegungen auch tatsächlich errechenbar sind. Dies kann unter anderem dann gefährdet sein, wenn Errechnungsregeln auf Bewegungen zugreifen, die ebenfalls zu errechnen sind. Ein weiteres Risiko hierbei ist die Potenzierung von Ungenauigkeiten bei der Errechnung.

Hier bestehen mehrere mögliche Verfahrensweisen, die auch kombiniert werden können.

- Errechnungsregeln dürfen grundsätzlich nur auf Bewegungen in Bewegungskanälen zugreifen, die erfaßt werden.
- Durch eine Ablaufsteuerung für Errechnungen wird sichergestellt, daß Errechnungen nur durchgeführt werden, wenn die Bewegungen, auf die sie sich beziehen, bereits errechnet worden sind.
- Zeitlich an sich früher vorgesehene Errechnungen werden automatisch nachgeholt, wenn die Bewegungen, auf die sie zugreifen sollen, errechnet worden sind.

Damit sind Aufbau und Handhabung der Datenbasis in ECO-Integral beschrieben. Die gezeigte Datenstruktur sollte es ermöglichen, bestehende Standardsoftwaresysteme um die Funktionen von ECO-Integral erweitern zu können. Wie groß der Anpassungsaufwand tatsächlich sein wird, kann nur in Zusammenhang mit den in Frage stehenden Zielsystemen erörtert werden.

Verwendete und weiterführende Literatur

SAP (1996): EH&S Stoffdatenbank. Funktionen im Detail. Unverbindliche Vorabversion, Stand 12.03.96, Walldorf.

Scheer, A.-W. (1996): Wirtschaftsinformatik. Referenzmodelle für industrielle Geschäftsprozesse. Berlin.

Teil V: Zur Umsetzung der Konzeption

Teil V beschäftigt sich mit der in Zukunft Umsetzung des vorgelegten Referenzmodells „ECO-Integral“. Der Teil ist in zwei Kapitel unterteilt: Zunächst wird die **Sichtweise der Softwareentwickler** eingenommen, die aufbauend auf den konzeptionellen Projektergebnissen ein marktfähiges Software-Standardprodukt anbieten könnten. Hier werden mögliche Alternativen der DV-Umsetzung und ein Bewertungsraster entwickelt sowie Marktchancen eines auf ECO-Integral basierenden Softwareprodukts abgeschätzt.

Dann wird die **Anwendersicht** beleuchtet. Es werden mögliche Rahmenbedingungen für eine Einführung diskutiert, sowie Analyse, Entscheidungsgrundlagen und Umsetzung der ECO-Integral-Konzeption skizziert.

Beide eingenommenen Sichten sind vor dem Hintergrund einer Umsetzungsplanung für ECO-Integral erforderlich: Die komplette Umsetzung der Konzeption als Individualsoftware dürfte für einzelne Unternehmen zu aufwendig sein. Für die mittleren und großen Hersteller von integrierten Standardsoftwaresystemen könnte die Integration in ihre Produkte interessant und mit vertretbarem Aufwand durchzuführen sein. „Vertretbar“ ist dies jedoch auch für diese Untermenge von Softwareanbietern nur dann, wenn ein entsprechendes, weltweites Absatzpotential gesehen wird. Dieses Absatzpotential kann aber nicht unabhängig von der Situation und den Rahmenbedingungen der Anwenderfirmen analysiert werden. Gleichzeitig sollte die Einführungsplanung der interessierten Anwenderfirmen nicht unabhängig vom Angebot der Softwareanbieter geschehen. Eine Zusammenführung beider Sichten und letztlich die Zusammenarbeit zwischen Hersteller und Anwender sind also erforderlich.

1 Entwicklungssicht: Nutzung der ECO-Integral-Konzeption für marktfähige Standardsoftware

Im folgenden Abschnitt werden die DV-Alternativen entwickelt und ein Raster zu ihrer Bewertung entworfen. Danach werden die Marktchancen anhand des Kundenpotentials und einer Konkurrenzanalyse beleuchtet.

1.1 DV-Alternativen der Umsetzung

1.1.1 Entwicklung der Alternativen

Zur Umsetzungsplanung der ECO-Integral-Konzeption in ein anwendbares Softwaresystem sind zwei grundsätzliche Fragen zu stellen: 1. Wer entwickelt die Software? Und 2. Welche Form hat das fertige Produkt „ECO-Integral"?

Tabelle 31 zeigt die sich aus diesen beiden Fragen ergebenden DV-Alternativen:

DV-Alternativen **Wer entwickelt?**		
Große SW-Hersteller für **Standardsoftware** entwickelt branchenunabhänge Software als Teil seines Produktes	**Firmenkonsortium** aus einer Branche entwickelt **branchenbezogene Lösung** für den begrenzten Einsatz in der Gruppe	**Einzelne Firmen** stellen **Individualsoftware** auf Basis ihrer Systeme her
Welche Form hat das Endprodukt „ECO-Integral"?		
ECO-Integral ist ein **integraler Bestandteil** einer Standardsoftware. ECO-Integral nutzt die Daten des Systems und gibt Daten an dieses weiter. Die Daten werden in einer zentralen Datenbank verwaltet.	ECO-Integral ist ein **Satellitensystem** mit **Datenschnittstellen** zu einem oder mehreren Standardsoftwaresystemen. Die Funktionen und Daten können in mehreren, voneinander unabhängigen Modulen realisiert werden.	ECO-Integral ist ein Teil eines **Datawarehouses**, das die Datenbasis aus operativen Systemen übernimmt und (auch) verdichtet, diese aber nicht ergänzt.

Tabelle 31: DV-Alternativen

Mit der Frage nach der entwickelnden Institution sind drei weiterführenden Fragen verbunden:

- Wer ist bereit, die Mittel für eine Entwicklung zu tragen? (*Entwicklungsaufwand*)
- Wer erhofft sich welchen Nutzen? (*Nutzen*)
- Wie groß ist die Verfügbarkeit der Software? (*Verfügbarkeit*)

Die Diskussion der Form des Produktes ist aus zwei Gründen relevant:

- Technische Überlegungen der Entwicklung (*Technik*)
- Verbreitung der Software durch Konnektivität (*Verbreitungsmöglichkeiten*)

Daraus lassen sich die in kursiver Schrift wiedergegebenen 5 Kriterien ableiten.

1.1.2 Bewertungsraster

Die genannten fünf Kriterien dienen als Raster zur Bewertung der DV-Alternativen (vgl. Tabelle 32f):

	DV-Alternativen - Vor und Nachteile I Wer entwickelt?		
	Große SW-Hersteller	Firmenkonsortium	Individualsoftware
Vorteile Entwicklungs-aufwand	Software ist preisgünstiger für den Anwender Entwicklungsaufwand schneller amortisiert	Entwicklungsaufwand ist zumindest auf ein Konsortium von mehreren Firmen verteilt	*keine*
Nutzen	Software ist branchenunabhängig und universeller einsetzbar Produkte der Hersteller erhalten zusätzliche Features	branchenbezogene Lösung ist zielgerichteter auf spez. Probleme der Branche	SW ist besser auf firmenspezifische Situation angepaßt. Strategische Vorteile werden erhofft
Verfügbarkeit	Software findet größere, internationale Verbreitung über Standardsoftware-schiene	u.U. branchenweite Verfügbarkeit	*keine*
Nachteile Entwicklungs-aufwand	In Summe hoher Entwicklungsaufwand (aber verteilt)	Entwicklungskosten werden auf wenige verteilt	Sehr hohe Entwicklungs- und Pflegekosten für Anwender
Nutzen		Deckt nur Branchenanforderungen ab	
Verfügbarkeit	beschränkt auf alle Nutzer des Pakets	Übertragbarkeit auf andere Branchen ist nicht gewährleistet	Keine Übertragbarkeit

Tabelle 32: DV-Alternativen: Vor- und Nachteile I

	DV-Alternativen - Vor und Nachteile II Welche Form hat das Endprodukt ECO-Integral?		
	Integraler Bestandteil einer Standardsoftware	Satellitensystem mit Datenschnittstellen	Datawarehouse
Vorteile Technik	Hohe Integration begünstigt Konsistenz der Daten und Bedienbarkeit (Einheitliche Oberfläche) Minimaler zusätzlicher Datenerfassungsbedarf	durch lose Kopplung plattformunabhängige Lösung. „Best of practice"- Module können verknüpft werden.	Nutzung professioneller DW-Tools (OLAP). Dadurch wird flexible Kombinierung der Daten ermöglicht. Konsistenter Zugriff auf Daten Längerfristige Speicherung der Daten ist möglich
Verbreitungsmöglichkeiten	hoch wenn hoher Durchdringungsgrad	Flexible, modulare Anwendung mit unterschiedlichen Systemen. Verbreitung sind theoretisch keine Grenzen gesetzt	dezentrale Datenbestände können verbunden werden
Nachteile Technik	Einführungsaufwand der Standardsoftware wird durch zusätzliche Funktionalität u.U. erhöht. Monolithisches System ist unflexibel Längerfristige Datenhaltung ist problematisch	Schnittstellen müssen entwickelt und gepflegt werden (Erhöhter Integrationsaufwand) Datenkosistenz ist u.U. ein Problem Keine einheitlichen Oberflächen Längerfristige Datenhaltung ist problematisch	Operative Systeme müssen für volle Funktionalität dennoch angepaßt werden hohe Speicheranforderungen Redundante Datenhaltung Nur Datenanalyse (Verdichtung) möglich
Verbreitungsmöglichkeiten	Verbreitungspotential durch Anzahl der Installationen der StandardSW „begrenzt". Modularisierungsstrategien der Hersteller sind für ECO-Integral nur begrenzt wirksam	Mengeneffekt durch Standardsoftwareschiene wird nicht genutzt	Setzt Datawarehouse-Lösung voraus

Tabelle 33: DV-Alternativen: Vor- und Nachteile II

Damit sind die DV-Alternativen identifiziert und ein grobes Bewertungsraster entwickelt. Aus den DV-Alternativen können nun konkrete Strategien abgeleitet werden (Wer setzt ECO-Integral in welcher Form um?) und anhand des Bewertungsrasters priorisiert werden. Doch zunächst sind die Marktchancen eines Softwareproduktes auf der Basis von ECO-Integral zu beleuchten.

1.2 Marktchancen

Die Betrachtung der Marktchancen umfaßt die Bewertung des **Kundenpotentials** und der **Konkurrenzsituation**. An dieser Stelle sollen aber lediglich die möglichen Kriterien einer solchen Analyse betrachtet werden. Die Durchführung einer belastbaren Analyse der Marktchancen würde den zeitlichen und inhaltlichen Rahmen des Projektes sprengen.

1.2.1 Kundenpotential

Als potentielle Kunden für eine marktfähige Softwarelösung auf der Grundlage von ECO-Integral kommen diejenigen Firmen in Frage, die in Bezug auf ihre Unternehmensziele, ihre Größe und ihren bisherigen DV-Einsatz bestimmte Kriterien erfüllen (vgl. Abbildung 178):

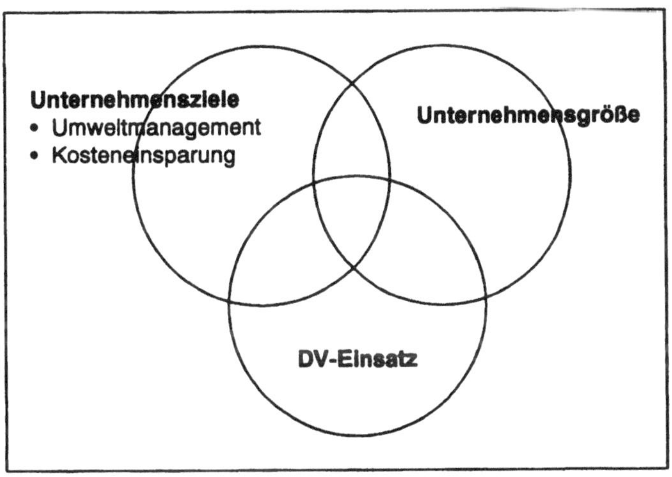

Abbildung 178: Kriterien zur Bestimmung des Kundenpotentials

Unternehmensziele: ECO-Integral zielt auf die informationelle Unterstützung der Umweltmanagementfunktionen und die Kosteneinsparung auf Energie-, Material- und Reststoffebene ab. Eine Trennung beider Bereiche ist nicht wünschenswert und letztendlich auch nicht möglich. ECO-Integral ist bereits aus Kostensicht für jedes Unternehmen interessant; für Unternehmen mit ehrgeizigen und klar formulierten Umweltschutzzielen um so mehr. Dies werden im allgemeinen Unternehmen des gewerblichen Bereichs sein, aber auch größere Banken und andere Dienstleister wären eine mögliche Zielgruppe.

Unternehmensgröße: Der Ansatz von ECO-Integral ist aufgrund seines umfassenden Integrationsgedankens am besten für mittlere und große Unternehmen geeignet. Dies wird sich in den meisten Fällen auch im bisherigen DV-Einsatz niederschlagen.

Bisheriger DV-Einsatz: Der Einsatz von ECO-Integral ist ohne zusätzlichen Basisaufwand nur dann für ein Unternehmen geeignet, wenn die logistischen Abläufe vom bestehenden Informationssystem weitestgehend integriert abgedeckt werden und eine datenmäßige Integration der Wertebene mit der Logistikebene gegeben ist (vgl. 2.1). Solche Funktionalität ist für mittlere und große Unternehmen fast ausschließlich durch den Einsatz von Standardsoftwarepakete abdeckbar. Eigenentwicklungen in diesem Maßstab sind heute nicht mit vertretbarem Aufwand anwendbar. Dabei ist es keine Bedingung, daß nur **ein** Standardsoftwaresystem eingesetzt wird. Viele größere Unternehmen setzten zwei Systeme mit unterschiedlichen Schwerpunkten ein, die über Schnittstellen auf Mengen- und Wertebene verknüpft sind. Auch für solche Unternehmen ist ECO-Integral geeignet.

Daraus ergibt sich, daß die Obermenge potentieller Anwender von ECO-Integral die Kundschaft der Anbieter integrierter Standardsoftwarepakete ist. Dieser Markt konzentriert aufgrund der Globalisierungstendenz zunehmend auf einige wenige Anbieter (vgl. Abbildung 179, die die Marktanteile und deren Veränderung von 1994 auf 1995 der weltweit anbietenden Anbieter von Standardsoftware wiedergibt).

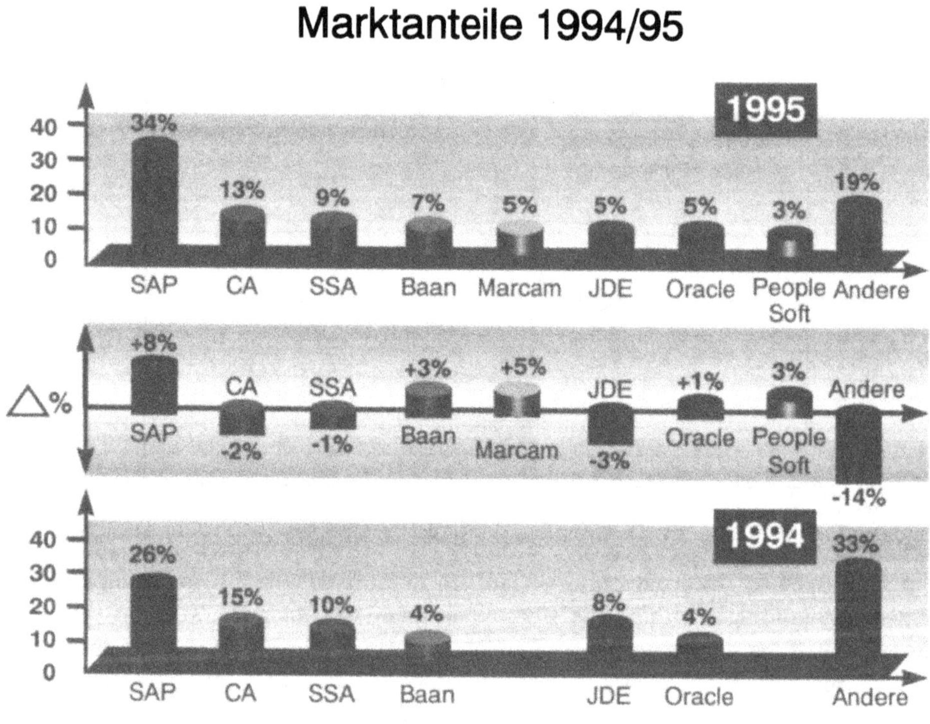

Abbildung 179: Marktanteile der Standardsoftwareanbieter 1994/1995 (Quelle SAP)

In Deutschland sind einige kleinere Anbieter vertreten, die aber zunehmend von den Großen übernommen bzw. verdrängt werden.

1.2.2 Konkurrenzprodukte und Wettbewerber

Zur Konkurrenzanalyse ist das bisherige Softwareangebot zu betrachten. Im Bereich „Umweltmanagement“ werden eine Reihe von Stand-alone-PC-Systemen, angeboten, die hauptsächlich der Unterstützung der produkt- und betriebsbezogenen Ökobilanzierung dienen (z.B.: Umberto, Cumpan, Cassandra, Gabi, Umcon und einige mehr). Diese Programme sind methodisch mittlerweile sehr ausgereift, sehen jedoch keine Integration in die großen betriebswirtschaftlichen Anwendungssysteme vor. Einige dieser Programme werden oder wurden bereits um umweltkostenrechnerische Elemente ergänzt (z.B. Audit).

Im Bereich Abfall- und Gefahrstoffmanagement werden von einigen Anbietern bereits Lösungen als integrierte oder Add-on-Systeme angeboten (z.B. rt-Umwelt, SAP EH&S, R/3-Green). Die Programme beschränken sich weitgehend auf die Einhaltung gesetzlicher Informationsanforderungen (Sicherheitsdatenblätter, Abfallwirtschaftskonzepte etc.).

Im Bereich Öko-Audit-Unterstützung werden Umweltprogramm- und Dokumentationsunterstützung sowie der Aufbau der Umweltorganisation in integrierter Form angeboten (z.B.: R/3-Green).

Eine Abfrage der ISIS Software-Datenbanken der Firma Nomina GmbH München[1] ergab 84 Treffer zum Thema „Umwelt“ und „Umweltmanagement“. Neben den bisher genannten Softwarefunktionen wurden Geographische Informationssysteme, Systeme zur Emissionserfassung und -verwaltung und Dokumentationssysteme angeboten.

SAP entwickelt derzeit auf der Basis ihres EH&S-Moduls (Environment, Health and Safety) Module für Gefahrstoffmanagement und Abfallwirtschaft. Damit bietet SAP mit R/3 derzeit nach Meinung der Autoren unter den großen Standardsoftwareanbietern die am weitesten fortgeschrittene Funktionalität im Bereich Umweltmanagement.

Im Gegensatz zu ECO-Integral findet also einerseits keine hinreichende Daten- und Funktionsintegration in die bestehenden betriebswirtschaftlichen Informationssysteme statt. Die teilweise methodisch gut ausgestatteten Stand-alone Systeme müssen aufwendig mit Daten versorgt werden. Die integrierten Umwelt-Softwarepakete bieten bei weitem keine ausreichende Funktionalität, sondern beschränken sich auf die Unterstützung der gesetzlich vorgeschriebenen Informationsbedarfe.

Aus der Betrachtung des möglichen Kundenpotentials und des derzeitigen Angebotes an Softwaresystemen zu DV-gestütztem Umweltmanagement ergeben sich durchaus Marktchancen für ein Angebot von ECO-Integral. Insbesondere die großen Standardsoftwareanbieter oder mit ihnen eng kooperierende Softwareproduzenten könnten ihre Systeme um ECO-Integral-Funktionalität erweitern und damit in eine Lücke vorstoßen. Zusätzlich zur Abdeckung eines weiteren Funktionsbereiches können sie sich auch Differenzierungsvorteile erhoffen. Verkaufsargument wären neben der Umweltorientierung auch Kosteneinsparungen. Dies haben die im Rahmen des Projektes durchgeführten Firmenprojekte gezeigt.

---

1 http://www.software.de

Anwendersicht: Praxisleitfaden zur Einführung von ECO-Integral in Unternehmen

Die Inhalte dieses Unterkapitels basieren auf den Erfahrungen aus den drei im Rahmen des Projektes durchgeführten Firmenprojekten bei der Herlitz AG in Berlin, der Novartis Pharma GmbH in Wehr und der Festo KG in Esslingen-Berkheim. Es fließen aber auch weitere Überlegungen und Erfahrungen der Autoren ein.

2 Anwendersicht: Die Einführung im Unternehmen

2.1 Rahmenbedingungen als Voraussetzung

Zur Realisierung einer solch umfassenden und anspruchsvollen Konzeption wie ECO-Integral in einem Unternehmen sollten im Vorfeld eine Reihe von Rahmenbedingungen erfüllt sein bzw. hergestellt werden, um tatsächlich erfolgversprechend zu sein. Die Rahmenbedingungen sind in die drei Bereiche „Unternehmensziele“, „“Projektorganisation“ und „EDV-Ausstattung“ untergliedert:

Bereich 1: Unternehmensziele

ECO-Integral als Konzeption kann grundsätzlich auf die zwei Unternehmensziele „**Umweltorientierung**“ und „**Kosteneinsparung**“ Einfluß haben (vgl Abschnitt 1.2.1). Der Bereich Umweltorientierung wird durch die spezifische Instrumente unterstützt. Die Ökonomie des Umweltschutzes wird durch das Instrument Umweltkostenrechnung angesprochen. Neben diesen Nutzenpotentialen im Bereich betrieblicher Umweltschutz kann aber **unabhängig** davon auch das Ziel „Kosteneinsparung“ unterstützt werden. Dies wird durch die verbesserte Stoffstrom- und Kostentransparenz ermöglicht. Die reine Umweltorientierung ist also für potentielle Anwenderfirmen nicht die einzige Motivation zur Umsetzung von ECO-Integral. Dies hat für den zweiten Bereich „Projektorganisation“ entscheidende Implikationen.

Bereich 2: Projektorganisation

Hat sich ein Unternehmen für die Einführung von ECO-Integral entschieden, so sind im Rahmen der Projektorganisaton die **nutzenden und unterstützenden Fachbereiche** zu identifizieren und die **Rolle der Unternehmensleitung** festzulegen.

Als unterstützende Fachbereiche werden diejenigen benötigt, die über Stoff- und Energieflüsse des Unternehmen (im allgemeinen sind dies Materialwirtschaft, Produktion, Vertrieb, Abfallbewirtschaftung sowie das Facility Management) und über Kostenstrukturen (Kostenrechnung, Finanzbuchhaltung) informiert sind und entsprechende Daten liefern können. Die EDV-Abteilung stellt die DV-Infrastruktur des Unternehmens bereit und ist damit offensichtlich ebenfalls beteiligt.

Als mögliche Nutzer müssen das Umweltmanagement (Nutzung der klassischen Instrumente des Umweltmanagements), aber auch die Produktionsleitung (Steigerung der Materialeffizienz in der Produktion), das Controlling (Kostenkontrolle und -senkung) und nicht zuletzt auch die Geschäftsführung am Einführungsprojekt beteiligt sein. Aber auch die genannten unterstützenden Fachbereiche sind im Sinne der Selbststeuerung mögliche Adressaten der bereitgestellten Information.

Die Rolle der Unternehmensleitung besteht zum einen in der angesprochenen Funktion als Adressat und Nutzer. Zum anderen hat sie die Aufgaben, die notwendigen einmaligen und laufenden Mittel für die EDV bereitzustellen und als Machtpromotor die Bereitstellung der benötigten personellen Ressourcen durchzusetzen. Dies wird in den meisten Fällen allein durch die Höhe der benötigten Mittel bedingt sein.

Die Umsetzung von ECO-Integral erfordert also die Beteiligung maßgeblicher Unternehmensfunktionen incl. der Geschäftsführung und geht weit über die Kompetenzen der herkömmlichen Umweltmanagementfunktion hinaus.

Bereich 3: EDV-Ausstattung

Das Konzept ECO-Integral ist entweder auf den Einsatz als immanenter Teil einer integrierten Softwarelösung oder als Zusatzsystem für eines oder mehrere parallel laufende Softwaresysteme eines Unternehmens auslegbar. Im zweiten Fall fungiert ECO-Integral als Satellitensystem oder Datawarehouse. In beiden Fällen macht der Einsatz von ECO-Integral nur Sinn, wenn die logistischen Abläufe (Einkauf, Materialwirtschaft, Produktion, Vertrieb) vom bestehenden Informationssystem weitestgehend integriert abgedeckt werden und eine Datenintegration von Wertebene (Finanzbuchhaltung und Kostenrechnung) und Mengenebene (Logistikmodule Materialwirtschaft, Produktion und Vertrieb) gegeben ist. Sind diese Voraussetzungen nicht gegeben, ist ECO-Integral nur mit inhaltlichen Abstrichen umsetzbar.

2.2 Analysephase: Lohnt sich die Einführung?

Nach der Klärung der Randbedingungen ist in der Analysephase zu klären, ob sich die Einführung von ECO-Integral für das Unternehmen lohnt. Dabei sind die entstehenden einmaligen Kosten der Einführung und die laufenden Kosten des Systembetriebs den Nutzen gegenüberzustellen. Im Rahmen der durchgeführten Firmenprojekte wurden z.T. konkrete Kosten/Nutzenanalysen durchgeführt und mit Zahlen belegt. An dieser Stelle sollen lediglich Kosten und Nutzengrößen zusammengefaßt genannt und systematisiert werden (vgl. Tabelle 34 und Tabelle 35). Die Quantifizierung der Größen macht nur im konkreten Anwendungsfall mit Bezug auf die spezifischen Gegebenheiten eines Unternehmens Sinn.

Nutzengrößen	
Nutzenkategorie	**realisierbarer Nutzen**
Kostensenkung	Steigerung der Materialeffizienz in Produktion und Verwaltung
	Vermeidung nicht wertschöpfender Flußkosten
	Verringerung der betrieblichen Entsorgungskosten
	Senkung der Materialeinkaufskosten
	Vermeidung nicht wertschöpfender Materialtransporte
Senkung der Umweltbelastung	Senkung der Emissionen in Luft, Boden und Wasser
	Senkung des Ressourcenverbrauchs
Senkung des administrativen Aufwänds	Senkung des Aufwands für EMAS / ISO - Beteiligung
	Senkung des laufenden EDV-Aufwandes für Datenerfassung und Verarbeitung
Qualitätssteigerung der Informationssbasis	Qualitative Verbesserung der Ökobilanz, Kennzahlen, etc.
	Verbesserte, beschleunigte Auskunftsfähigkeit über stoffstrombezogene Informationsbedarfe von innen und außen
	Zeitnähere Informationsversorgung des Managements

Tabelle 34: Nutzengrößen

Die Kostenbetrachtung erfordert die Unterscheidung unterschiedlicher Alternativen der Umsetzung des ECO-Integral-Konzeptes und damit der Marktangebote aus denen die Firmen auswählen können.

Findet sich kein Softwarehersteller, der ECO-Integral umsetzt, muß die Firma eine Eigenentwicklung mit entsprechendem Entwicklungsaufwand betreiben. Die Umstellung der gesamten Datenverarbeitung auf ein angebotenes, aber bisher nicht genutztes System mit ECO-Integral-Funktionalität ist sicherlich keine ernsthafte Handlungsalternative.

Der Datenaustausch zweier Systeme per Datenschnittstelle bringt ebenfalls Entwicklungskosten sowie laufende Anpassungskosten mit sich. Dies gilt selbst dann, wenn moderne Komponentenarchitekturen eingesetzt werden, da die Fachkonzepte nach wie vor aufeinander abgestimmt werden müssen.

Bietet der derzeitige Systemlieferant eines Unternehmens ECO-Integral Funktionen, so sind auch hier Einführungskosten und laufende Pflegekosten zu beachten.

Die Betrachtung der unterschiedlichen DV-Alternativen soll an dieser Stelle jedoch nicht weitergeführt werden (vgl. Teil V, Kapitel 1).

In der folgenden Tabelle werden alle maßgeblichen Kostengrößen genannt, unabhängig davon, bei welcher DV-Alternative sie welches Gewicht bekommen.

Kostengrößen	
Kostenkategorie	
Einmalige Kosten der Einführung	Entwicklungskosten (Implementierungskonzept, Programmierung, Test), Softwarekosten
	Personalkosten der Systemeinführung (Ist-Analyse, Soll-Konzept, Softwareanpassungen)
	Planung und Programmierung von Datenschnittstellen
	Nacherfassung bestimmter Datenfelder (Bsp. Gewichtsfelder im Materialstamm)
Laufende Kosten des Systembetriebs	laufende Datenerfassung soweit nicht automatisiert
	Pflege von Schnittstellen
	Durchführung der Relaeasewechsel

Tabelle 35: Kostengrößen

Die konkrete Betrachtung der Kosten/Nutzensituation eines Unternehmens ist also abhängig von den verfügbaren DV-Alternativen, dem erhofften Nutzenrealisierungspotential, der gegebenen DV-Ausstattung der Firma und nicht zuletzt von den grundsätzlichen Unternehmenszielen. Die DV-Alternativen beeinflussen die Kosten/Nutzenabwägung erheblich, da die Kostenseite durch sie maßgeblich bestimmt wird.

2.3 Umsetzungsphase

Zur Umsetzung wird im folgenden Abschnitt eine Projektorganisation vorgeschlagen und ein grober Zeitplan entwickelt.

2.3.1 Projektorganisation

Die Projektorganisation ordnet die Teilaufgaben der Umsetzung einzelnen Arbeitsgruppen zu. Die tatsächliche Aufgabenzuordnung bzw. die Zusammensetzung der Arbeitsgruppen wird im konkreten Fall von der gegebenen Organisationsstruktur der umsetzenden Unternehmen abhängen. In den durchgeführten Firmenprojekten fanden sich klassisch funktionale, Business-Center-orientierte und prozeßorientierte Organisationsstrukturen. Abbildung 180 zeigt eine mögliche Projektorganisation für die klassisch funktionale Organisation:

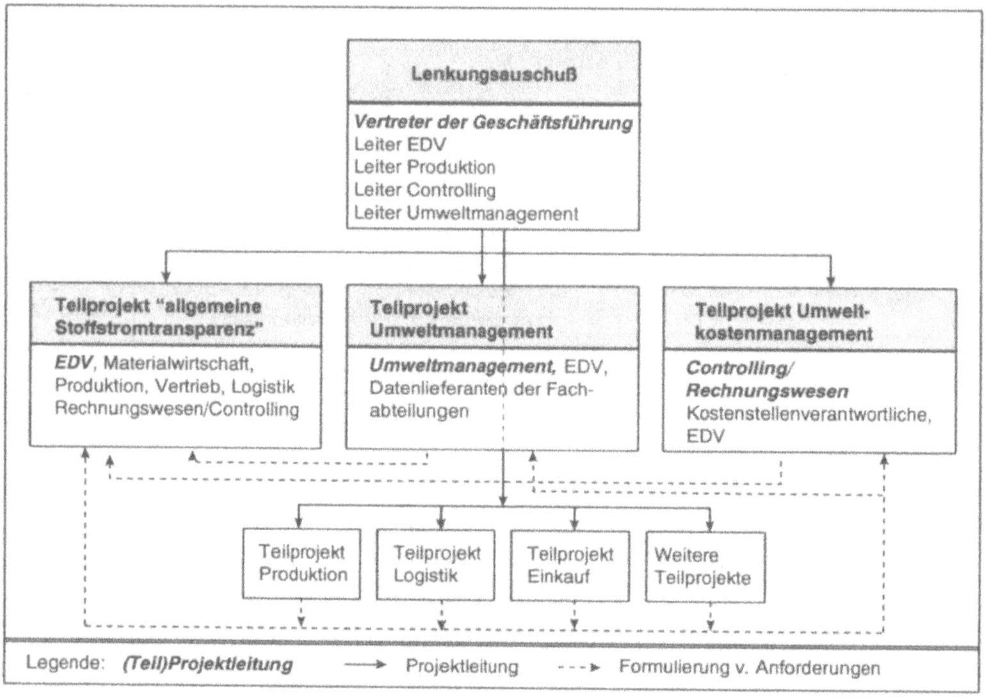

Abbildung 180: Projektorganisation

Bei der Business-Center-, und der prozeßorientierten Organisation sollten jeweils Vertreter der Zentralbereiche und der Business-Units bzw. der Prozeßteams in den Arbeitsgruppen vertreten sein. Da weder Business-Units noch Prozesse nach primär nach dem Kriterium „Stoffstrom" gebildet werden, wird die Projektorganisation und -abwicklung für ECO-Integral insgesamt aufwendiger. Dies zeigte auch die Durchführung der Firmenprojekte.

Das Gesamtprojekt sollte von einem Lenkungsausschuß, bestehend aus einem Mitglied der Geschäftsführung und den Leitern der Bereiche EDV, Produktion, Controlling und Umweltmanagement initiiert, getragen und kontrolliert werden.

Das Teilprojekt „allgemeine Stoffstromtransparenz" sollte unter der Federführung der EDV-Abteilung durchgeführt werden. Aufgabe ist die Analyse der bestehenden Informationsinfrastruktur in Hinblick auf die Abbildung der wesentlichen Stoffströme im Unternehmen. Danach ist die Mengenstellenstruktur einzurichten und Anpassungen an der Materialstammdatenstruktur vorzunehmen (vgl. Teil IV, Kapitel 1.1.1). Als Datenlieferanten und zur konzeptionellen Mitarbeit sind die Kernbereiche Materialwirtschaft, Produktion, Vertrieb, Logistik sowie das Rechnungswesen/Controlling beteiligt.

Das Teilprojekt „Umweltmanagement" wird vom Bereich Umweltmanagement geleitet. Integriert sein sollte sowohl der Managementvertreter als auch der Leiter des operativen Umweltmanagements (sofern beide Aufgaben nicht in Personalunion vertreten sind). Die Aufgabe des Teilprojektes ist die Auswahl und konkrete Ausgestaltung der gewünschten Instrumente des Umweltmanagements (Ökobilanz, Kennzahlen, Soll-Ist, Umweltrecht, Berichte). Die Anforderungen werden an das Teilprojekt „allgemeine Stoffstromtransparenz" weitergegeben. Die Datenlieferanten aus den Fachabteilungen bewerten die Datenverfügbarkeit und liefern Daten.

Das Teilprojekt „Umweltkostenmanagement" wird von einem übergreifend Kostenverantwortlichen geleitet. Zunächst wird der Informationsbedarf in Produktentwicklung, Einkauf, Produktion, Logistik und Marketing/Vertrieb zu Umweltkosten festgelegt, sowie welche Verursacher mit welchen Umweltkosten belastet werden sollen. Dann wird die Umsetzung dieser Anforderungen zusammen mit der Abteilung Rechnungswesen/Controlling und der EDV auf Machbarkeit geprüft, ggf. modifiziert und umgesetzt.

Außer den drei genannten Teilprojekten, die die Kernthemen von ECO-Integral umsetzen, können weitere Teilprojekte initiiert werden: Steigerung der Materialeffizienz (Produktion), Vermeidung nicht wertschöpfender Transporte (Logistik) umweltorientierter Einkauf (Einkauf) sind nur Beispiele. Diese Projekte setzen auf der durch ECO-Integral verbesserten Stoffstrom- und Kostentransparenz auf und formulieren weitere Anforderungen an die anderen Teilprojekte.

2.3.2 Zeitplan

Der Zeitaufwand für die Einführung von ECO-Integral ist offensichtlich maßgeblich von der verwendeten DV-Alternative abhängig. Der im folgenden gezeigte Zeitplan geht vom Angebot eines Standardsoftwareherstellers aus, der ECO-Integral als ein integriertes Modul oder als Satellitensystem mit fertigen Datenschnittstellen anbietet. Weiterhin wird davon ausgegangen, daß der Anwender die logistischen Abläufe des Unternehmens durch ein integriertes Softwaresystem unterstützt, sowie eine Integration der Wertebene realisiert (Bei SAP wären das die Module MM, PP (PI), SD, CO und FI[1]).

Zeitplan Einführung ECO-Integral								
Projektphasen	Monate							
	1	2	3	4	5	6	7	8
Ist-Situation aufnehmen	■							
Analyse und Ziele		■						
Entwurf Sollkonzepte			■	■				
Anpassung/Customizing SW					■	■	■	
Softwaretest							■	
Dokumentation						■	■	
Inbetriebnahme								■

Abbildung 181: Zeitplan zur Einführung von ECO-Integral

Der tatsächliche Zeitaufwand wird natürlich von den eingesetzten Ressourcen und anderen unternehmensspezifischen Faktoren (Unternehmensgröße, Organisationsstruktur, Motivation der Mitarbeiter und des Managements etc.) variieren.

1 MM: Materialwirtschaft, PP (PI): Produktion, SD: Vertrieb, FI: Finanzbuchhaltung, CO: Controlling.

Anhang

Anhang 1

Abfall (Output)

Berichtspflichtig	Periodizität	Geforderte Daten
Öffentliche und gewerbliche Abfallentsorger; betriebseigene Abfallentsorgung der Industrie und anderer Wirtschaftsbereiche (einschl. Müllverbrennungsanlagen, aber ohne Feuerungsanlagen)	ab 1997 alle 2 Jahre	• Art und Menge der behandelten, gelagerten und abgelagerten Abfälle • Herkunft der Abfälle • Verbleib der Abfälle • Art der Anlage • Ort der Anlage (Gemeinde) • Kapazität der Anlage • Einrichtungen der Anlage • Verwertung und Verbleib der Energieträger und Abfallstoffe
Entsorgungsträger mit Verwertungs- und Entsorgungspflichten sowie gewerbliche Entsorgungsunternehmen	ab 1997 alle 2 Jahre	• Einsammeln von bestimmten Abfällen • Einsammlungsart • Beförderung • Verbleib der Abfälle
Entsorgungsträger mit Verwertungs- und Entsorgungspflichten und beauftragte Dritte (hier speziell öffentliche Müllabfuhr)	ab 1997 vierteljährlich	• Einsammeln von Abfällen je Entsorgungsgebiet • Verbleib der abgegeben Abfälle an bestimmte Anlagen • Zahl der in der Entsorgung einbezogene Einwohner zum 31.12. des Vorjahres
Gewerbliche Entsorgungsunternehmen und öffentliche Entsorgungsunternehmen (hier Gewerbebetriebe inkl. Wertstoffsammlung)	ab 1997 vierteljährlich	• Einsammeln von Abfällen je Entsorgungsgebiet • Verbleib der abgegeben Abfälle an bestimmte Anlagen

Berichtspflichtig	Periodizität	Geforderte Daten
Erzeuger besonders überwachungsbedürftiger Abfälle Entsorger besonders überwachungsbedürftiger Abfälle	ab 1997 jährlich	• Art und Menge der vom Erzeuger abgegebenen Abfälle (Mengen nach LAGA) • Art und Menge der vom Abfallerzeuger entgegengenommenen Abfälle • Abfallerzeuger nach Wirtschaftszweigen • Abfallerzeuger nach Wirtschaftszweigen sowie Art der betriebenen Anlage (gemäß Wirtschaftzweiggliederung - Ausgabe 1993)
Verbringer von Abfällen in/durch/aus dem Geltungsbereich des deutschen Abfallgesetzes	ab 1997 jährlich	• Art und Menge der Abfälle nach Herkunfts- und Empfängerstaat (Mengen) • Art der Entsorgung und Verwertung

Tabelle 36: Berichtspflichten UStatG, Bereich Abfall

Einsatz von Recyclingmaterial (Input)

Berichtspflichtig	Periodizität	Geforderte Daten
Betreiber von Anlagen zur Aufbereitung und Verwertung von Bauschutt, Baustellenabfälle, Bodenaushub und Straßenaufbruch	ab 1997 jährlich	• in der Anlage eingesetzte Mengen an Bauschutt, Baustellenabfälle, Bodenaushub und Straßenaufbruch • Art und Menge der gewonnenen Erzeugnisse und der entstandenen Abfälle • Art der Anlage
Betreiber von Anlagen zur Aufarbeitung und energetischen Verwertung von Alt-ölen	ab 1997 alle 2 Jahre	• Art der Anlage • Aufkommen nach Art und Menge § 5a Abs.2 Nr.1 AbfG und §11 Abs.2 und 3AbfG (Sonderabfall) • Herkunft, Aufarbeitung, Verwertung • Art und Menge der Beimengungen von Schadstoffen nach der Altölverordnung
Betreiber von Anlagen zur Aufbereitung und stofflichen Verwertung von Kunststoffen	ab 1997 alle 2 Jahre	• Art und Menge der eingesetzten Kunststoffmaterialien (in t) • Herkunft • Art und Menge der gewonnenen Erzeugnisse • Art und Ausstattung der Anlage
Betriebe der Hohl- und Flachglasindustrie	ab 1997 alle 2 Jahre	• Bezug, Herkunft und Verbrauch von Altglas nach Art und Menge in t (Weiß-, Grün-, Braun, Bunt-, Misch-, Flach-, Spezialglas und Sortierreste

Berichtspflichtig	Periodizität	Geforderte Daten
Betriebe des Papiergewerbes	ab 1997 alle 2 Jahre	• Bezug, Herkunft und Verbrauch von Altpapier nach Art und Menge in t gemäß Altpapiersorten des VDP
Sammelunternehmen von Verpackungen	ab 1997 alle 2 Jahre	• Art der gebrauchten Verpackung • Art der Wertstofffraktion (Papier, Glas, Metall, Kunststoffe, Naturmaterialien, Verbundstoffe, Sonstige) • Menge der gesammelten Verpackungen in t • Verbleib der gesammelten Verpackung nach Sortierung • Weitergabe an betriebsfremde Sortieranlagen
Verwerter von Verpackungen	ab 1997 alle 2 Jahre	• Stofflich verwertete Mengen der gesammelten Verpackungen nach Art der Wertstofffraktionen (Papier, Glas, Metall, Kunststoffe, Naturmaterialien, Verbundstoffe, Sonstige) • Art der Verwertung
Betreiber der nach Bundesimmissionsschutzgesetz, genehmigungsbedürftiger Anlagen	ab 1997 alle 2 Jahre	• entstandene und innerhalb oder außerhalb des Betriebes verwertete Abfälle nach Art, Menge und Verwertung in t (z.B. REA Gipse, Verbrennungsaschen, Filterstäube, etc.)
Betreiber von Kompostierungsanlagen	ab 1997 alle 2 Jahre	• Eingesetzte kompostierbare Abfälle • Menge und Verwendungszweck des erzeugten Komposts • Art und Menge der erzeugten Abfälle • Kapazität und Betriebsdauer der Anlage
Betreiber von Anlagen zur stofflichen und energetischen Verwertung	ab 1997 alle 2 Jahre	• Art der Anlage • Art und Menge bestimmter eingesetzter Abfälle, die nicht nach § 4 UStatG (Definition noch in einer zu festzulegenden Rechtsverordnung) erfaßt werden • Art und Menge der erzeugten Abfälle

Tabelle 37: Berichtspflichten UStatG, Bereich Einsatz von Recyclingmaterial

Wasser (Input und Output)

Berichtspflichtig	Periodizität	Geforderte Daten
Anstalten, Körperschaften, Unternehmen und andere Einrichtungen, die Anlagen zur öffentlichen Wasserversorgung betreiben	ab 1999 alle 3 Jahre	• für Gewinnungsanlagen • Gewinnung von Grund-, Quell- und Oberflächenwasser, jeweils nach Menge • Beschaffenheit des gewonnen Rohwassers • für das Versorgungsgebiet • Bezug von Wasser sowie Abgabe von Wasser nach Abnehmergruppen, Eigenbedarf und Meßdifferenz, jeweils nach Menge; • Zahl der versorgten Einwohner nach dem Stand vom 31.12. des Vorjahres
Betriebe (höchstens 25.000) des Bergbaus, der Gewinnung von Steinen und Erden sowie des Verarbeitenden Gewerbe, die Wasser gewinnen oder in Gewässer einleiten oder ein Wasseraufkommen von mindestens 10.000 m^3 pro Jahr haben	ab 1999 alle 3 Jahre	• Gewinnung von Grund-, Quell- und Oberflächenwasser sowie Bezug und Abgabe von Wasser, jeweils nach Menge • Verwendung von Wasser nach Menge, getrennt nach Einsatzbereichen, Einfach-, Mehrfach- und Kreislaufnutzung • Herkunft, Behandlung und Verbleib des Wassers und Abwassers im Sinne des Abwasserabgabengesetzes (vgl. § 2 AbwAG) nach Menge • Art der Abwasserbehandlung • Menge des nach Behandlung in Abwasseranlagen eingeleiteten oder unbehandelt eingeleiteten Abwassers sowie die jeweiligen Konzentrationen und Frachten an Schadstoffen und Schadstoffgruppen nach dem Abwasserabgabengesetz (vgl. §§ 3ff. AbwAG) • Klärschlamm nach Menge, Behandlung, Beschaffenheit und Verbleib sowie die für das Aufbringen genutzte Fläche nach Nutzungsart nach dem Stand des 31.12. des Vorjahres • Zahl der in der Abwasserbehandlung überwiegend tätigen Personen
Betriebe (höchstens 50.000) der Landwirtschaft und alle Unternehmen und Einrichtungen, die Wasser zur Bewässerung von Anbauflächen im Acker-, Garten- und Dauerkulturbau gewinnen oder Abwasser in Gewässer einleiten	ab 1999 alle 3 Jahre	• Gewinnung von Grund- und Oberflächenwasser sowie Bezug und Abgabe von Wasser, jeweils nach Menge • Verwendung von Wasser nach Menge, getrennt nach Einsatzbereichen • Größe der bewässerten Fläche nach dem Stand des 31.12. des Vorjahres • Behandlung und Verbleib des Abwassers im Sinne des Abwasserabgabengesetzes (vgl. § 2 AbwAG) nach Menge • Art der Abwasserbehandlung

Tabelle 38: Berichtspflichten UStatG, Bereich Wasser

Luft (Output)

Berichtspflichtig	Periodizität	Geforderte Daten
Betreiber aller nach 4. BImSchV genehmigungsbedürftigen Anlagen Ausnahmen/Änderungen werden durch die Genehmigung (9. BImSchV) geregelt oder sind in § 1 Satz 1 der 11. BImSchV näher bestimmt	ab 1997, alle 2 Jahre	• Art und Menge der von der Anlage ausgegangenen Luftverunreinigungen • Art, Kapazität, Auslastung der Anlage • Einsatz der gehandhabten Stoffe nach Art und Menge

Tabelle 39: Berichtspflichten UStatG, Bereich Luft

Klimagefährdende Stoffe (Input)

Berichtspflichtig	Periodizität	Geforderte Daten
Unternehmungen, die klimagefährdende Stoffe über 50 kg/Jahr verwenden bzw. herstellen, einführen oder ausführen:	ab 1997 jährlich	• Art und Menge von Fluorderivate der aliphatischen Kohlenwasserstoffe mit bis zu sieben Kohlenstoffatomen, die in Mengen von mehr als 50 kg pro Stoff und Jahr zur Herstellung, Instandhaltung oder Reinigung von Erzeugnissen Verwendung finden

Tabelle 40: Berichtspflichten nach UStatG, Bereich klimagefährdende Stoffe

Umweltkosten

Berichtspflichtig	Periodizität	Geforderte Daten
Unternehmen des produzierenden Gewerbes ohne Baugewerbe	ab 1997 jährlich	• Investitionen sowie Wert der zusätzlich gemieteten oder gepachteten Sachanlagen nach Arten, die ausschließlich oder überwiegend dem Schutz der Umwelt dienen • Laufende Aufwendungen nach Arten für Maßnahmen, die ausschließlich dem Umweltschutz dienen. Zu untergliedern ist nach folgenden Bereichen: • Abfallwirtschaft • Gewässerschutz • Lärmbekämpfung • Luftreinhaltung • Naturschutz und Landschaftspflege • Bodensanierung
Unternehmen außerhalb des produzierenden Gewerbes ohne Baugewerbe, die für die Unternehmen nach §15 Absatz 1 die Abfallentsorgung, Abwasserbehandlung, Schlammbehandlung bzw. Schlammbeseitigung übernehmen.	ab 1997 jährlich	• Investitionen sowie Wert der zusätzlich gemieteten oder gepachteten Sachanlagen nach Arten, die ausschließlich oder überwiegend dem Schutz der Umwelt dienen • Laufende Aufwendungen nach Arten für Maßnahmen, die ausschließlich dem Umweltschutz dienen. • Zahl der in der Anlage tätigen Personen • Zu untergliedern ist nach folgenden Bereichen: • Abfallwirtschaft • Gewässerschutz • Lärmbekämpfung • Luftreinhaltung • Naturschutz und Landschaftspflege • Bodensanierung
in Unternehmen des Bergbaus, der Gewinnung von Steinen und Erden, des Verarbeitenden Gewerbes, des Baugewerbe, Architektur- und Ingenieurbüros, Instituten, Beratungen und andere die Dienstleistungen für den Umweltschutz erbringen.	ab 1998 jährlich	• Umsatz nach Art der Waren, Bauleistung, Dienstleistung getrennt nach inländischen Abnehmern, EU-Abnehmern und andere • Investitionen, sowie Wert der zusätzlich gemieteten oder gepachteten Güter, soweit nicht nach dem Gesetz über die Statistik im Produzierenden Gewerbe erfaßt

Berichtspflichtig	Periodizität	Geforderte Daten
Betriebe des produzierenden Gewerbes, Entsorgungseinrichtungen von Körperschaften, die Investitionen für den Umweltschutz getätigt haben	ab 1998, alle 4 Jahre	• Art und Wert der Anlagen, die ausschließlich oder überwiegend dem Umweltschutz dienen • Art der Waren, Bauleistung und Dienstleistung, die beim Erstellen der Umweltschutzanlagen eingesetzt werden

Tabelle 41: Berichtspflichten UStatG, Bereich Umweltkosten

Anhang 2

Pressure-Indices nach Politikfeldern

Politikfeld	Indikatoren
Luftverschmutzung	• Stickoxidemissionen (NO_X) • Emission flüchtiger organ. Verbindungen (VOC) • Schwefeldioxidemissionen (SO_2) • Staubemissionen • Treibstoffverbrauch • Gesamtenergieproduktion
Klimaveränderung	• Gesamt CO_2-Emissionen pro Jahr • CH_4-Emissionen pro Jahr • N_2O-Emissionen pro Jahr • FCKW-Emissionen pro Jahr • NO_x-Emissionen pro Jahr • SO_x-Emissionen pro Jahr
Abbau der Ozonschicht	• Emissionen von Halogenen • Emissionen von FCKWs • anthropogene CO_2 Emissionen • Emissionen von halogenierten FCKWs • anthropogene NO_x-Emissionen • CH_3Br-Emissionen
Ausbeutung der Ressourcen	• Wasserverbrauch pro Kopf • Energieverbrauch pro Kopf • Stromproduktion aus fossilen Energieträgern
Ausbreitung toxischer Stoffe	• Emissionen von persistenten Schadstoffen • Verbrauch von toxischen Chemikalien • Index der Schwermetallemissionen in Wasser • Index der Schwermetallemissionen in die Luft • Radioaktive Emissionen

Politikfeld	Indikatoren
Abfall	• Verbrannter Abfall (gesamt) • Gefährliche Abfälle • Deponierter Abfall (gesamt) • Siedlungsabfall • Abfall pro Produkt • Recycling/ Rückgewinnung
Wasserverschmutzung und Wasserwirtschaft	• Grundwasserentnahme • Gesamt behandeltes Wasser • Schwermetallemissionen • BSB-Emissionen

Tabelle 42: Modul 1 - PIP - Pressure indices nach Politikfeldern

Aufbau eines EPIS-Datensatzes

Bereich	Daten
Input	**Energieträger**: Alle im Prozeß benötigten Energieträger müssen erfaßt werden. Die Energieträger sind in vier Haupttypen zu unterscheiden (Steinkohle, Braunkohle, Öl, Gas), da die Verbrennung dieser Typen mit unterschiedlichen Mengen an Emissionen verbunden sind. Zusätzlich muß die verbrauchte Elektrizität und Wärme erfaßt werden, damit der gesamte Energie-Input bekannt ist.
	Berechnungszahlen: Dies sind Zahlen, die benötigt werden, um den Prozeß zu verstehen und Doppelzählungen zu vermeiden. z.B. wird für den Prozeß der Ammoniumherstellung der Energieträger Gas als Rohstoff eingesetzt. Dieser Betrag wird als „nicht-energetischer Verbrauch" aufgezeichnet. Zusätzlich wird das abgeführte Gas aus dem Prozeß des Naphta-Zersetzens als Energieträger eingesetzt.
	Materialien und Betriebsstoffe: Dies sind die Materialien, die für die Produktion benötigt werden und die mehr oder weniger die Zusammensetzung des gewünschten Produktes bestimmen. Betriebsstoffe werden nicht in das Endprodukt umgewandelt, sondern dienen der Durchführung des Prozesses. Die benötigten Investitionsgüter werden nicht erfaßt.
	Luft: Verbrennungsluft; hier wird nur die Menge Sauerstoff erfaßt, die für den Verbrennungsprozeß benötigt wird. Dieser Betrag kann stöchiometrisch aus der CO_2-Emission rechnerisch abgeleitet werden.
Prozeß	**Prozeß:** Für jeden Prozeß werden mindestens drei Informationen benötigt: die Bezeichnung, die PRODCOM Nummer und die Produktionsmenge in t pro Jahr. Die PRODCOM Nummer ist essentiell für die Verknüpfung mit der Produktionsstatistik, die Produktionsmenge wird aus der letzteren abgeleitet. Die Produktionsmenge erlaubt die Kalkulation der Stoffflüsse indem sie mit den Input- und Output-Koeffizienten multipliziert wird.

Bereich	Daten
Output	**Produkt**: Jeder Prozeß kann mehrere Produkte als Output haben. Vier Typen haben sich als nützlich erwiesen: Haupt- und Nebenprodukte, die Produktion von Elektrizität und Prozeßwärme.
	Abwasser: Entsprechend der Differenzierung auf der Inputseite wird Abwasser in Kühl- und Prozeßwasser unterschieden. Zusätzlich werden drei Summenparameter zur Charakterisierung des Abwassers erfaßt (CSB, BSB, AOX). Für manche Prozesse werden zusätzliche Parameter benötigt (z.B. Nährstoffe bei der Nahrungsmittelproduktion).
	Abfall: Im allgemeinen wird vorgeschlagen, sechs Typen von Abfall zu unterscheiden (Siedlungsabfälle, Produktionsabfälle, Gefährliche Abfallstoffe als Teil der Produktionsabfälle, Klärschlamm, Schlacke und Flugaschen aus Kraftwerksanlagen sowie Bauabfälle). Analog zum Abwasser können zusätzliche Kategorien erfaßt werden.
	Luftemissionen: Es werden die acht traditionellen Luftemissionstypen aufgezeichnet. Zusätzlich wird Wasser(dampf) erfaßt, da die Emissionsmengen von Wasser quantitativ eine beträchtliche Rolle spielen, um die stoffliche Bilanz zu schließen.
Differenz	Input minus Output (Datenkontrolle)

Tabelle 43: Aufbau eines EPIS-Datensatzes

Umweltkosten nach SERIEE

Umwelt-bereich	End-of-pipe-Technologien	Integrierte Technologien	Laufende Ausgaben
Luft	Ausstattung, Anlagen und Zubehör zur Prävention und Verminderung von gasförmigen, flüssigen und festen Emissionen in die Atmosphäre und zur Überwachung von Emissionen.	Der Teil der Ausstattung und Anlagen, die mit einer umweltfreundlicheren Technologie zur Prävention oder Verminderung von gasförmigen, flüssigen und festen Emissionen in die Atmosphäre ausgestattet sind.	Der Teil der gesamten laufenden Umweltschutzausgaben, der durch die Prävention oder Verminderung von gasförmigen, flüssigen oder festen Emissionen in die Atmosphäre und durch die Überwachung der Emissionen entsteht.

Umwelt-bereich	End-of-pipe-Technologien	Integrierte Technologien	Laufende Ausgaben
Wasser	• Ausstattung, Anlagen und Zubehör zur Sammlung und zum Transport von Abwässern, zur Prävention, zur Behandlung oder Vermeidung von Substanzen in Abwässern bevor sie in das Oberflächen- oder Grundwasser gelangen. • Behandlung von Kühlwasser bevor es in das Oberflächen- oder Grundwasser gelangt und Maßnahmen zur Wiederherstellung oder Erhaltung der Wasserqualität und -menge. • Überwachung des Oberflächenwasser	• Der Teil der Ausstattung und Anlagen, die mit einer umweltfreundlicheren Technologie zur Prävention oder Verminderung von Abwassermengen und Substanzen in Abwasser, bevor es in das Oberflächen- oder Grundwasser gelangt, ausgestattet sind. • Maßnahmen zur Erhaltung der Wasserqualität und -menge.	Der Teil der gesamten laufenden Umweltschutzausgaben, der durch die Sammlung und den Transport von Abwasser, die Prävention, die Behandlung oder Vermeidung von Substanzen im Abwasser bevor es in das Oberflächen- oder Grundwasser gelangt, die Prävention unvorhersehbarer Wasserverschmutzung, die Behandlung von Kühlwasser vor dem Eintreten in das Oberflächen- oder Grundwasser und andere Maßnahmen zur Wiederherstellung oder Erhaltung der Wassermenge- und -qualität und die Überwachung des Oberflächenwassers entsteht.

Umwelt-bereich	End-of-pipe-Technologien	Integrierte Technologien	Laufende Ausgaben
Abfall	• Ausstattung, Anlagen und Zubehör zur Prävention und Verminderung von Abfall, zur Sammlung, zum Transport, zur Behandlung, zur Ablagerung und zur Überwachung von Abfall. • Recycling-Aktivitäten sind enthalten, soweit sie hauptsächlich der Verminderung und der Behandlung von Abfall dienen.	• Der Teil der Ausstattung und Anlagen, die mit einer umweltfreundlicheren Technologie zur Prävention oder Verminderung von Abfällen ausgestattet sind. • Recycling-Aktivitäten sind enthalten, soweit sie hauptsächlich der Verminderung und der Behandlung von Abfall dienen.	• Der Teil der gesamten laufenden Umweltschutzausgaben, der durch die Prävention und Verminderung von Abfall, die Sammlung, den Transport, die Behandlung und Ablagerung und die Überwachung von Abfällen entsteht. • Recycling-Aktivitäten sind enthalten, soweit sie hauptsächlich der Verminderung und der Behandlung von Abfall dient.

Umwelt-bereich	End-of-pipe-Technologien	Integrierte Technologien	Laufende Ausgaben
Boden/ Grund-wasser	• Ausstattung und Anlagen zur Dekontamination von Altlasten und zur Reinigung von verunreinigtem Wasser, zum Schutz von Boden und Grundwasser schädlichen Einsikkerungen und zur Überwachung von Boden und Grundwasser.	• Der Teil der Ausstattung und Anlagen, die mit einer umweltfreundlicheren Technologie zur Prävention und Verminderung von Boden- und Grundwasserschäden ausgestattet sind.	• Der Teil der gesamten laufenden Umweltschutzausgaben, der durch die Erhaltung und den Betrieb von Anlagen zur Dekontamination von verschmutzten Böden und zur Reinigung von verschmutztem Grundwasser dient. • Kosten des Transportes und der Ablagerung von verschmutztem Boden. • Kosten für die Überwachung von Boden und Grundwasser.

Umwelt-bereich	End-of-pipe-Technologien	Integrierte Technologien	Laufende Ausgaben
Lärm	• Ausstattung, Anlagen und Zubehör zur Prävention von Lärm und Vibrationen, Maßnahmen zur Verminderung von Lärm und Vibrationen an der Quelle, Maßnahmen zur Verminderung/ Vermeidung von Lärm beim Empfänger und die Überwachung von Lärm und Vibrationsstärken. • NICHT ERFASST werden Maßnahmen zur Vermeidung von Lärm zur Verbesserung der Arbeitssicherheit.	• Der Teil der Ausstattung und Anlagen, die mit einer umweltfreundlicheren Technologie zur Prävention von Lärm und Vibrationen ausgestattet sind.	• Der Teil der gesamten laufenden Umweltschutzausgaben, der durch die Prävention von Lärm und Vibrationen, Maßnahmen zur Verminderung von Lärm und Vibrationsstärken an der Quelle, Maßnahmen zur Verminderung/ Vermeidung von Lärm beim Empfänger und die Überwachung von Lärm- und Vibrationsstärken entsteht. • NICHT ERFASST werden Maßnahmen zur Vermeidung von Lärm zur Verbesserung der Arbeitssicherheit.
Landschaftsschutz	• Investitionen in die Wiederherstellung einer durch frühere oder aktuelle Aktivitäten geschädigten Landschaft - Wiederaufforstung und andere Maßnahmen.	• -	• Der Teil der gesamten laufenden Umweltschutzausgaben, die der Wiederherstellung einer durch frühere oder aktuelle Aktivitäten geschädigten Landschaft dienen – Wiederaufforstung und andere Maßnahmen.

Tabelle 44: Übersicht über die den einzelnen Umweltbereichen zuzuordnenden Investitionen und laufenden Ausgaben für die Datenerfassung im Industriesektor für SERIEE

Anhang 3

Stoffflußrelevante Indikatoren aus dem OPI-Bereich

Themenbereich	Indikator
Material	• Menge des Materialeinsatz pro Produkteinheit; • Menge der verarbeiteten, wiederverwerteten und wiederverwendeten Stoffe; • Menge des entsorgten oder wiederverwendeten Verpackungsmaterials pro Produkteinheit; • Menge der wiederverwerteten und wiederverwendeten Hilfsrohstoffe; • Menge der im Produktionsprozeß wiederverwendeten Stoffe; • Menge des Wassers pro Produkteinheit; • Menge des wiederverwendeten Wassers in m^3; • Menge der im Produktionsprozeß wiederverwendeten giftigen Stoffe.
Energie	• Menge der pro Jahr oder pro Produkteinheit verbrauchten Energie; • **Menge der pro Dienstleistung oder Kunden verbrauchten Energie;** • Menge jeden Typs von verbrauchter Energie; • Menge der von Nebenprodukten oder Prozeßströmen gewonnenen Energie; • Menge der durch **Energiesparprogramme** gesparten Energie.
Das betriebliche System unterstützende Dienstleistungen	• Menge der von vertraglichen Dienstleistungsanbietern verwendeten giftigen Stoffe; • Menge der von vertraglichen Dienstleistungsanbietern verwendeten Reinigungsmittel; • Menge der von vertraglichen Dienstleistungsanbietern eingesetzten, wiederverwerteten und wiederverwendeten Stoffe; • Menge und Art der von vertraglichen Dienstleistungsanbietern produzierten Abfälle.

Themenbereich	Indikator
Physische Möglichkeiten und Ausstattung; Beschaffung und Lieferung	• durchschnittlicher Treibstoffverbrauch der Fahrzeugflotte; • Anzahl von Frachtlieferungen nach Transportmittel pro Tag; • Gesamtflächenbelegung für Produktionszwecke; • Anzahl der Fahrzeuge in der Flotte mit „Abgasvermeidungstechnologie / KAT"; • Anzahl der durch andere Kommunikationsmöglichkeiten vermiedenen Dienstreisen; • Anzahl der Dienstreisen nach Transportmittel; • Gesamtflächenbelegung für die Produktion einer Energieeinheit.
Produkte	• Anzahl der mit verringerten Schadstoffbelastungen in den Markt eingeführten Produkte; • Anzahl der wiederverwendbaren und wiederverwertbaren Produkte; • Anteil der wiederverwendbaren und wiederverwertbaren Produktanteile in Prozent; • Anzahl mangelhafter Produkte; • Anzahl der erzeugten Einheiten von Nebenprodukte pro Produkteinheit; • Anzahl der während der Produktnutzung verbrauchten Energieeinheiten; • Dauer der Produktnutzung; • Anzahl der Produkte mit Anleitungen, die eine umweltschonende Anwendung und Entsorgung ansprechen.
Dienstleistungsangebot der Organisation	• Menge der pro Quadratmeter eingesetzten Reinigungsmittel (für Reinigungsunternehmen); • Menge des Treibstoffverbrauchs (für Transportunternehmen); • Anzahl der für verbesserte Prozesse verkauften Lizenzen • Menge der während der Produktwartung nach dem Verkauf gebrauchten Stoffe.
Abfälle	• Menge der Abfälle pro Jahr oder pro Produkteinheit; • Menge der giftigen, wiederverwerteten und wiederverwendeten Abfälle pro Jahr; • absolute Abfallmenge zur Entsorgung; • Menge der auf dem Betriebsgelände gelagerten Abfälle; • Menge der durch Begleitschein kontrollierten Abfälle; • Menge umgewandelten und wiederverwendeten Stoffe pro Jahr.

Themenbereich	Indikator
Emissionen	• Menge spezifischer Emissionen pro Jahr; • Menge spezifischer Emissionen pro Produkteinheit; • Menge der in die Atmosphäre abgegebenen Abwärme; • ozonschädigendes Potential der Emissionen; • erderwärmendes Potential der Emissionen. • *Fläche und Wasser* • Menge austretender Stoffe pro Jahr; • Menge der in das Wasser austretenden Stoffe pro Produkteinheit; • Menge der in das Wasser abgegebenen Abwärme; • Menge der deponierten Stoffe pro Produkteinheit; • Menge des Abwassers pro Dienstleistung oder Kunde. • *weitere Emissionen* • an bestimmter Stelle gemessener Lärm; • Menge der abgegebenen Strahlung; • Menge der Hitze, Vibration und leichten Emissionen.

Tabelle 45: Stoffflußorientierte Indikatoren nach ISO 14031

Managementindikatoren (MPI) zum Umweltkostenbereich

Themenbereich	Indikator
Finanzielle Leistungen	• Kosten (betriebliche und Kapital-) verbunden mit Umweltaspekten von Produkt oder Prozeß; • Rückwirkung auf Investitionen für Umweltverbesserungsprojekte; • Einsparungen erreicht durch Reduktionen in Ressourcennutzung, Vermeidung von Umweltverschmutzung und Abfallrecycling; • Zahlungsauswirkungen resultierend aus neuen Produkten oder Nebenprodukten entworfen nach Umweltverbesserung oder Entwurfskriterien; • Forschungs- und Entwicklungsfonds verbunden mit Projekten von Umweltbedeutung; • Umweltverpflichtungen, die einen Materialeinfluß auf den finanziellen Status der Organisation haben.

Tabelle 46: Organisatorische Indikatoren nach ISO 14031 (MPI) mit Umweltkostenbezug

Abbildungsverzeichnis

Tabellenverzeichnis

Abkürzungen

AA5	Arbeitsausschuß 5
ARIS	Architektur Integrierte Informationssysteme
BAB	Betriebsabrechnungsbogen
BImSchG	Bundesimmissionsschutzgesetz
BMU	Bundesumweltministerium
BPCS	Business Planning and Control System
CO	SAP R/3 Controlling
CO_2	Kohlendioxid
CORBA	Common Object Request Broker Architecture
CPC	Central Produkt Classification
CSD	Commission for Sustainable Development innerhalb der UN
CUMPAN	Computergestützte Umweltorientierte Produktbilanzierung
DCOM	Distributed Common Object Model
DIN	Deutsche Institut für Normung e.V
DIN/NAGUS AA5	Spiegelausschuß zur „Umweltleistungsbewertung“
DIS	Draft International Standard
DPCSD	Division for Sustainable Development-Department for Policy Coordination and Sustainable Development
DSR	Driving-force-state-response
DW	Data-Warehouse
EAP	Environmental Action Programme
ECI	Environmental Condition Indicator
EDI	Electronic Data Interchange
EDV	Elektronische Datenverarbeitung
EH&S	Environmental Health and Safety
EMAS	Environmental Management and Auditing Scheme
EPEA	Environmental Protection Expenditure Account
EPI	Environmental Performance Indicator
EPIS	Environmental Pressure Information System
EPK	Ereignisgesteuerte Prozeßkette
ERM	Entity-Relationship Model
ESEPI	European System of Environmental Pressure Indices

ESI	European System of Integrated Environmental and Economic Indices
EU	Europäische Union
EUROSTAT	Statistisches Amt der Europäischen Union
FAO	Food and Agriculture Organization
FCKW	Flourchlorkohlenwasserstoff
FDIS	Final Draft International Standard
FI	SAP R/3 Finanzwirtschaft
GoB	Grundsätze ordnungsgemäßer Buchhaltung
GoM	Grundsätze ordnungsgemäßer Referenzmodellierung
GP	Systematisches Güterverzeichnis für Statistik im Produzierenden Gewerbe
IKR	Industrie-Standard Kontenrahmen in der Finanzbuchhaltung
ILO	International Labor Office
IS	Informationssystem
ISIC	International Standard Industrial Classification
ISO	International Organisation for Standardardisation.
ISO-OSI	International Standardisation Organisation - Open Systems Interconnection
JDE	J.D. Edwards (Software Anbieter)
kg	Kilogramm
kJ	Kilojoule
KSTR	Kostenstellenrechnung
KTR	Kostenträgerrechnung
kWh	Kilowattstunde
LAGA	Länderarbeitsgemeinschaft Abfall
LCA	Life cycle assessment
m^3	Kubikmeter
MEFIS	Material- und Energieflußinformationssystem
MIPS	Material intensity per service unity
mJ	Megajoule
MM	SAP R/3 Materialwirtschaft
MML	Mikro-Makro-Link.
MPI	Management Performance Indicator
NACE	Allgemeine Systematik der Wirtschaftszweige in der Europäischen Union
NAGUS	Normenausschuß Grundlagen des Umweltschutzes
OECD	Organization for Economic Cooperation and Development
OLAP	Online Analytical Proces
OPI	Operational Performance Indicator

PI	SAP R/3 Produktionswirtschaft, Prozeßindustrie
PIP	Pressure Indices Pilot Projects
PIOT	Physische Input-Output-Tabelle
PLA	Produktlinienanalyse
PP	SAP R/3 Produktionswirtschaft
PPS	Produktionsplanungs- und Steuerungssystem
PRODCOM	Production Community Classification
PSR	Presure-state-response
SAP	Systeme, Anwendungen und Produkte der Datenverarbeitung
SC4	Subcomitee 4 (Arbeitsausschuß)
SD	SAP R/3 Sales and Distribution (Vertriebssteuerung)
SEEA	System of integrated environmental and economic accounting
SEF	Stoff- und Energiefluß
SERIEE	Système Européen de Rassemblement de l'Information Economique sur l'Environnement
SETAC	Society of Environmental Toxicology and Chemistry
SIO	Systematik der Produktionsbereiche in Input-Output-Rechnungen
SIP	Sectoral Infrastructure Projects
SLP	Stücklistenposition
SO_2	Schwefeldioxid
SSA	System Software Associates (Software Anbieter)
StBA	Statistisches Bundesamt
SuE-Bilanz	Stoff- und Energiebilanz
SW	Software
to	Tonne
UBA	Umweltbundesamt
UGR	Umweltökonomische Gesamtrechnungen des Statistischen Bundesamtes
UKS	Umweltkostenrechnung
UN	United Nations (Vereinte Nationen)
UNCTAD	United Nations Conference on Trade and Development
UNDP	United Nations Development Programme
UN/EDIFACT	United Nations/Electronic Data Interchange For Administration Commerce and Trade
UNEP	United Nations Environmental Programm
UNIDO	United Nations Industrial Development Organization
UNSTAT	Statistischen Amt der Vereinten Nationen
UStatG	Umweltstatistik-Gesetz

VfU	Verband für Umweltmanagement in Banken, Sparkassen und Versicherungen
VGR	Volkswirtschaftlichen Gesamtrechnung
WGK	Wassergefährdungsklasse
WHG	Wasserhaushaltsgesetz
WHO	World Health Organisation
WZ	Wirtschaftszweige
ZUO	Zuordnung

Adressen der Autoren

Prof. Dr. Helmut Krcmar	Lehrstuhl für Wirtschaftsinformatik Universität Hohenheim (510 H) 70593 Stuttgart Tel.: 0711/459-3345 krcmar@uni-hohenheim.de
Dr. Georg Dold	Green IT GmbH Franz-Moser-Str. 5 78465 Konstanz Tel.: 07531/943615 dold@green-it.de
Dr. Hartmut Fischer	Arthur D. Little International Inc. Kurfürsteneck Kurfürstendamm 237 10719 Berlin Telefon 030/889166-0 email: fischer.hartmut@adlittle.com
Markus Strobel	Institut für Management und Umwelt Gratzmüllerstraße 3 86150 Augsburg Tel.: 0821/34366-22 strobel@imu-augsburg.de
Dr. Eberhard K. Seifert	Wuppertal Institut für Klima Umwelt und Energie Döppersberg 19 42103 Wuppertal Tel.: 0202/2492-178 E.Seifert@mail.wupperinst.org
Dr. Wolfgang Scheide	Green IT GmbH Franz-Moser-Str. 5 78465 Konstanz Tel.: 07531/943615 scheide@green-it.de

Stefan Enzler

Institut für Management und Umwelt
Gratzmüllerstraße 3
86150 Augsburg
Tel. 0821/34366-30
enzler@imu-augsburg.de

Astrid Hoffmann

Lehrstuhl für Wirtschaftsinformatik
Universität Hohenheim (510 H)
70593 Stuttgart
Tel.: 0711/459-3672
ahoffman@uni-hohenheim.de

Christian Karsten

Christian Karsten Quasar Solutions Consulting
Albrechtstraße 41
12167 Berlin
Telefon 030/3951187
email: christian.karsten@quasar-solutions.com

Michael Oettinger

Arnold-Böcklin-Str. 43
89520 Heidenheim
oettinger@econova.de

Martin Kreeb

Green IT GmbH
Leostr. 1a
40545 Düsseldorf
Tel. 0211/5570261
kreeb@green-it.de

www.ingramcontent.com/pod-product-compliance
Lightning Source LLC
LaVergne TN
LVHW080744300926
849162LV00008BA/1747